ceballos&sanabria
El Somriure de les Falles

12.03.21 — 23.05.21

Centre del Carme

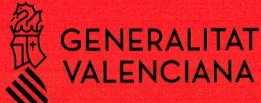 GENERALITAT VALENCIANA

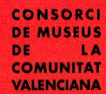 CONSORCI DE MUSEUS DE LA COMUNITAT VALENCIANA

CONSELL GENERAL DEL CONSORCI DE MUSEUS DE LA COMUNITAT VALENCIANA

President d'honor
Carlos Arturo Mazón Guixot
President de la Generalitat

President
José Antonio Rovira Jover
Conseller de Educación, Cultura, Universidades y Empleo

Vicepresidents
Luis José Barcala Sierra
Alcalde de Alicante
Begoña Carrasco García
Alcaldesa de Castelló de la Plana
Maria José Catalá Verdet
Alcaldesa de València

Vocals
Pilar Tébar Martínez
Secretaría Autonómica de Cultura
Antonio Pérez Pérez
Presidente de la Diputación Provincial de Alicante
Marta Barrachina Mateu
Presidenta de la Diputación Provincial de Castellón
Vicente José Mompó Aledo
Presidente de la Diputación Provincial de Valencia
Dolors Pedrós Company
Presidenta del Consell Valencià de Cultura

Secretària
Alida Consuelo Mas Taberner
Sotssecretaria de la Conselleria de Cultura, Educació, Universitats i Ocupació

Gerent
Nicolás S. Bugeda i Cabrera

CONSORCI DE MUSEUS DE LA COMUNITAT VALENCIANA

Gerent
Nicolás S. Bugeda i Cabrera

Cap d'unitat de coordinació de Règim Jurídic
Ignacio Úbeda Amago

Cap d'unitat de coordinació de Gestió Econòmica i Pressupostària
Miguel Ángel Romero García

Cap de Suport de coordinació de Contractació i Assumptes Generals
Claudia Hernández Pérez

Coordinació d'exposicions
Lucía González Menéndez
Isabel Pérez Ortiz
Vicente Samper Embiz

Programes públics
Eva Doménech López

Educació i mediació
José Campos Alemany

Cap de Suport Gestió Publicacions
Claudia Hernández Pérez

Administració
Rosario Campos Saborido
Antonio Martínez Palop
Germà Sánchez Eslava
Teresa Soto Ortego
Ana Viña Sanchis

Secretaria de direcció
Francisca Pérez Royo

EXPOSICIÓ
EL SOMRIURE DE LES FALLES
12.03.21 — 23.05.21

ORGANITZACIÓ
Consorci de Museus de la Comunitat Valenciana

Comissariat
Néstor Morente

Coordinació tècnica
Vicente Samper

Disseny i direcció de muntatge
Ceballos & Sanabria

Transport i muntatge
JoseArte, S.L.

Disseny gràfic
demartes estudio

Retolació
Sinergias Publicitarias

Fotografia exposició
Juan R. Peiró

INSTAL·LACIÓ
LLEGIR EN VERD
12.03.24 — 28.04.24

ORGANITZACIÓ
Consorci de Museus de la Comunitat Valenciana

Disseny i direcció de muntatge
Ceballos & Sanabria i Marina Puche

Transport i muntatge
Simbols

Disseny gràfic
demartes estudio

Fotografia exposició
Juan R. Peiró

CATÁLEG

Coordinació
Ceballos & Sanabria

Textos
Néstor Morente
Alejandro Lagarda
Luis Fernández
Manuel Andrés Zarapico
Marina Puche Fabuel
Félix Crespo Hellín
Iván Tortajada Estellés
Moisés Domínguez
Montse Catalá
Josep Lluis Marín

Disseny i maquetació
demartes estudio

Fotografies
Mónica Paredes
Juan R. Peiró
Armando Fotofilmax
Lázaro de la Peña
Julio Fontán
María Selva Folch

Traducció al valencià
Servici de Traducció i Assessorament Lingüístic de la Direcció General d'Ordenació Educativa i Política Lingüística

Impressió i enquadernació
Estugraf Impresores, S.L.

© dels textos: els autors
© de les imatges: els propietaris i/o depositaris
© de la present edició: Consorci de Museus de la Comunitat Valenciana, 2024

ISBN: 978-84-482-7027-8
DEPÒSIT LEGAL: V-4550-2024

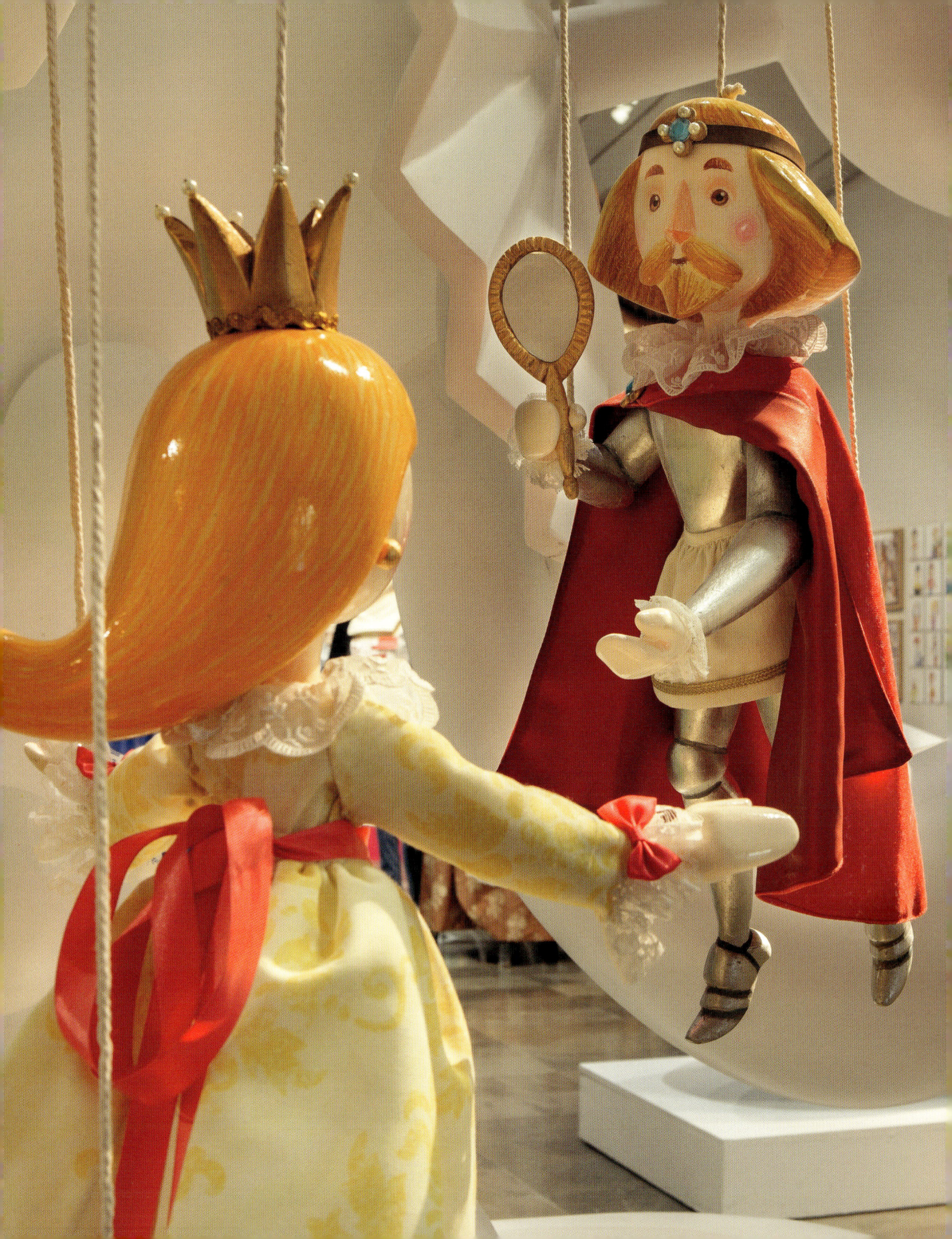

ceballos&sanabria
El Somriure de les Falles

Néstor Morente y Martín

Val ↓

Immersos en aquesta pandèmia que amenaça la normalitat vital de la nostra existència, sense parangó en la història, obligant-nos a modificar la nostra manera de viure, pensar fins i tot els nostres centenaris i ancestrals costums; ens veiem també espentats a reinventar-nos, a persistir en un món al mateix temps cada vegada més exigent i competitiu, més ràpid i efímer. També un món on som ja diverses les generacions que hem crescut amb el capitalisme, on el materialisme impera i alhora intenta subsistir davant les constants i irreparables crisi econòmiques de les quals no eixim, mala combinació si a més la unim a una manca del món dels valors com ja va advertir en 1937 el nostre benvolgut doctor Peset Aleixandre en una conferència donada en la Universitat de València en plena contesa.

Aquesta era *en línia* on la pressa impera, l'immediat i la nostra submissió a semblar-nos cada vegada més a la intel·ligència artificial, contribueix a dignificar més o menys la nostra part humana? I la creativa?

En tota aquesta conjuntura es veuen afectades les nostres tradicions, la major part de els quals compleixen objectius fonamentals als nostres pobles, i és un dels més importants recordar-nos qui som i d'on venim, vital per a poder continuar caminant com a comunitat cap al futur.

Tradicions principalment a Occident, i a Espanya, en el cas que ens ocupa, relacionades amb la nostra cultura cristiana, base de la nostra identitat i evolució de les nostres lleis, costums i manera de viure d'aquests dos últims mil·lennis. I per descomptat, les Falles de València, tradició d'acord amb aqueixa base cristiana, perquè són dedicades a Sant Josep, patró de l'Església universal i de les mateixes Falles, tan associades al mateix temps des del seu origen a la Verge, en l'advocació valenciana dels Desemparats, considerada protectora de la ciutat.

Si obviem l'origen del tot, estem construint una casa sense fonaments, o també serviria la paradoxa que l'estem començant per la teulada.

Si obviem l'origen del tot, tot manca de sentit, tot es desvirtua, tot està abocat a desaparéixer i a l'oblit. Obviar l'origen del tot a consciència és a més enganyar i manipular a qui no el coneix, és contribuir a construir una societat menys lliure, mancada de sentit, indiferent abans de res, una societat líquida.

Així mateix, aquesta era en línia, és una font riquíssima per a la investigació, perquè són interminables les qüestions que s'han quedat pel camí davant la ja esmentada rapidesa o immediatesa en la qual estem submergits, si a això afegim l'excés d'informació (que no vol dir bona ni ben seleccionada) al nostre abast, la qual cosa ha impedit la visibilitat de tantes qüestions així com el bloqueig de moltes altres, i en el cas que ens ocupa, el fet de no percebre assumptes tan obvis.

Entre tota aquesta reflexió, va sorgir la idea de plantejar aquesta exposició, ja que, des de feia diversos anys, concretament des que l'artista Okuda San Miguel aterrara a València i dissenyara la Falla Municipal, el Centre del Carme Cultura Contemporània (CCCC), era el magatzem expositiu de l'artista (no faller)

Cast ↓

Inmersos en esta pandemia que amenaza la normalidad vital de nuestra existencia, sin parangón en la historia, obligándonos a modificar nuestra forma de vivir, pensar incluso nuestras centenarias y ancestrales costumbres; nos vemos también empujados a reinventarnos, a persistir en un mundo al mismo tiempo cada vez más exigente y competitivo, más rápido y efímero. También un mundo donde somos ya varias las generaciones que hemos crecido con el capitalismo, donde el materialismo impera y a la vez intenta subsistir ante las constantes e irreparables crisis económicas de las que no salimos, mala combinación si además la unimos a una carencia del mundo de los valores como ya advirtió en 1937 nuestro querido doctor Peset Aleixandre en una conferencia dada en la Universidad de València en plena contienda.

Esta era *online* donde la prisa impera, lo inmediato y nuestra sumisión a parecernos cada vez más a la inteligencia artificial, ¿contribuye a dignificar más o menos nuestra parte humana? ¿Y la creativa?

En toda esta coyuntura se ven afectadas nuestras tradiciones, que la mayor parte de ellas cumplen objetivos fundamentales en nuestros pueblos, siendo uno de los más importantes, recordarnos quienes somos y de dónde venimos, vital para poder seguir caminando como comunidad hacia el futuro.

Tradiciones principalmente en Occidente, y en España, en el caso que nos ocupa, relacionadas con nuestra cultura cristiana, base de nuestra identidad y evolución de nuestras leyes, costumbres y forma de vivir de estos dos últimos milenios. Y por supuesto, las Fallas de València, tradición en consonancia a esa base cristiana, pues son dedicadas a San José, patrono de la Iglesia Universal y de las propias Fallas, tan asociadas al mismo tiempo desde su origen a la Virgen, en la advocación valenciana de los Desamparados, considerada protectora de la ciudad.

Si obviamos el origen del todo, estamos construyendo una casa sin cimientos, o también serviría la paradoja de que la estamos comenzando por el tejado.

Si obviamos el origen del todo, todo carece de sentido, todo se desvirtúa, todo está advocado a desaparecer y al olvido. Obviar el origen del todo a conciencia, es además engañar y manipular a quien no lo conoce, es contribuir a construir una sociedad menos libre, carente de sentido, indiferente ante todo, una sociedad líquida.

Así mismo, esta era online, es una fuente riquísima para la investigación, pues son interminables las cuestiones que se han quedado por el camino ante la ya mencionada rapidez o inmediatez en la que estamos sumergidos, si a esto añadimos el sobre exceso de información (que no quiere decir buena ni bien seleccionada) a nuestro alcance, lo que ha impedido la visibilidad de tantas cuestiones así como el bloqueo de muchas otras, y en el caso que nos ocupa, el no percibir asuntos tan obvios.

Entre toda esta reflexión, surgió la idea de plantear esta exposición, pues, desde hacía varios años, concretamente desde que el artista Okuda San Miguel aterrizase en València diseñando la Falla Municipal, el Centre del Carme Cultura Contemporània (CCCC), venía siendo el almacén expositivo del artista (no fallero) que cada

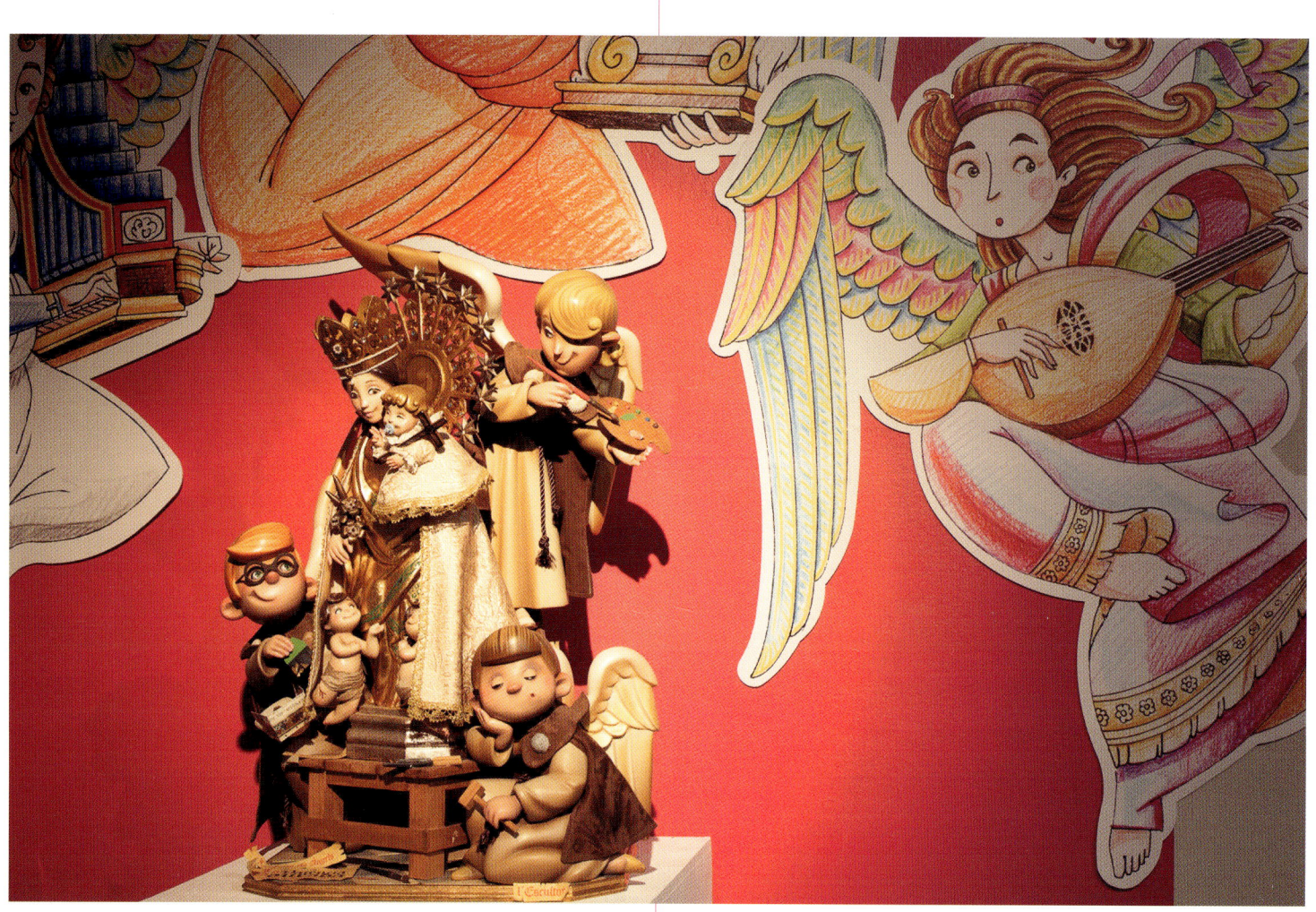

que cada any consecutivament han anat dissenyant el monument faller de tots els valencians.

Però, com és possible que els artistes fallers, que estan al peu del canó tot l'any, no tingueren un paper predominant en l'oferta expositiva pròpia de la festa de les Falles de Sant Josep?, i, en tal cas, quin paper representava la Falla Municipal Infantil més enllà que el d'un segon plat, o ni això?

Així, d'aquesta manera, va sorgir el plantejament d'oferir al mateix centre expositiu d'art contemporani que venia acollint des d'Okuda aquestes mostres, la proposta expositiva en la qual d'una banda, fera valdre la Falla Municipal Infantil de València i d'una altra, els mateixos artistes fallers com a principals artífexs de les mateixes falles, valga la redundància.

A això, se sumava la coincidència que els guanyadors de la Falla Municipal Infantil de València del 2021, eren, dit de manera col·loquial, molt especials. Perquè amb aquesta, eren fins a onze vegades els guanyadors de la falla de l'Ajuntament, alguna cosa sense precedents en aquesta secció. Si a això, hi sumem també la seua dilatada trajectòria, de pràcticament dues dècades, tenint en compte la seua edat, i a més, la creació reconeguda d'un estil propi, que és el somni de tot artista però reeixit tan sols per uns pocs, perquè teníem tots els components perfectes per a presentar una proposta impossible de rebutjar-se.

La proposta al mateix temps era tot un repte, perquè no hi havia precedents que en un museu o centre especialitzat en art contemporani, s'haguera fet mai una exposició antològica dedicada a un artista faller, a uns en aquest cas, perquè estem parlant del popular binomi format per José Luis Ceballos i Francisco Sanabria.

D'ací també, que a mi, com a gestor cultural, em sorgira la pregunta, ja justificada a l'inici d'aquestes línies, de: com és possible que una festa declarada Patrimoni de la Humanitat des d'una ciutat com València, tercera capital d'Espanya, mai se li haguera dedicat una exposició antològica a un artista faller en un centre d'art contemporani?

Clamava al cel!, mai més ben dit, aquesta manca o buit per al qual és sens dubte l'art més Internacional de València, perquè si València és coneguda internacionalment des del punt de vista artístic, almenys hui, no és pel seu gòtic o barroc (amb tots els meus respectes), sinó pel seu art faller, el que ha vingut atraient i atrau milions de persones d'altres parts del món, perquè és l'art més únic o genuí de València, i sens dubte el que millor identifica el nostre poble valencià.

Així doncs, amb aquesta proposta expositiva, estàvem començant una cosa nova, dignificant l'art faller com a autèntiques obres de museu, i què millor que de la mà de dos artistes que han arribat al cor dels valencians i més enllà, des de fa dues dècades amb el seu estil i amb el seu carisma que ens il·lusiona a continuar caminant i defensant l'art de les falles des del principi fins al final. Perquè no hem d'oblidar que l'artista faller és també dissenyador.

He de reconéixer que el repte era doble si tenim en compte que dins de la meua especialitat artística no està l'art faller, però com han reconegut experts en la matèria què millor que un gestor cultural no especialista en art faller, és a dir no viciat pel sector, per a comissariar alguna cosa que és inèdita?

D'ací, també expressar el meu agraïment en aquestes línies als protagonistes, a José Luis Ceballos i Francisco Sanabria, per haver comés la bogeria d'haver depositat la seua confiança en mi, la ja beneïda bogeria reconeguda per tots, perquè no podem ni oblidarem que en visitants i popularitat, sens dubte l'exposició de l'any 2021 del (CCCC) ha sigut "ceballos&sanabria. El Somriure de les Falles".

Una exposició en la qual s'ha presentat la històrica oportunitat de poder fer la plantà de la Falla Municipal Infantil de València en el seu moment corresponent, és a dir, al març, com ens ordena la tradició malgrat els temps que vol marcar-nos aquesta pandèmia criminal.

I alhora, la peculiaritat de coincidir la nostra proposta temporalment amb els guanyadors del 2020 i 2021, és a dir, ceballos&sanabria, perquè com hem vist, les plantades definitivament a la plaça de l'Ajuntament d'enguany han sigut les del 2020, desvirtuant així aquests temps marcats per la pandèmia, el mateix programa expositiu del (CCCC) en el qual han anat coincidint el guanyador del disseny de la falla amb la mateixa exposició.

Els nostres artistes fallers són, doncs, els més internacionals que té València, perquè el seu art és el que més internacionalitza la

año consecutivamente han venido diseñando el monumento fallero de todos los valencianos.

Pero, ¿cómo es posible que los artistas falleros, que están al pie del cañón todo el año, no tuviesen un papel predominante en la oferta expositiva propia de la fiesta de las Fallas de San José?, y en tal caso, ¿Qué papel jugaba la Falla Municipal Infantil más allá que el de un segundo plato, o ni eso?

Así, de esta manera, surgió el planteamiento de ofrecer al mismo centro expositivo de arte contemporáneo que venía acogiendo desde Okuda estas muestras, la propuesta expositiva en la que por un lado, pusiese en valor la Falla Municipal Infantil de València y por otro, a los propios artistas falleros como principales artífices de las propias fallas, valga la redundancia.

A esto, se sumaba la coincidencia que los ganadores de la Falla Municipal Infantil de València del 2021, eran dicho en modo coloquial, muy especiales. Pues con esta, eran hasta once veces los ganadores de la falla del Ayuntamiento, algo sin precedentes en esta sección. Si a esto, le sumamos también su dilatada trayectoria, de prácticamente dos décadas, teniendo en cuenta su edad, y además, la creación reconocida de un estilo propio, que es el sueño de todo artista pero logrado tan sólo por unos pocos, pues teníamos todos los componentes perfectos para presentar una propuesta imposible de rechazarse.

La propuesta al mismo tiempo era todo un reto, pues no había precedentes que en un museo o centro especializado en arte contemporáneo, se hubiese hecho jamás una exposición antológica dedicada a un artista fallero, a unos en este caso, pues estamos hablando del popular binomio formado por José Luis Ceballos y Francisco Sanabria.

De ahí también, que a mí, como gestor cultural, me surgiese la pregunta, ya justificada al inicio de estas líneas, de: ¿cómo es posible que una fiesta declarada Patrimonio de la Humanidad desde una ciudad como València, tercera capital de España, jamás se le hubiese dedicado una exposición antológica un artista fallero en un centro de arte contemporáneo?

¡Clamaba al cielo!, nunca mejor dicho, esta carencia o vacío para el que es sin duda el arte más Internacional de València, pues si València es conocida internacionalmente desde el punto de vista artístico, al menos hoy, no es por su Gótico o Barroco (con todos mis respetos), sino por su arte fallero, el que ha venido atrayendo y atrae a millones de personas de otras partes del mundo, pues es el arte más único o genuino de València, y sin duda el que mejor identifica a nuestro pueblo valenciano.

Así pues, con esta propuesta expositiva, estábamos comenzando algo nuevo, dignificando el arte fallero como auténticas obras de museo, y que mejor que de la mano de dos artistas que han llegado al corazón de los valencianos y más allá, desde hace dos décadas con su estilo y con su carisma que nos ilusiona a seguir caminando y defendiendo el arte de las fallas desde el principio hasta el final. Pues no debemos de olvidar que el artista fallero, lo es también diseñador.

Tengo que reconocer que el reto era doble si tenemos en cuenta que dentro de mi especialidad artística no está el arte fallero, pero como han reconocido expertos en la materia ¿qué mejor que un gestor cultural no especialista en arte fallero, o sea no viciado por el sector, para comisariar algo que es inédito?

De ahí, también expresar mi agradecimiento en estas líneas a los protagonistas, a José Luis Ceballos y Francisco Sanabria, por haber cometido la locura de haber depositado su confianza en mí, la ya bendita locura reconocida por todos, pues no podemos ni vamos a olvidar que en visitantes y popularidad, sin duda la exposición del año 2021 del (CCCC) ha sido "ceballos&sanabria. El Somriure de les Falles".

Una exposición en la que se ha presentado la histórica oportunidad de poder hacer la plantà de la Falla Municipal Infantil de Valencia en su momento correspondiente, o sea, en marzo, como nos ordena la tradición a pesar de los tiempos que quiere marcarnos esta pandemia criminal.

Y a la vez, la peculiaridad de coincidir nuestra propuesta temporalmente con los ganadores del 2020 y 2021, o sea, ceballos&sanabria, pues como hemos visto, las plantadas definitivamente en la Plaza del

ciutat, i a més, són els artistes que participen activament d'un art i festa reconeguts com a Patrimoni de la Humanitat, com ja hem vist. D'aquí ve que, en la Festa de les Falles, els que són coneguts per tot el món siguen els nostres artistes fallers i ningú més, i això s'ha fet visible, és a dir, s'ha materialitzat, en les cues interminables que ja han fet història en el Centre del Carme per a anar a veure l'art de José Luis Ceballos i Francisco Sanabria durant tot el període que ha durat aquesta antològica.

Però aquesta antològica no tan sols ha sigut reclam per a les milers de persones que s'han acostat al centre de cultura contemporània, sinó que ha despertat l'interés de pràcticament totes les autoritats valencianes en ple, perquè l'art de ceballos&sanabria va acompanyat d'un carisma especial que a l'uníson els fan atractius i ser estimats per tots.

D'aquí ve que hàgem vist acudir a veure l'exposició de José Luis Ceballos i Francisco Sanabria a la Vicepresidenta del Consell, Mònica Oltra, a l'Alcalde de la ciutat, Joan Ribó, vicealcaldessa, Sandra Gómez, així com a una infinitat de regidors, diputats de pràcticament tots els partits que conformen l'arc de la nostra democràcia.

I per descomptat, l'agraïment per fer la seua presència oficial en la inauguració de l'exposició al regidor de Cultura Festiva i president de la Junta Central Fallera, Carlos Galiana.

Què emotiu va ser per a tots, però principalment per a ella, Carla García, fallera major infantil de València, poder assistir i alhora iniciar amb la seua presència, la primera exposició dedicada a uns artistes fallers en un museu d'art contemporani! Els seus artistes fallers, els guanyadors de la falla que ella representa i alhora de tot el poble de València!

I és en aquest punt, quan he de reconéixer la meua satisfacció de ser el comissari d'aquesta històrica exposició, però no sols pel seu èxit, que no tenia cap dubte, sinó perquè no podria haver tingut millors mestres fallers que José Luis Ceballos i Francisco Sanabria, a ells els dec i deuré sempre tot el que sé sobre aquesta festa, que sense haver-hi participat mai activament, la porte ja ficada en el meu cor. Gràcies a ceballos&sanabria, i ho dic des de la total honestedat, he après a estimar de veritat les Falles de València, i els seus artistes, als quals tenim el deure de protegir.

I, què podria dir o aportar sobre ceballos&sanabria que no conega ja el gran públic?

Tots dos gaudeixen d'un dilatat i pràcticament idèntic currículum, doncs, a més que tan sols els separa un any en la seua data de naixement a la ciutat de València; José Luis Ceballos García, en 1978, i Francisco Sanabria Casado, en 1979, tots dos han caminat junts en la seua trajectòria artística pràcticament tota la seua vida. Fins i tot comparteixen la seua pertinença a diversos col·lectius i associacions com el Gremi Artesà d'Artistes Fallers de València o l'Associació de Professionals de la Il·lustració Valenciana.

Els seus treballs en comú, que parteixen des de 1999, es poden apreciar en diversos camps, perquè ceballos&sanabria, no és tan sols una signatura d'artistes fallers, que ja ho seria tot, sinó que són investigadors, restauradors, escultors, pintors, dissenyadors gràfics així com autors de diversos llibres exquisidament il·lustrats enfocats principalment a la cultura popular valenciana.

Pràcticament tota aquesta varietat artística s'ha pogut contemplar i gaudir en la mostra que ha acollit el Centre del Carme Cultura Contemporània amb l'antològica de ceballos&sanabria, en la qual s'ha exposat material faller, per descomptat, però també disseny gràfic quant a la cartelleria, llibres il·lustrats, gegants i capgrossos, elements decoratius fins i tot escultura, com la retratística exempta que fan per a noces en el que jo m'he obstinat a dir "hiperrealisme faller" perquè són treballades aquestes escultures amb una exquisidesa i preciosisme, que van molt més enllà de caricaturitzar el representat.

I pel que fa al material faller, tan esperat per tot el món després de mesos de buit provocat per la pandèmia, acollint el poble aquesta exposició com a *aigua de maig*, s'ha bolcat una representació de pràcticament tota la trajectòria de ceballos&sanabria, des del seu primer monument a Quart-Palomar amb *Jugant a ser major* en 2004, fins a una molt significativa mostra de la mateixa Falla Municipal Infantil de València d'aquest 2021, una cosa també mai vista.

Ayuntamiento de este año han sido las del 2020, desvirtuando así estos tiempos marcados por la pandemia, el propio programa expositivo del (CCCC) en el que han venido coincidiendo el ganador del diseño de la falla con la propia exposición.

Nuestros artistas falleros, son pues, los más internacionales que tiene València, pues su arte es el que más internacionaliza la ciudad, y además, son los artistas que participan activamente de un arte y fiesta reconocidos Patrimonio de la Humanidad como ya hemos visto. De ahí que, en la Fiesta de las Fallas, los que son conocidos por todo el mundo, sean nuestros artistas falleros y nadie más, y eso se ha hecho visible, o sea, se ha materializado, en las colas interminables que ya han hecho historia en el Centro del Carmen para ir a ver el arte de José Luis Ceballos y Francisco Sanabria durante todo el periodo que ha durado esta antológica.

Pero esta antológica, no tan sólo ha sido reclamo para las miles de personas que se han acercado al centro de cultura contemporánea, sino que ha despertado el interés de prácticamente todas las autoridades valencianas en pleno, pues el arte de ceballos&sanabria va acompañado de un carisma especial que al unísono los hacen atractivos y ser queridos por todos.

De ahí que hayamos visto acudir a ver la exposición de José Luis Ceballos y Francisco Sanabria a la Vicepresidenta del Consell, Mónica Oltra, al Alcalde de la ciudad, Joan Ribó, Vicealcaldesa, Sandra Gómez, así como a un sinfín de concejales, diputados de prácticamente todos los partidos que conforman el arco de nuestra democracia.

Y por supuesto, el agradecimiento por hacer su presencia oficial en la inauguración de la exposición al Concejal de Cultura Festiva y Presidente de Junta Central Fallera, Carlos Galiana.

¡Qué emotivo fue para todos, pero principalmente para ella, Carla García, Fallera Mayor Infantil de València, poder asistir y a la vez iniciar con su presencia, la primera exposición dedicada a unos artistas falleros en un museo de arte contemporáneo! ¡Sus artistas falleros, los ganadores de la falla que ella representa y a la vez de todo el pueblo de València!

Y es en este punto, cuando tengo que reconocer mi satisfacción de ser el comisario de esta histórica exposición, pero no sólo por su éxito, que no me cabía ninguna duda, sino porque no podría haber tenido mejores maestros falleros que José Luis Ceballos y Francisco Sanabria, a ellos les debo y deberé siempre todo cuanto se sobre esta fiesta, que sin haber participado jamás de ella activamente, la llevo ya metida en mi corazón. Gracias a ceballos&sanabria, y lo digo desde la total honestidad, he aprendido a amar de verdad a las Fallas de València, y a sus artistas, a los que tenemos el deber de proteger.

Y, ¿qué podría decir o aportar sobre ceballos&sanabria que no conozca ya el gran público?

Ambos gozan de un dilatado y prácticamente idéntico currículum, pues, además que tan sólo les separa un año en su fecha de nacimiento en la ciudad de València; José Luis Ceballos García, en 1978, y Francisco Sanabria Casado, en 1979, ambos han caminado juntos en su trayectoria artística prácticamente toda su vida. Incluso comparten su pertenencia a diversos colectivos y asociaciones como el Gremio Artesano de Artistas Falleros de València o la Asociación de Profesionales de la Ilustración Valenciana.

Sus trabajos en común, que parten desde 1999, se pueden apreciar en diversos campos, pues ceballos&sanabria, no es tan sólo una firma de artistas falleros, que ya lo sería todo, sino que son investigadores, restauradores, escultores, pintores, diseñadores gráficos así como autores de diversos libros exquisitamente ilustrados enfocados principalmente a la cultura popular valenciana.

Prácticamente toda esta variedad artística se ha podido contemplar y disfrutar en la muestra que ha acogido el Centre del Carme Cultura Contemporània con la antológica de ceballos&sanabria, en la que se ha expuesto material fallero, por supuesto, pero también diseño gráfico en cuanto a la cartelería, libros ilustrados, gigantes y cabezudos, elementos decorativos incluso escultura, como la retratística en bulto redondo que hacen para bodas en lo que yo me he empeñado en llamar "hiperrealismo fallero" pues son trabajadas estas esculturas con una exquisitez y preciosismo, que van mucho más allá de caricaturizar al representado.

Y en lo que respecta al material fallero, tan esperado por todo el mundo tras meses de vacío provocado por la pandemia, acogien-

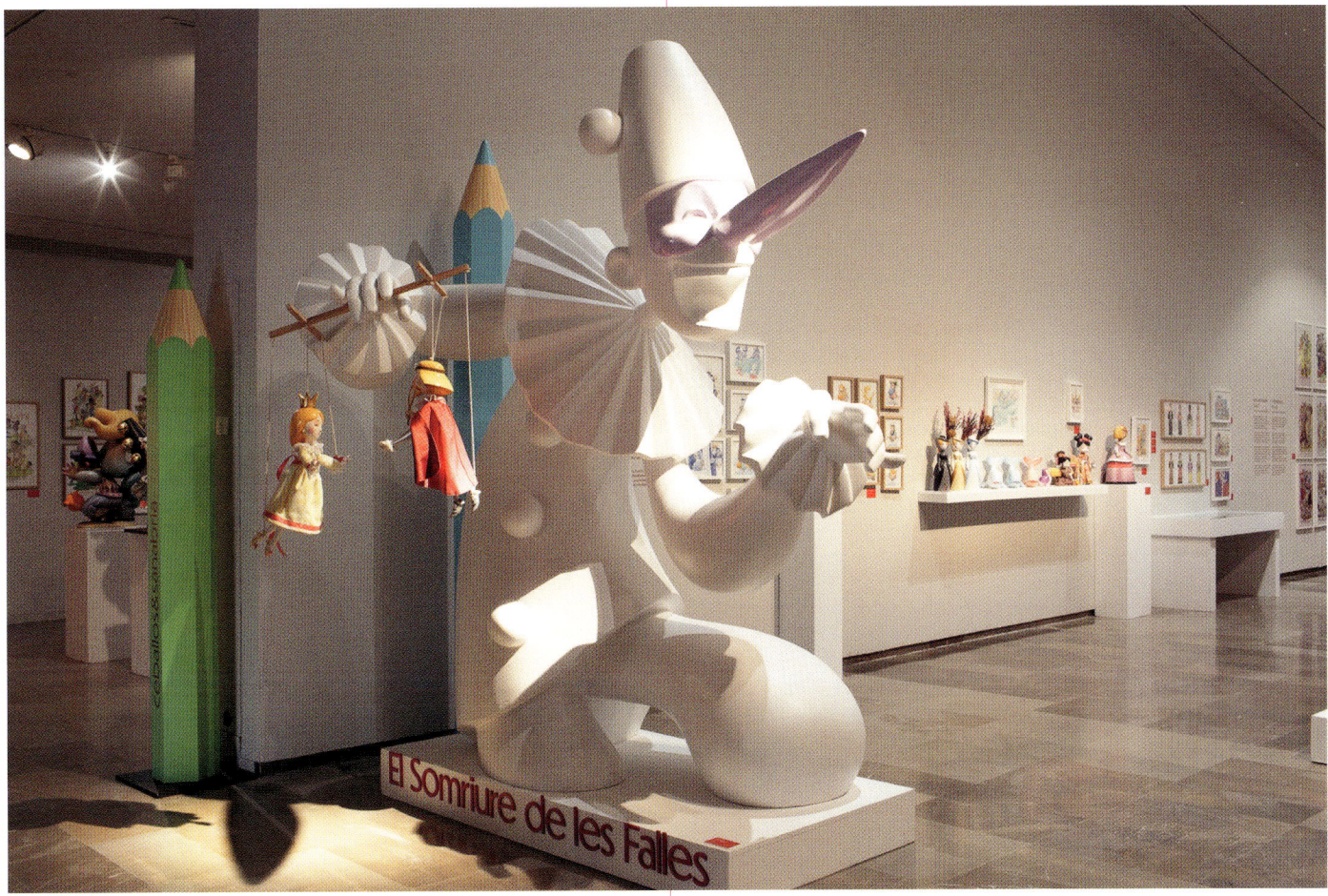

També s'han exposat peces popularment conegudes, i dic popularment perquè a més que ho són per les seues pròpies circumstàncies, van ser notícia de premsa en el seu moment, com és el ninot de la Verge dels Desemparats que va formar part de la Falla Municipal Infantil de València de l'any 2013, amb el nom de la *València Daurada*, indultat de manera extraordinària per la llavors alcaldessa de la ciutat, Rita Barberá. Una obra, que encara hui, continua despertant moltíssim interés per les seues qualitats i les seues qualitats, fins i tot m'atrevisc a dir, una obra originalíssima que he vist a posteriori plagiada fins a l'avorriment, fins i tot l'he vista plagiada en figuretes de marxandatge *made in China*.

L'exposició òbviament no ha reunit tota obra de ceballos&sanabria, en primer lloc perquè necessitaríem tot el Centre del Carme per a tal efecte, i en segon lloc perquè no tindria gaire sentit abastar obra sense més, ja que això és una antològica d'una trajectòria artística que fa dues dècades que creix als carrers de València, junt i amb el poble, del qual d'una manera o una altra sempre ha fet partícip, perquè l'art de José Luis Ceballos i Francisco Sanabria, cert que té una especialitat infantil, però està enfocada per a tots els públics, ens involucra a tots. Perquè el seu art està sostingut sempre d'investigació i bon criteri.

Jo mateix, que sóc doctor en història de l'art, reconec el molt i molt que he aprés d'història de València en aquesta exposició, quantes coses que no s'ensenyen sobre la nostra benvolguda ciutat en la Universitat, una llàstima, però és la realitat i que tenim l'oportunitat d'aprendre amb ceballos&sanabria en els seus monuments, perquè són autèntiques lliçons tots ells d'història del nostre poble.

Quants som els de la meua generació nascuts en 1989 i avant, que no hem tingut l'ocasió de conéixer ni tan sols de sentir parlar de Blanqueta?, en pau descanse, un personatge imprescindible per a història del nostre Barri del Carme, que jo mateix he tingut el plaer de conéixer i descobrir per a aquesta exposició antològica de ceballos&sanabria així com molts altres, però també anècdotes curiosíssimes com el cas del Follet de l'Espart, el primer fenomen *polter-*

do el pueblo esta exposición como *agua de mayo*, se ha volcado una representación de prácticamente toda la trayectoria de ceballos&sanabria, desde su primer monumento en Quart-Palomar con *Jugant a ser major* en 2004, hasta una muy significativa muestra de la propia Falla Municipal Infantil de València de este 2021, algo también nunca visto.

También se han expuesto piezas popularmente conocidas, y digo popularmente porque además de que lo son por sus propias circunstancias, fueron noticia de prensa en su momento, como es el ninot de la Virgen de los Desamparados que formó parte de la Falla Municipal Infantil de València del año 2013, con el nombre de La *València Daurada*, indultado de forma extraordinaria por la entonces alcaldesa de la ciudad, Rita Barberá. Una obra, que todavía hoy, sigue despertando muchísimo interés por sus calidades y sus cualidades, incluso me atrevo a decir, una obra originalísima que he visto a posteriori plagiada hasta la saciedad, incluso la he visto plagiada en figuritas de merchandising *Madre in China*.

La exposición obviamente no ha reunido toda obra de ceballos&sanabria, en primer lugar porque necesitaríamos todo el Centro del Carmen para tal efecto, y en segundo lugar porque no tendría ningún sentido abarcar obra sin más, pues, esto es una antológica de una trayectoria artística que lleva dos décadas creciendo en las calles de València, junto y con el pueblo, del que de una manera u otra siempre ha hecho partícipe, pues el arte de José Luis Ceballos y Francisco Sanabria, cierto que tiene una especialidad infantil, pero está enfocada para todos los públicos, nos involucra a todos. Pues su arte está respaldado siempre de investigación y buen criterio.

Yo mismo, que soy doctor en historia del arte, reconozco lo muy y mucho que he aprendido de historia de València en esta exposición, cuantísimas cosas que no se enseñan sobre nuestra querida ciudad en la Universidad, una lástima, pero es la realidad y que tenemos la oportunidad de aprender con ceballos&sanabria en sus monumentos, pues son auténticas lecciones todos ellos de historia de nuestro pueblo.

geist documentat a Espanya ocorregut també en l'esmentat Barri del Carmen al començament del segle XX i que punts hem descobert també gràcies a l'art faller.

Una exposició distribuïda en tres grans blocs: LA CASA DEL CORRETGER, UN ESPECTACLE DE VARIETATS i finalment, I VAN TOCAR LES DEU I LES ONZE. Tot això precedit per la figura colossal de Putxinel·li, el gran símbol o icona dels artistes ceballos&sanabria que donava la benvinguda a cada visitant de l'exposició.

Del primer bloc, destacaria sens dubte el ja esmentat ninot de la Verge dels Desemparats, perquè el que els artistes José Luis Ceballos i Francisco Sanabria, van adornar, com si es tractara d'un altar d'església, amb els seus també populars àngels músics que també m'atrevisc a dir, que després dels que van fer Francesco Pagano i Paolo de San Leocadio per a l'absis de la Catedral de València, són les interpretacions més exquisides i gracioses.

Pel que fa al segon bloc, destacaria tota la part del disseny escultòric i gràfic de ceballos&sanabria, un bloc en el qual destaca el preciosisme amb el qual treballen els dos artistes en cadascuna de les peces que fabriquen. Però també podríem destacar els gegants i capgrossos exposats, amb molt bon criteri. I què hem de dir de la balena Josefina, en un format colossal, un altre de les grans icones de José Luis Ceballos i Francisco Sanabria.

I l'últim bloc, dedicat a la mateixa Falla Municipal Infantil de València del 2021, i en la seua peculiaritat de presentar-se en conjunt amb la del 2020, en ser també ells els guanyadors i per no haver-se pogut cremar per la mateixa circumstància de la pandèmia. Aquest sector de l'exposició va ser sens dubte el gran *photocall* d'aquesta antològica que ja ha fet història i que desitge que siga el començament d'una trajectòria a seguir per part de les institucions museístiques, perquè si no cuidem la nostra festa, per molt Patrimoni de la Humanitat que siga, desapareixerà, o canviarà de tal manera que ja no serà el que hem conegut fins ara com les Falles de València.

La veritat és que m'agraden els reptes, perquè fins al moment, aquesta és la segona exposició que he acceptat comissariar. La primera dedicada a recuperar la memòria del pintor valencià Luis Dubón en una també antològica en el Museu de la Il·lustració i de la Modernitat de València (MuVIM) exhibint més de tres-centes peces sobre aquest autor. I en aquesta ocasió, l'antològica més que merescuda de José Luis Ceballos i Francisco Sanabria en un format nou per a aquest sector en el món de l'art contemporani en una mostra de més de dues-centes peces.

Concloc agraint una vegada més la valentia del Centre del Carme Cultura Contemporània, quan aposta per aquest projecte en el qual també ens sentim orgullosos i satisfets pels bons moments que ha pogut aportar a aquest centre expositiu d'art contemporani de la nostra Comunitat Valenciana. Per descomptat, agrair al nostre cap d'Exposicions Vicente Samper, per aguantar aquest comissari i pel seu bon criteri i paciència, en moments complicats que tota exposició presenta i que figures amb aquesta solvència són fonamentals. I per descomptat als protagonistes de tota aquesta moguda, a José Luis Ceballos i Francisco Sanabria, que m'ho han posat molt fàcil, i la seua sobrada professionalitat ha sigut també exemple per a mi com a comissari, del qual sens dubte el millor regal que m'emporte és la seua amistat.

¿Cuántos somos los de mi generación nacidos en 1989 y para delante, que no hemos tenido la ocasión de conocer ni siquiera de escuchar hablar de Blanquita?, en paz descanse, un personaje imprescindible para historia de nuestro Barrio del Carmen, que yo mismo he tenido el placer de conocer y descubrir para esta exposición antológica de ceballos&sanabria así como otros muchos, pero también anécdotas curiosísimas como el caso del Duende del Esparto, el primer fenómeno *poltergeist* documentado en España ocurrido también en el mencionado Barrio del Carmen a comienzos del siglo XX y que tantos hemos descubierto también gracias al arte fallero.

Una exposición distribuida en tres grandes bloques: LA CASA DEL CORRECHER, UN ESPECTÁCULO DE VARIEDADES y por último, Y NOS DIERON LAS DIEZ Y LAS ONCE. Todo esto precedido por la figura colosal del Polichinelo, el gran símbolo o icono de los artistas ceballos&sanabria que daba la bienvenida a cada visitante de la exposición.

Del primer bloque, destacaría sin duda el ya mencionado ninot de la Virgen de los Desamparados, para que el que los artistas José Luis Ceballos y Francisco Sanabria, adornaron, como si de un altar de iglesia de tratase, con sus también populares ángeles músicos que también me atrevo a decir, que después de los que hicieron Francesco Pagano y Paolo de San Leocadio para el ábside de la Catedral de València, son las interpretaciones más exquisitas y graciosas.

En lo que respecta al segundo bloque, destacaría toda la parte del diseño escultórico y gráfico de ceballos&sanabria, un bloque en el que destaca el preciosismo con el que trabajan las dos artistas en cada una de las piezas que fabrican. Pero también podríamos destacar los gigantes y cabezudos expuestos, con muy buen criterio. Y que decir de la ballena Josefina, en un formato colosal, otro de los grandes iconos de José Luis Ceballos y Francisco Sanabria.

Y el último bloque, dedicado a la propia Falla Municipal Infantil de València del 2021, y en su peculiaridad de presentarse en conjunto con la del 2020, al ser también ellos los ganadores y al no haberse podido quemar por la propia circunstancia de la pandemia. Este sector de la exposición fue sin duda el gran *fhotocall* de esta antológica que ya ha hecho historia y que deseo sea el comienzo de una trayectoria a seguir por parte de las instituciones museísticas, pues si no cuidamos nuestra fiesta, por muy Patrimonio de la Humanidad que sea, desaparecerá, o cambiará de tal manera que ya no será lo que hemos conocido hasta ahora como las Fallas de València.

Lo cierto es que me gustan los retos, pues hasta el momento, esta es la segunda exposición que he aceptado comisariar. La primera dedicada a recuperar la memoria del pintor valenciano Luis Dubón en una también antológica en el Museu de la Il.lustració i de la Modernitat de València (MuVIM) exhibiendo más de trecientas piezas sobre este autor. Y en esta ocasión, la antológica más que merecida de José Luis Ceballos y Francisco Sanabria en un formato nuevo para este sector en el mundo del arte contemporáneo en una muestra de más de doscientas piezas.

Concluyo agradeciendo una vez más la valentía del Centre del Carme Cultura Contemporània, apostando por este proyecto en el que también nos sentimos orgullosos y satisfechos por los buenos momentos que ha podido aportar a este centro expositivo de arte contemporáneo de nuestra Comunidad Valenciana. Por supuesto, agradecer a nuestro Jefe de Exposiciones Vicente Samper, por aguantar a este comisario y por su buen criterio y paciencia, en momentos complicados que toda exposición presenta y que figuras con esta solvencia son fundamentales. Y por supuesto a los protagonistas de toda esta movida, a José Luis Ceballos y Francisco Sanabria, que me lo han puesto facilísimo, y su sobrada profesionalidad ha sido también ejemplo para mí como comisario, del que sin duda el mejor regalo que me llevo es su amistad.

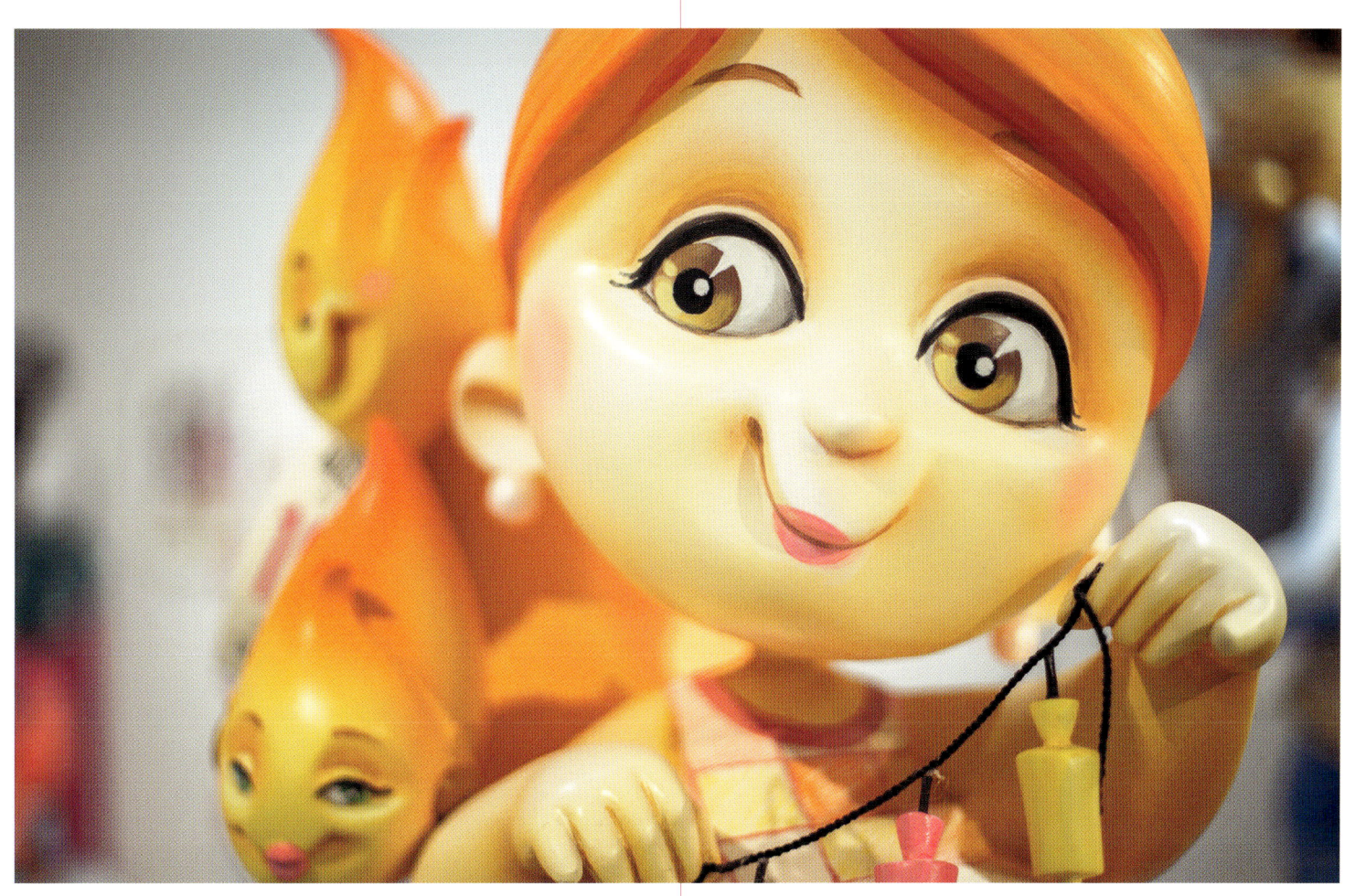

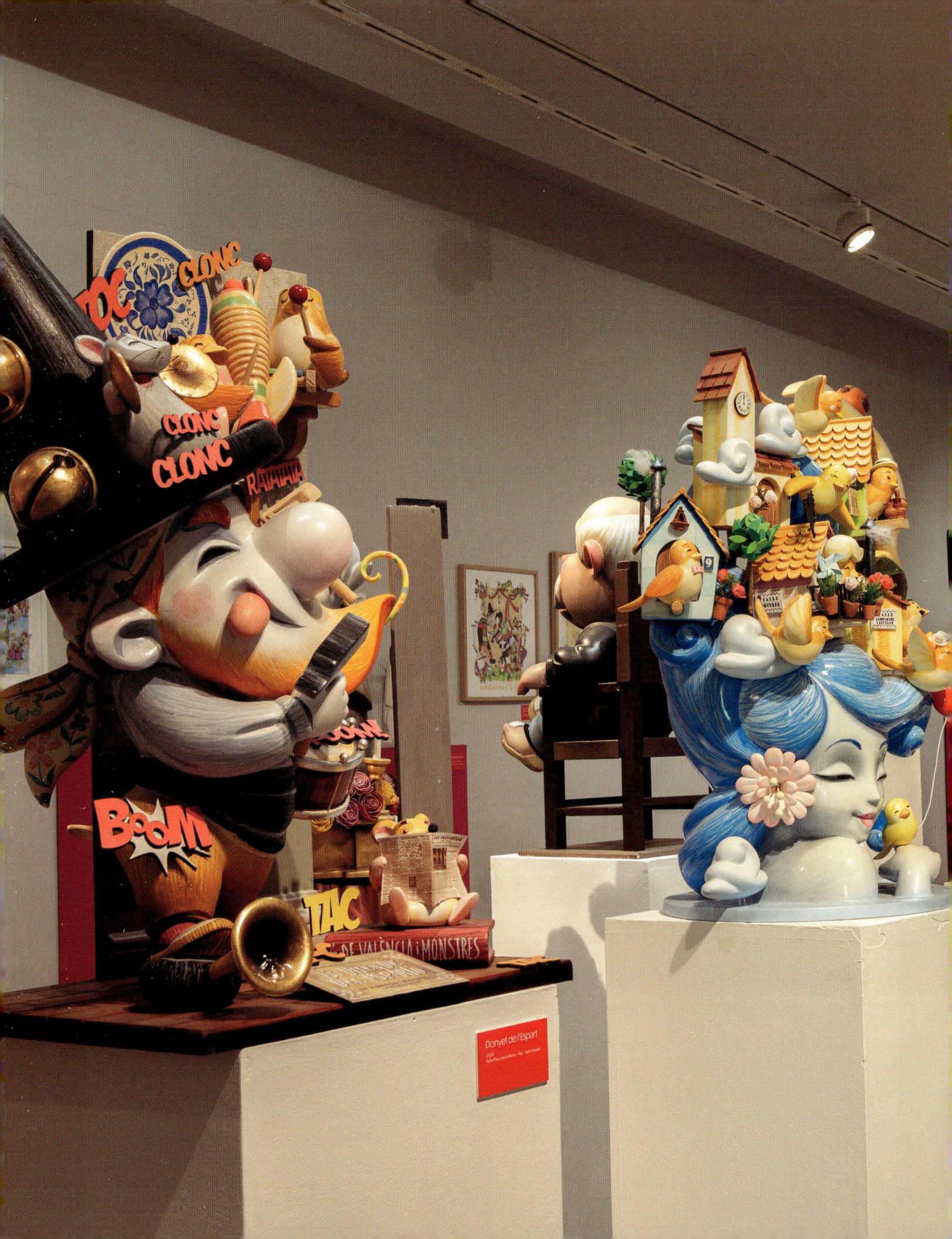

El reflex de la personalitat il·lustrada

Marina Puche

Ceballos i Sanabria, Jose Luis i Paco, els meus amics artistes. Molts anys han passat des de les nostres classes d'Anatomia a la Facultat de Belles Arts (allí va ser on ens vam conéixer) i moltes falles fins a arribar a esta meravellosa exposició. Un llarg recorregut ple de riures, experiència, hores de taller, anècdotes, rimes falleres i molt amor a esta professió.

Quan vaig conéixer estos artistes, ràpidament em vaig adonar que els dos tenien una cosa especial, un humor molt faller, per això de seguida vaig congeniar amb ells. Els dos eren seguidors de les falles i, especialment, em van dir que de mon pare, Pepe Puche. I, a més, tots estàvem absolutament bojos pel món de les falles, en una època en què no estava encara massa ben vist en la nostra Facultat de Belles Arts.

Per circumstàncies de la vida, tant el professor i artista José Luis Álvarez, com ells, com jo, tots hem acabat fent les nostres falletes, compartint els inicis i la gran passió d'este món, i tots nosaltres, junt a Pepe Puche —mon pare i artista faller, que ens orientà a tots—, creàrem una infinitat d'anècdotes d'este art faller, durant molts anys. Amistat i falles, ninots, rutes falleres es van barrejar en la nostra vida.

Amb el pas dels anys, i amb diverses falles a l'esquena, m'he adonat que ells reflecteixen en les seues falles tal com són, la seua personalitat està en cada un dels projectes, fent-nos riure i transmetent alegria amb un toc rapaç. Les seues falles estan plenes de ninots que transmeten un gran somriure i fan que les seues falles contagien un optimisme infantil, i és que les falles són això per a mi, gràcia i alegria al carrer, color, i en donar-los la volta, als seus projectes, saps que és inevitable acabar sempre un bon sabor de boca i, en el detall més inesperat, amb una riallada. I és que quan jo quede amb Paco i Jose Luís és que serà una vetlada de riures, i que tornaré amb les piles carregades. Amb les seues falles em passa igual, sempre són un impàs en la ruta fallera en què saps que gaudiràs.

El seu interés per les arts, la restauració, els pintors, escultors, mitologia i art valencià sempre ha quedat indirectament o directament plasmat en les seues falletes, amb temes que no eren fàcils, com els Àngels portats a la Falla Infantil de l'Ajuntament l'any..., acostant d'una manera senzilla als més menuts el patrimoni valencià, que es va convertir en una falla icònica culminada amb gran èxit; així és que podem dir que han fet una labor d'expansió i comprensió de la nostra cultura valenciana.

Estèticament, els seus angles combinats en les seues figures per a crear formes còncaves i convexes en el seu modelatge crea un equilibri que dona molt de dinamisme a les falles, com el preciós "policcinello" que van fer en la falla Quart-Palomar, en què si sintetitzes esquemàticament les seues falles, trobaràs un estudi de la composició perfecta.

Em meravella la manera que tenen de treballar. He anat moltes vegades al seu taller i tenen un procés en què són totalment compatibles a l'hora de modelar i pintar, creant una sinergia perfecta: un es pot encarregar de pintar els ulls mentre l'altre s'especialitza en les boques i els cabells. El més curiós de tot és que, finalment, el conjunt de la falla és meravellós, i el fet d'estar feta per ells dos es veu ampliat en humor, color i resultat. Sempre he pensat en la sort que van tindre de conéixer-se, ja que es complementen, i no sols això, sinó que el seu talent s'augmenta per a portar grans obres a cap. Converses d'acords i desacords, n'he viscut com a espectadora sobre elements que havien d'aparéixer en la falla o no. Finalment, a pesar que el pressupost no s'hi ajustava o que la falla ja estava acabada i un xicotet detall graciós se'ls havia ocorregut amb la pressió de la plantà ja a prop, ells sempre decideixen afegir-lo. Això només es pot fer si tens amor al teu treball i passió que et lleva hores de son per a donar-li'l al projecte.

Ceballos y Sanabria, Jose Luis y Paco, mis amigos artistas. Muchos años han pasado desde nuestras clases de anatomia en la facultad de Bellas Artes, (allí fue donde nos conocimos) y muchas fallas hasta llegar a esta maravillosa exposición. Un largo recorrido lleno de risas, experiencia, horas de taller, anécdotas, rimas falleras y mucho amor a esta profesión.

Cuando conocí a estos artistas, rápidamente me di cuenta de que ambos tenían algo especial, un humor muy fallero, por lo que enseguida congenié con ellos. Ambos eran seguidores de las fallas, y en especial me dijeron que de mi padre, Pepe Puche. Y además todos estábamos absolutamente locos por el mundo de las fallas, en una época que no estaba todavía, demasiado bien visto en nuestra facultad de Bellas Artes.

Por circunstancias de la vida tanto el profesor y artista Jose Luis Alvarez, como ellos, como, yo, todos terminamos haciendo nuestras fallitas, compartiendo los inicios y la gran pasión de este mundo, y todos nosotros junto con Pepe Puche, mi padre y artista fallero, que nos orientó a todos, creamos un sinfín de anécdotas de este arte fallero, durante muchos años. Amistad y fallas, ninots, rutas falleras se entremezclaron en nuestra vida.

Con el paso de los años, y con varias fallas a las espaldas, me he dado cuenta que ellos reflejan en sus fallas tal y como son, su personalidad está en cada uno de los proyectos, haciéndonos reir, y transmitiendo alegría con un toque rapaz. Sus fallas están llenas de ninots que transmiten una gran sonrisa haciendo que sus fallas contagien un optimismo infantil, y es que las fallas son eso para mi, gracia y alegría en la calle, color, y al darles la vuelta sus proyectos sabes que es inevitable acabar siempre un buen sabor de boca, y en el detalle más inesperado, con una carcajada. Y es que cuando yo quedo con Paco y Jose Luís se que va a ser una velada de risas, y que voy a volver con las pilas cargadas. Con sus fallas me sucede lo mismo, siempre son un impás en la ruta fallera en la que sabes que vas a disfrutar.

Su interés por las artes, la restauración los pintores, escultores, mitología y arte valenciano, siempre ha quedado indirecta o directamente plasmado en sus fallitas, llevando temas que no eran fáciles como los Ángeles llevados a falla infantil del ayuntamiento en el año, acercando de una manera sencilla a los mas pequeños el patrimonio valenciano, convirtiéndose en una falla icónica culminada con gran éxito, así que podemos decir que han hecho una labor de expansión y comprensión de nuestra cultura valenciana.

Estéticamente, sus ángulos combinados en sus figuras creándo formas cóncavas y convexas en su modelado crea un equilibrio, que da mucho dinamismo a las fallas, como el precioso " policcinello " que realizaron en la falla Quart Palomar, en la que si sintetizases esquemáticamente sus fallas, encontraras un estudio de la composición perfecta.

Me maravilla la forma que tienen de trabajar, he ido muchas veces a su taller y tienen un proceso en el que son totalmente compatibles a la hora de modelar y pintar, creando una sinergia perfecta, uno se puede encargar de pintar los ojos mientras que otro se especializa en las bocas y los pelos, lo curioso de todo es que finalmente el conjunto de la falla es maravilloso, y el hecho de estar hecha por ellos dos se ve ampliado en humor, color y resultado. Siempre he pensado en la suerte que tuvieron de conocerse, ya que se complementan y no solo eso, si no que su talento se aumenta para llevar grandes obras a cabo. Conversaciones de acuerdos y desacuerdos, he vivido como espectadora sobre elementos que debían aparecer en la falla o no, finalmente, a pesar de que el presupuesto no se ajustaba, o que la falla ya estaba acabada y un pequeño detalle gracioso se les había ocurrido con la presión de la plantá ya cerca, ellos siempre deciden añadirlo. Esto

Sort que jo també vaig tindre de conéixer-los, ja que l'entrada a les falles, sent filla i neta d'artista, em produïa una certa por. No obstant això, tot va arribar rodat amb ells, en proposar-me fer la falleta els tres, de Quart-Palomar, l'any 2010; jo la dissenyava, ells la modelaven i la preparaven, i jo la pintava. Una falla a tres, sempre lleva pressió. Així portàrem a terme el projecte, ple de llibertat, riures i ganes, per això sempre els estaré agraïda.

Em queda ressaltar el respecte que ells tenen cap a les falles anteriors. Em fa l'efecte que a vegades s'entra en este món sense tirar la vista arrere; estos artistes respecten l'essència del que és la falla. Així, en els seus treballs se sent que part d'esta tradició viu en elles, continuen donant importància als versos, a les rimes, als remats visibles sense que es convertisquen en una pila de ninots amuntegats. I és que mirant el passat es pot aprendre molt d'art i composició. Sense dubte, crec que ells ho han aconseguit, ja que les han portades al seu terreny i creant un llenguatge fresc i infantil. Les seues falles ens conten moltes coses, ens diverteixen i gaudim de la seua bellesa. Qualsevol aficionat a les falles sap que les seues propostes sempre s'ha d'anar a veure-les.

solo se puede hacer si tienes cariño a tu trabajo y pasión que te roba horas de sueño para dárselo al proyecto.

Suerte que yo también tuve al conocerlos, ya que la entrada a las fallas, siendo hija y nieta de artista me producía cierto pavor. Sin embargo todo llegó rodado con ellos, al proponerme hacer la fallita los tres, de Quart- Palomar, en el año 2010, yo la diseñara, ellos la modelaran y prepararan, y yo la pintara. Una falla a tres, siempre quita presión . Así llevamos a cabo el proyecto, lleno de libertad, risas y ganas, en el que siempre les estaré agradecida.

Me queda resaltar el respeto que ellos tienen hacia las fallas anteriores, me da la impresión que a veces se entra en este mundo sin echar la vista atrás, estos artistas respetan la esencia de lo que es la falla, así en sus trabajos se siente que parte de esta tradición vive en ellas, le siguen dando importancia, a los versos, las rimas, los remates visibles sin que se conviertan en un montón de ninots amontonados, y es que mirando al pasado se puede aprender mucho de arte y composición, sin duda creo que ellos lo han conseguido , ya que llevado a su terreno y creando un lenguaje fresco e infantil, sus fallas nos cuentan muchas cosas, nos divierten y disfrutamos de su belleza. Cualquier aficionado a las fallas, sabe que sus propuestas siempre hay que ir a verlas.

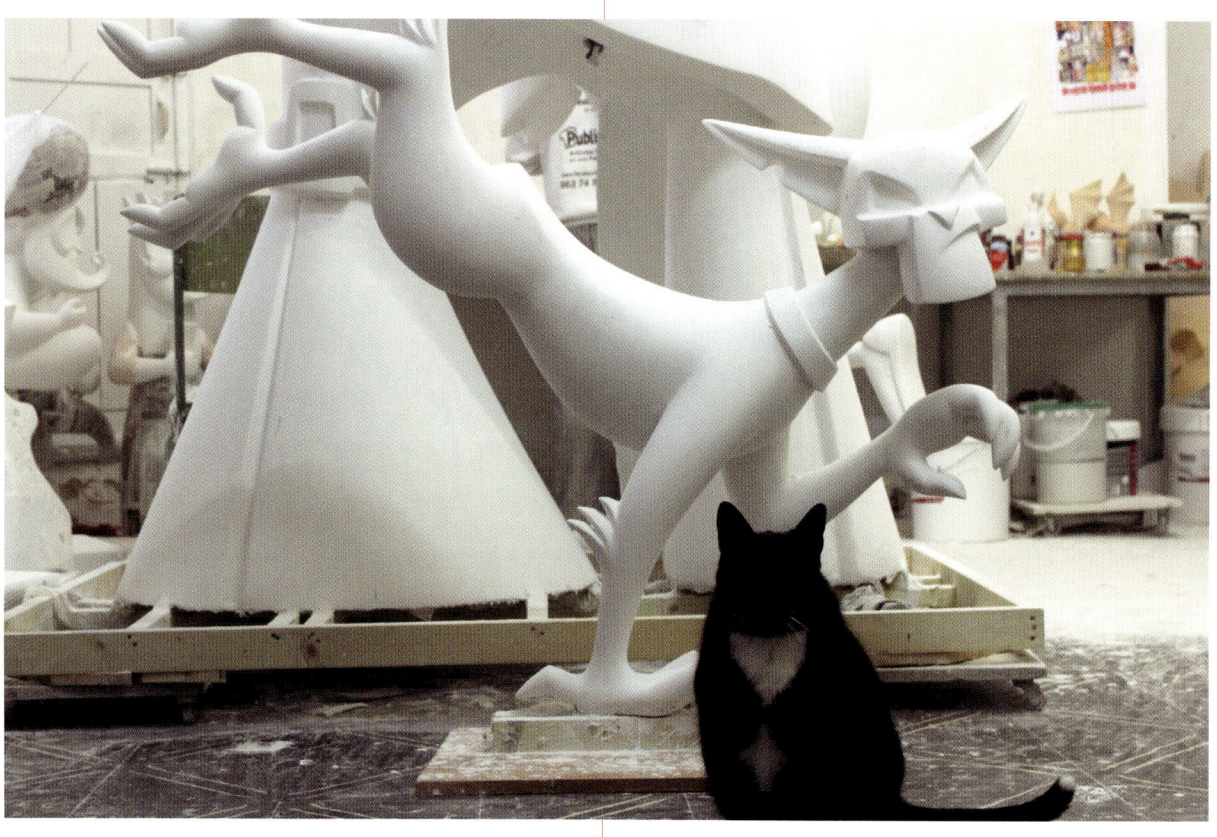

Em quede amb els "quatre"

Félix Crespo Hellín

Pot ser que hi haja moltes formes i maneres de descriure les persones per les seues obres, les seues accions o la seua trajectòria... És fàcil, relativament fàcil quan l'estadística, les dades d'hemeroteca, els arxius de premsa i les bases de dades estan ací per a facilitar-ho tot i, per descomptat, per a interpretar-ho. Cada u segons el seu criteri i al seu gust, forma i manera.

Però quan tractes de parlar d'algú des dels sentiments, difícilment trobaràs l'equanimitat en les teues paraules; encara més, busques decididament perdre este difícil equilibri en la balança de la valoració per a anar-te'n al costat del sentiment, de l'afecte, de l'estima, d'haver compartit mil moments que només les parets del seu singular taller podrien revelar, o del Bar dels Jubilats amb els entrepans de la Mari en interminables esmorzars de riures, o de les abraçades i infinits sermons de Don Sebastián amb motiu de les festes del barri...

Doncs sí, preferisc valorar l'amistat i l'afecte de José Luis i de Paco, perquè estic segur que de Ceballos&Sanabria en parlaran altres que saben infinitament més que jo d'art faller i sabran fer millor cirurgia artística que jo.

Preferisc quedar-me amb dos persones que són pur sentiment en tot allò que fan, que viuen, que transmeten... preferisc destacar d'ells la seua noblesa com a persones, els seus valors humans envers els altres ajudant en mil i una situacions de dificultat, la seua amistat sense condicions i sense estipulacions... simplement senzilla, sincera, oberta, afectuosa i fins i tot entranyable.

Em faltarien adjectius per a parlar de Paco i de José Luis, des que una freda vesprada de Sant Josep, allà pel barri de Natzaret i a escasses hores de la Cremà, les nostres mans es van ajuntar per primera vegada en una protocol·lària salutació quasi institucional, però que va donar pas a una amistat de les que et dius a tu mateix... "estos dos valen la pena, són bona gent i transmeten valors. No sols en el seu treball, sinó en el seu dia a dia, per això fan les falles que fan. Són gent d'ànima sincera i cor obert. Senzills i humils, però grans en esperit i valors".

Sou eixa estirp de persones que voldries tindre sempre al teu costat. D'eixes que per desgràcia hui ja no trobes fàcilment. Que ningú vos modele o tracte de forjar de forma diferent de com sou. Ni tan sols deixeu que els colps durs de la vida vos vencen. Sou irreductibles. I si algun dia flaquegeu pel que siga, crideu-me, que se n'anem a Conca a saludar a Marisol, la vostra Deessa encoberta i anònima.

Molta gent coneixerà i parlarà de Ceballos&Sanabria. Quina sort tenen i que magnífiques paraules vos estaran dedicant per a valorar la fita que heu marcat en les Falles Infantils. Jo preferisc José Luis i Paco... o espera..., no..., deixeu-me ser un poc egoista..., perquè em quede amb "els quatre". No els canvie per res (a cap dels quatre)...!!!!

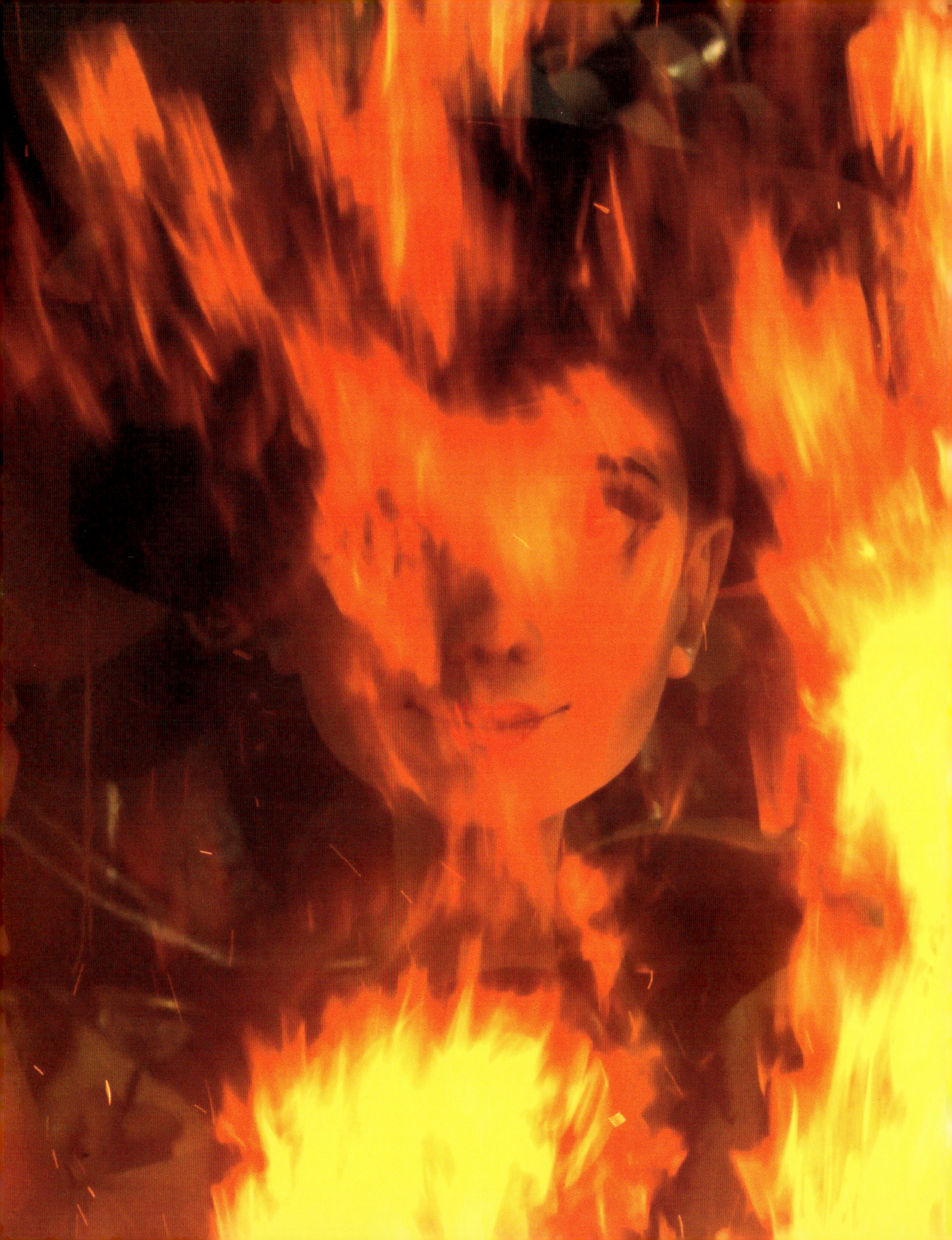

Jugant a ser majors

Iván Tortajada

Era 19 de març de 2004, jo tenia a penes 12 anys i com era habitual mirava amb il·lusió la Cremà de les falles que oferia Canal 9. Per descomptat, em vaig assegurar que el reproductor de VHS estava gravant eixe moment per a conservar-lo sempre. La veu de María Abradelo ressonava en el menjador de ma casa, anava a retransmetre la cremà de la falla Quart- Palomar, on un impecable Pepe Puche havia guanyat el primer premi de les Falles de Secció 1a A. Entre connexió i connexió va arribar el torn de la cremà de la Falla Infantil. «Paco Sanabria i Jose Luís Ceballos són dos joves que sense experiència han plantat la seua primera falla, "Jugant a ser major", arribaran lluny». Eixe és el moment exacte en què vaig sentir per primera vegada el seu nom.

A partir d'eixe moment van iniciar un camí ascendent en què cada any ens sorprenien amb un nou projecte didàctic. Jo compararia els seus treballs, en general, i les seues falles, en particular, a l'abraçada d'un amic, a submergir-te en un ambient on et sents còmode i càlid, i del qual sempre ixes millor que has arribat. És saltar en un llit elàstic, ja que tens alegria i diversió, i et despreocupes sabent que sempre hi ha una cosa blaneta que t'acull en el seu joc artístic.

Joc del qual eixiràs més savi, perquè el seu increïble coneixement sobre elements del folklore, la cultura i idiosincràsia valenciana no ho explica cap llibre tan bé com ells ho expressen.

N'eixiràs més orgullós, perquè saben fer valdre eixos elements diferenciadors de la nostra terra, el seu compromís excedeix l'àmbit purament artístic perquè són persones realment implicades en el desenrotllament del seu benvolgut barri, Sant Isidre, promouen iniciatives de millora i participen en la vida quotidiana del lloc, formen part significativa del seu creixement i evolució.

N'eixiràs més alegre, ja que no perden ocasió (sobretot als carrers de Sant Isidre), de participar en tota mena d'actes de dramatització o ball, i és que cal ser molt generós i molt atrevit per a dedicar el teu temps i la teua genialitat perquè altres persones gaudisquen, dignes hereus de Rafael Conde, #uncarrerperaltiti.

D'esta bona abraçada que són Ceballos i Sanabria, n'eixiràs, de segur, més curiós, ja que despertaran inquietuds en tu, la seua vocació per la falla didàctica sumat al seu gran coneixement quant a tècniques artístiques, materials i processos, fa que qualsevol acostament a la seua obra siga enriquidor a tots els nivells, tant conceptual com tècnic.

Moltes vegades, parlant amb altres companys de professió hem comentat com d'increïble és la capacitat de treball que tenen, semblen posseïdors d'un giratemps que permet abordar tota classe de treballs, que van de la ceràmica a les falles, de la il·lustració a la restauració, del ball a la representació teatral.

Una versatilitat que no fa més que reforçar el concepte del treball en equip. Paco i Jose Luís, Jose Luís i Paco, moltes vegades quan parle, encara que siga només amb un d'ells, ho faig en plural, perquè hi ha una simbiosi que és tan bona, que funciona com una unitat. Posseir una trajectòria conjunta tan llarga en un treball que desgasta tant i on els egos són rarament ben gestionats, és realment digne d'admirar.

Estic segur que som molts els xiquets que "jugant a ser majors" hem volgut ser artistes fallers, tenim en Paco i Jose Luís un espill on mirar-nos, gràcies per regalar-nos la vostra pulsió artística, gràcies per ser imprescindibles, gràcies en definitiva per ser "El somriure de les Falles".

Era 19 de Marzo de 2004, yo tenía apenas 12 años y como era habitual miraba con ilusión la cremà de las fallas que ofrecía Canal 9. Por supuesto me aseguré de que el reproductor de VHS estaba grabando ese momento para conservarlo siempre. La voz de María Abradelo resonaba en el comedor de mi casa, iba a retransmitir la cremà de la falla Quart- Palomar, donde un impecable Pepe Puche se había alzado con el primer premio de las fallas de sección 1ªA. Entre conexión y conexión llegó el turno de la cremà de la falla infantil. "Paco Sanabria y Jose Luís Ceballos son dos joves que sense experiència han plantat la seua primera falla, "Jugant a ser major", arrivaran lluny" ese es el momento exacto en el que escuché por primera vez su nombre.

A partir de ese momento iniciaron un camino ascendente en el que cada año nos sorprendían con un nuevo proyecto didáctico. Yo compararía sus trabajos en general, y sus fallas en particular al abrazo de un amigo, a sumergirte en un ambiente donde te sientes cómodo y cálido, y del que siempre sales mejor de lo que llegaste. Es saltar en una cama elástica ya que tienes alegría y diversión, y te despreocupas sabiendo que siempre hay algo blandito que te acoge en su juego artístico.

Juego del que saldrás más sabio, pues su increíble conocimiento sobre elementos del folclore, la cultura e idiosincrasia valenciana no lo explica ningún libro tan bien como ellos lo expresan.

Saldrás más orgulloso, porque saben poner en valor esos elementos diferenciadores de nuestra tierra, su compromiso excede a lo puramente artístico puesto que son personas realmente implicadas en el desarrollo de su querido barrio, San Isidro, promueven iniciativas de mejora y participan en la vida cuotidiana del lugar, forman parte significativa de su crecimiento y evolución.

Saldrás más alegre, ya que no pierden ocasión, (sobre todo en las calles de San Isidro), de participar en todo tipo de actos de dramatización o baile, y es que hay que ser muy generoso y muy atrevido para dedicar tu tiempo y tu genialidad a que otras personas disfruten, dignos herederos de Rafael Conde, #uncarrerperaltiti.

De este buen abrazo que son Ceballos y Sanabria saldrás seguro más curioso, ya que despertarán inquietudes en ti, su vocación por la falla didáctica sumado a su gran conocimiento en cuanto a técnicas artísticas, materiales y procesos, hace que cualquier acercamiento a su obra sea enriquecedora a todos los niveles, tanto conceptual como técnico.

En muchas ocasiones hablando con otros compañeros de profesión hemos comentado lo increíble que es la capacidad de trabajo que tienen, parecen poseedores de un giratiempo que permite abordar todo tipo de trabajos que van de la cerámica a las fallas, de la ilustración a la restauración, del baile a la representación teatral.

Una versatilidad que no hace más que reforzar el concepto del trabajo en equipo. Paco y Jose Luís, Jose Luís y Paco, muchas veces cuando hablo aunque sea solo con uno de ellos lo hago en plural, porque existe una simbiosis que es tan buena, que funciona como una unidad. Poseer una trayectoria conjunta tan larga en un trabajo que desgasta tanto y donde los egos son raramente bien gestionados es realmente digno de admirar.

Estoy seguro de que somos muchos los niños que "jugant a ser majors" hemos querido ser artistas falleros, tenemos en Paco y Jose Luís un espejo en el que mirarnos, gracias por regalarnos vuestra pulsión artística, gracias por ser imprescindibles, gracias en definitiva por ser "El somriure de les Falles".

Ceballos i Sanabria (va poder ser Sanabria i Ceballos, però...)

Moisés Domínguez

"En les categories inferiors cal destacar, més enllà dels clàssics caçadors de premis, les prestacions que puguen oferir dos artistes als quals es comença a seguir amb molt d'interés: José Luis Ceballos i Francisco Sanabria, que tindran dues bases a observar en nom d'Alpuente i Quart-Palomar".

Recorde este comentari, un 15 de març de 2004, com la primera vegada que vaig referenciar els protagonistes de l'exposició que ens ocupa.

I tant que calia destacar. S'havien estrenat l'any anterior, també a Quart-Palomar. La brillantor d'aquell memorable "Diari de Ampa " va deixar capitidisminuïda aquella altra notícia: la d'aquells dos joves que s'havien estrenat ací i que havien aconseguit un primer premi de falla i un segon d'enginy. Amb la qual cosa, amb l'obra de José Puche, havien estat a punt d'obtindre el sempre desitjat trévol dels "quatre uns".

El cas és que, a penes uns dies després, en l'edició del 20 de març d'eixe 2005, tornaven a aparéixer. "Nou èxit d'estos dos joves artistes fallers d'infantils". Ací, com que ja havia de posar un titular en negreta, vaig posar "Ceballos i Sanabria". Per aquell moment, els dos estaven ja més a prop de la trentena. Però el particular pacte amb el diable que tenen els permet continuar semblant bevedors constants de la font de l'eterna joventut.

I amb Ceballos i Sanabria es van quedar. Davant el jove i darrere el major, encara que fer-se, es fan més aïna poc. No podia ser d'una altra manera: l'entonació sempre porta a un to ascendent, sense obstacles, que sí que trobes en dir "Sanabria i Ceballos". S'encalla més en sil·labejar. Si, a l'hora d'escriure'l, canvies la conjunció per l'*ampersand*, encara té més prestància: "Ceballos & Sanabria".

La marca que han estat construint a base d'un traç facial molt recognoscible, que s'ha anat perfeccionant amb el pas del temps i que, en el pas al paper, s'arredoneix i entendreix amb eixes galtes tan característiques. Però amb eixa eterna facilitat d'agradar, de sobreviure al pas dels anys sense cedir ni una mica d'interés.

Encara que siga interés relatiu: molt d'art de Sanabria i Ceballos ha volat al cel sense haver sigut aprofitat com mereixia. Eixos atles històrics tridimensionals que tant han ensenyat a tota una generació i que, segur, havien d'haver-se preservat, peça per peça, abans de ser consumides pel foc, en forma de recurs digital. Potser ells sí que el tinguen. De moment, si no hi ha catàleg d'Obres Completes, no podem conformar-nos amb esta mostra, que inclou no pocs dels seus grans èxits. Els del dia a dia, perquè tenen eixa virtut: la d'ensenyar-te una cosa cada vegada que reapareixen en les places aquells que, dins d'alguna dècada més, els continuarem anomenant "Ceballos i Sanabria".

No, perdó: "els joves artistes Ceballos i Sanabria".

"En las categorías inferiores hay que destacar, más allá de los clásicos cazadores de premios, las prestaciones que puedan ofrecer dos artistas a los que se empieza a seguir con mucho interés: José Luis Ceballos y Francisco Sanabria, que tendrán dos bazas a observar en Aras de Alpuente y Quart-Palomar".

Recuerdo este comentario, un 15 de marzo de 2004, como la primera vez que referencié a los protagonistas de la exposición que nos ocupa.

Y tanto que había que destacar. Se habían estrenado el año anterior, también en Quart-Palomar. El brillo de aquel memorable "Diari de Ampa" dejó capitidisminuida aquella otra noticia: la de aquellos dos jóvenes que se habían estrenado ahí y que habían logrado un primer premio de falla y un segundo de ingenio. Con lo que, con la obra de José Puche, habían estado a punto de lograr el siempre deseado trébol de los "cuatro unos".

El caso es que, apenas unos días después, en la edición del 20 de marzo de ese 2005, volvían a aparecer. "Nuevo éxito de estos dos jóvenes artistas falleros de infantiles". Ahí, como había ya que poner un titular en negrita, puse "Ceballos y Sanabria". Para entonces, ambos estaban ya más cerca de la treintena. Pero el particular pacto con el diablo que llevan les permite seguir pareciendo bebedores constantes de la fuente de la eterna juventud.

Y con Ceballos y Sanabria se quedaron. Por delante el joven y por detrás el mayor, aunque llevarse, se llevan más bien poco. No podía ser de otro modo: la entonación siempre lleva a un tono ascendente, sin obstáculos, que sí que encuentras al decir "Sanabria y Ceballos". Se atasca más el silabeo. Si, a la hora de escribirlo, cambias la conjunción por el ampersand, aún tiene más empaque: "Ceballos & Sanabria".

La marca que han estado construyendo a base de un trazo facial muy reconocible, que se ha ido perfeccionando con el paso del tiempo y que, en el paso al papel, se redondea y enternece con esos mofletes tan característicos. Pero con esa eterna facilidad de gustar, de sobrevivir al paso de los años sin ceder un ápice en interés.

Aunque sea interés relativo: mucho arte de Sanabria y Ceballos ha volado al cielo sin haber sido todo lo aprovechado que merecía. Esos atlas históricos tridimensionales que tanto han enseñado a toda una generación y que, seguro, debían haberse preservado, pieza por pieza, antes de ser consumidas por el fuego, en forma de recurso digital. Quizá ellos sí que lo tengan. De momento, si no hay catálogo de Obras Completas, no podemos conformar con esta muestra, que incluye no pocos de sus grandes éxitos. Los del día a día, porque tienen esa virtud: la de enseñarte algo cada vez que reaparecen en las plazas aquellos que, dentro de alguna década más, los seguiremos llamando "Ceballos y Sanabria".

No, perdón: "los jóvenes artistas Ceballos y Sanabria".

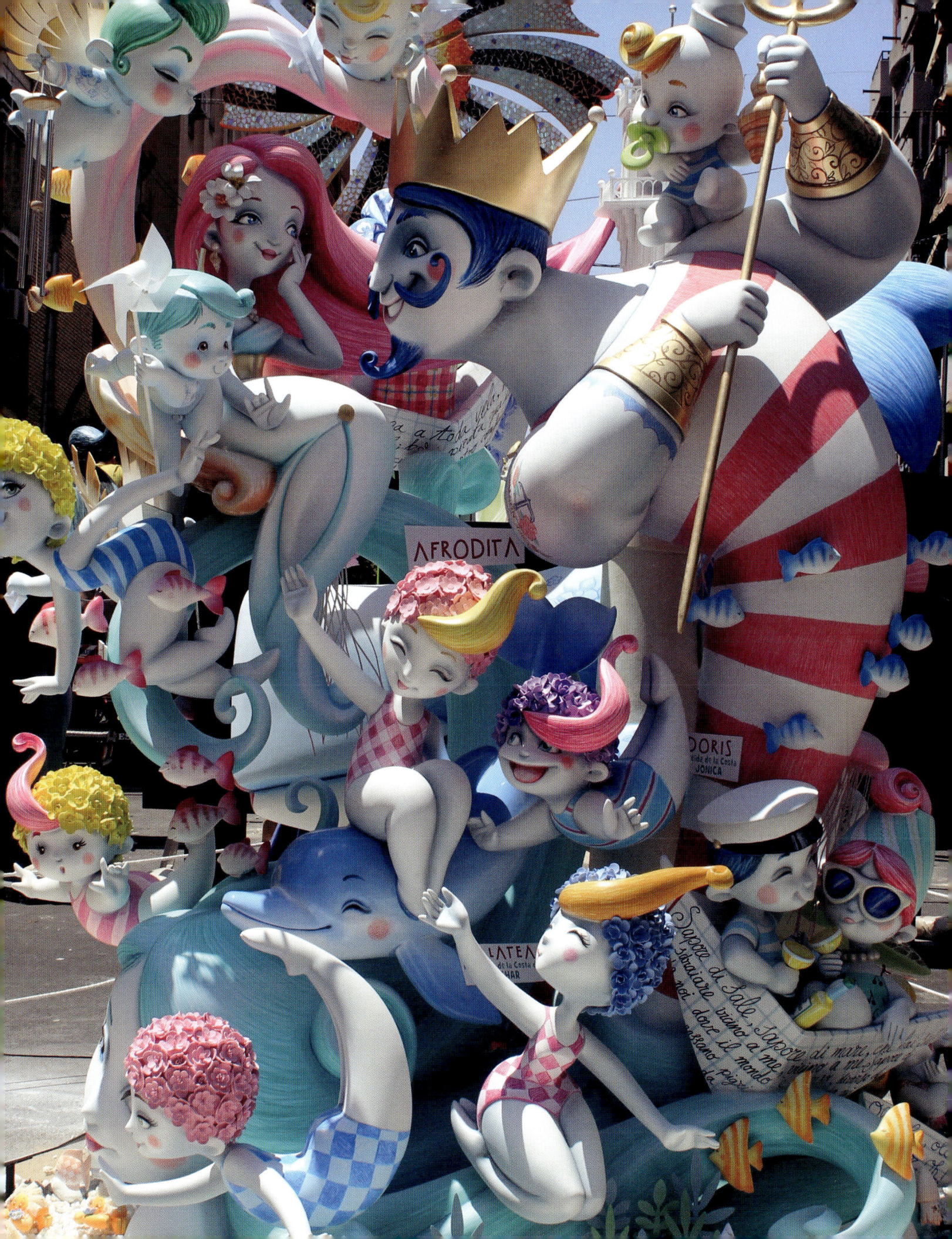

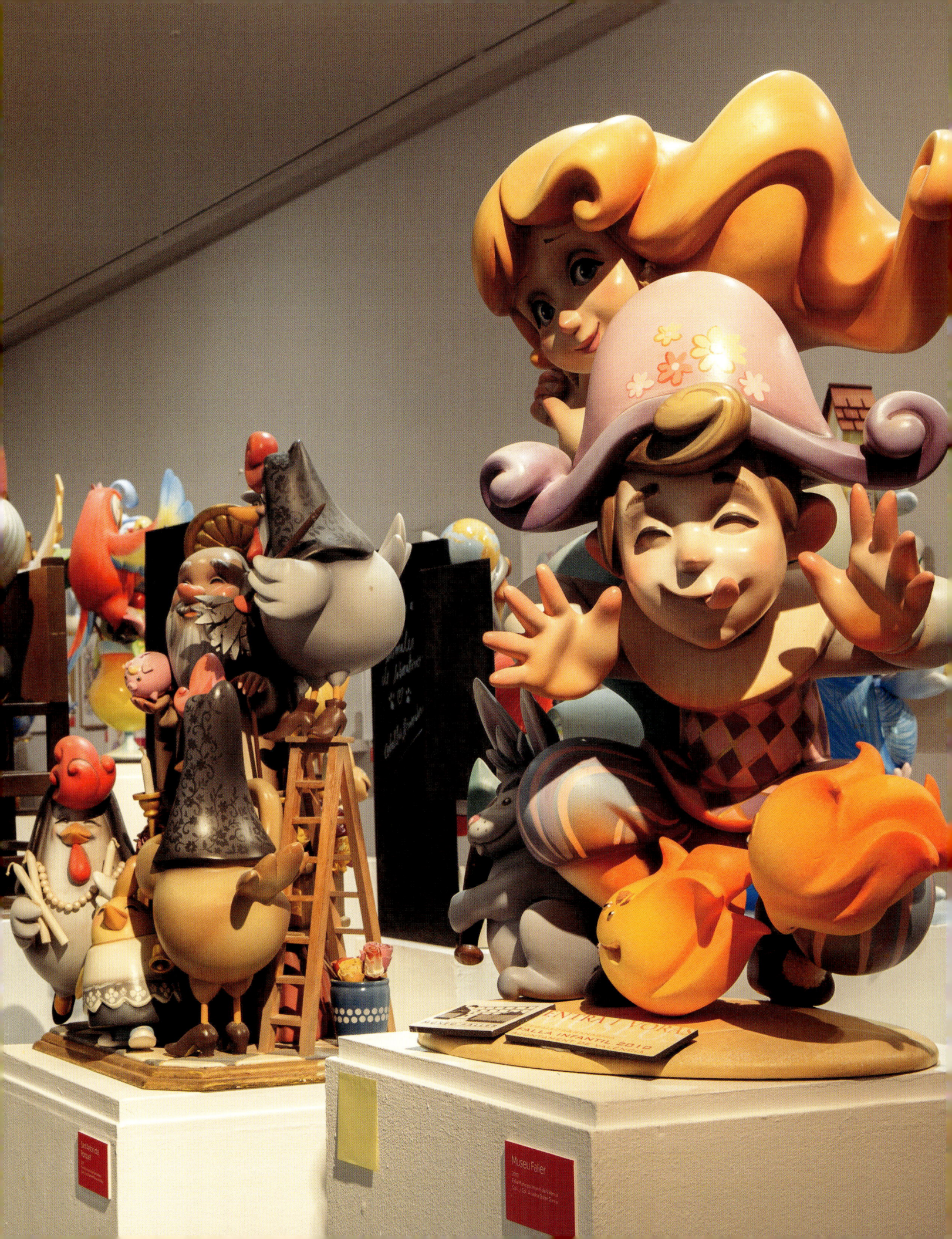

Que l'artista faller entre al museu!

Vint anys de color de
Ceballos & Sanabria

Montse Català

FALLES. I Fogueres. I cartells. I gegants. I cabuts. I prints. I decoració. I contes il·lustrats. I també restauració. Ah, i Qadrets! Són inesgotables. Polièdrics. Tant si parlem de la seua creativitat, com de l'energia que tenen o de la seua noblesa. També és inesgotable eixe somriure ample que et regalen quan ens trobem. Pot ser el nom que titulà la seua gran retrospectiva artística al Centre del Carme de València es referia a que *El somriure de les falles* és el de Paco i José Luis. Algú els ha vist mai de mala gana? No. I en tot cas, si es que s'ha produït el cas, imagine que la cosa haurà quedat de portes de taller cap a dins i només Calixto seria testimoni. La premsa, els amics o els fans que acumulen, que en són milers, apreciem Ceballos & Sanabria per la seua conversa viva i divertida. Per eixes mans artesanes privilegiades. Per una destresa amb els llapis de colors envejable. Pel compromís que tenen amb la xicalla des del primer dia, nodrint el carrer de treballs tan didàctics. Per haver consolidat una marca reconeixible, amb personalitat, que et fa girar un cantó i saber que la falla d'eixa plaça és seua.

Ceballos & Sanabria formen part d'eixa saba nova d'artistes fallers del nou mil·lenni. Eixa generació universitària de Belles Arts que ha begut (i admirat) dels Puche, de Martínez Mollà o de Joan S. Blanch, i que eixien de les aules defensant i volent entrar al món artesà sense importar els obsolets comentaris que menyspreaven l'art de fer falles en la seua època d'estudiants. Visió que, afortunadament, ha canviat i el seu bon fer (i el d'una bona collita de joves artistes fallers que planten falles ara) han tingut molt a veure en eixa renovació d'idees en l'entorn acadèmic.

Porten 20 anys jugant amb l'escultura efímera i interpel·lant-nos amb històries alegres i colorides. Quasi els mateixos d'amistat compartida que començà, si la memòria no em falla, amb una petició d'entrevista radiofònica als artistes de la falla municipal infantil d'aquell moment. Ells. Des d'aleshores, hem crescut junts. En l'art i en el periodisme faller. I ha sigut sempre molt fàcil admirar-los, celebrar totes les fites que han aconseguit des de la discreció del seu taller, situat al carrer amb més encant de Sant Isidre. Allí on compaginen les falles i les fogueres; eixe treball pacient, solitari la majoria dels mesos, minuciós, matemàtic i romàntic, fins i tot; amb el compromís veïnal i la lluita per la identitat i la vida cultural del seu barri.

Passejar per la seua retrospectiva, amb tants ninots icònics, disseny gràfic i escultures que t'emportaries a casa amb gust era un pas important. No només en la seua prolífica carrera, que ha convertit la Plaça de l'Ajuntament de València en sa casa, sinó per a la professió sencera. Veníem de descobrir les exitoses exposicions dels dissenyadors de les Falles Municipals de València, que van trencar estadístiques de visites al CCCC, però programar l'obra de Ceballos & Sanabria obria dos portes importants en este museu d'art contemporani valencià: que s'exposara, per primera vegada, l'obra d'artistes fallers i que foren artistes de falles infantils. El món efímer dels menuts al museu. Els ninots fallers conquerint sales. La cultura festiva reivindicant l'atenció social i mediàtica que mereix. Quin goig! Una aposta pel treball de dos dècades que mereixia mostrar-se en un espai que ja és referent en el món de la cultura actual de la ciutat i que permetrà que més companyes i companys vinguen darrere.

Mig centenar de falles, un estil propi, coherent, entusiasta, que investiga la nostra història i l'ensenya als menuts (i als qui desitgem endinsar-nos en el seu univers any rere any). Què engrescador és compartir vida fallera amb vosaltres. Quina sort creuar-me en el vostre colorit camí que alegra les ànimes.

FALLAS. Y Hogueras. Y carteles. Y gigantes. Y cabezudos. Y prints. Y decoración. Y cuentos ilustrados. Y también restauración. ¡Ah, y Qadrets! Son inagotables. Poliédricos. Tanto si hablamos de su creatividad, como de la energía que tienen o de su nobleza. También es inagotable esa sonrisa ancha que te regalan cuando nos encontramos. Puede ser el nombre que tituló su gran retrospectiva artística en el Centre de Carme de València se refería a que *El somriure de les Falles* es el de Paco y José Luis. ¿Alguien los ha visto alguna vez de mala gana? No. Y en todo caso, si es que se ha dado el caso, imagino que la cosa habrá quedado de puertas de taller para adentro y solo Calixto sería testigo. La prensa, los amigos o los fans que acumulan, que son miles, apreciamos Ceballos & Sanabria por su conversación viva y divertida. Por esas manos artesanas privilegiadas. Por una destreza con los lápices de colores envidiable. Por el compromiso que tienen con la chavalería desde el primer día, nutriendo la calle de trabajos tan didácticos. Por haber consolidado una marca reconocible, con personalidad, que te hace doblar una esquina y saber que la falla de esa plaza es suya.

Ceballos & Sanabria forman parte de esa savia nueva de artistas falleros del nuevo milenio. Esa generación universitaria de Bellas Artes que ha bebido (y admirado) de los Puche, de Martínez Mollà o de Joan S. Blanch, y que salían de las aulas defendiendo y queriendo entrar en el mundo artesano sin importar los obsoletos comentarios que despreciaban el arte de hacer fallas en su época de estudiantes. Visión que, afortunadamente, ha cambiado y su buen hacer (y el de una buena cosecha de jóvenes artistas falleros que plantan fallas ahora) han tenido mucho que ver en esa renovación de ideas en el entorno académico.

Llevan 20 años jugando con la escultura efímera e interpelándonos con historias alegres y coloridas. Casi los mismos de amistad compartida que comenzó, si la memoria no me falla, con una petición de entrevista radiofónica a los artistas de la Falla Municipal Infantil de aquel momento. Ellos. Desde entonces, hemos crecido juntos. En el arte y en el periodismo fallero. Y ha sido siempre muy fácil admirarlos, celebrar todos los hitos que han conseguido desde la discreción de su taller, situado en la calle con más encanto de Sant Isidre. Allí donde compaginan las fallas y las hogueras; ese trabajo paciente, solitario la mayoría de los meses, minucioso, matemático y romántico, incluso; con el compromiso vecinal y la lucha por la identidad y la vida cultural de su barrio.

Pasear por su retrospectiva, con tantos ninots icónicos, diseño gráfico y esculturas que te llevarías en casa con gusto era un paso importante. No solo en su prolífica carrera, que ha convertido la Plaza del Ayuntamiento de València en su casa, sino para la profesión entera. Veníamos de descubrir las exitosas exposiciones de los diseñadores de las Fallas Municipales de València, que rompieron estadísticas de visitas al CCCC, pero programar la obra de Ceballos & Sanabria abría dos puertas importantes en este museo de arte contemporáneo valenciano: que se expusiera, por primera vez, la obra de artistas falleros y que fueran artistas de fallas infantiles. El mundo efímero de los pequeños en el museo. Los ninots falleros conquistando salas. La cultura festiva reivindicando la atención social y mediática que merece. ¡Qué gozada! Una apuesta por el trabajo de dos décadas que merecía mostrarse en un espacio que ya es referente en el mundo de la cultura actual de la ciudad y que permitirá que más compañeras y compañeros vengan detrás.

Medio centenar de fallas, un estilo propio, coherente, entusiasta, que investiga nuestra historia y la enseña a los pequeños (y a los que deseamos adentrarnos en su universo año tras año). ¡Qué alentador es compartir vida fallera con vosotros! ¡Qué suerte cruzarme en vuestro colorido camino que alegra las almas!

El somriure de la cultura festiva

Josep Lluís Marín

El tàndem format pels artistes José Luis Ceballos i Francisco Sanabria són àmpliament reconeguts per la seua dilatada presència en la festa de les Falles. Des del seu debut l'any 2004, han mantingut una activitat continuada en este camp de la creació plàstica, fonamentalment a través de la realització de falles infantils, però també amb l'elaboració de portades per a llibrets i revistes falleres o il·lustracions diverses. Dins de la seua producció fallera ocupa un lloc destacat la sèrie de falles municipals infantils plantades a la plaça de l'Ajuntament, un espai privilegiat per a l'exhibició de la seua obra i des d'on, lliures de la «~~dictadura~~ pressió dels premis» han pogut abordar una certa experimentació jugant amb nous recursos compositius i noves solucions plàstiques, sempre dins de la seua característica normativitat temàtica que, per habitual, ha acabat convertint-se en una perillosa zona de confort que en ocasions constreny les seues potencialitats expressives.

Per raons professionals he tingut l'ocasió de viure de ben prop el procés creatiu de les seues últimes tres falles per a la plaça major del Cap i Casal (2021, 2022 i 2023), una experiència que resulta sempre enriquidora perquè permet acostar-se al treball d'un artista des d'un lloc privilegiat. A més, hem pogut treballar conjuntament per a aconseguir que les propostes de les falles municipals tingueren un major ressò i continuïtat en el temps. Això és el que ens vam proposar quan des de la Regidoria de Cultura Festiva decidírem l'any 2017 publicar un llibret de la falla municipal infantil —també de la gran, però en este cas, es recuperava una pràctica llavors perduda—, una iniciativa nova que hui en dia ja està plenament consolidada gràcies a l'interés de la gent, com ho demostra el fet que cada any s'esgoten les tirades.

És així com cadascun dels llibrets publicats s'ha convertit en una espècie de catàleg de cadascuna de les falles plantades, unes publicacions en què menuts i grans han pogut seguir el procés creatiu de les falletes gràcies als esbossos i les il·lustracions eixides de la mà de Ceballos i Sanabria, amb un complement d'excepció com han sigut les fotografies del taller o els versos de Josep Antoni Fluixà que donaven compte de l'explicació i relació de la falla, a més d'unes propostes didàctiques que permetien traure encara més suc a la proposta que d'entrada ja feien els artistes.

Al remat, es tractava, des de la tradició fallera del llibret, d'explorar noves oportunitats per a donar dignitat al treball dels artistes fallers, tractant la seua obra com una producció creativa i artística homologable a qualsevol altra. I això encara s'ha reforçat amb la posada en marxa d'unes visites guiades dirigides al públic infantil durant els dies de falles, de manera que xiquets i xiquetes pogueren entrar al rogle de la falleta municipal i d'eixa manera acostar-se al treball dels artistes i a la seua obra, inculcant-los l'estima i l'apreci per les falles.

I en eixe anhel sempre ha sigut fonamental la implicació i col·laboració de José Luis i de Paco, que des del primer moment entraren en eixe joc: ordenant i preparant dibuixos i material gràfic o parlant amb el poeta per explicar-li la falla i que poguera plasmar en vers tota eixa allau d'idees, formes i colors. És així com, en arribar febrer, se succeïen les telefonades diàries, l'intercanvi de correus electrònics, la revisió de proves, els afegits d'última hora… Sempre amb la il·lusió compartida i amb un necessari punt de bogeria, com el que enguany ens va dur a organitzar un aplec amb alguns dels balls i danses que apareixien representats en *Valencians en dansa*, per a celebrar l'arribada de les peces de la falleta municipal, de manera que per unes hores semblava que els ninots havien pres vida i omplien de música i ball la plaça de l'Ajuntament.

Al remat, eixa il·lusió és la que Ceballos i Sanabria transmeten a tots els seus projectes relacionats amb les festes valencianes, uns treballs que moltes voltes queden eclipsats per la seua pro-

El tándem formado por los artistas José Luis Ceballos i Francisco Sanabria son ampliamente reconocidos por su dilatada presencia en la fiesta de las Fallas. Desde su debut en 2004, han mantenido una actividad continuada en este campo de la creación plástica, fundamentalmente a través de la realización de fallas infantiles, pero también con la elaboración de portadas para *llibrets* y revistas falleras o ilustraciones diversas. Dentro de su producción fallera ocupa un lugar destacado la serie de fallas municipales infantiles plantadas en la plaza del Ayuntamiento, un espacio privilegiado para la exhibición de su obra y desde donde, libres de la «~~dictadura~~ presión de los premios» han podido abordar una cierta experimentación jugando con nuevos recursos compositivos y nuevas soluciones plásticas, siempre dentro de su característica normatividad temática que, por habitual, ha acabado convirtiéndose en una peligrosa zona de confort que en ocasiones constriñe sus potencialidades expresivas.

Por razones profesionales he tenido la ocasión de vivir muy de cerca el proceso creativo de sus últimas tres fallas para la plaza mayor del *Cap i Casal* (2021, 2022 y 2023), una experiencia que resulta siempre enriquecedora porque permite acercarse al trabajo de un artista desde un lugar privilegiado. Además, hemos podido trabajar conjuntamente para conseguir que las propuestas de las fallas municipales tuvieran un mayor eco y continuidad en el tiempo. Esto es lo que nos propusimos cuando desde la Concejalía de Cultura Festiva decidimos en 2017 publicar un *llibret* de la Falla Municipal Infantil —también de la grande pero, en este caso, se recuperaba una práctica entonces perdida—, una iniciativa nueva que hoy en día ya está plenamente consolidada gracias al interés de la gente, como lo demuestra el hecho que cada año se agotan las tiradas.

Es así como cada uno de los *llibrets* publicados se ha convertido en una especie de catálogo de cada una de las fallas plantadas, unas publicaciones en las que pequeños y grandes han podido seguir el proceso creativo de las *falletes* gracias a los esbozos y las ilustraciones salidas de la mano de Ceballos y Sanabria, con un complemento de excepción como han sido las fotografías del taller o los versos de Josep Antoni Fluixà que daban cuenta de la explicación y relación de la falla, además de unas propuestas didácticas que permitían sacar todavía más jugo a la propuesta que de entrada ya hacían los artistas.

Al final, se trataba, desde la tradición fallera del *llibret*, de explorar nuevas oportunidades para dar dignidad al trabajo de los artistas falleros, tratando su obra como una producción creativa y artística homologable a cualquier otra. Y esto todavía se ha reforzado con la puesta en marcha de unas visitas guiadas dirigidas al público infantil durante los días de fallas, de forma que niños y niñas pudieran entrar al vallado de la *falleta* municipal y de esa manera acercarse al trabajo de los artistas y a su obra, inculcándoles el cariño y el aprecio por las fallas.

Y en ese anhelo siempre ha sido fundamental la implicación y colaboración de José Luis y de Paco, que desde el primer momento entraron en ese juego: ordenando y preparando dibujos y material gráfico o hablando con el poeta para explicarle la falla y que pudiera plasmar en verso toda esa avalancha de ideas, formas y colores. Es así como, al llegar febrero, se sucedían las llamadas diarias, el intercambio de correos electrónicos, la revisión de pruebas, los añadidos de última hora… Siempre con la ilusión compartida y con un necesario punto de locura, como el que este año nos llevó a organizar un encuentro con algunos de los bailes y danzas que aparecían representados en *Valencians en dansa*, para celebrar la llegada de las piezas de la *falleta* municipal, de manera que por unas horas parecía que los ninots habían tomado vida y llenaban de música y baile la plaza del Ayuntamiento.

ducció fallera, però que estan ocupant un lloc destacat —cada volta més— en la cultura festiva de la ciutat de València.

Des del seu primerenc cartell per a la festa del Corpus (2011), amb la figura de santa Bàrbara (en la primera volta que un personatge femení protagonitzava un cartell d'esta festivitat), fins als seus dissenys per a la construcció de carrosses per a la Batalla de Flors de la mà de Vicente Demets (2017) i Enrique Sánchez (2018), passant per la sèrie de cartells i portades per a festes de barris i pobles de València: les festes de la Mare de Déu dels Desemparats (amb les danses) o la Cavalcada de Reis del barri de Sant Isidre, les festes populars del barri de Sant Marcel·lí (2015), les festes patronals de la Mare de Déu de Natzaret (2018), la trobada de gegants de les festes populars de Patraix (2021) o les festes patronals de Nostra Senyora de Gràcia a la Torre-Faitanar (2021).

Es tracta d'un treball fet des de la perifèria de la ciutat, cosa que, en bona part, s'explica per la seua implicació directa en el teixit associatiu veïnal i festiu de la ciutat de València. Això és traduïx en una mirada que reivindica la vida dels barris i pobles del sud, de la seua gent, amb una forta personalitat i un passat ple de vivències, que el desenrotllisme urbanístic franquista va condemnar a l'aïllament o a la despersonalització. És esta una visió —i un compromís— que es plasma en una altra part destacada de la seua producció: la construcció de gegants per a festes. I diguem que es tracta d'una part destacada, perquè ben bé podem parlar de Ceballos i Sanabria com a constructors de la imatgeria festiva moderna del Cap i Casal en l'última dècada.

La parella de gegants formada per Isidret i Marieta, van ser el primer crit de reivindicació de la història i de la identitat dels barris del sud del Cap i Casal. Una línia que es va refermar, coincidint amb el reviscolament del moviment geganter en terres valencianes, amb la construcció dels gegants del Baró de Patraix (2021) i Amparito la Palletera (2022) per a l'Associació Veïnal del Patraix, on Ceballos i Sanabria participen també com a portadors dels gegants del seu barri. Tipus i personatges històrics i populars que s'han vist ampliats enguany amb els gegantons fets per a la falla municipal Valencians en dansa: el Tio Pau, versador i herbasser de Sant Isidre, i la tia Rosariet, pescatera del Canyamelar, com a representació dels barris de la ciutat de València, els de l'horta i els de la mar, respectivament.

I en este breu repàs no podíem deixar de parlar d'un altre encàrrec municipal, dins l'impuls de la Regidoria de Cultura Festiva a la renovació de la imatgeria festiva de la ciutat: la construcció dels que ja són coneguts com la comparsa de cabuts de la ciutat, una representació de quatre parelles de valencianes i valencians destacats del camp de la cultura, la música i la literatura en diferents èpoques. A partir de la selecció de personatges feta per la Regidoria (Isabel de Villena i Ausiàs Marc, Antònia Gómez d'Orga i Antoni Josep Cavanilles, Concha Piquer i Vicente Blasco Ibáñez, i Matilde Salvador i Vicent Andrés Estellés) Ceballos i Sanabria hi aportaren, com és habitual, el seu toc personal per traspassar l'estereotip i fer-ne art. I, com sempre, amb un somriure.

Al final, esa ilusión es la que Ceballos y Sanabria transmiten a todos sus proyectos relacionados con las fiestas valencianas, unos trabajos que muchas veces quedan eclipsados por su producción fallera, pero que están ocupando un lugar destacado —cada vez más— en la cultura festiva de la ciudad de València.

Desde su temprano cartel para la fiesta del Corpus (2011), con la figura de santa Bàrbara (en la primera vez que un personaje femenino protagonizaba un cartel de esta festividad), hasta sus diseños para la construcción de carrozas para la Batalla de Flores de la mano de Vicente Demets (2017) y Enrique Sánchez (2018), pasando por la serie de carteles y portadas para fiestas de barrios y pueblos de València: las fiestas de la Virgen de los Desamparados (con las danzas) o la Cabalgata de Reyes del barrio de Sant Isidre, las fiestas populares del barrio de Sant Marcel·lí (2015), las fiestas patronales de la Virgen de Natzaret (2018), el encuentro de gigantes de las fiestas populares de Patraix (2021) o las festas patronales de Nuestra Señora de Gracia en la Torre-Faitanar (2021).

Se trata de un trabajo hecho desde la periferia de la ciudad, lo que, en buena medida, se explica por su implicación directa en el tejido asociativo vecinal y festivo de la ciudad de València. Esto se traduce en una mirada que reivindica la vida de los barrios y pueblos del sur, de su gente, con una fuerte personalidad y un pasado lleno de vivencias, que el desarrollismo urbanístico franquista condenó al aislamiento o a la despersonalización. Es esta una visión —y un compromiso— que se plasma en otra parte destacada de su producción: la construcción de gigantes para fiestas. Y decimos que se trata de una parte destacada, porque muy bien podemos hablar de Ceballos y Sanabria como constructores de la imaginería festiva moderna del Cap i Casal en la última década.

La pareja de gigantes formada por Isidret y Marieta, fueron el primer grito de reivindicación de la historia y de la identidad de los barrios del sur del Cap i Casal. Una línea que se reafirmó, coincidiendo con la renacimiento del movimiento geganter en tierras valencianas, con la construcción de los gigantes del Baró de Patraix (2021) y Amparito la Palletera (2022) para la Associació Veïnal Patraix, donde Ceballos y Sanabria participan también como portadores de los gigantes de su barrio. Tipos y personajes históricos y populares que se han visto ampliados este año con los gigantes hechos para la falla municipal Valencians en dansa: el Tio Pau, versador y herbasser de Sant Isidre, y la tía Rosariet, pescadera del Canyamelar, como representación de los barrios de la ciudad de València, los de la huerta y los de la mar, respectivamente.

Y en este breve repaso no podíamos dejar de hablar de otro encargo municipal, dentro del impulso de la Concejalía de Cultura Festiva a la renovación de la imaginería festiva de la ciudad: la construcción de los que ya son conocidos como la comparsa de cabezudos de la ciudad, una representación de cuatro parejas de valencianas y valencianos destacados del campo de la cultura, la música y la literatura en diferentes épocas. A partir de la selección de personajes hecha por la Concejalía (Isabel de Villena y Ausiàs Marc, Antònia Gómez d'Orga y Antoni Josep Cavanilles, Concha Piquer i Vicente Blasco Ibáñez, y Matilde Salvador i Vicent Andrés Estellés) Ceballos y Sanabria aportaron, como es habitual, su toque personal para traspasar el estereotipo y hacer arte. Y, como siempre, con una sonrisa.

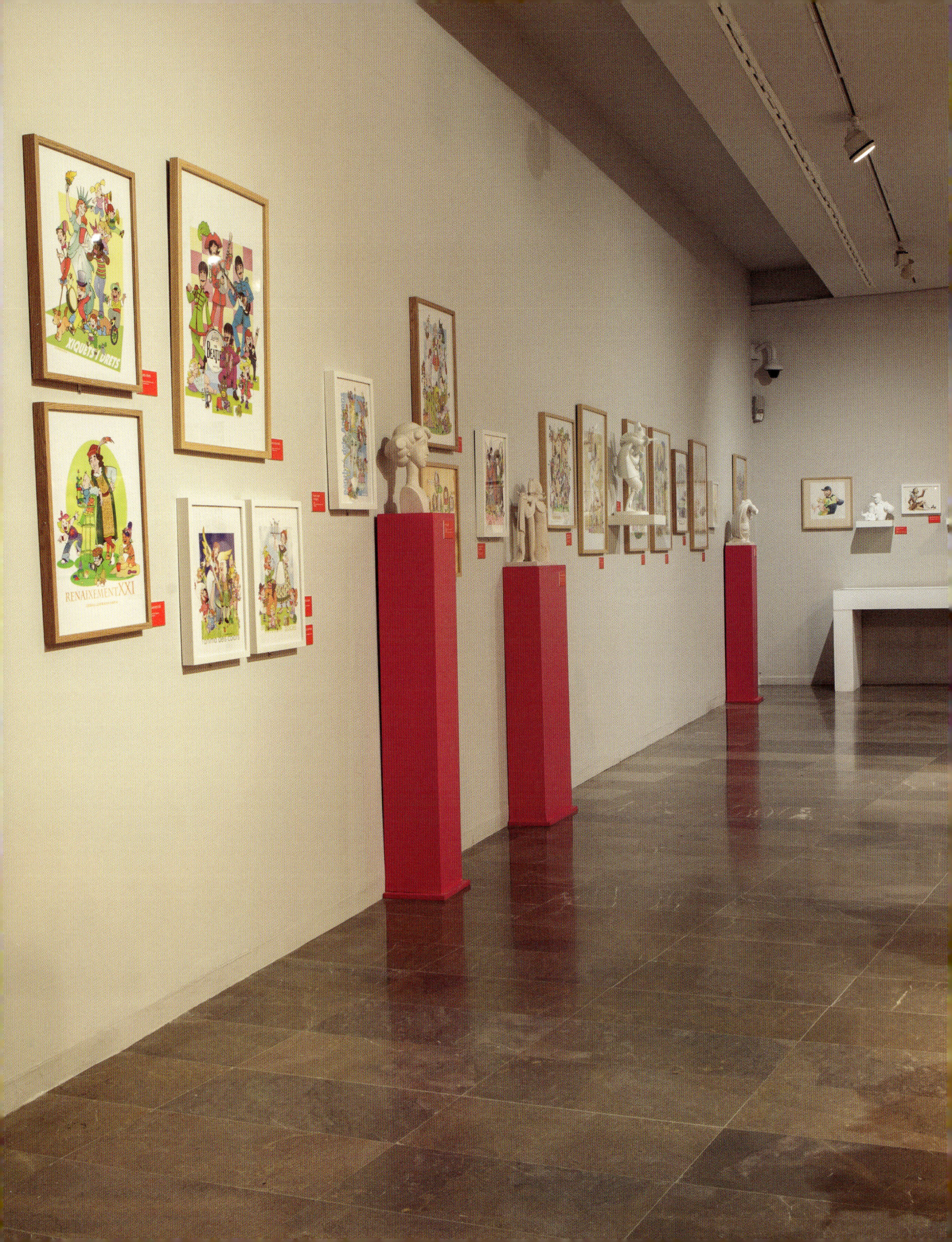

La Casa del Correcher / El Taller de Falles Infantils

Alejandro Lagarda

La carrera artística al món faller de José Luis Ceballos i de Francisco Sanabria està lligada irremeiablement a l'èxit dels seus projectes per a la Plaça de l'Ajuntament. No cal menysprear, però, les seues aportacions en altres comissions: dinou anys de sòlid treball que ha mantingut el seu caràcter intacte des de l'inici, amb un tractament d'icones populars passades sempre per un edulcorat encara que molt personal filtre, a partir de la pauta que marca el dibuix de Sanabria i d'un procés coordinat al cinquanta per cent entre els dos creatius. Tot aquest treball ha donat lloc a una fórmula lluminosa, desenfada i tipificada amb enormes boques de somriure perenne, sense estridències i amb un color potent. Així, el treball de Ceballos i Sanabria ha contribuït a filtrar, a través d'una nova estètica, una bona part de l'imaginari cultural valencià no només a l'àmbit de les falles.

Tanmateix, no és possible deslligar la seua activitat artística d'un espai vinculat de manera directa amb la seua biografia, el taller de creació situat al menut racó que encara sobreviu del barri original de Sant Isidre: la casa del "correcher". Aquest taller és una veritable fàbrica creativa, donat que assumeix tot el procés necessari per tal de desenvolupar una falla. Des de l'idea inicial i els seus descarts a l'esbós final. Passant, com no, per la construcció del vessant purament artesanal amb un engranatge macerat pel costum de vora vint anys, en què ambdós artistes controlen, de manera completa, qualsevol de les disciplines necessàries en la configuració de cada obra. Un taller, d'altra banda, receptacle d'allò immaterial que roman una vegada s'ha complit amb la rúbrica flamejant de la festa: fotografies, esbossos, maquetes i ninots indultats. Analitzats de manera cronològica, aquestes peces fan ben palesa no només l'evolució estètica fins a configurar un estil, sinó que també rebel·len una progressiva perícia tècnica gràcies a una manera de produir que les noves generacions de creadors i creadores de falla semblen oblidar: aprendre a treballar treballant.

Així, el seu aterratge a aquest món creatiu es va produir l'any 2004. Encara que va ser un fet més espontani que premeditat perquè cap dels dos no s'havia plantejat el format artístic de les falles com a objectiu professional. Va ser l'artista Marina Puche qui els va introduir en el món dels tallers i, a més, per la porta gran: el taller de José Puche, que en 2002 realitzava la falla d'Exposició – Misser Mascó. La seua relació d'amistat amb José Puche va ser l'impuls fonamental perquè tots dos s'animaren a realitzar i plantar una falla poc temps després, ja durant el seu últim any de la llicenciatura de Belles Arts: Quart – Palomar (2004), amb l'assessorament tècnic de Puche i amb el magisteri en fusteria de Guillermo Rojas. L'èxit d'aquella primera proposta els va permetre renovar amb la comissió els anys 2005 i 2006. 2005 també va suposar el debut a la comissió Aras de Alpuente – Castell de Pop, on seguirien l'any següent -la seua prematura estrena en especial- i 2007. Eixe segon any en especial, amb un cinquè premi, representa un veritable punt d'inflexió que marcaria un creixement artístic que s'estén, especialment, en els seus projectes municipals entre l'any 2007 i l'actualitat. Al llarg d'aquesta perllongada presència a la plaça de l'Ajuntament, Ceballos i Sanabria han marcat una clara diferència perquè aquesta falla fóra representativa dels temes propis i popu-

La carrera artística en el mundo fallero de José Luis Ceballos y de Francisco Sanabria está ligada irremediablemente al éxito de sus proyectos para la plaza del Ayuntamiento. Sin embargo, no hay que despreciar sus aportaciones en otras comisiones: diecinueve años de sólido trabajo que ha mantenido su carácter intacto desde el inicio, con un tratamiento de iconos populares pasados siempre por un edulcorado aunque muy personal filtro, a partir de la pauta que marca el dibujo de Sanabria y de un proceso coordinado al cincuenta por ciento entre los dos creativos. Todo este trabajo ha dado lugar a una fórmula luminosa, desenfada y tipificada con enormes bocas de sonrisa perenne, sin estridencias y con un color potente. Así, el trabajo de Ceballos y Sanabria ha contribuido a filtrar, a través de una nueva estética, una buena parte del imaginario cultural valenciano no solo en el ámbito de las fallas.

Aun así, no es posible desligar su actividad artística de un espacio vinculado de manera directa con su biografía, el taller de creación situado en el pequeño rincón que todavía sobrevive del barrio original de Sant Isidre: la casa del "correcher". Este taller es una verdadera fábrica creativa, porque asume todo el proceso necesario para desarrollar una falla. Desde la idea inicial y sus descartes al esbozo final. Pasando, como no, por la construcción de la vertiente puramente artesanal con un engranaje macerado por la costumbre de cerca de veinte años, en el que ambos artistas controlan, de manera completa, cualquiera de las disciplinas necesarias en la configuración de cada obra. Un taller, por otro lado, receptáculo de lo inmaterial que permanece una vez que se ha cumplido con la rúbrica flameante de la fiesta: fotografías, esbozos, maquetas y ninots indultados. Analizados de manera cronológica, estas piezas hacen muy patente no solo la evolución estética hasta configurar un estilo, sino que también revelan una progresiva pericia técnica gracias a una manera de producir que las nuevas generaciones de creadores y creadoras de falla parecen olvidar: aprender a trabajar trabajando.

Así, su aterrizaje en este mundo creativo se produjo en 2004. Aunque fue un hecho más espontáneo que premeditado porque ninguno de los dos se había planteado el formato artístico de las fallas como objetivo profesional. Fue la artista Marina Puche quien los introdujo en el mundo de los talleres y, además, por la puerta grande: el taller de José Puche, que en 2002 realizaba la falla de Exposición-Misser Mascó. Su relación de amistad con José Puche fue el impulso fundamental para que los dos se animasen a realizar y plantar una falla poco tiempo después, ya durante su último año de la licenciatura de Bellas Artes: Quart-Palomar (2004), con el asesoramiento técnico de Puche y con el magisterio en carpintería de Guillermo Rojas. El éxito de aquella primera propuesta les permitió renovar con la comisión los años 2005 y 2006. 2005 también supuso el debut en la comisión Aras de Alpuente-Castell de Pop, donde seguirían el año siguiente —su prematuro estreno en especial— y 2007. Ese segundo año en especial, con un quinto premio, representa un verdadero punto de inflexión que marcaría un crecimiento artístico que se extiende, especialmente, en sus proyectos municipales entre el año 2007 y la actualidad. A lo largo de esta prolongada presencia

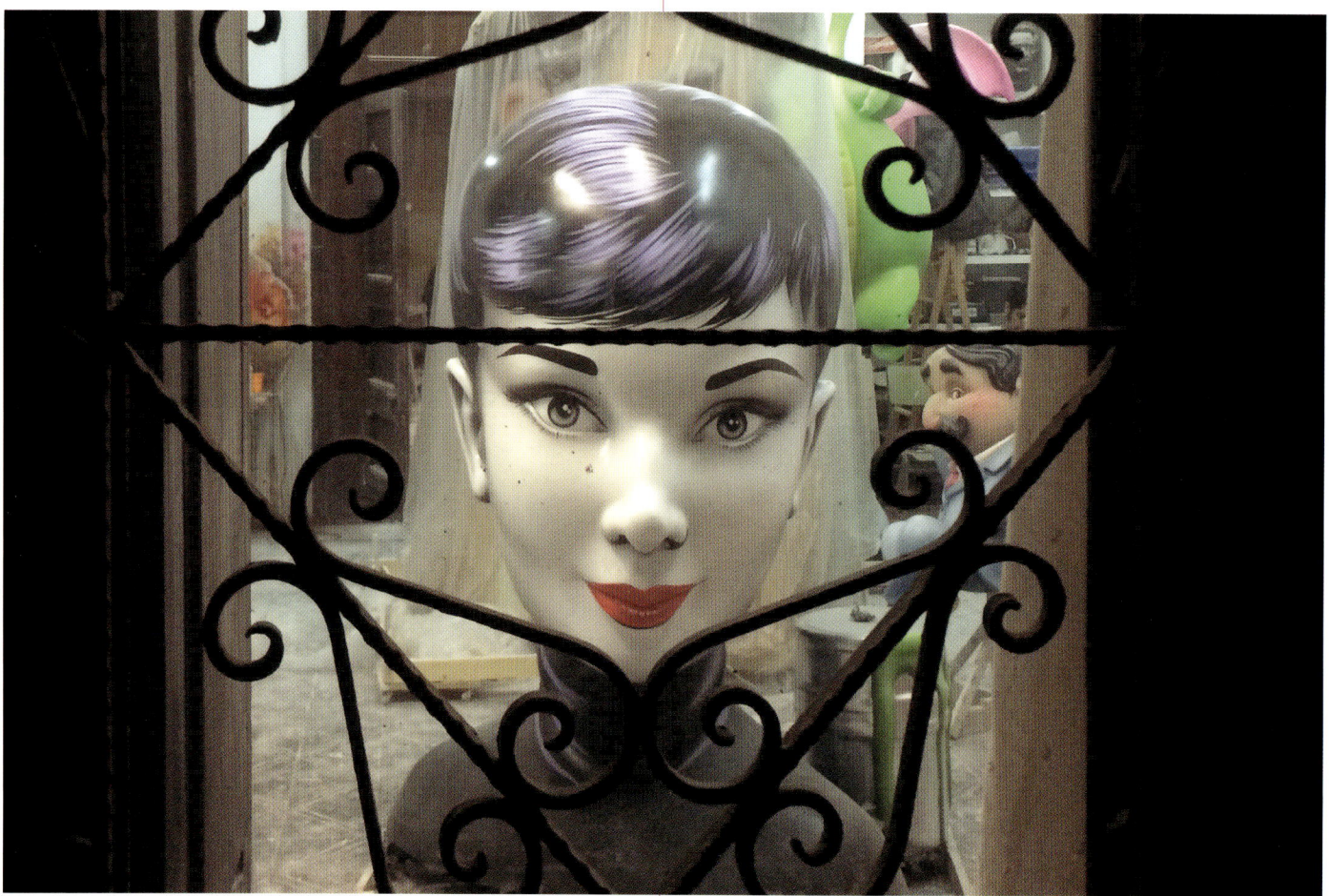

lars valencians, en la línia que, abans d'ells, el mestre Joan S. Blanch havia provat al mateix espai. Obres que, d'altra banda, han gaudit d'un èxit popular indiscutible.

De manera paral·lela al treball per a l'Ajuntament, la seua carrera va prosseguir a Menéndez Pelayo – Avinguda de Catalunya (2008), Ceramista Ros – José María Mortes Lerma (2009, 2010), Palleter – Erudit Orellana (2010), novament a Quart – Palomar (2011 i, amb Marina Puche, l'any 2012), Exposició – Misser Mascó (2014), Conde Salvatierra – Cirilo Amorós (2011, 2012, 2013, 2015, 2016 i 2017), Blanqueries (2016 i 2017), Ribera-Convent de Santa Clara (2018), Plaça del Pilar (2018), Pau-Reina-Sant Vicent (2019, 2020-21, 2022, 2023) i Camí Nou de Picanya (2019, 2022).

La parella d'artistes ha consolidat un desenvolupament conceptual permanent que, sense ser propi, ha tingut en ells una extensió positiva per tal de no ofegar els projectes: la fórmula de "tema i variacions" en què un seguici de personatges/personificacions engloben la multiplicitat de facetes d'un ítem determinat, com la València del Segle d'Or, els museus de la ciutat, els monstres valencians o les avantguardes artístiques del segle XX. A més de fites històriques com el centenari del València C. F. o el de la coronació de la Mare de Déu dels Desamparats. En aquest sentit, la principal aportació de les seues falles ha estat la consolidació del format com a veritable oportunitat didàctica resultat d'un primfilat treball de recerca que ha fet possible desglossar infinitat de motius, especialment aquells vinculats a la cultura valenciana, sempre a través de referents que conjuguen una estètica infantil sense complexes amb un dens contingut sovint enciclopèdic i de ferma voluntat de promoció cultural.

Els seus projectes infantils presenten una lectura multinivell en funció dels interessos, edats i coneixements de l'eventual públic. D'una banda, es compleix amb la necessitat ritual de la falla amb un constructe esteticista de caràcter seqüencial que haurà de ser cremat. D'una altra, cert públic gaudeix de manera superficial d'una estètica cridanera i suau que, front a d'altres propostes, facilita un reconeixement immediat de figures gràcies a la seua clare-

en la plaza del Ayuntamiento, Ceballos y Sanabria han marcado una clara diferencia para que esta falla fuera representativa de los temas propios y populares valencianos, en la línea que, antes que ellos, el maestro Joan S. Blanch había probado en el mismo espacio. Obras que, por otro lado, han disfrutado de un éxito popular indiscutible.

De manera paralela al trabajo para el Ayuntamiento, su carrera prosiguió en Menéndez Pelayo-Avinguda de Catalunya (2008), Ceramista Ros-José María Mortes Lerma (2009, 2010), Palleter-Erudit Orellana (2010), nuevamente en Quart-Palomar (2011 y, con Marina Puche, en 2012), Exposició-Misser Mascó (2014), Conde Salvatierra-Ciril Amorós (2011, 2012, 2013, 2015, 2016 y 2017), Blanqueries (2016 y 2017), Ribera-Convent de Santa Clara (2018), Plaça del Pilar (2018), Pau-Reina-Sant Vicent (2019, 2020-21, 2022, 2023) y Camí Nou de Picanya (2019, 2022).

La pareja de artistas ha consolidado un desarrollo conceptual permanente que, sin ser propio, ha tenido en ellos una extensión positiva para no ahogar los proyectos: la fórmula de "tema y variaciones" en el que un séquito de personajes/personificaciones engloban a la multiplicidad de facetas de un ítem determinado, como la València del Siglo de Oro, los museos de la ciudad, los monstruos valencianos o las vanguardias artísticas del siglo XX. Además de hitos históricos como el centenario del València CF o el de la coronación de la Virgen de los Desamparados. En este sentido, la principal aportación de sus fallas ha sido la consolidación del formato como verdadera oportunidad didáctica resultado de un cuidadoso trabajo de investigación que ha hecho posible desglosar infinidad de motivos, especialmente aquellos vinculados a la cultura valenciana, siempre a través de referentes que conjugan una estética infantil sin complejos con un denso contenido a menudo enciclopédico y de firme voluntad de promoción cultural.

Sus proyectos infantiles presentan una lectura multinivel en función de los intereses, edades y conocimientos del eventual público. Por un lado, se cumple con la necesidad ritual de la falla con un constructo esteticista de carácter secuencial que deberá ser quemado. De otra, cierto público disfruta de manera superficial de

dat en l'exposició. Finalment, el major interès o formació d'altres públics, permet ampliar i descobrir elements i enllaçar-los en un recorregut cultural amb la positiva capacitat de sintetitzar continguts certament complexos, amplis o variats.

Una reflexió pausada sobre els seus projectes manifesta la dificultat d'assolir aquest equilibri, entre immediatesa i treball de síntesi amb la complexitat de figures, fets o realitats en la seua transliteració al format-falla. Així, Ceballos i Sanabria eviten la trampa de concebre les falles infantils des d'una dominadora mirada adulta que injustament hi estableix què és allò que les persones més menudes poden valorar o no. La lectura adulta hi pot ser, però mai no és el punt de partida per evitar caure en un esteticisme caduc i florit que esgota la mirada i perverteix el format.

La solvència i l'acceptació dels seus projectes al llarg d'aquests anys els han convertit en un autèntic i respectat referent en el món de les falles infantils, amb una comercialitat que, repleta de llocs comuns assumits de manera frontal, manifesta una personalitat recognoscible i única. Tot i així, l'evident perill de reiteració conceptual i l'esgotament de les propostes ha estat salvat en certa mida els anys recents amb una variació en la formulació plàstica -especialment en la pintura i amb el seu característic grafisme- i en l'alternança d'estructures i materials que han alleugerat el conjunt.

No s'ha de negar, però, la convenció com un valor que, ben dirigit, dóna uns fruits positius i que, a més, no renega dels elements estructurals o plàstics identificats per costum com propis de les falles, des d'una perspectiva personal i polida sense pretendre un trencament. Ceballos i Sanabria conformen no l'únic però sí un formidable exemple que la qualitat mai no està renyida amb l'entreteniment, des d'una honestedat creativa sense l'afectada grandiloqüència i *horror vacui* que, malauradament, pareix haver esdevingut obligatori per a les falles infantils de major pressupost. Els seus projectes transiten sempre en un espai artísticament confortable per convertir-se en un fórmula segura. Com molts altres productes comercials, tenen la garantia de donar just allò que s'espera d'ells. Potser siga eixa manca de presumptuositat el fet decisiu perquè hagen estat apreciats per un ampli sector entre els seguidors de les falles.

una estética llamativa y suave que, frente a otras propuestas, facilita un reconocimiento inmediato de figuras gracias a su claridad en la exposición. Finalmente, el mayor interés o formación de otros públicos permite ampliar y descubrir elementos y enlazarlos en un recorrido cultural con la positiva capacidad de sintetizar contenidos ciertamente complejos, amplios o variados.

Una reflexión pausada sobre sus proyectos manifiesta la dificultad de lograr este equilibrio, entre inmediatez y trabajo de síntesis con la complejidad de figuras, hechos o realidades en su transliteración al formado-falla. Así, Ceballos y Sanabria evitan la trampa de concebir las fallas infantiles desde una dominadora mirada adulta que injustamente establece qué es lo que las personas más pequeñas pueden valorar o no. La lectura adulta puede ser, pero nunca es, el punto de partida para evitar caer en un esteticismo caduco y florido que agota la mirada y pervierte el formato.

La solvencia y la aceptación de sus proyectos a lo largo de estos años los han convertido en un auténtico y respetado referente en el mundo de las fallas infantiles, con una comercialidad que, repleta de lugares comunes asumidos de manera frontal, manifiesta una personalidad reconocible y única. Aun así, el evidente peligro de reiteración conceptual y el agotamiento de las propuestas ha sido salvado en cierta medida en los años recientes con una variación en la formulación plástica —especialmente en la pintura y con su característico grafismo— y en la alternancia de estructuras y materiales que han aligerado el conjunto.

Sin embargo, no se puede negar la convención como un valor que, muy dirigido, da unos frutos positivos y que, además, no reniega de los elementos estructurales o plásticos identificados por costumbre como propios de las fallas, desde una perspectiva personal y pulcra sin pretender una rotura. Ceballos y Sanabria conforman no el único pero sí un formidable ejemplo de que la calidad nunca está reñida con el entretenimiento, desde una honestidad creativa sin la afectada grandilocuencia y *horror vacui* que, desgraciadamente, parece ser obligatorio para las fallas infantiles de mayor presupuesto. Sus proyectos transitan siempre en un espacio artísticamente confortable para convertirse en una fórmula segura. Como muchos otros productos comerciales, tienen la garantía de dar justo aquello que se espera de ellos. Quizás sea esa carencia de presuntuosidad lo decisivo para que hayan sido apreciados por un amplio sector entre los seguidores de las fallas.

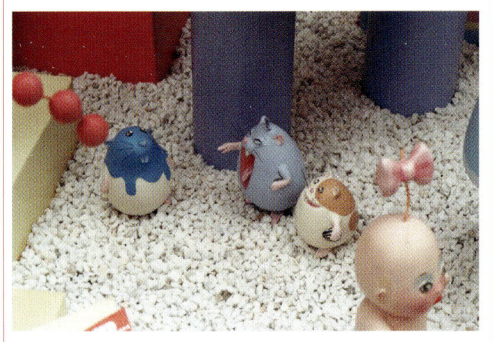

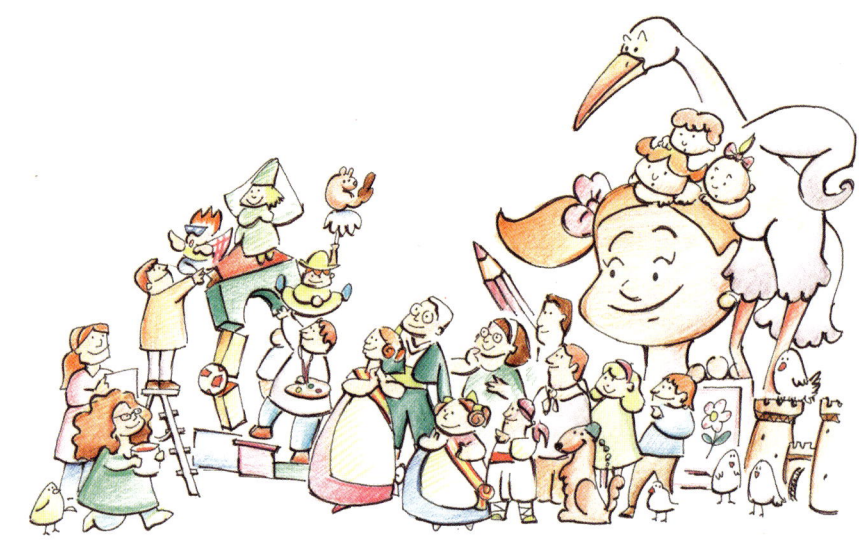

Esbós Jugant a ser Major
2004
Falla Quart-Palomar

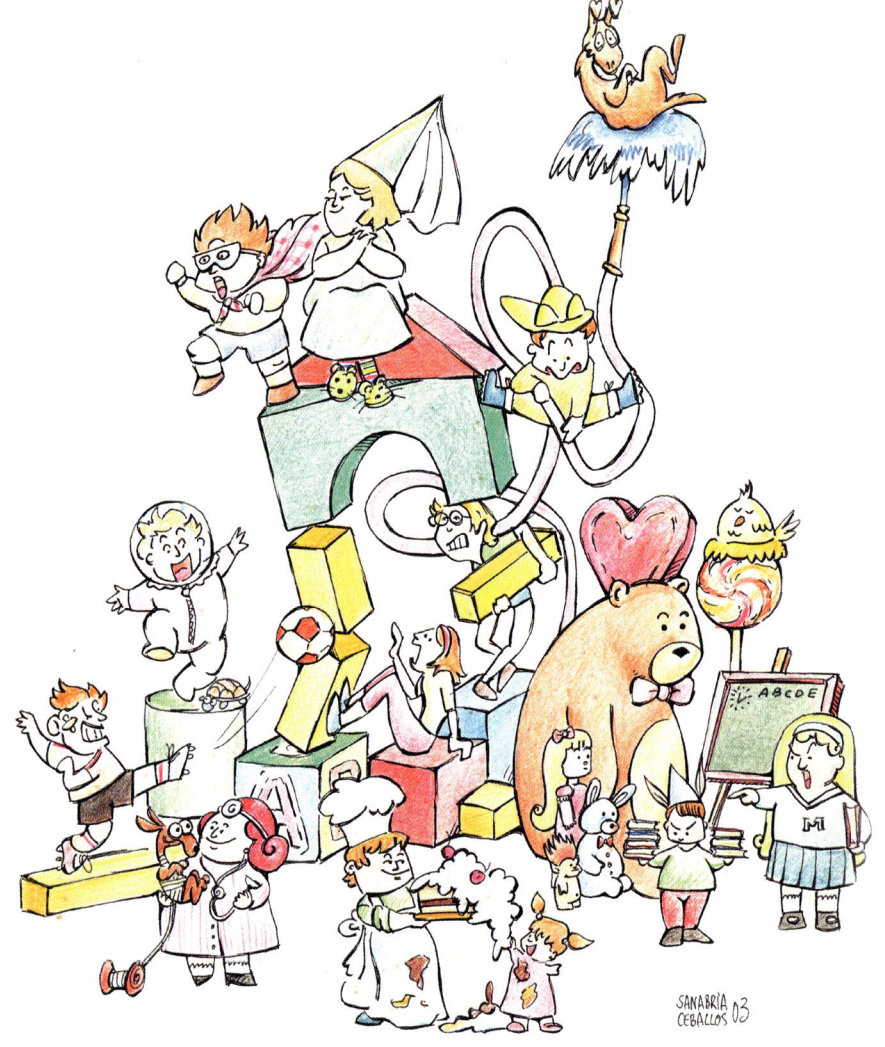

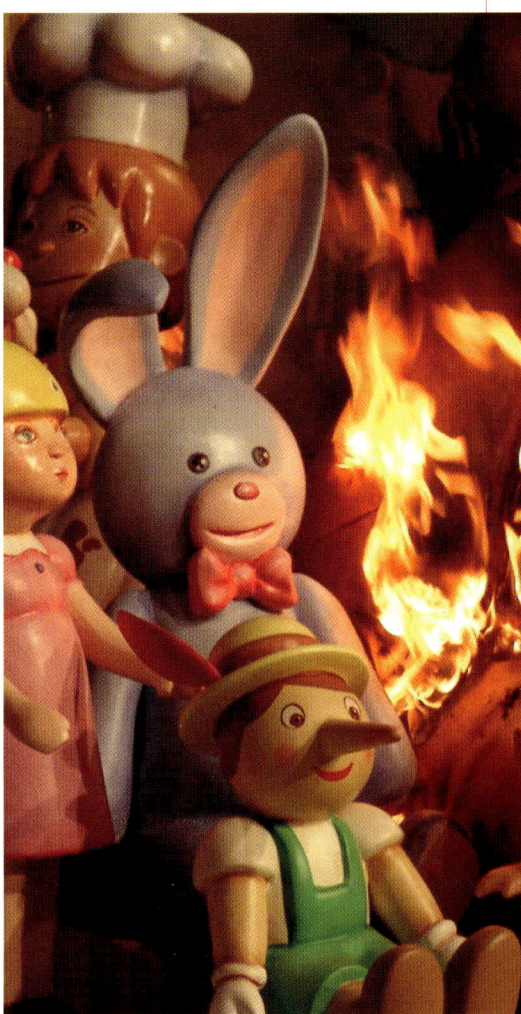

Jugant a ser Mayor
2004
Falla Quart-Palomar

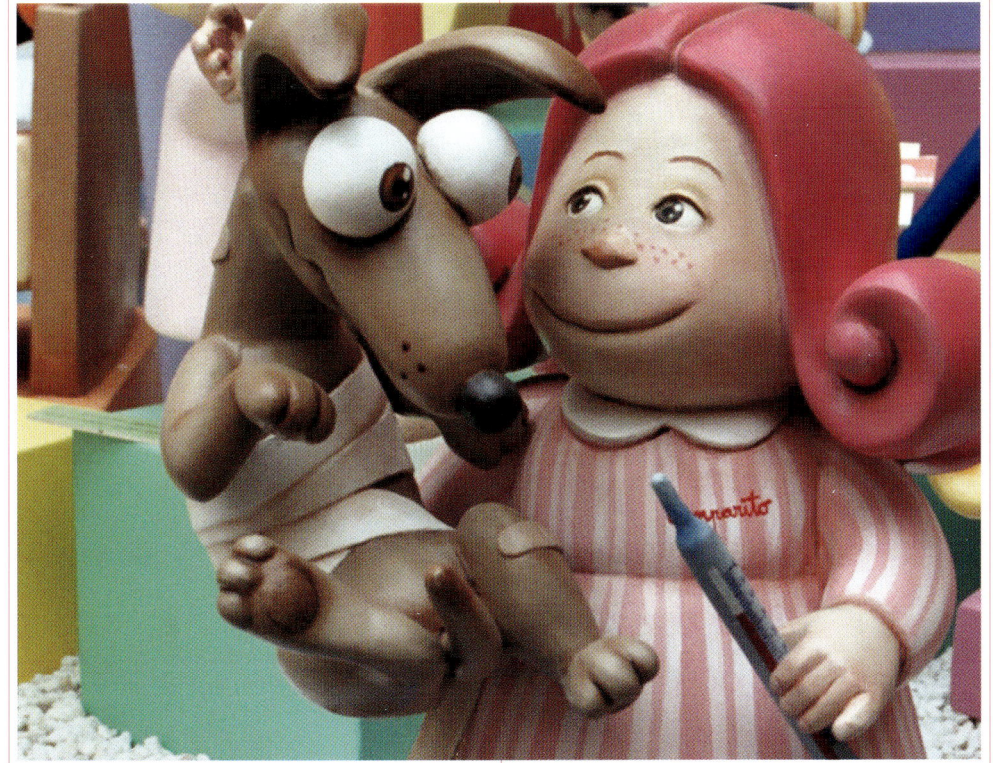

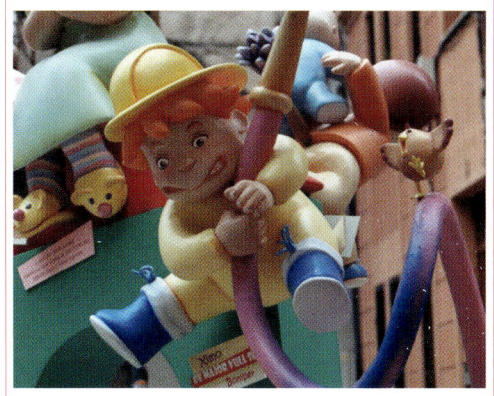

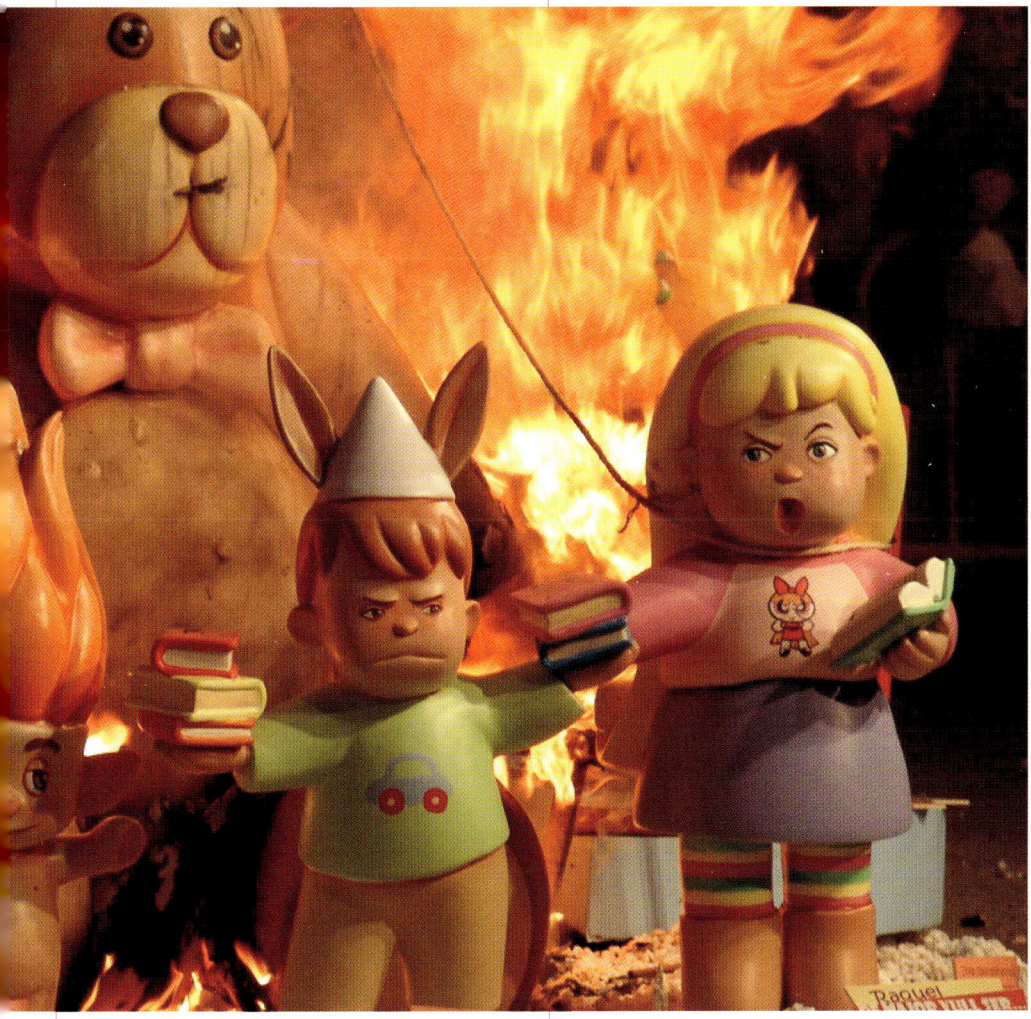

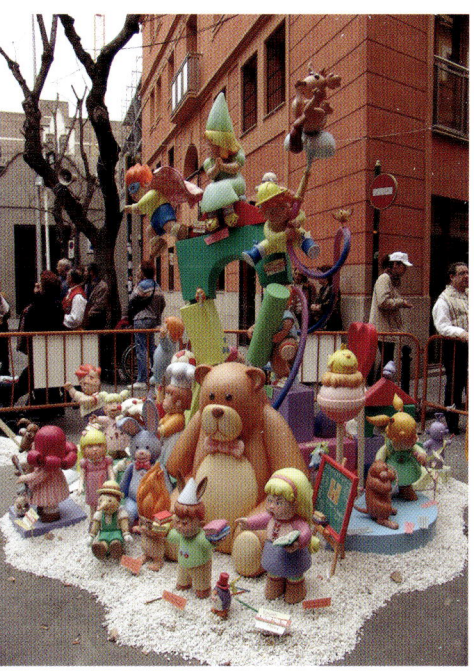

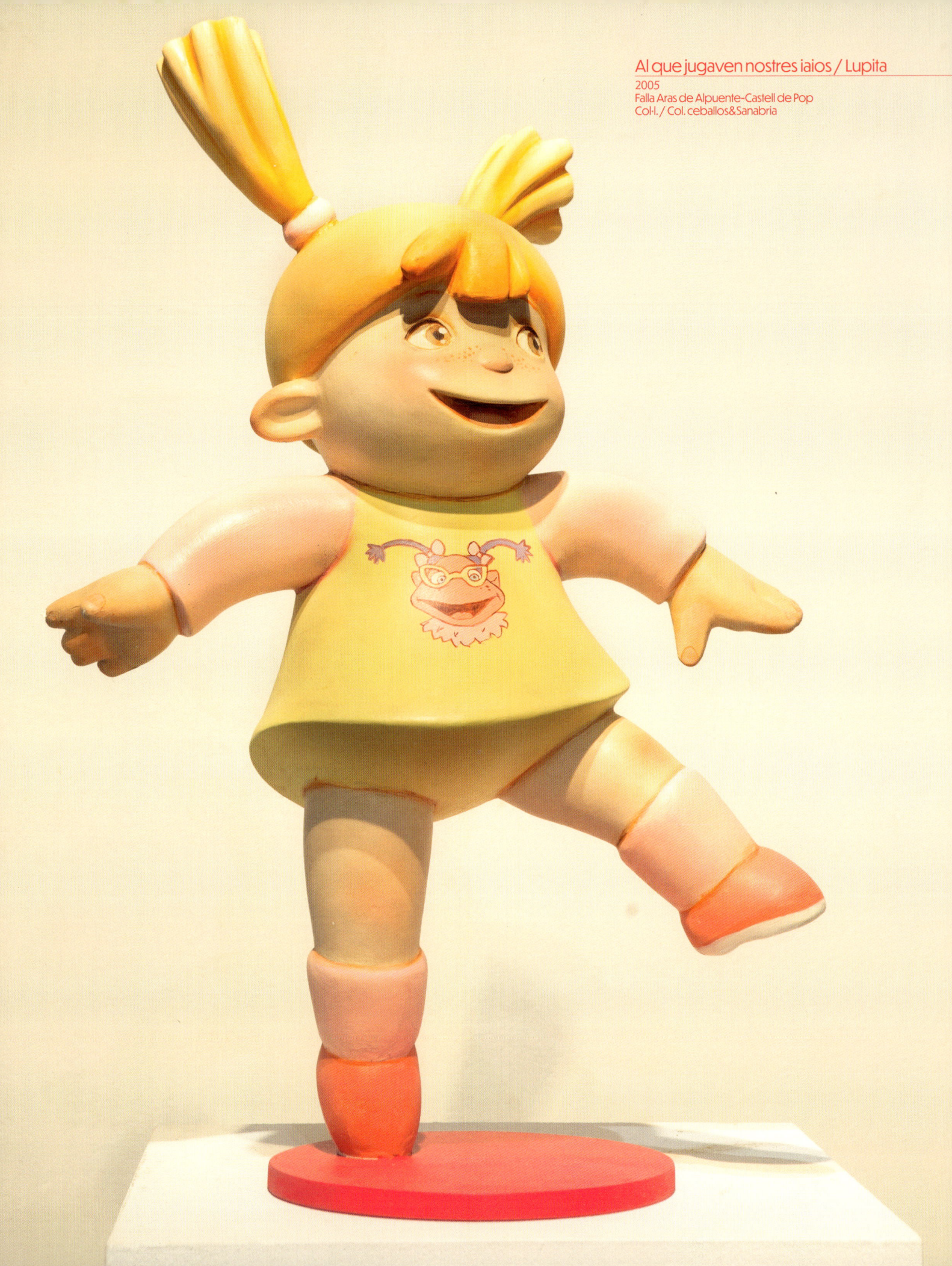

Al que jugaven nostres iaios / Lupita
2005
Falla Aras de Alpuente-Castell de Pop
Col·l. / Col. ceballos&Sanabria

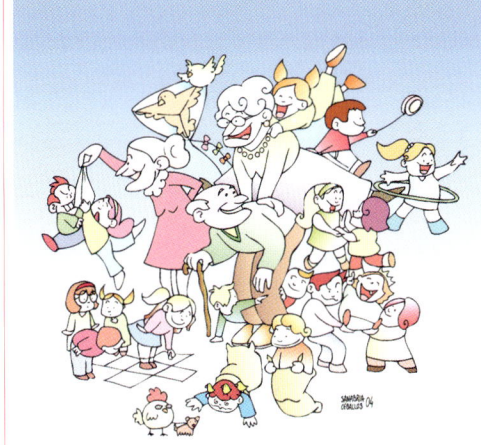

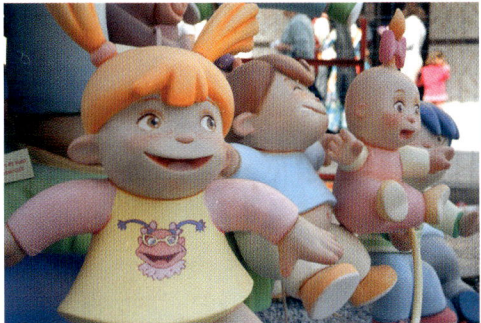

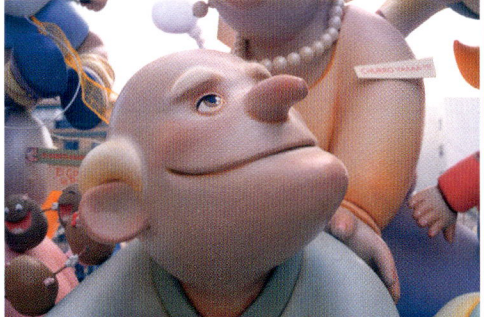

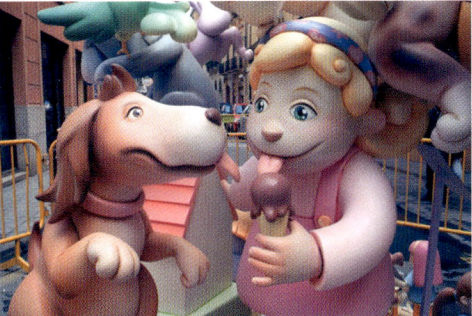

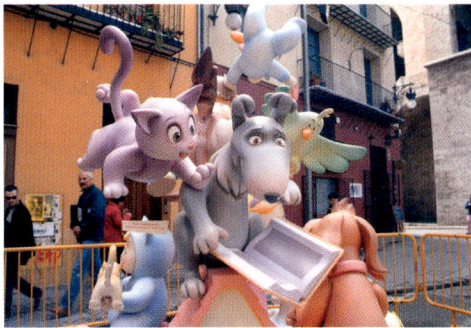

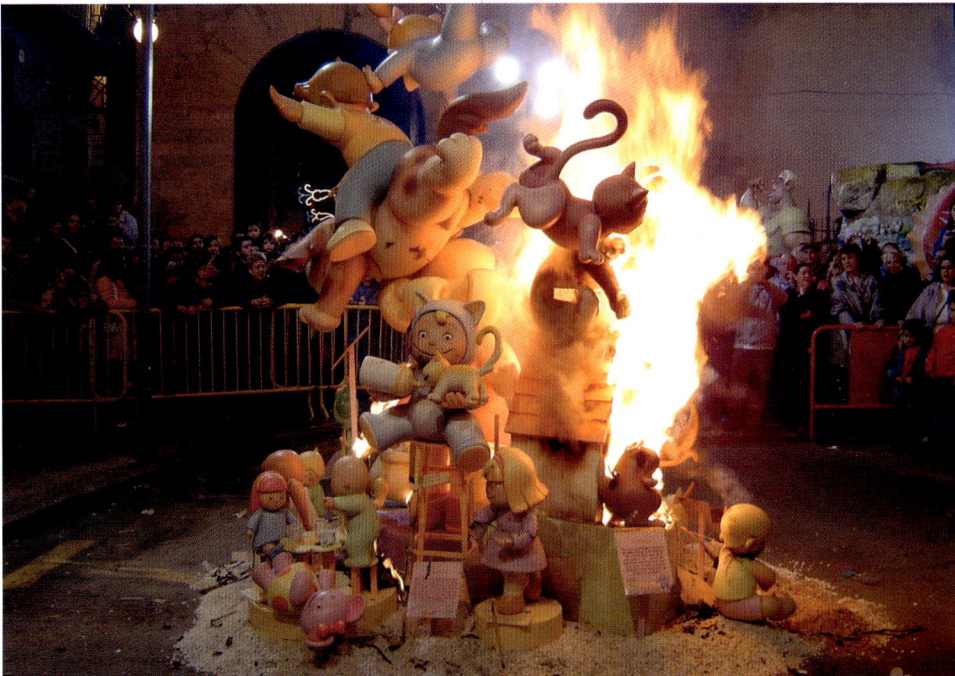

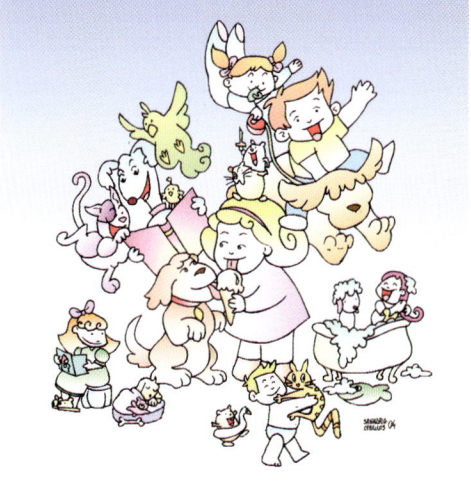

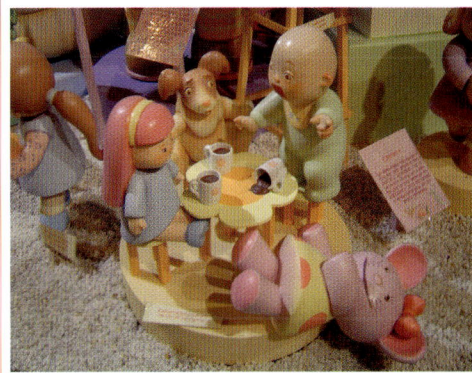

Consells per fer feliç la teua mascota
2005
Falla Quart-Palomar

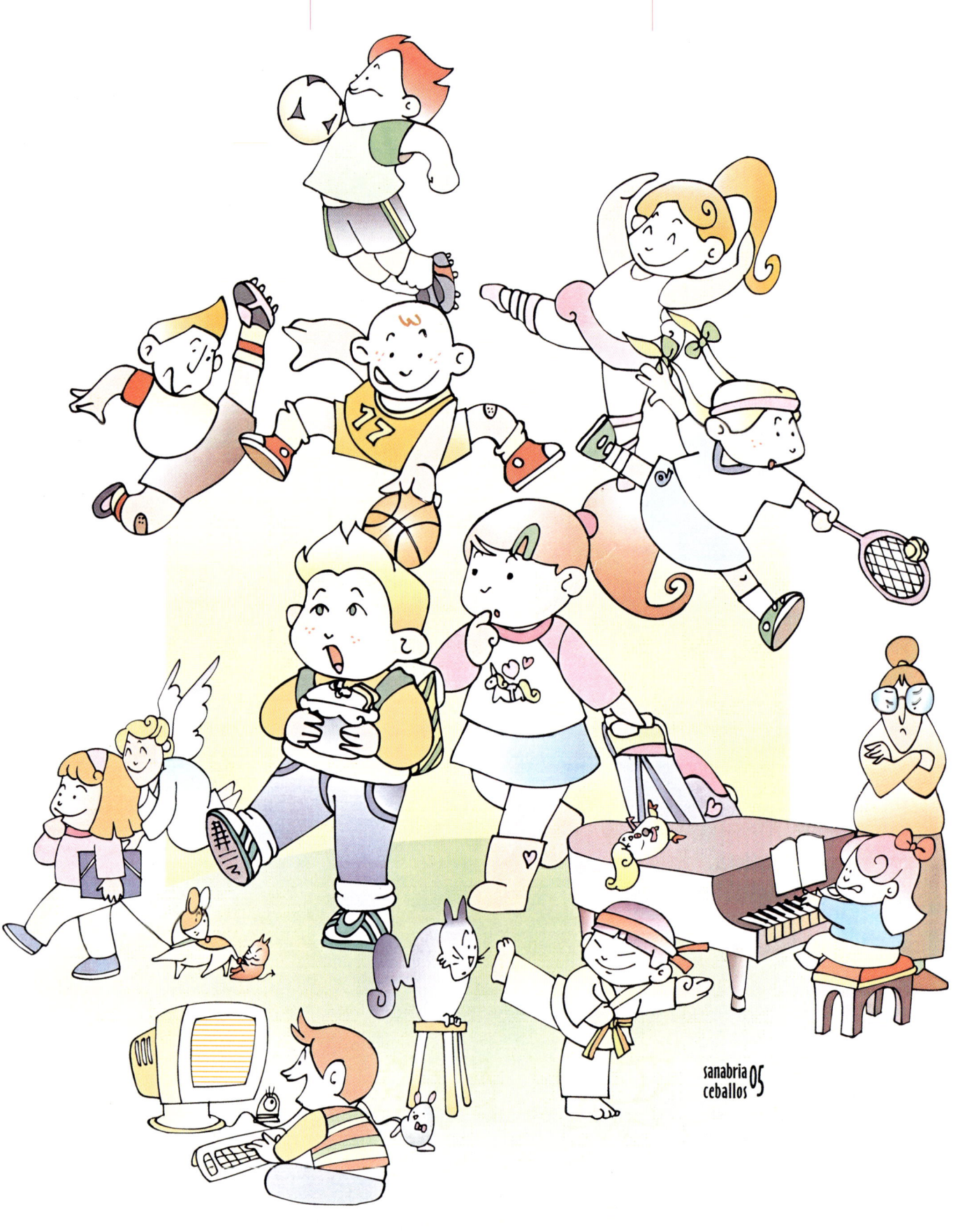

Després de l´Escola

2006
Falla Quart-Palomarr

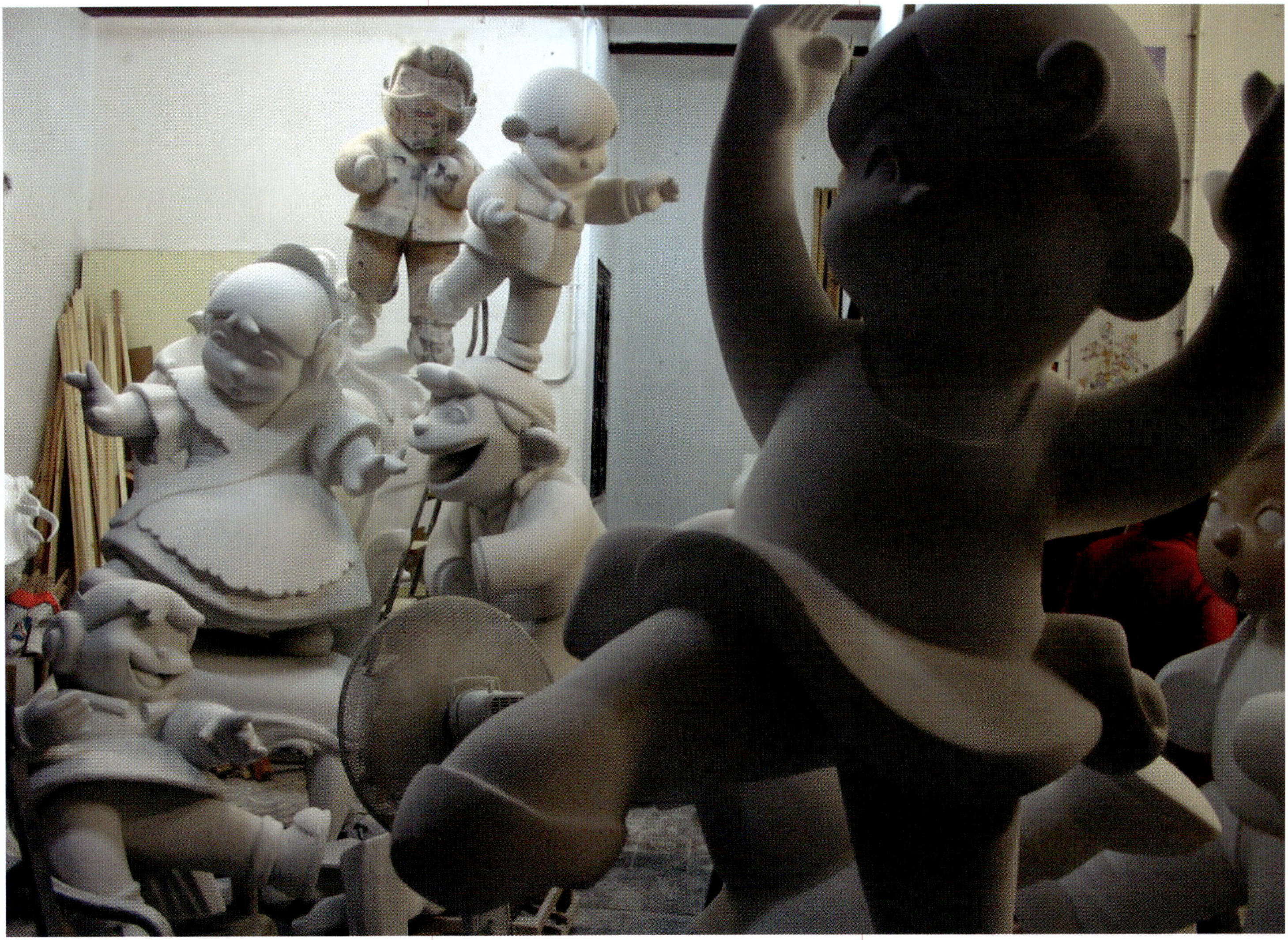

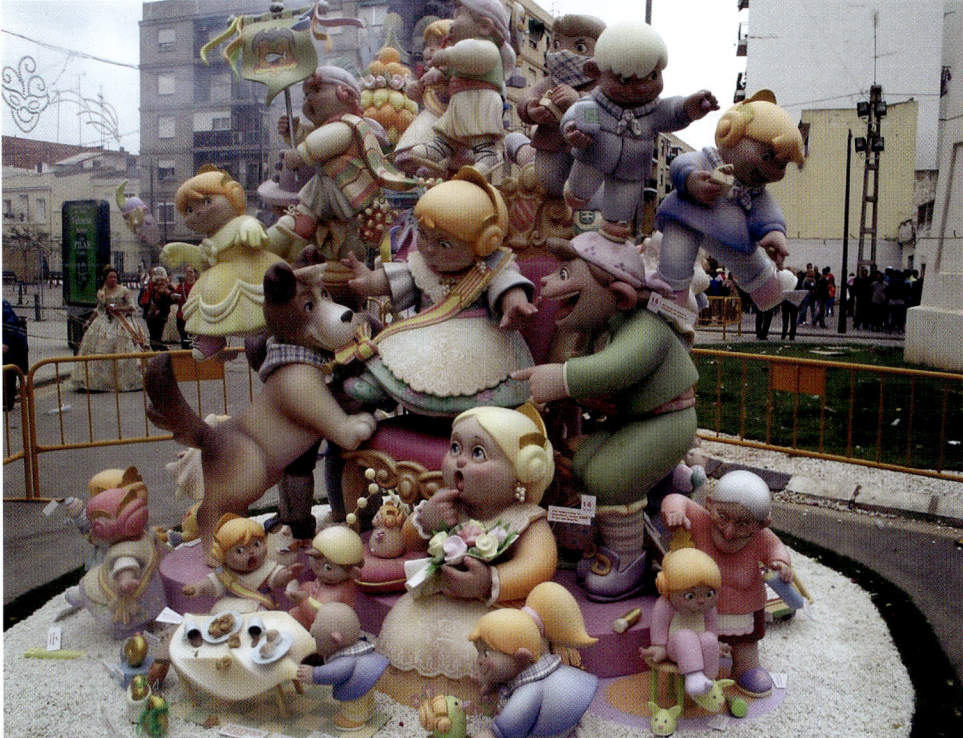

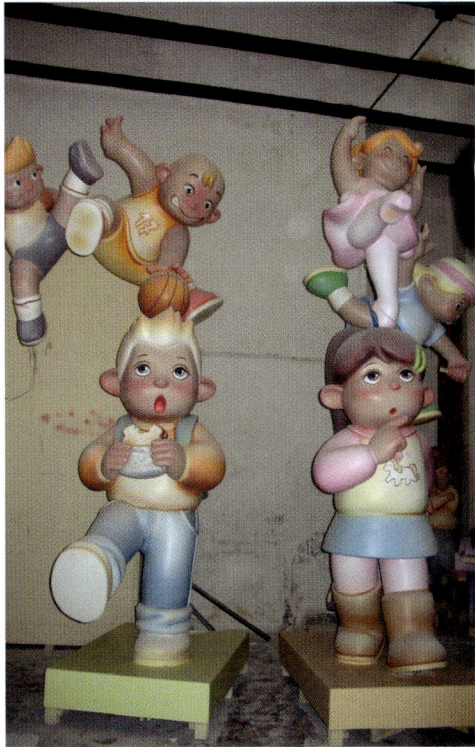

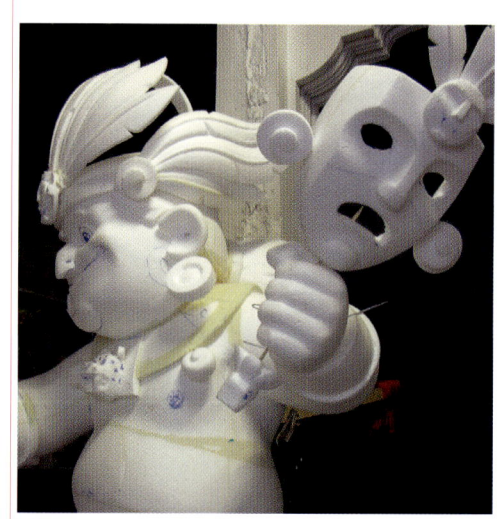

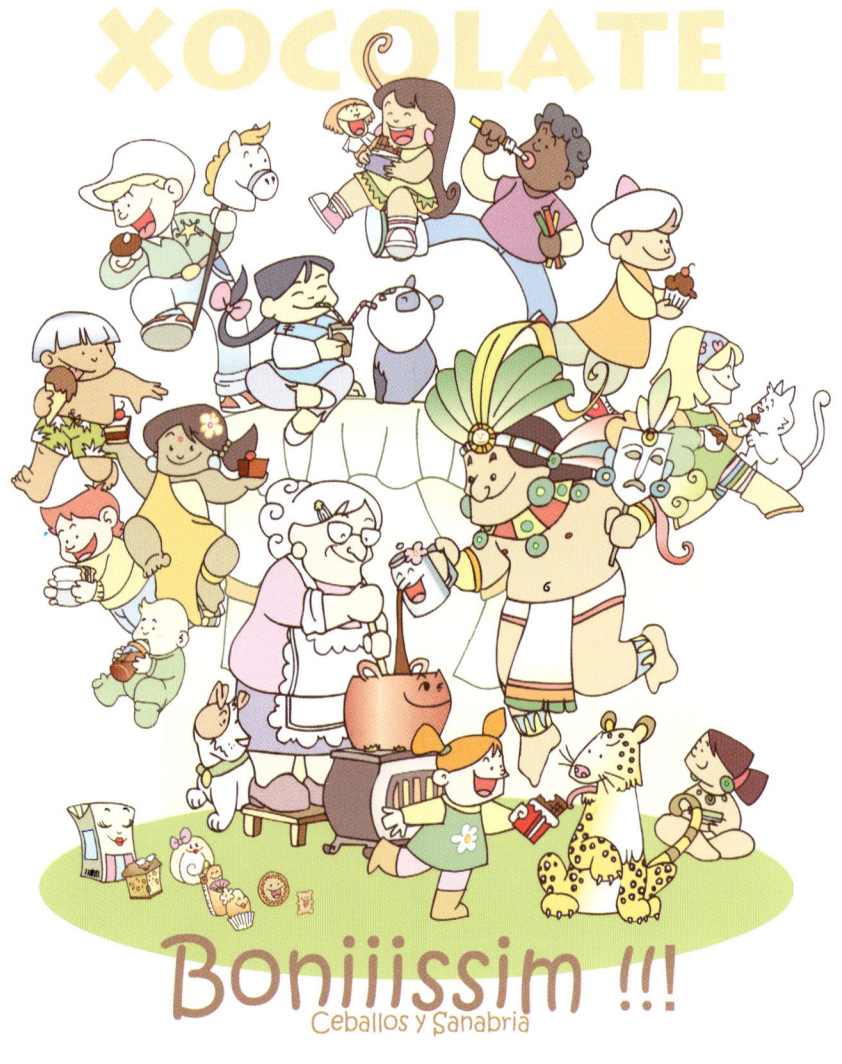

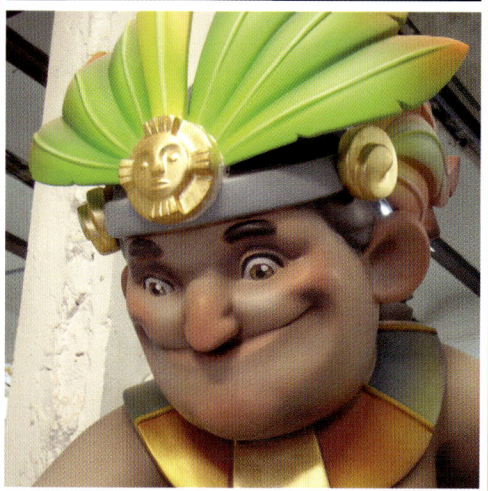

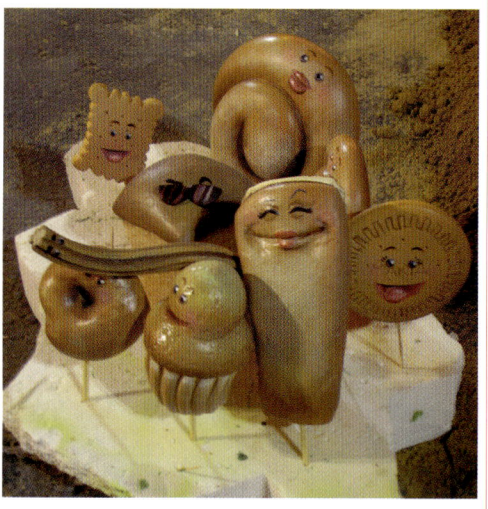

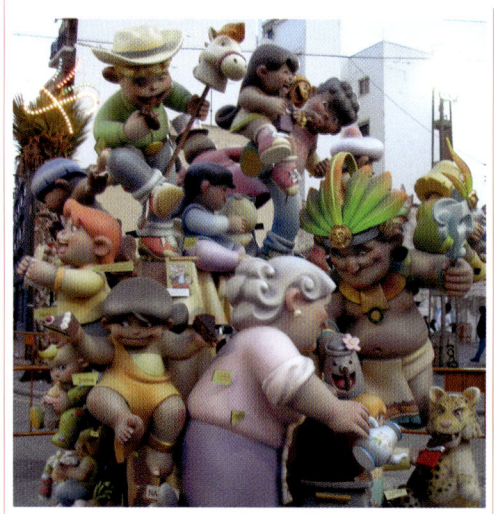

Xocolate Boniiisim!

2007
Falla Ara de Alpuente-Castell de Pop

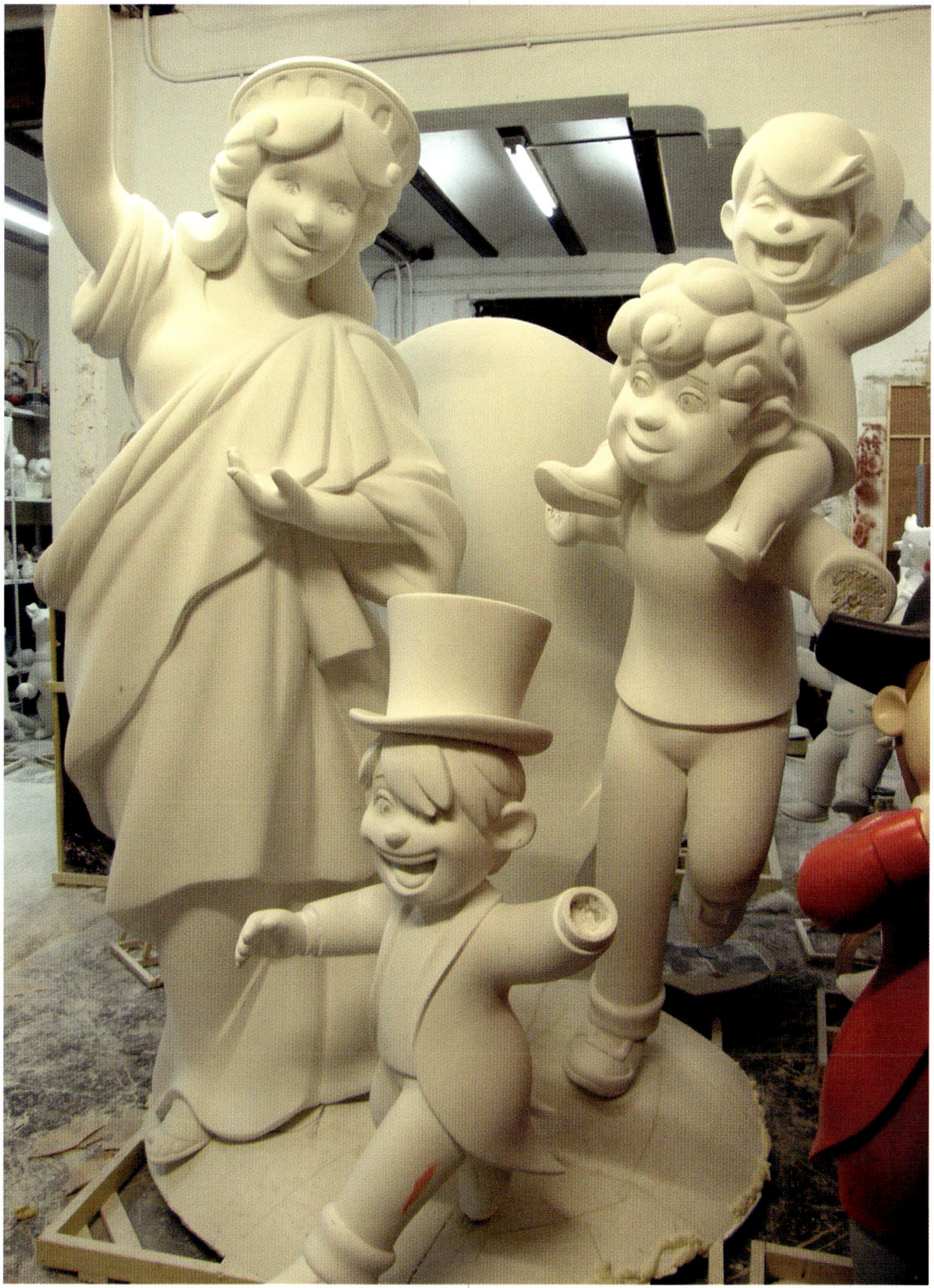

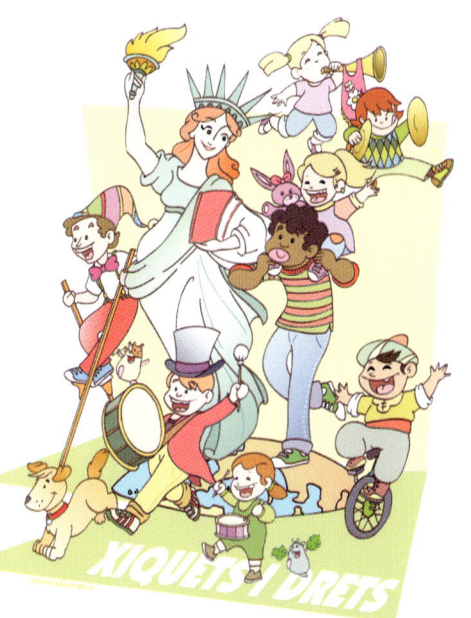

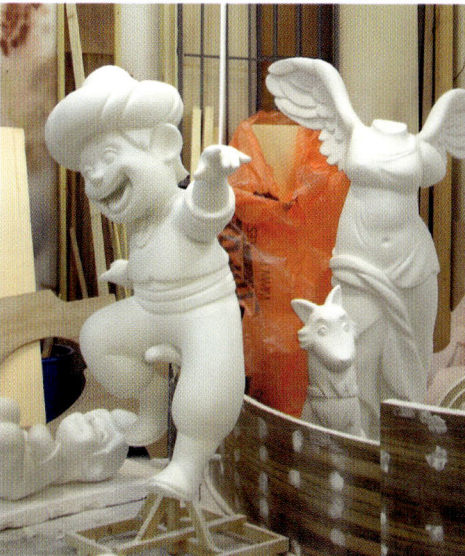

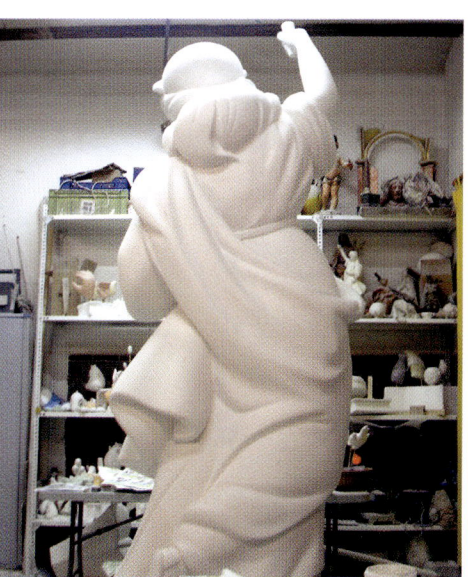

Esbós Xiquets i Drets
2009
Falla Ceramista Ros-Jose Mª Mortes Lerma

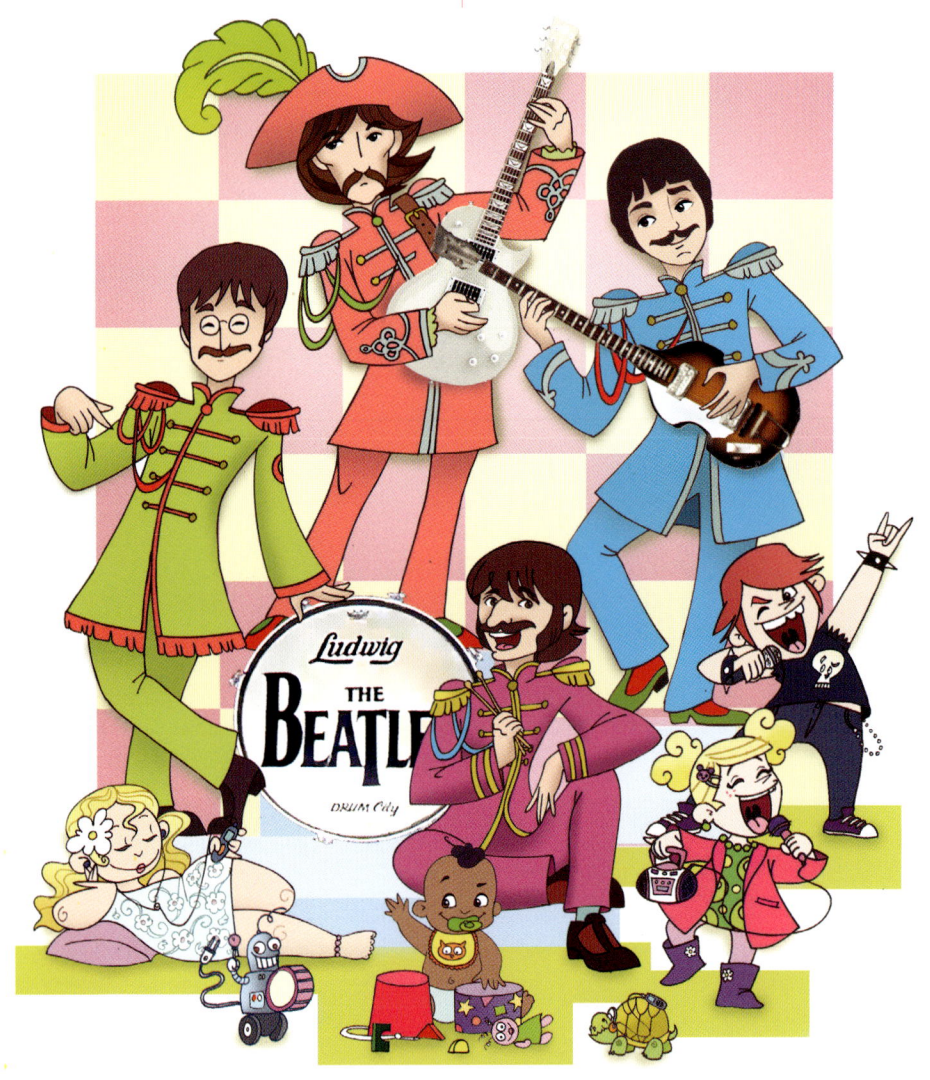

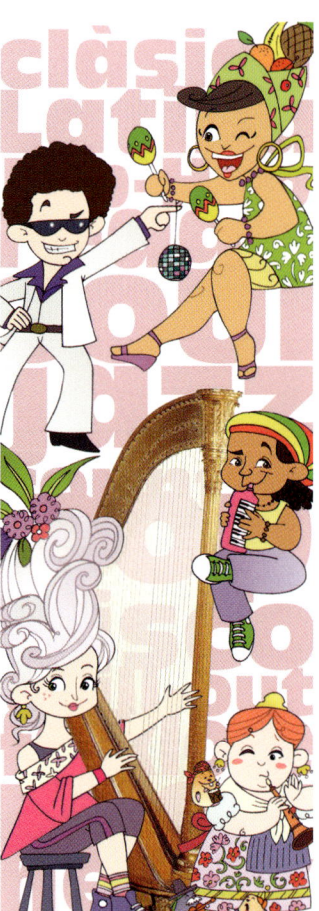

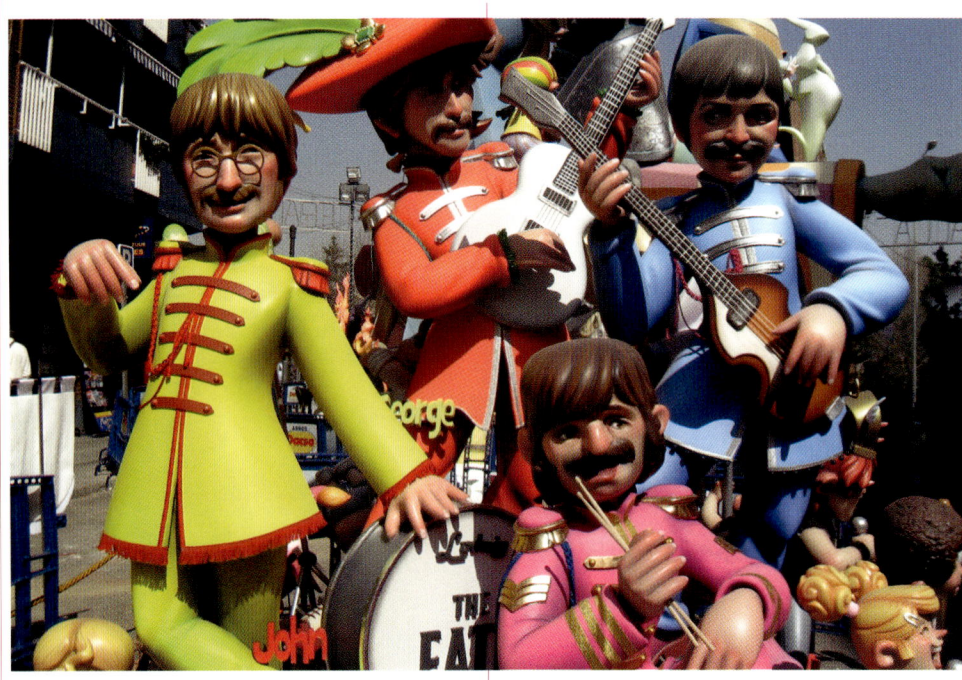

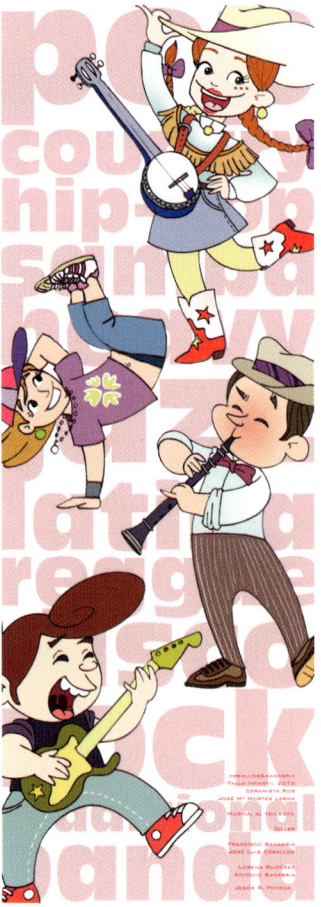

Esbós Música al teu Estil

2010
Falla Ceramista Ros-Jose Mª Mortes Lerma

Esbós De València i Dolçes

2010
Falla Palleter-Erudit Orellana

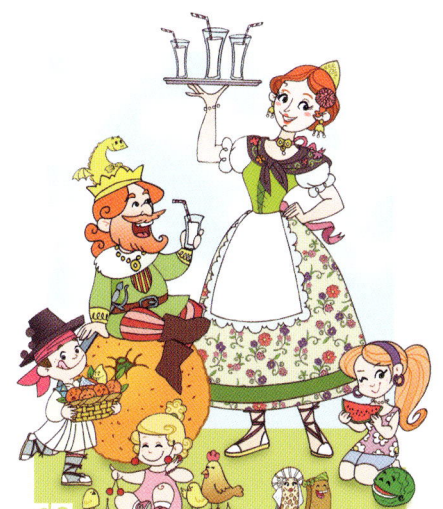

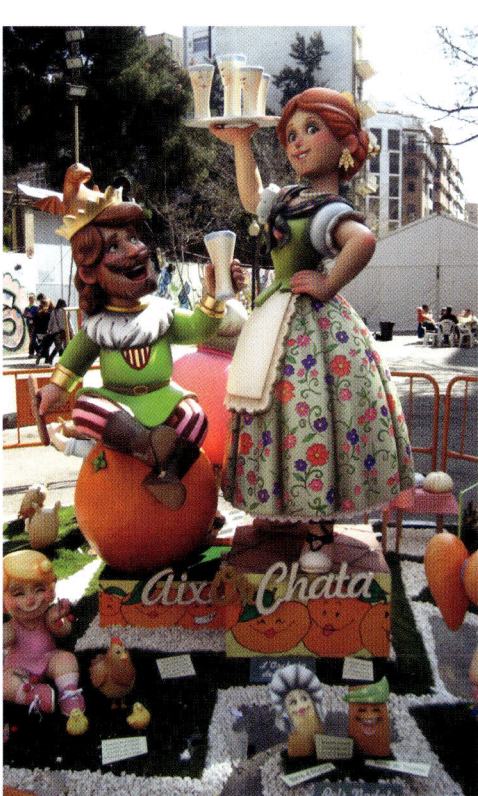

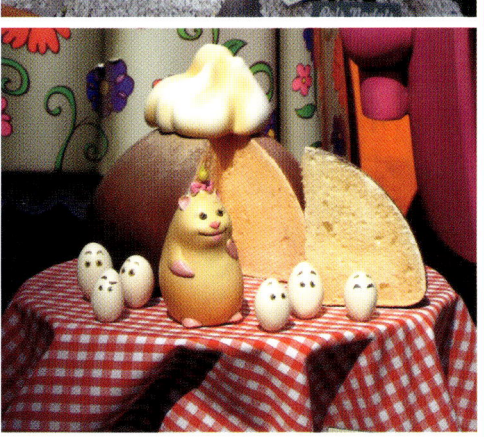

Esbós Renaiximent XXI

2009
Foguera Baver-Els Antigons

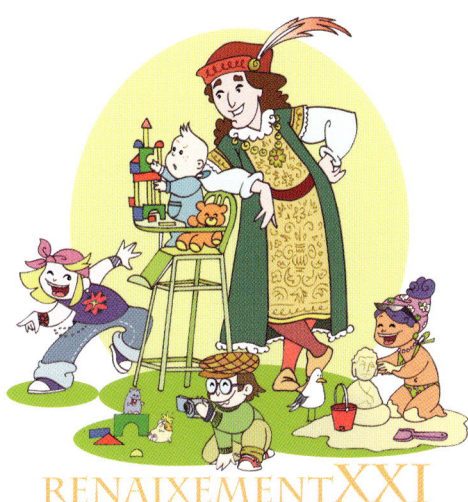

RENAIXEMENT**XXI**

CEBALLOS&SANABRIA

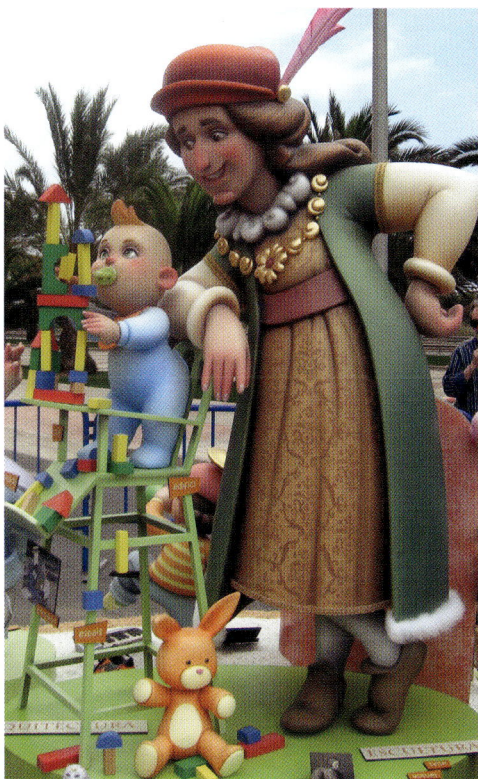

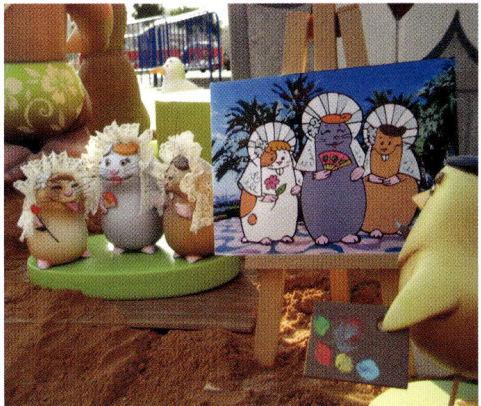

Esbós L´Ànima dels Colors

2008
Falla La Bicicleta

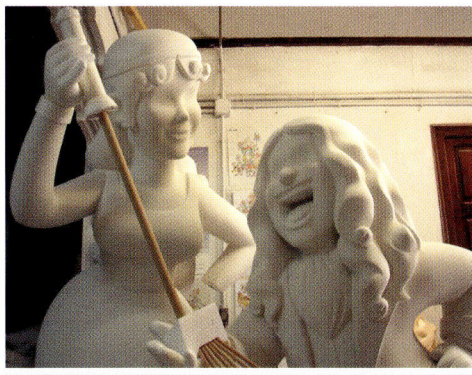

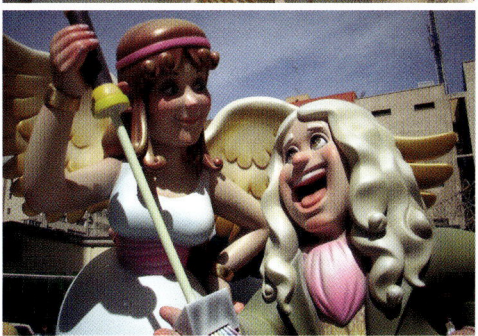

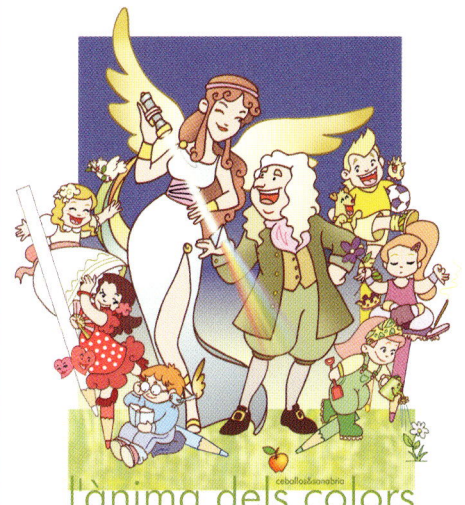

l'ànima dels colors

l'ànima dels colors

Falla infantil 2008 la bicicleta
Ceballos & Sanabria

Els colors formen part de nostres vides, impregnen a totes les persones, les coses, els animals..., Ens son familiars i per tot arreu escampen les tonalitats de la vida, però... Coneixem les emocions que amaguen? Sabem el significat que tenen? Els valors que ens donen?...
El descobrirem tots juns a la nostra falleta, quan la deesa grega Iris i el fisic anglés Isaac Newton ens mostrem con naixen els colors de la llum solar i com des d'eixe moment anirem descobrint con els colors també tenen anima.

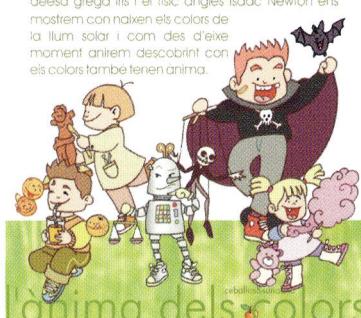

l'ànima dels colors

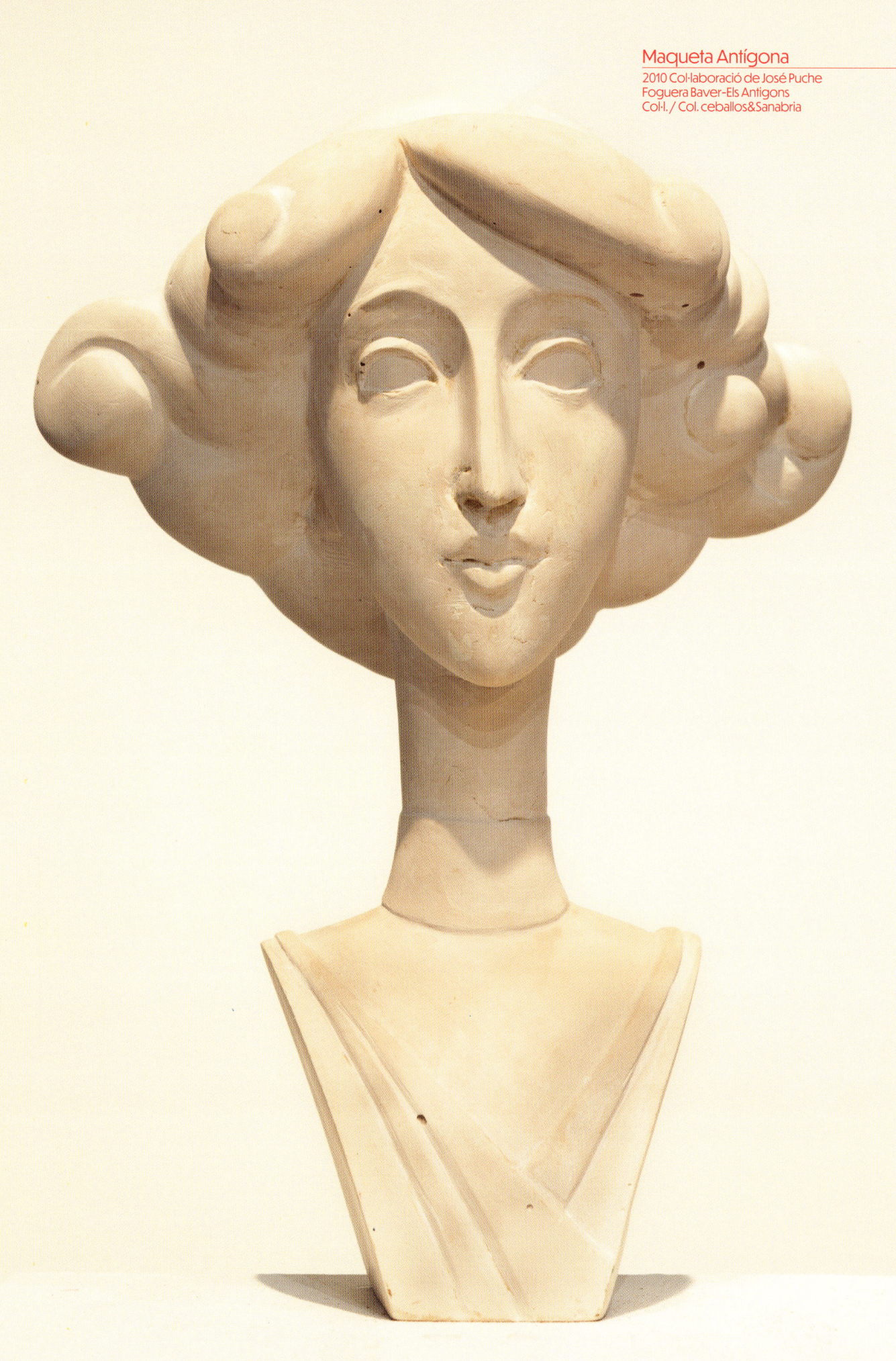

Maqueta Antígona
2010 Col·laboració de José Puche
Foguera Baver-Els Antigons
Col·l. / Col. ceballos&Sanabria

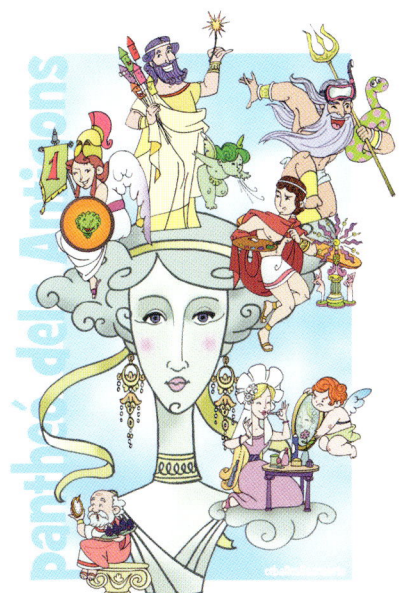

Esbós Pantheó dels Antigons

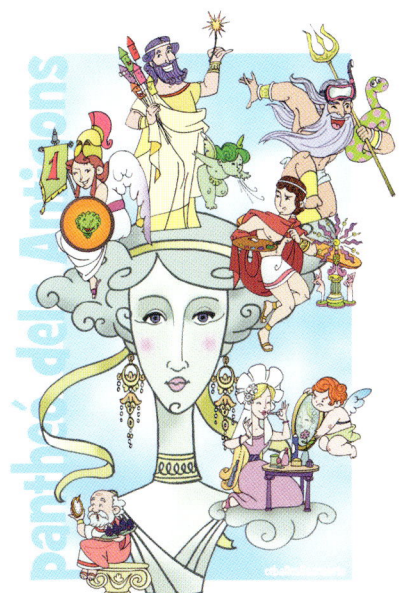

2010
Foguera Baver-Els Antigons

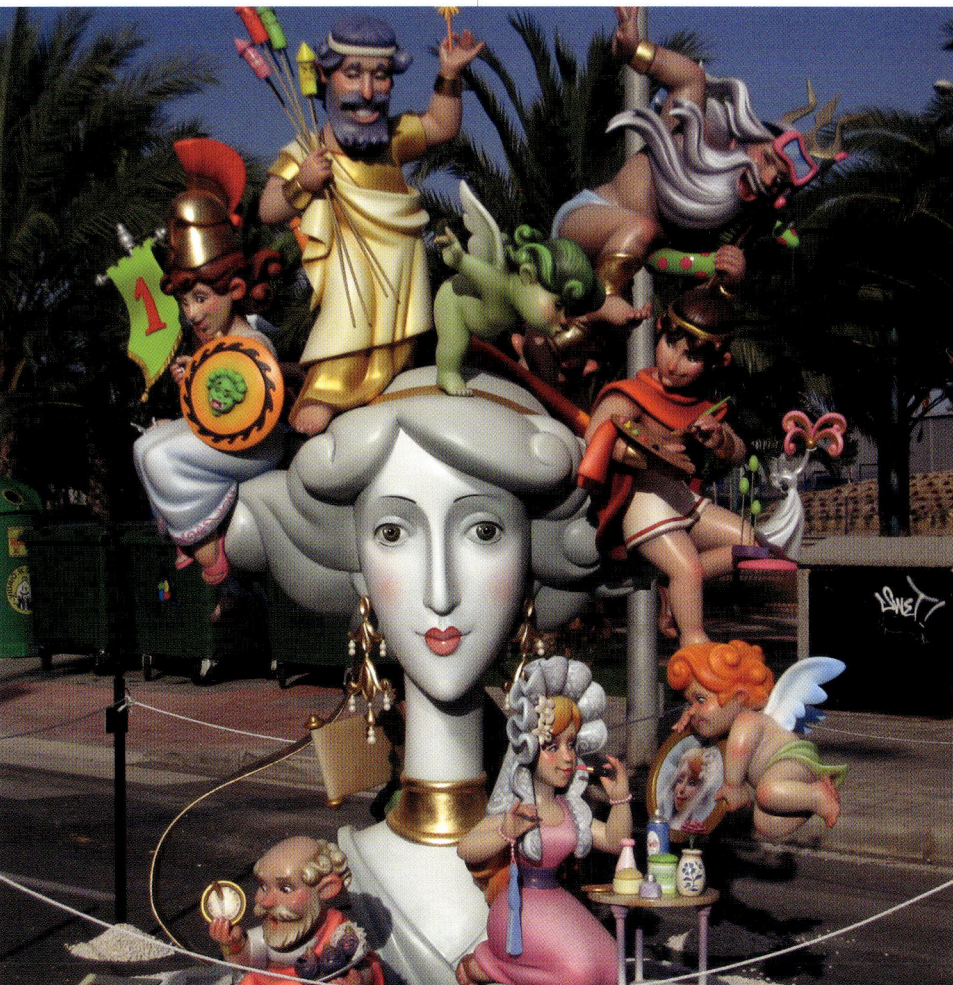

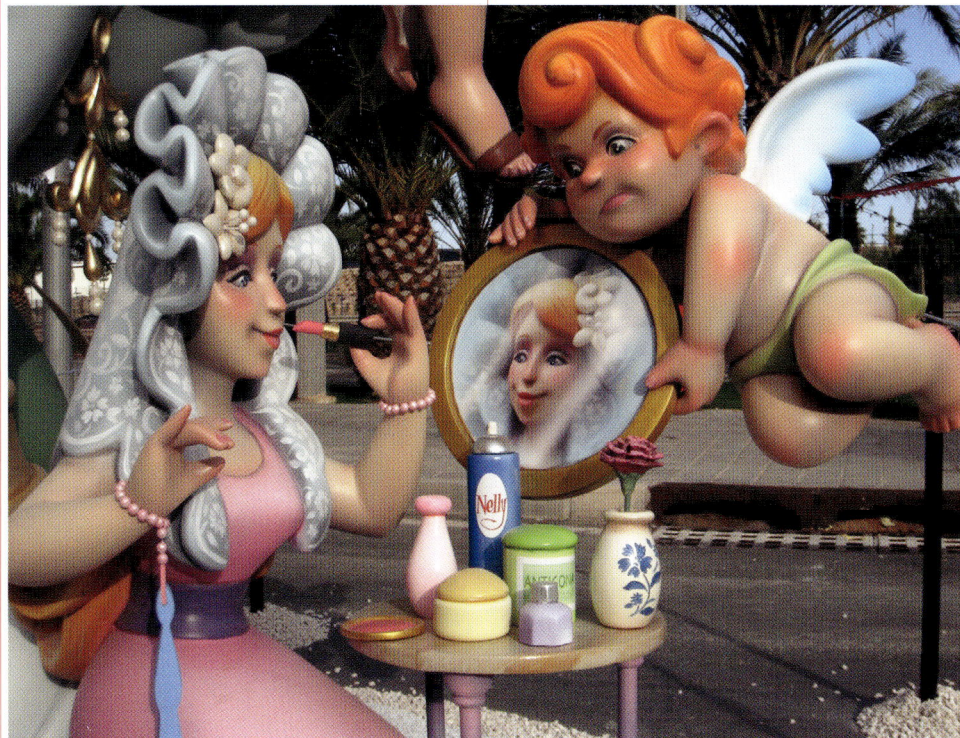

Esbós Blanca com la Neu
2011
Falla Conde Salvatierra-Cirilo Amorós

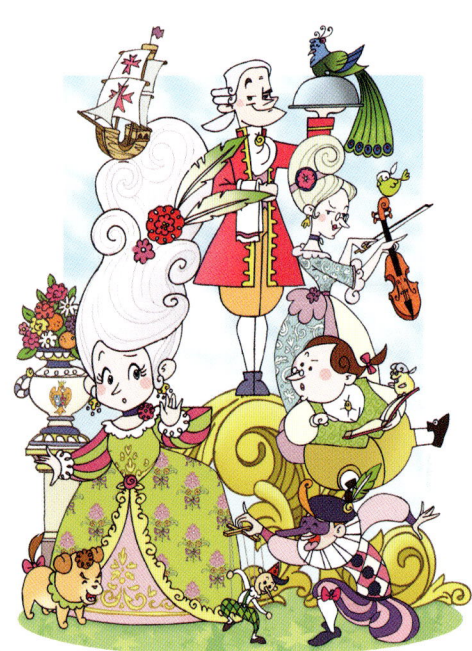

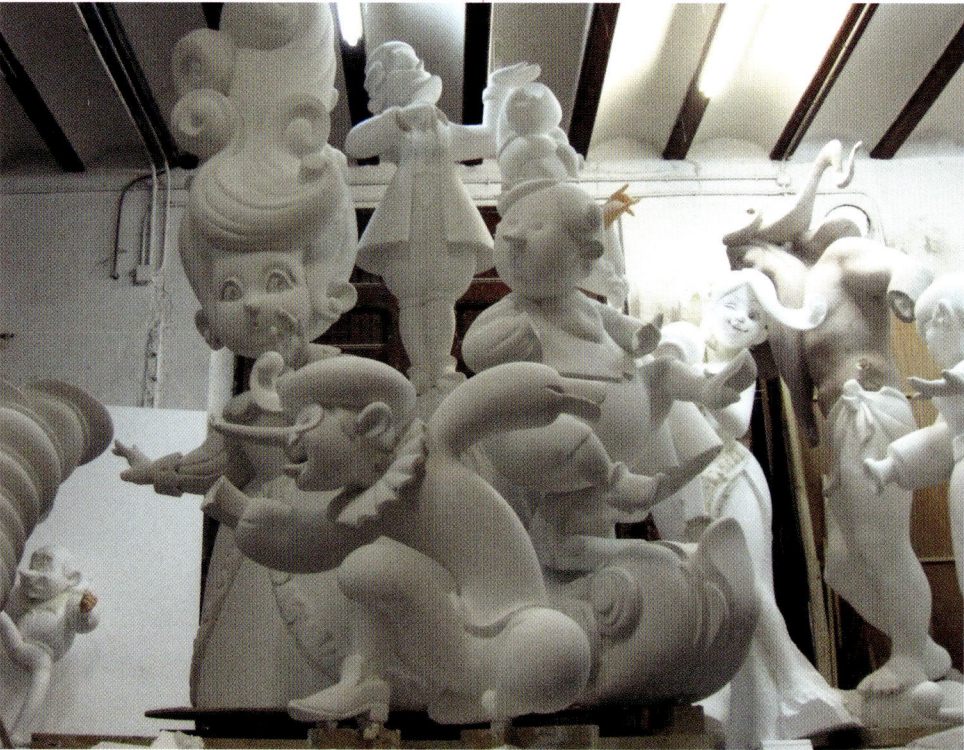

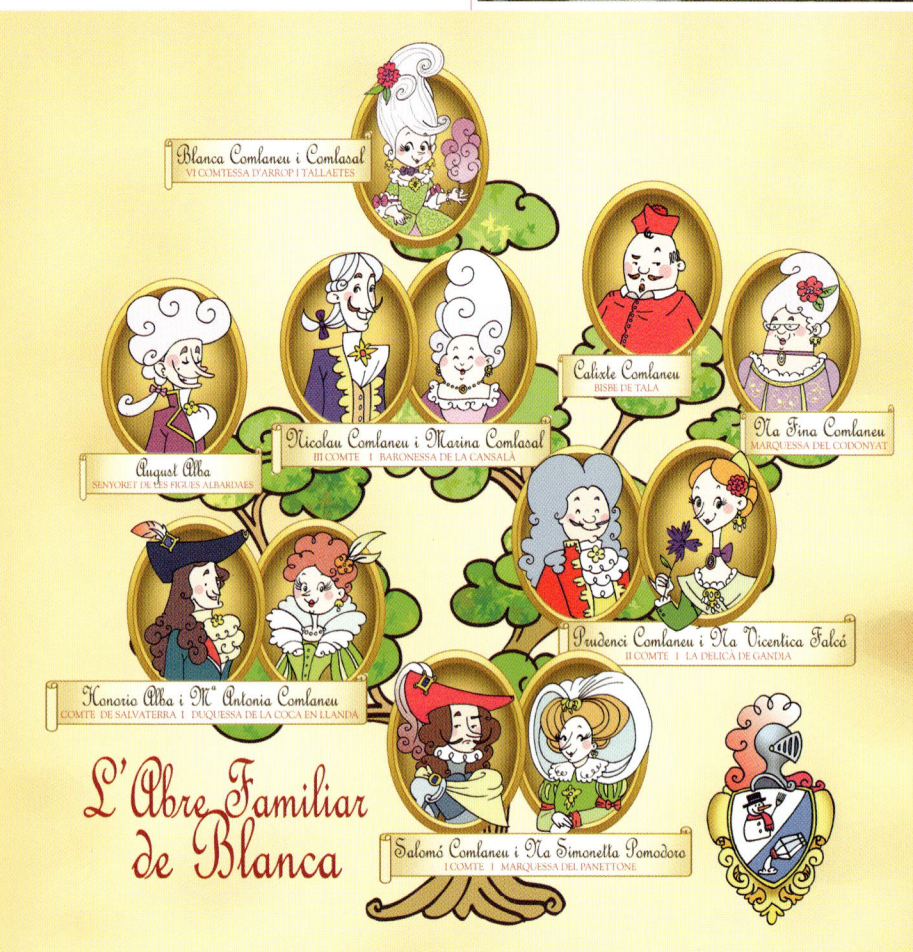

Il·lustració arbre genealògic Blanca com la Neu
2011
Falla Conde Salvatierra-Cirilo Amorós

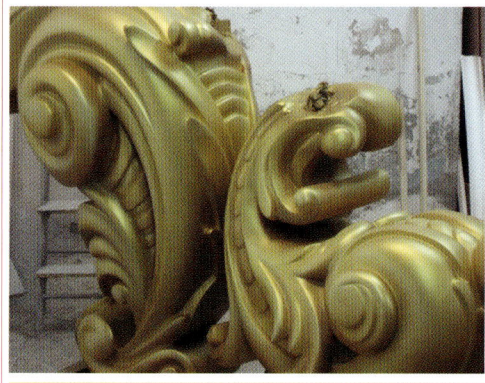

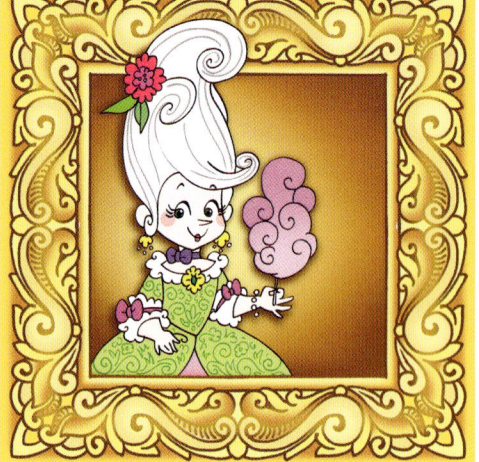

Il·lustració portada llibret
2011
Falla Conde Salvatierra-Cirilo Amorós

Maqueta Fantasma de l´Òpera

2011 Col·laboració de José Puche
Foguera Baver-Els Antigons
Col·l. / Col. ceballos&sanabria

Esbós Baver goes to Broadway

2011
Foguera Baver-Els Antigons

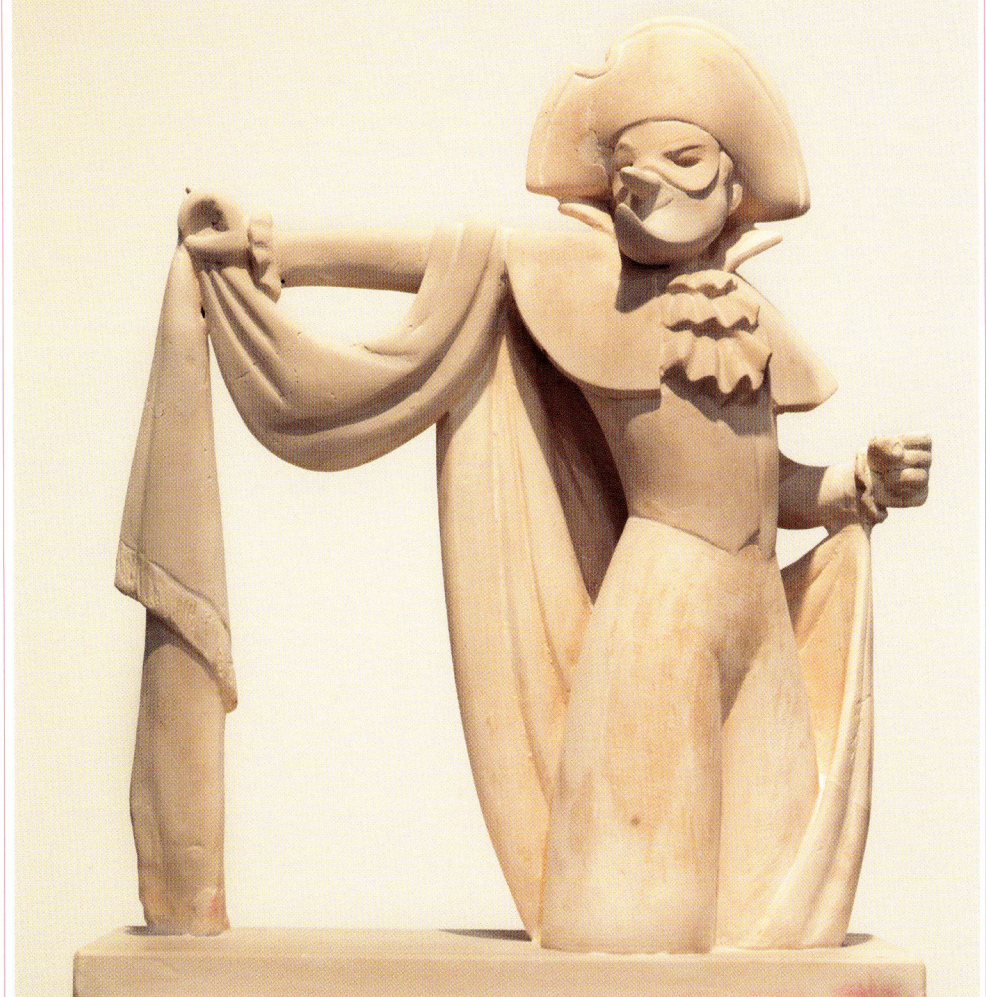

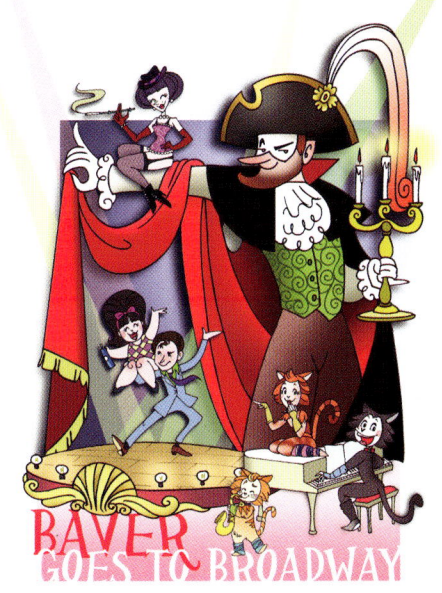

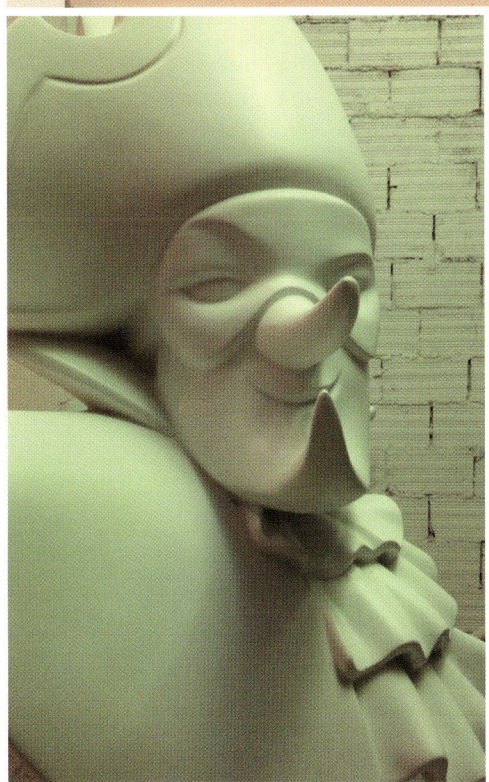

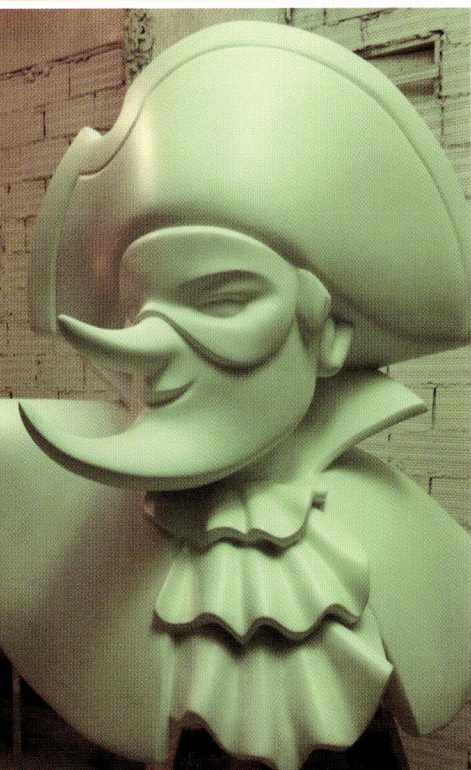

Maqueta Fantasma de l´Òpera
2011 Col·laboració de José Puche
Foguera Baver-Els Antigons
Col·l. / Col. ceballos&sanabria

Esbós Baver goes to Broadway
2011
Foguera Baver-Els Antigons

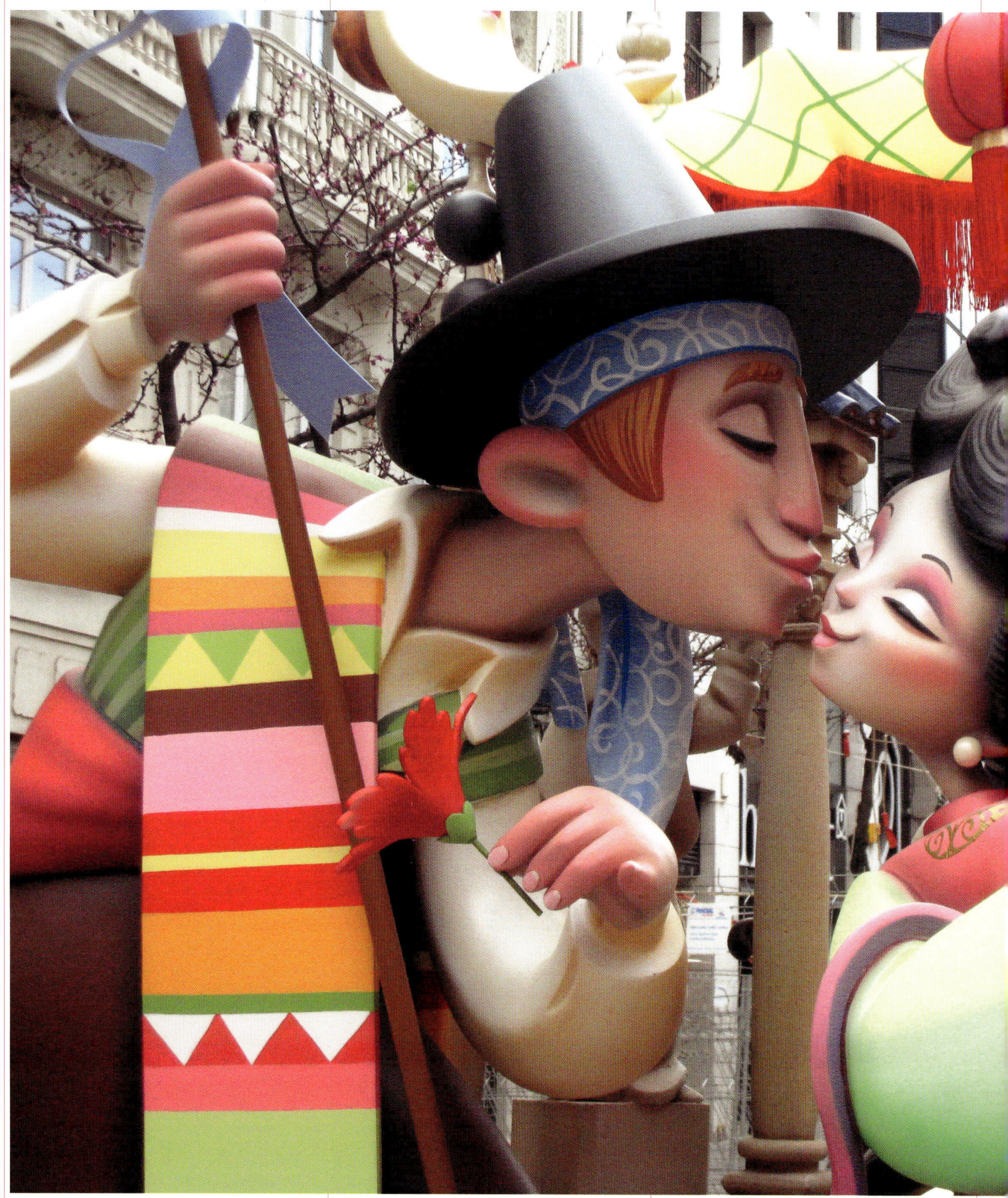

València-Pekin, un amor sense fi!
2012
Falla Conde Salvatierra-Cirilo Amorós

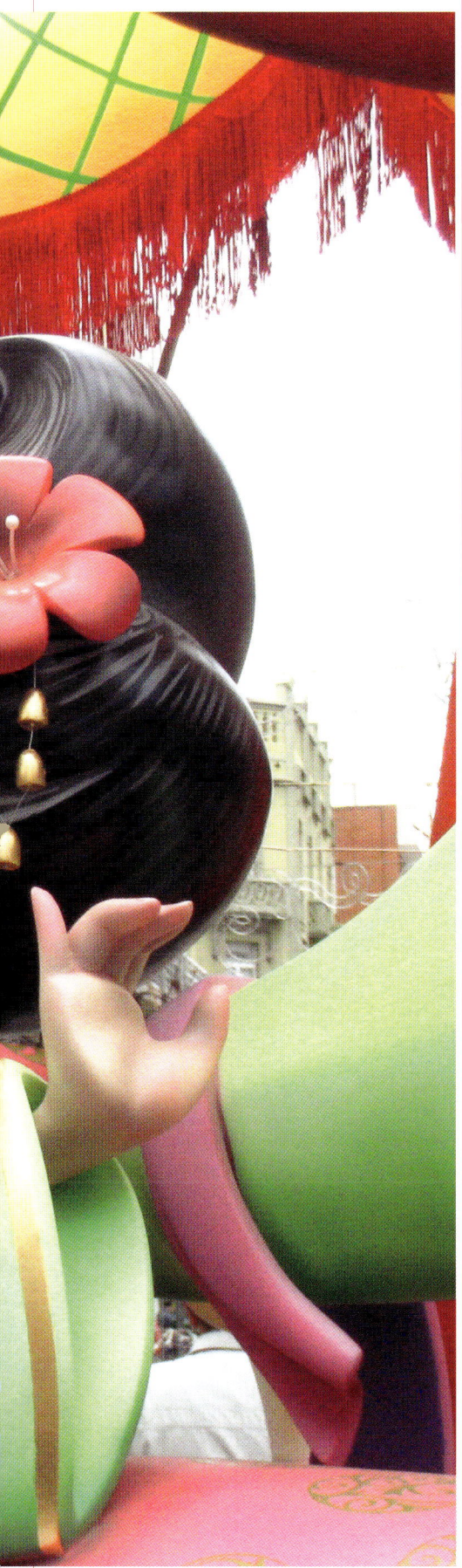

Ninot Contorsionista Xinesa Taronjera

2012
Falla Conde Salvatierra-Cirilo Amorós
Col·l. / Col. particular

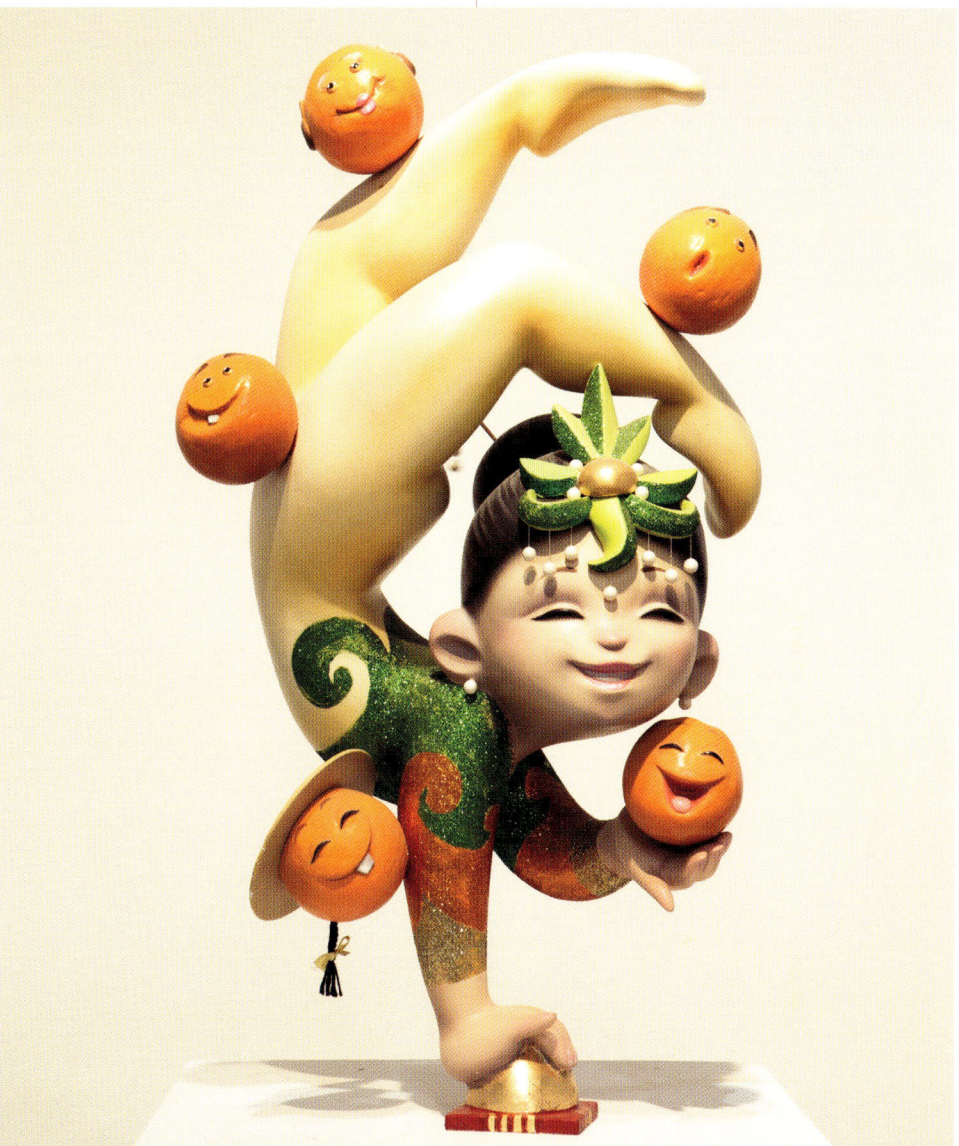

Il·lustració Boret i Xiuliu

2012
Falla Conde Salvatierra-Cirilo Amorós

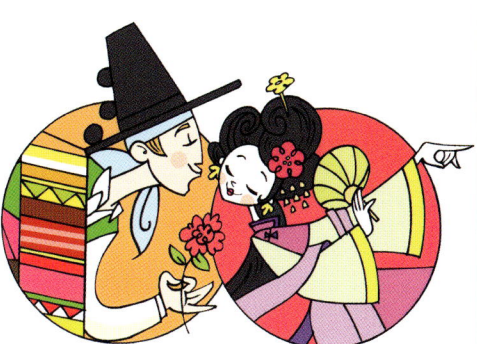

Esbós València-Pekin, un amor sense fi!

2012
Falla Conde Salvatierra-Cirilo Amorós

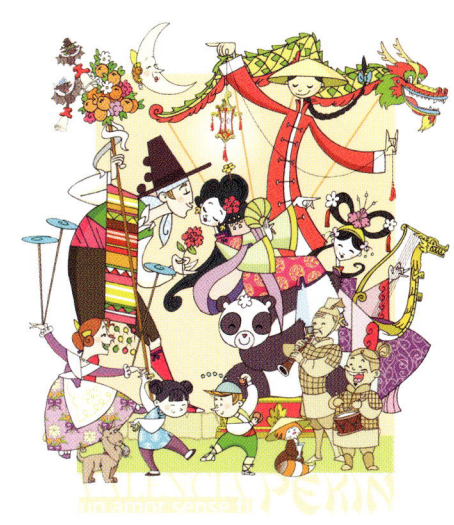

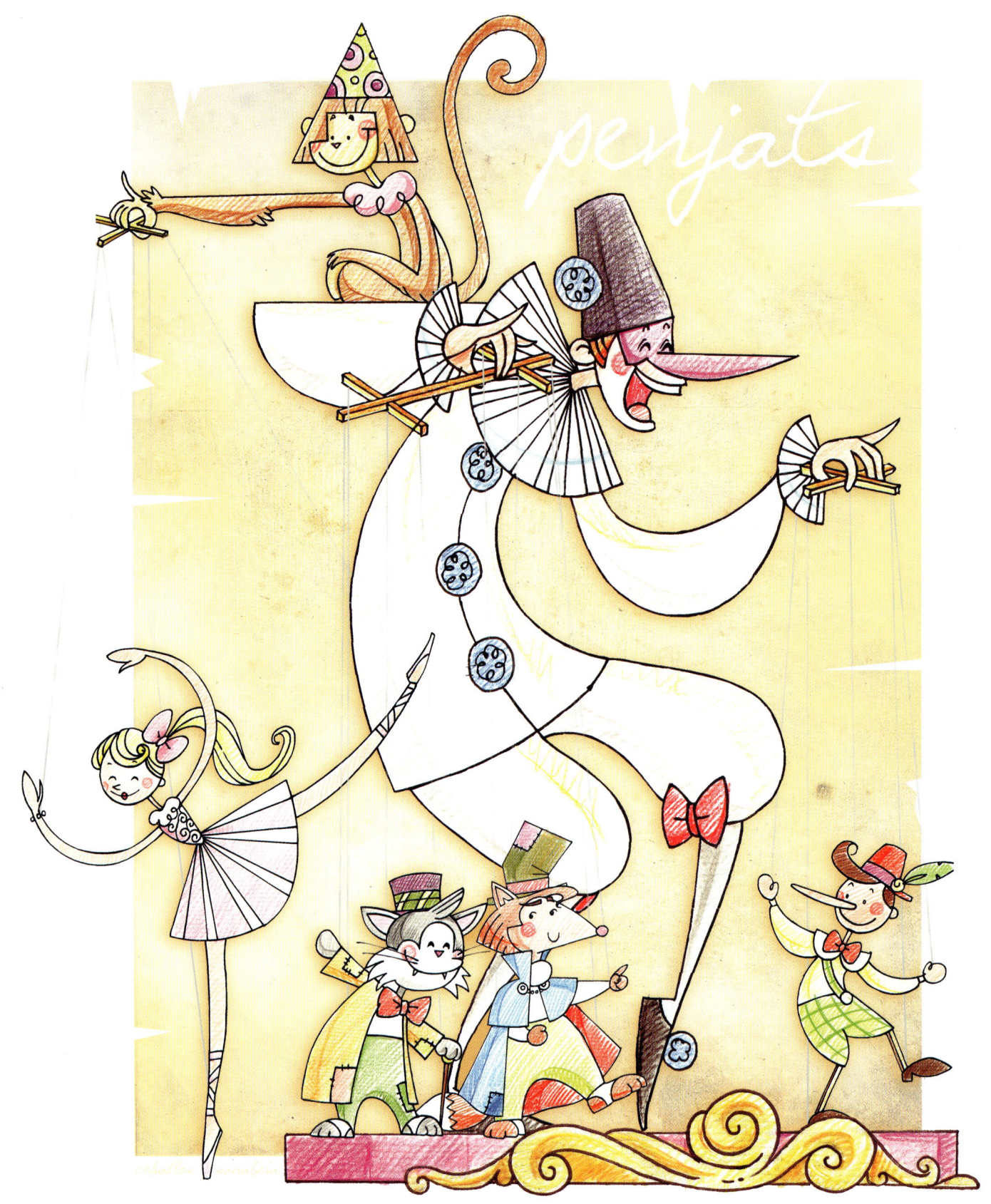

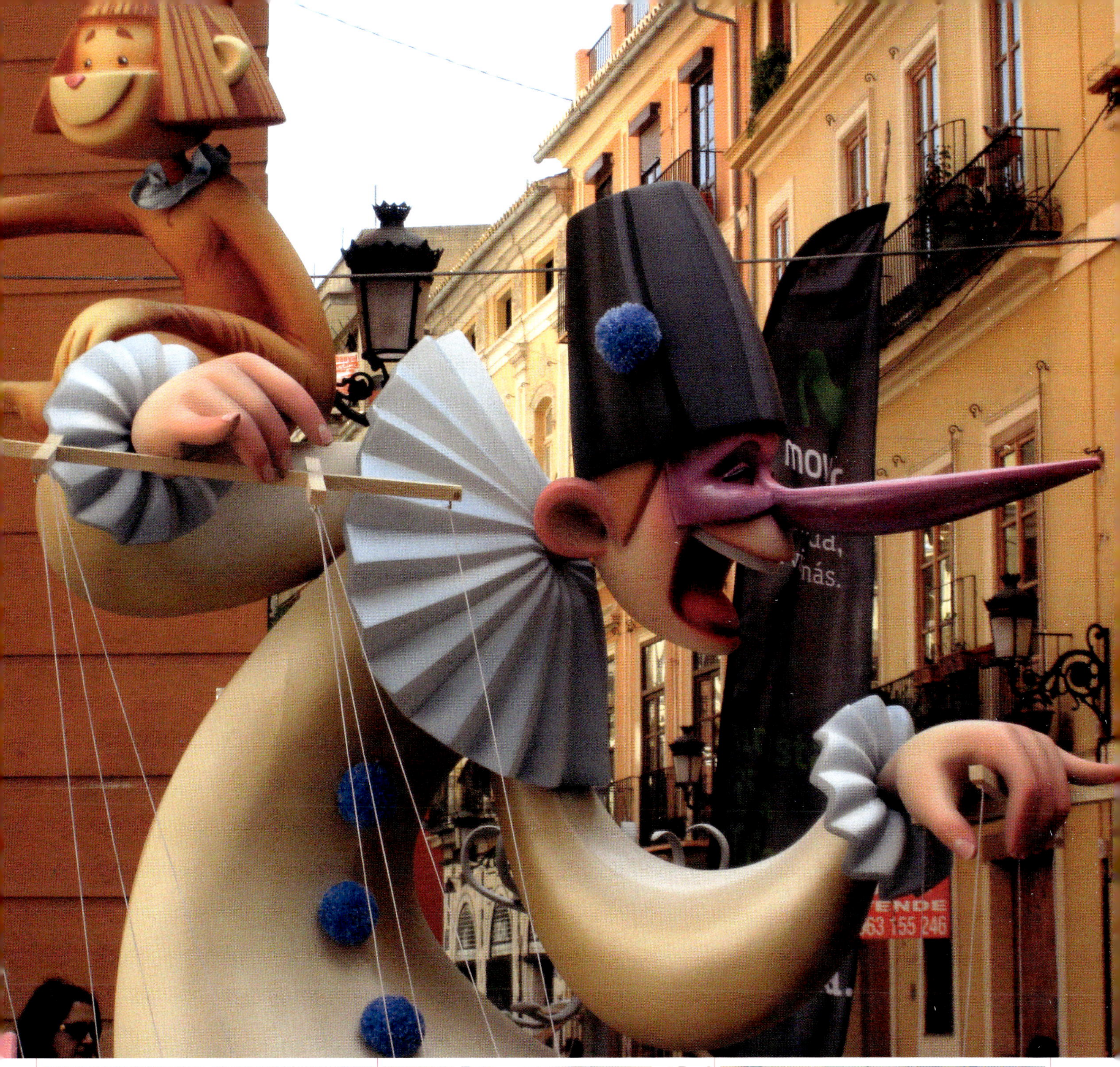

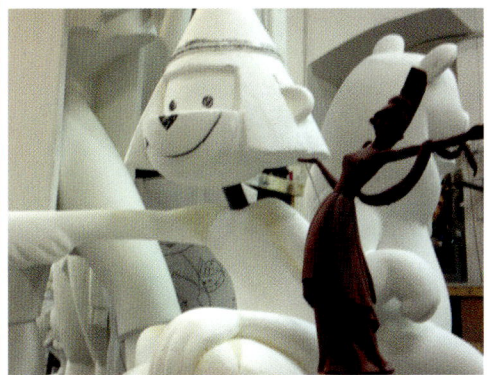

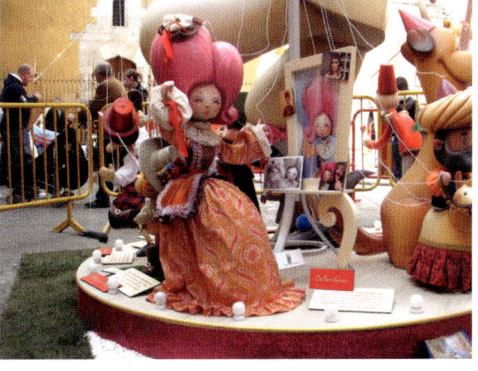

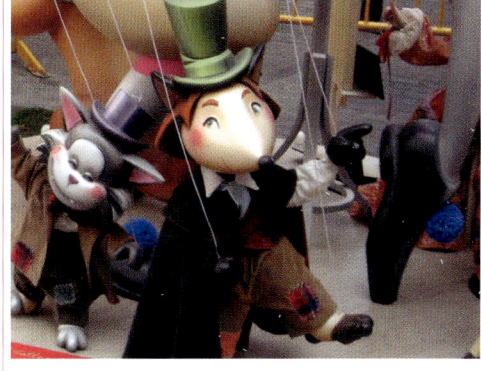

Esbós Nirvana

2012
Foguera Baver-Els Antigons

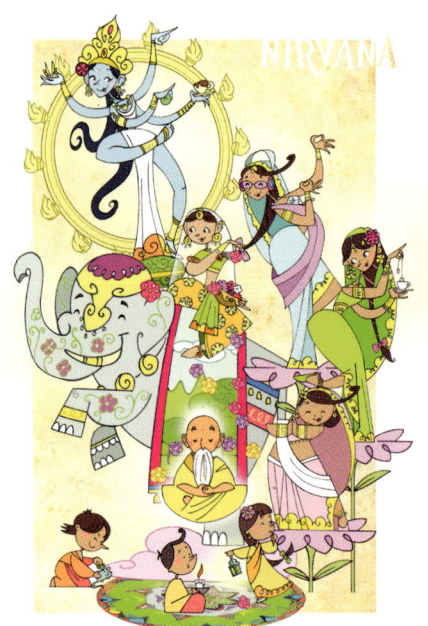

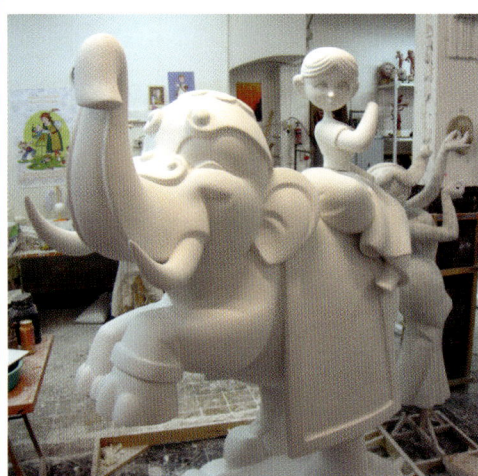

Ninot Foguroteràpia - Nirvana

2012
Foguera Baver-Els Antigons
Col·l. / Col. particular

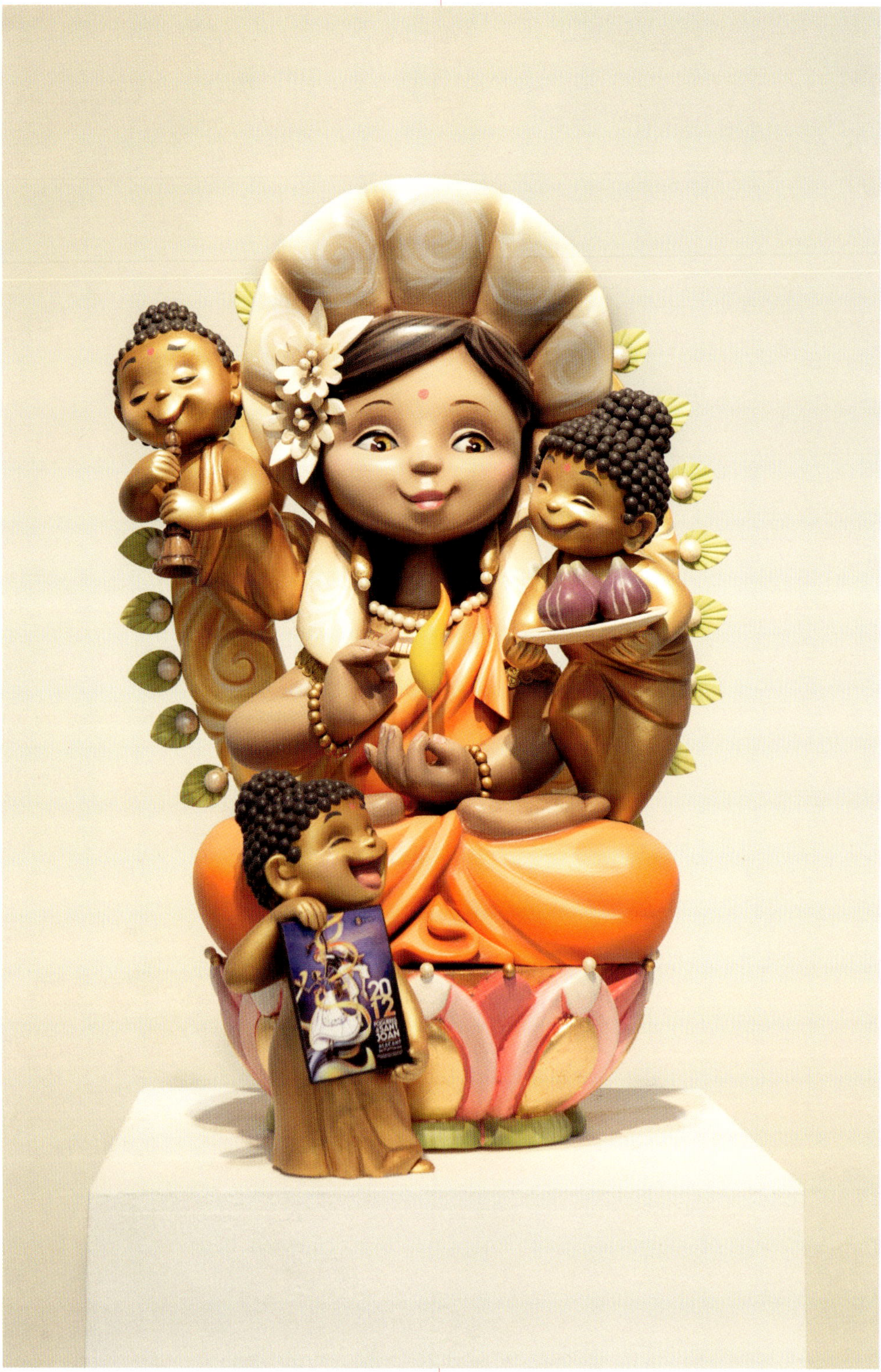

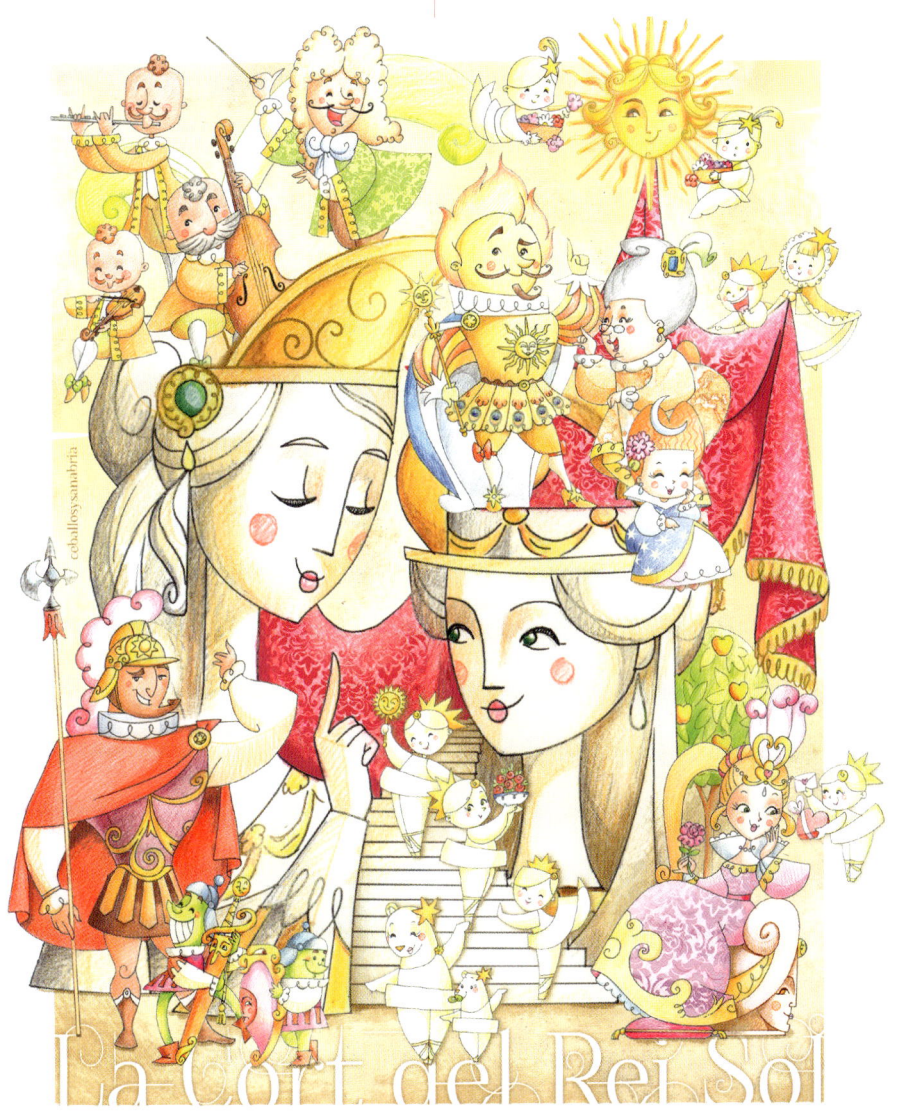

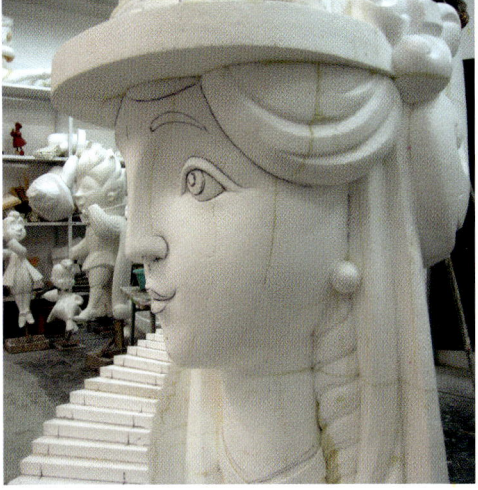

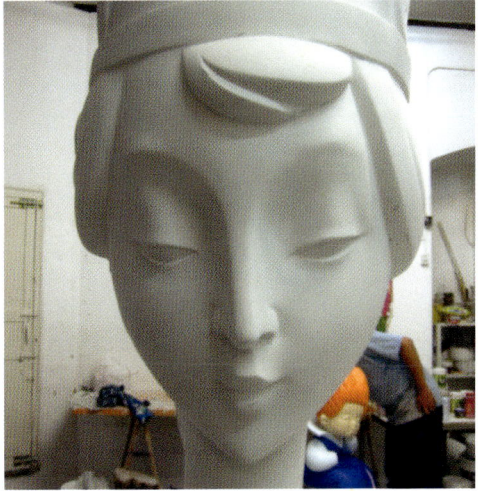

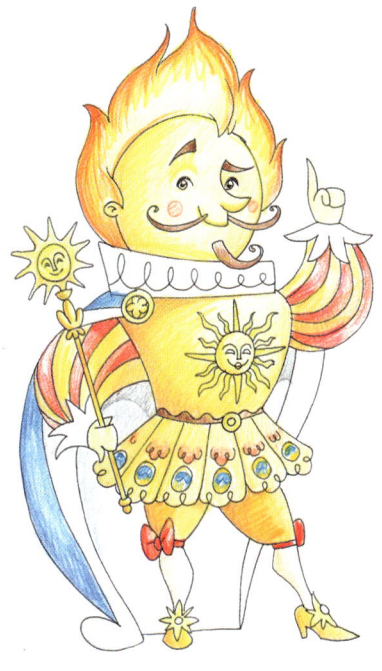

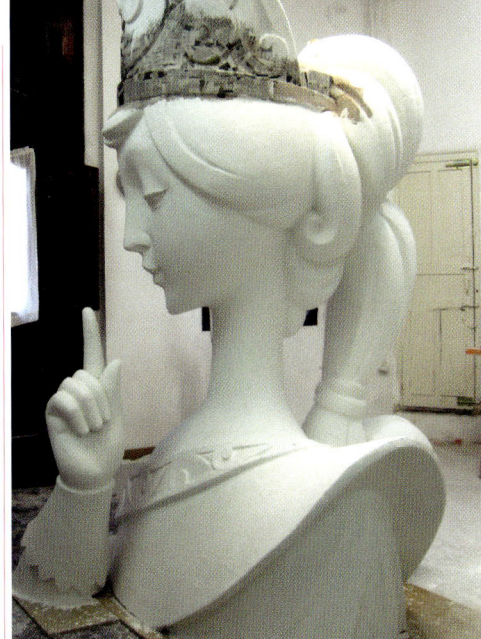

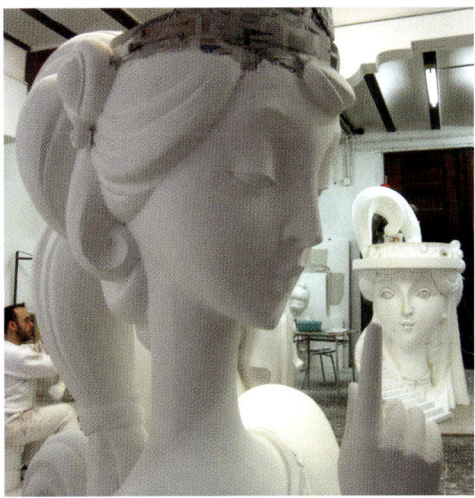

La Cort del Rei Sol

2014
Falla Exposició-Micer Mascó

Esbós El Somni de Cirilamón
2013
Falla Conde Salvatierra-Cirilo Amorós

Esbós I Love Costa Blanca
2013
Foguera Baver-Els Antogons

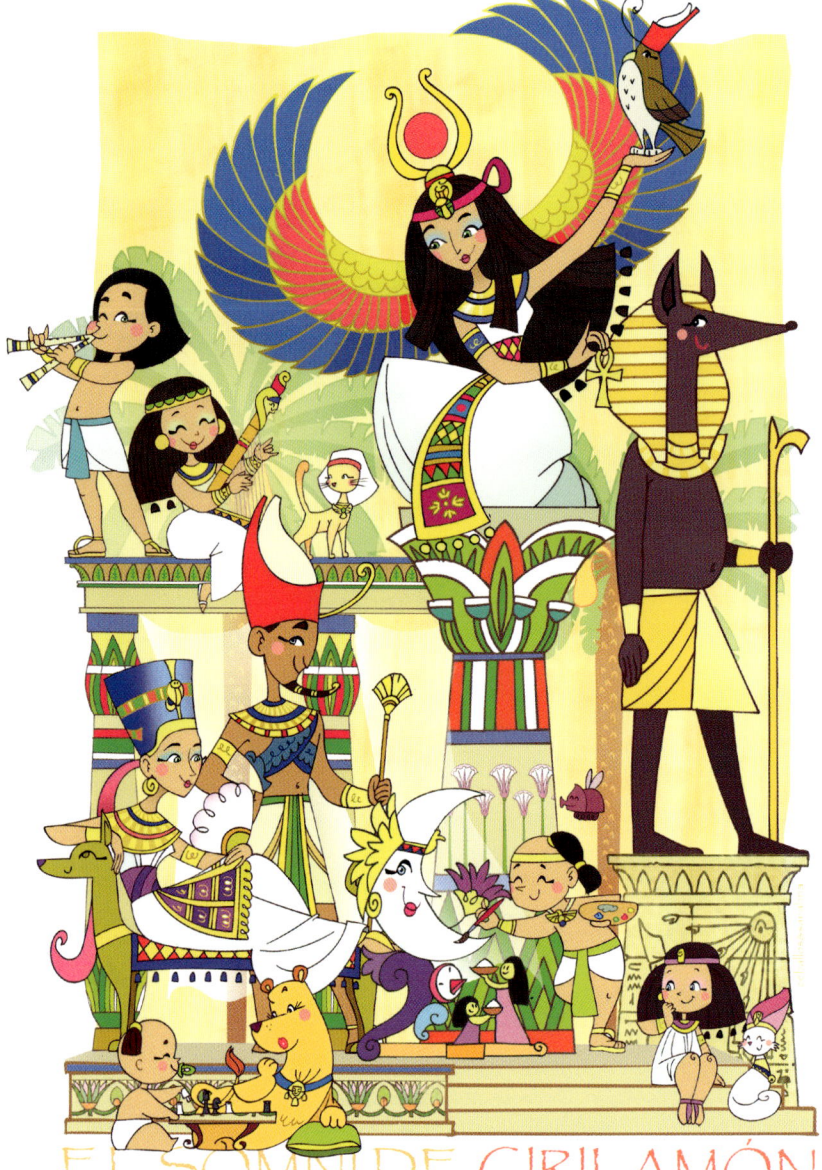

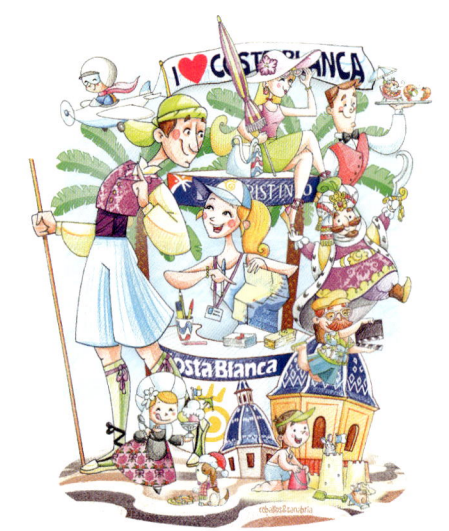

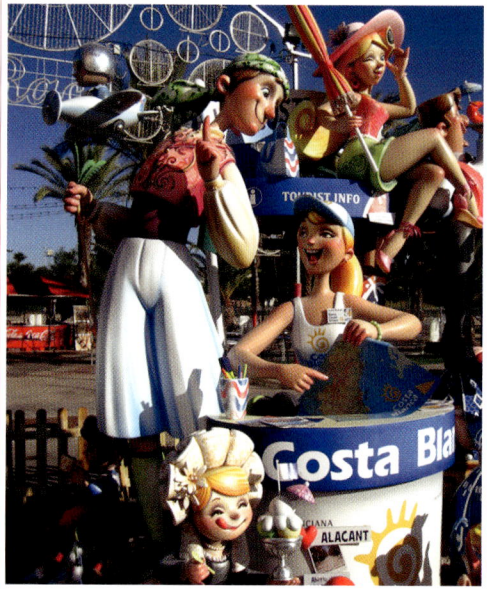

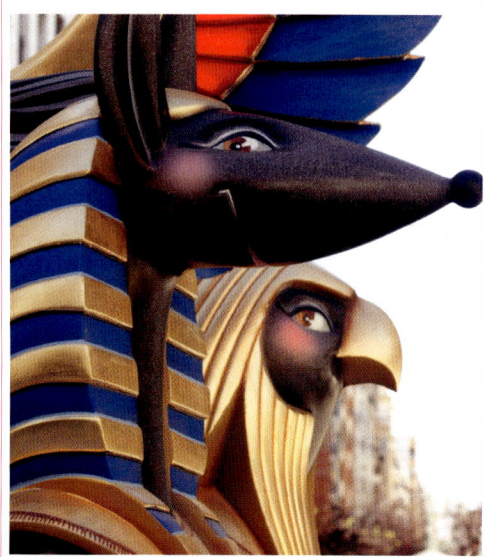

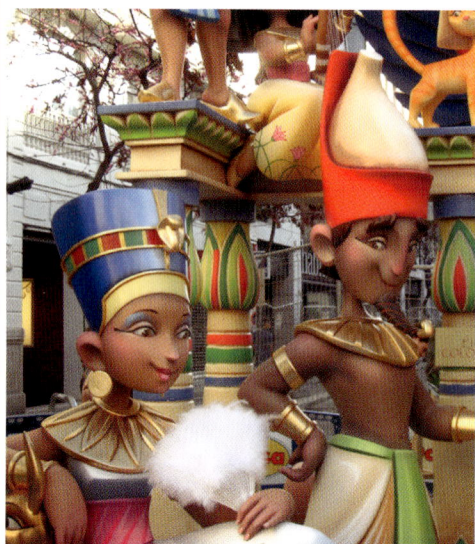

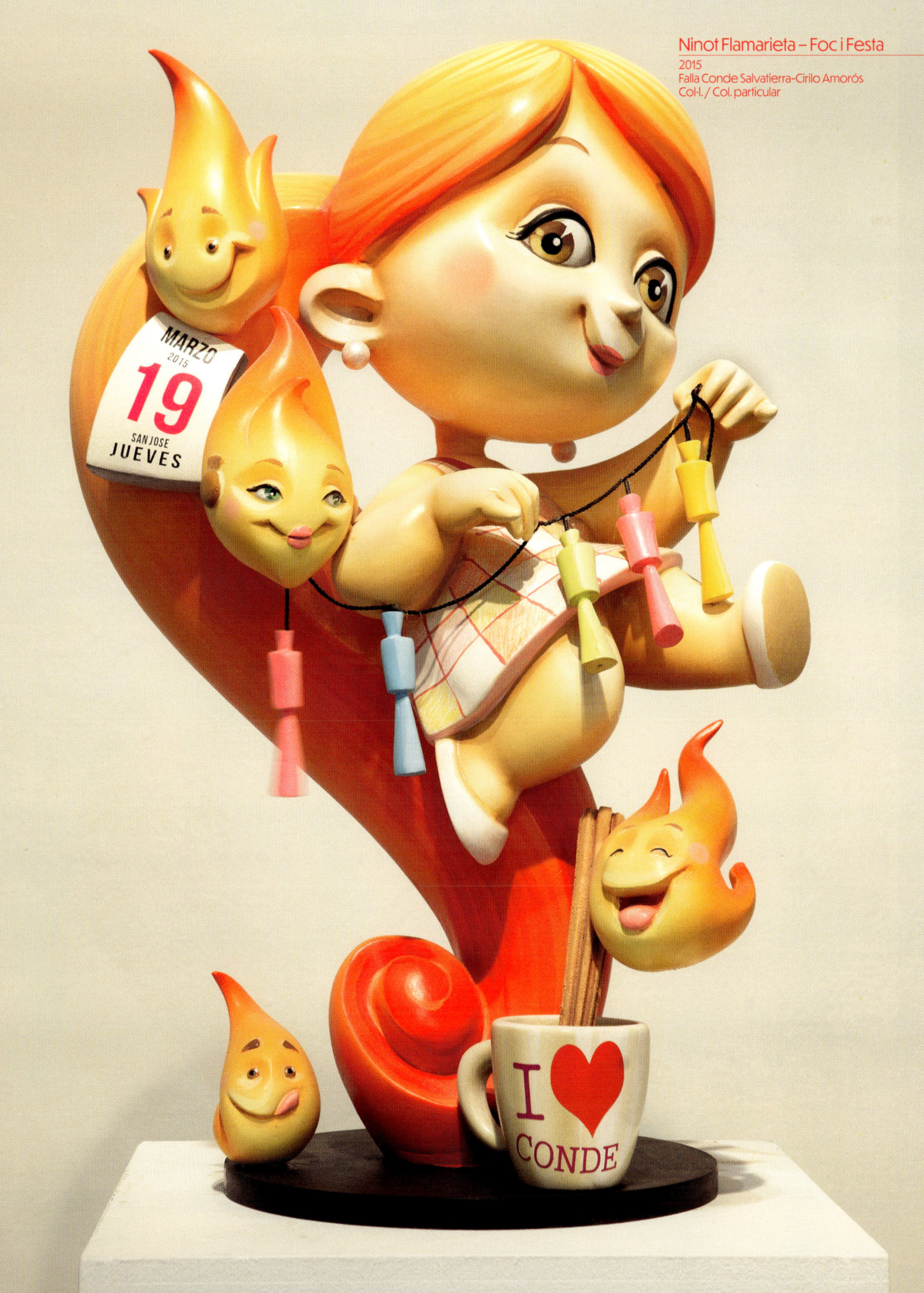

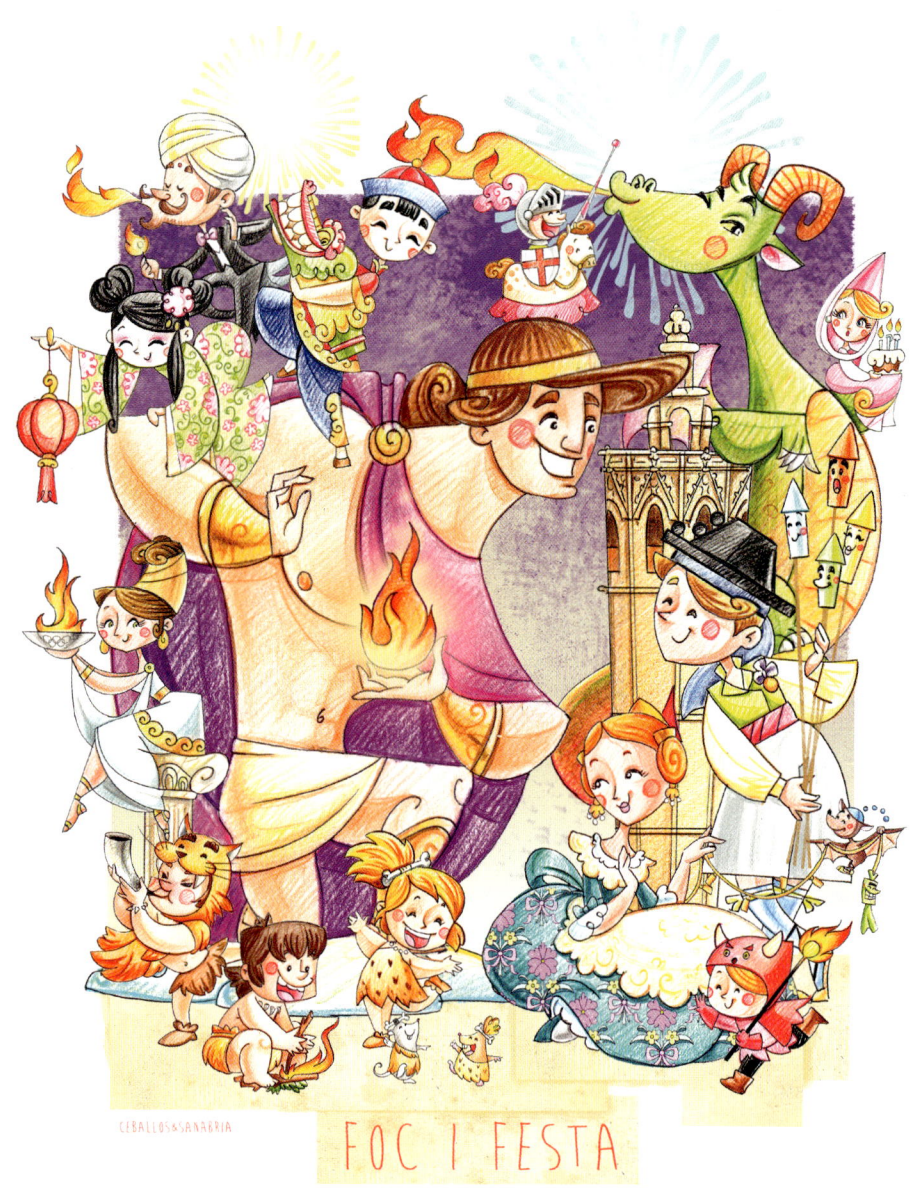

FOC I FESTA

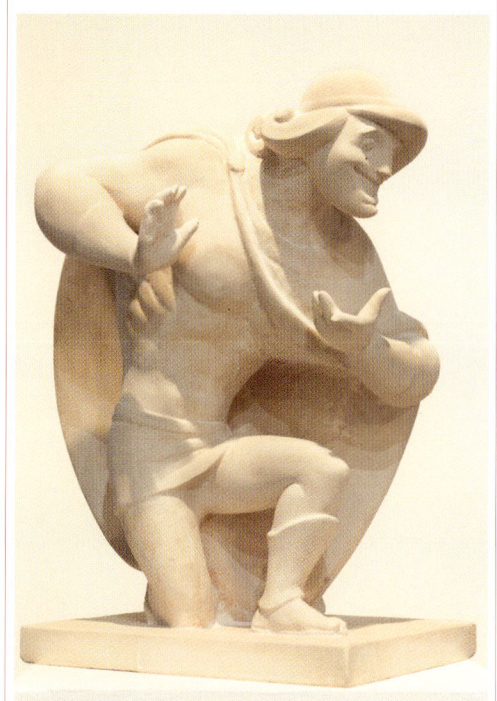

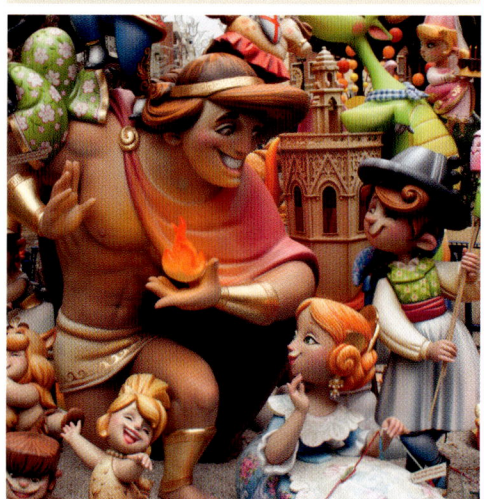

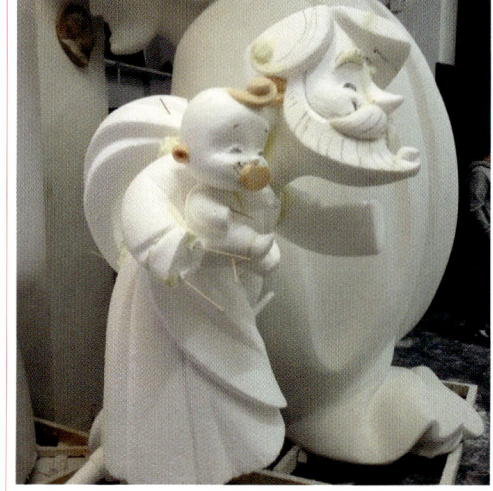

Esbós Parla´m de la Mar
2016
Falla Conde Salvatierra-Cirilo Amorós

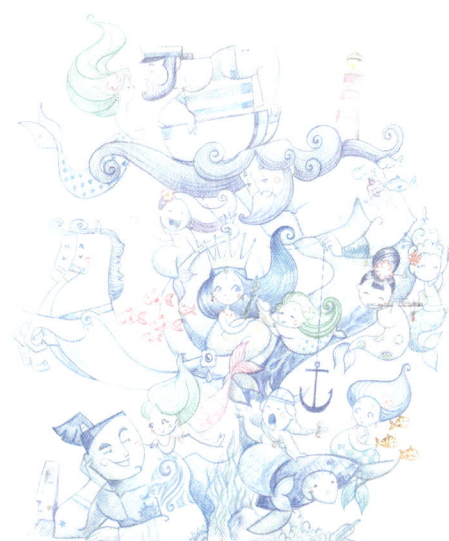

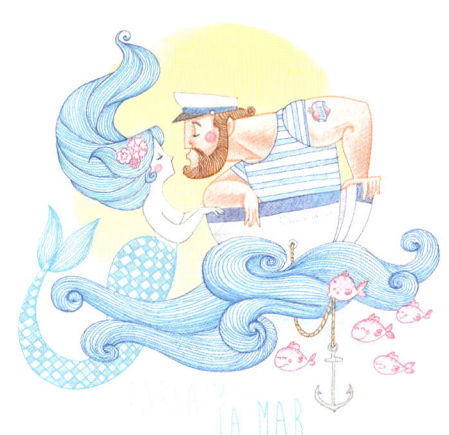

Parla´m de la Mar
2016
Falla Conde Salvatierra-Cirilo Amorós

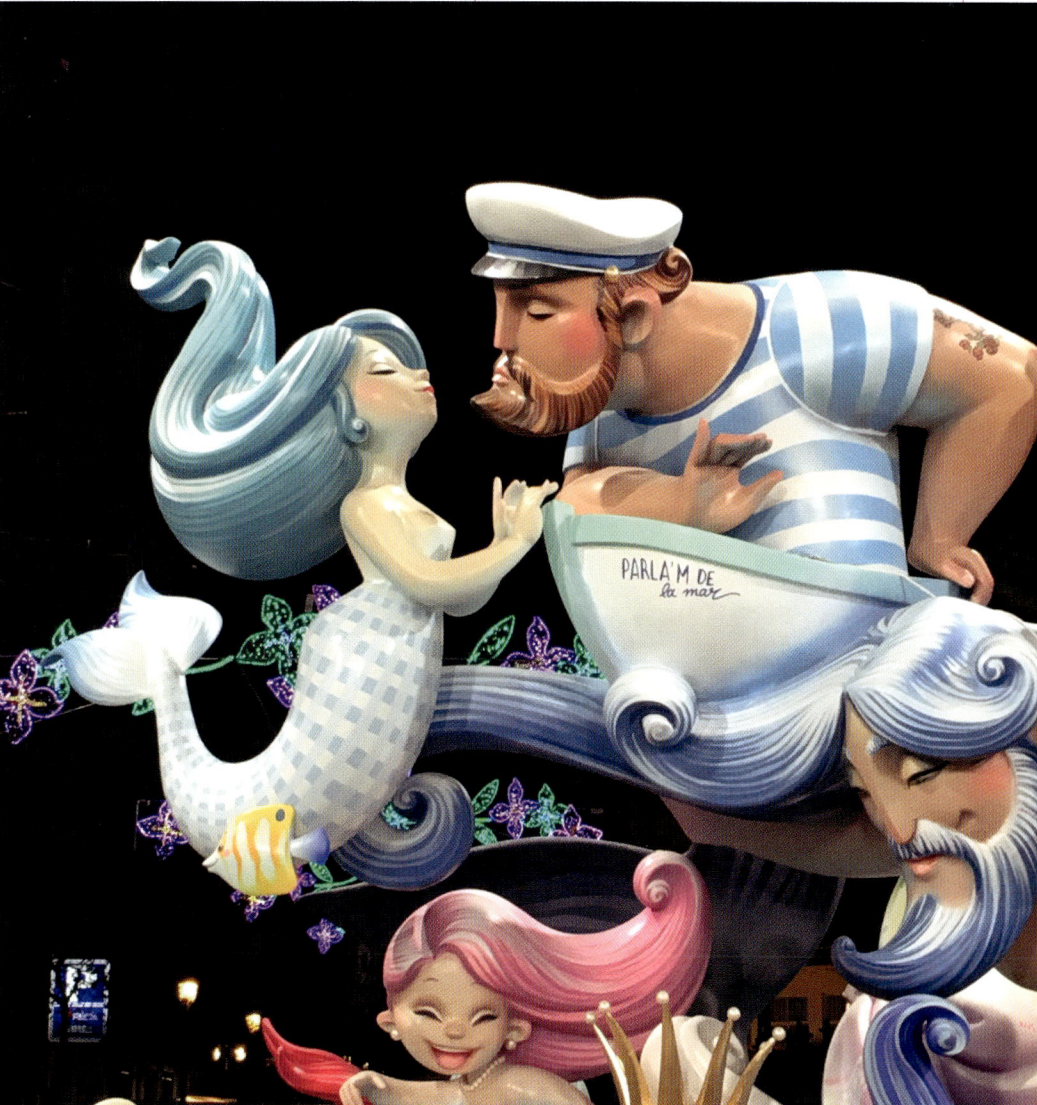

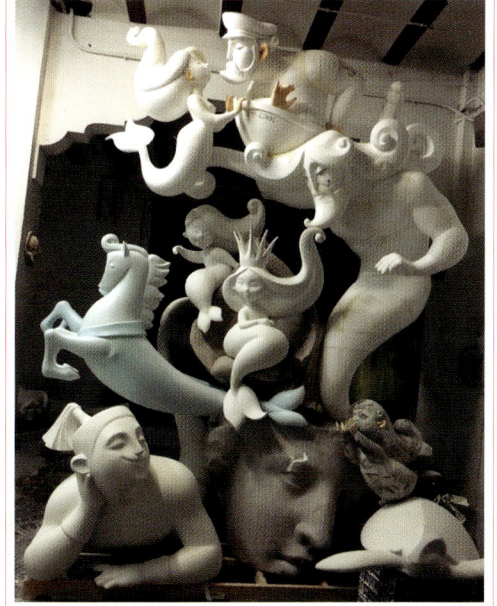

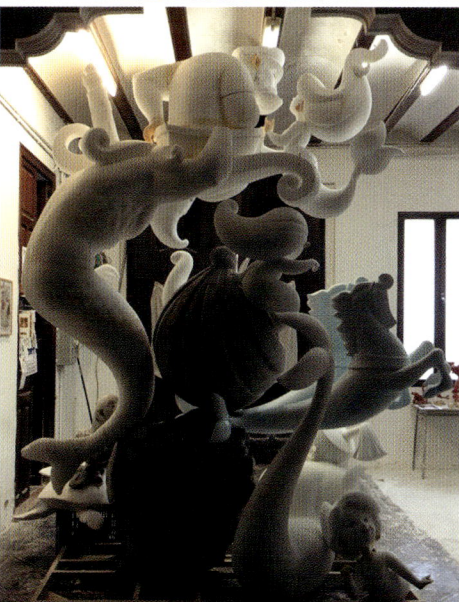

Esbós Mini-Herois

2016
Falla Blanqueries

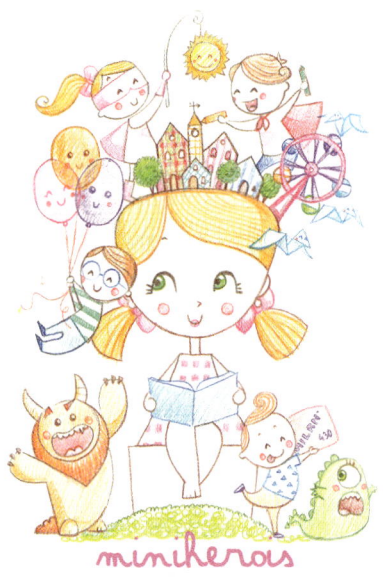

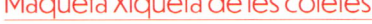

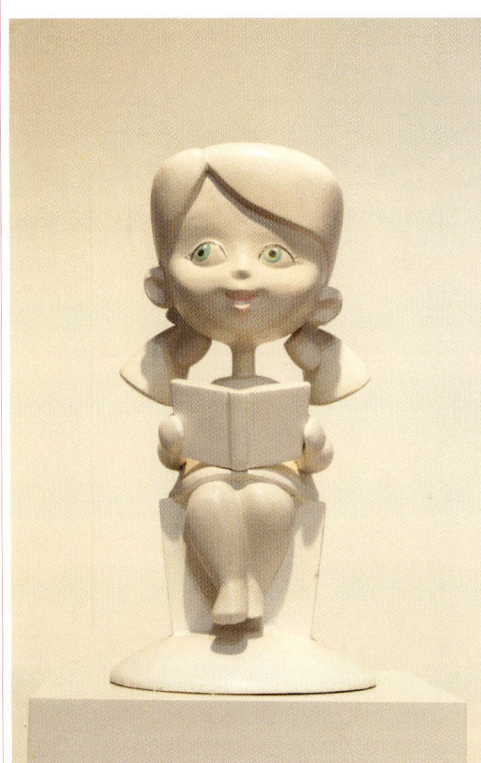

Maqueta Xiqueta de les coletes

2016
Falla Blanqueries
Col·l. / Col. particular

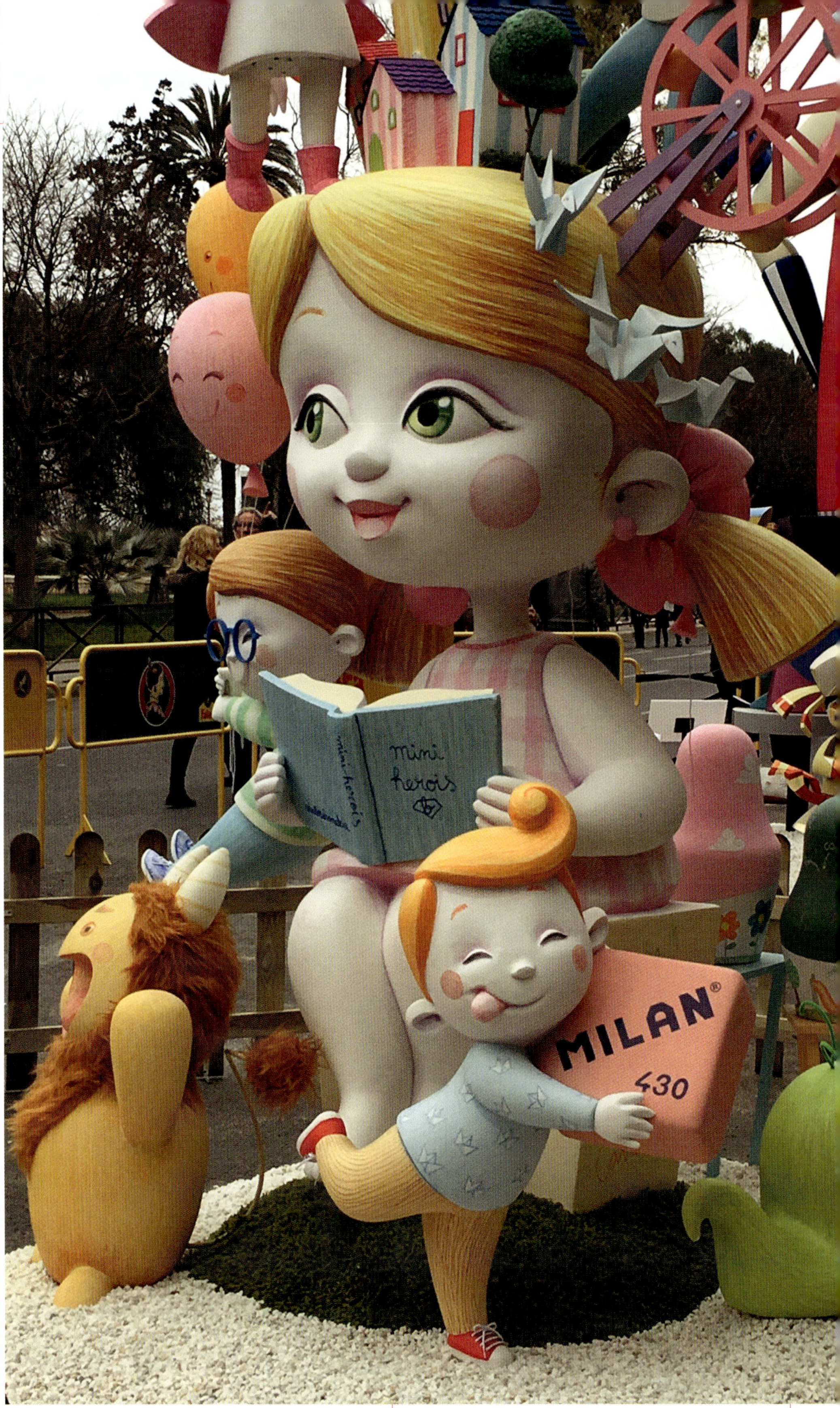

Ninot Altozaina

2016
Foguera Altozano

3

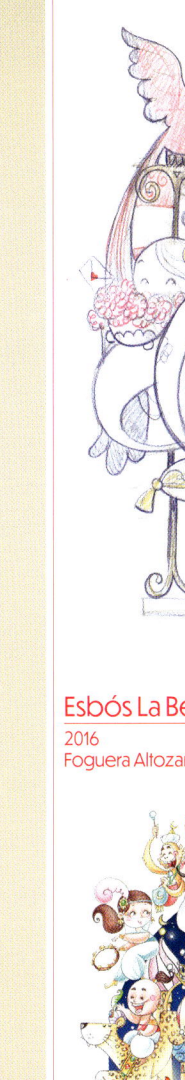

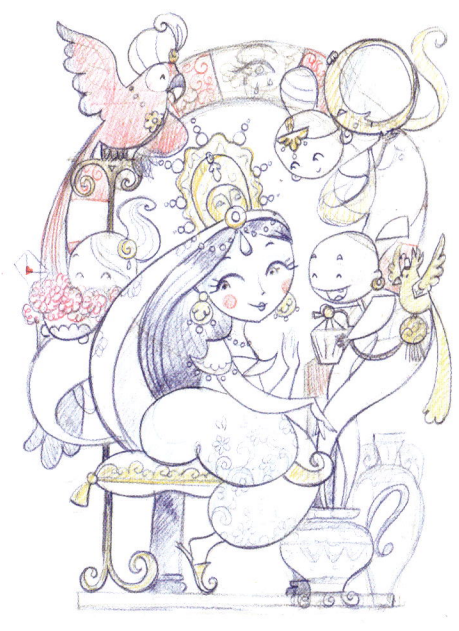

Esbós ninot Altozaina

2016
Foguera Altozano

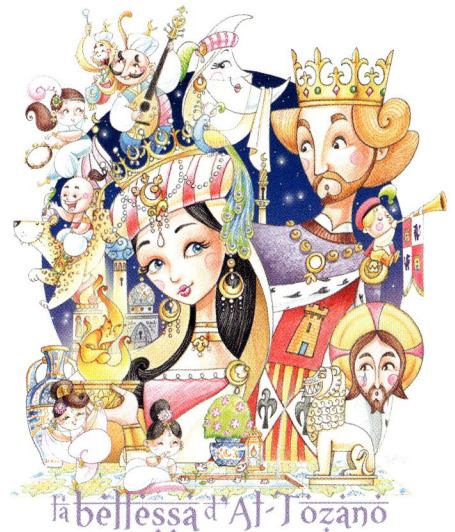

Esbós La Bellessa d´Al-Tozano

2016
Foguera Altozano

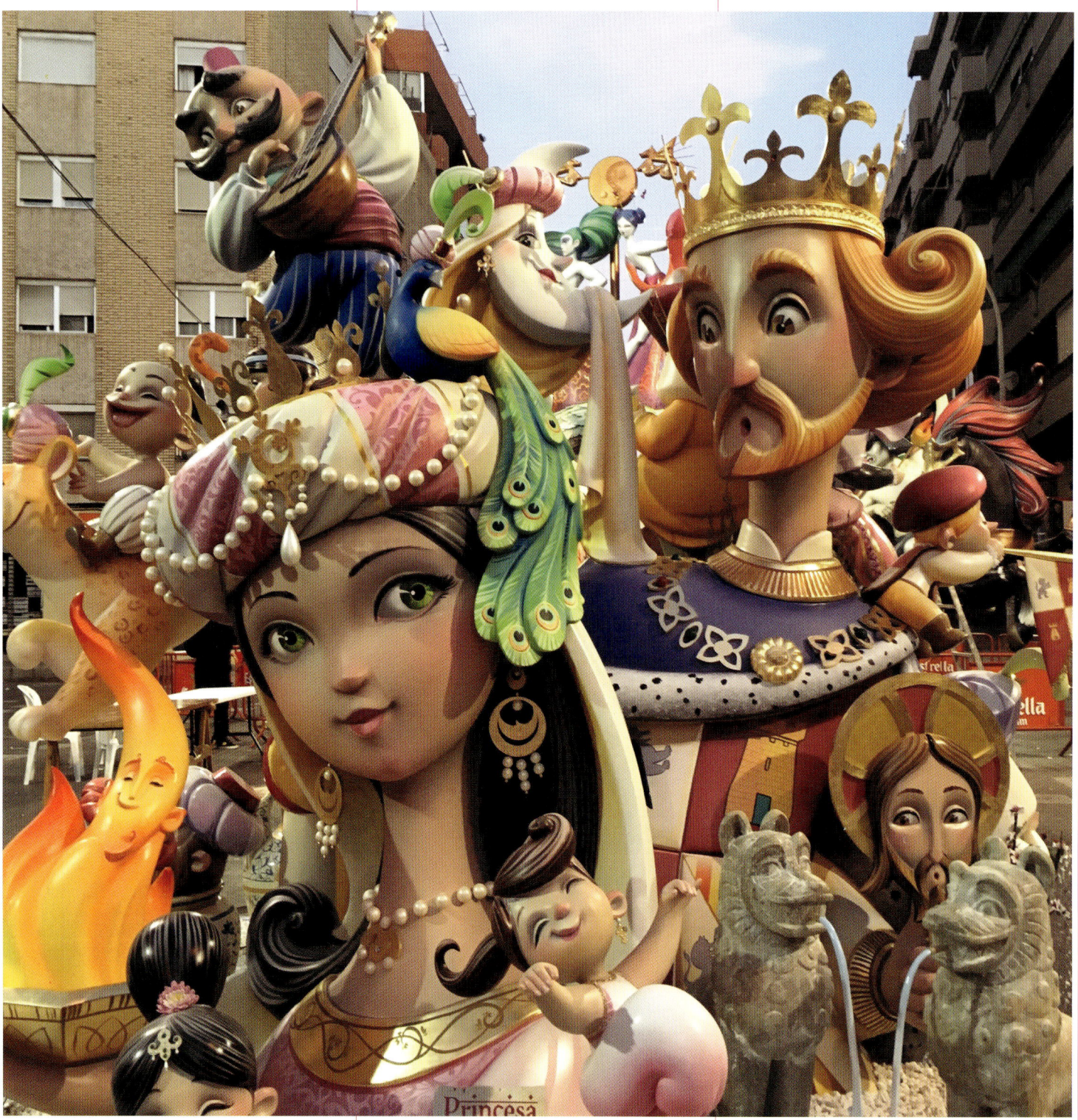

Esbós Drawing a Dream

2017
Falla Conde Salvatierra-Cirilo Amorós

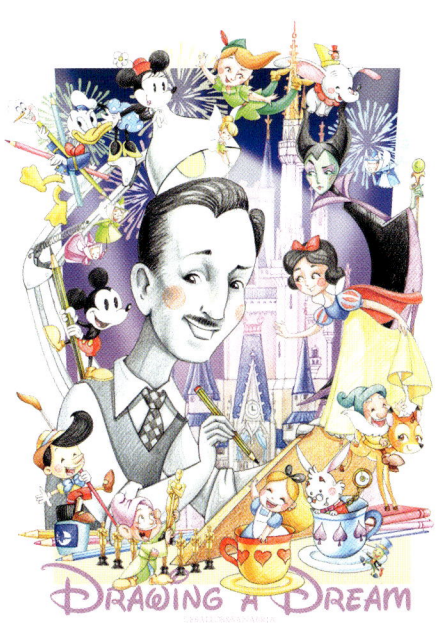

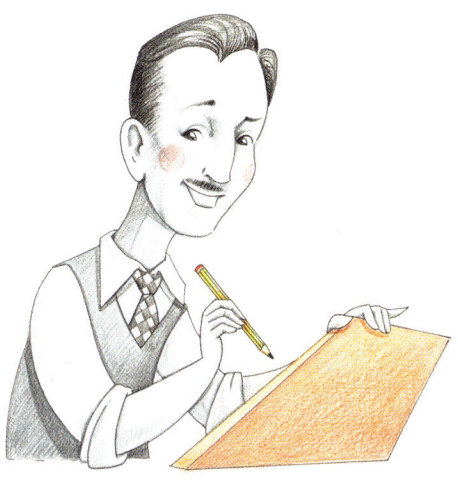

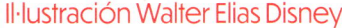

Il·lustración Walter Elias Disney

2017 Drawing a Dream
Falla Conde Salvatierra-Cirilo Amorós
Col.laboració 3D Dani Gomz

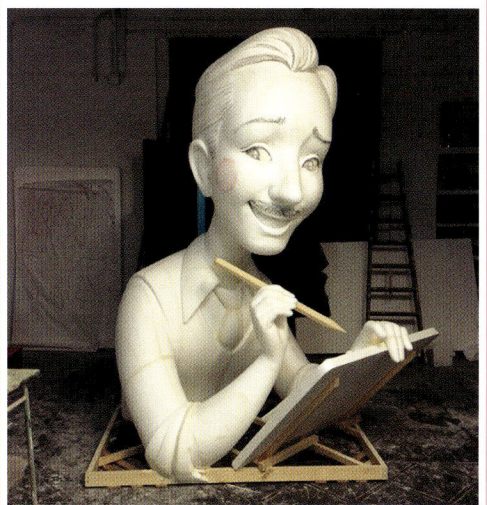

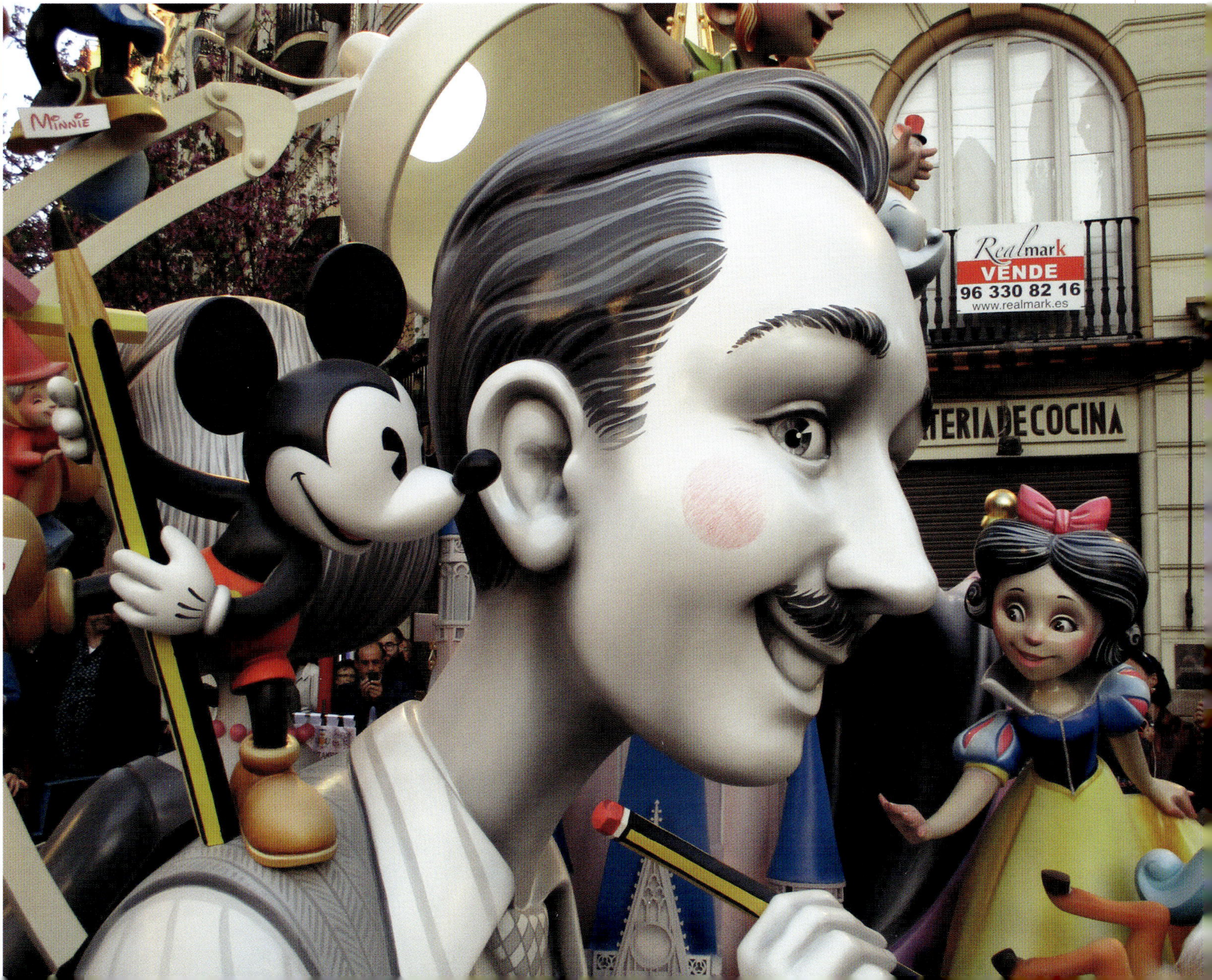

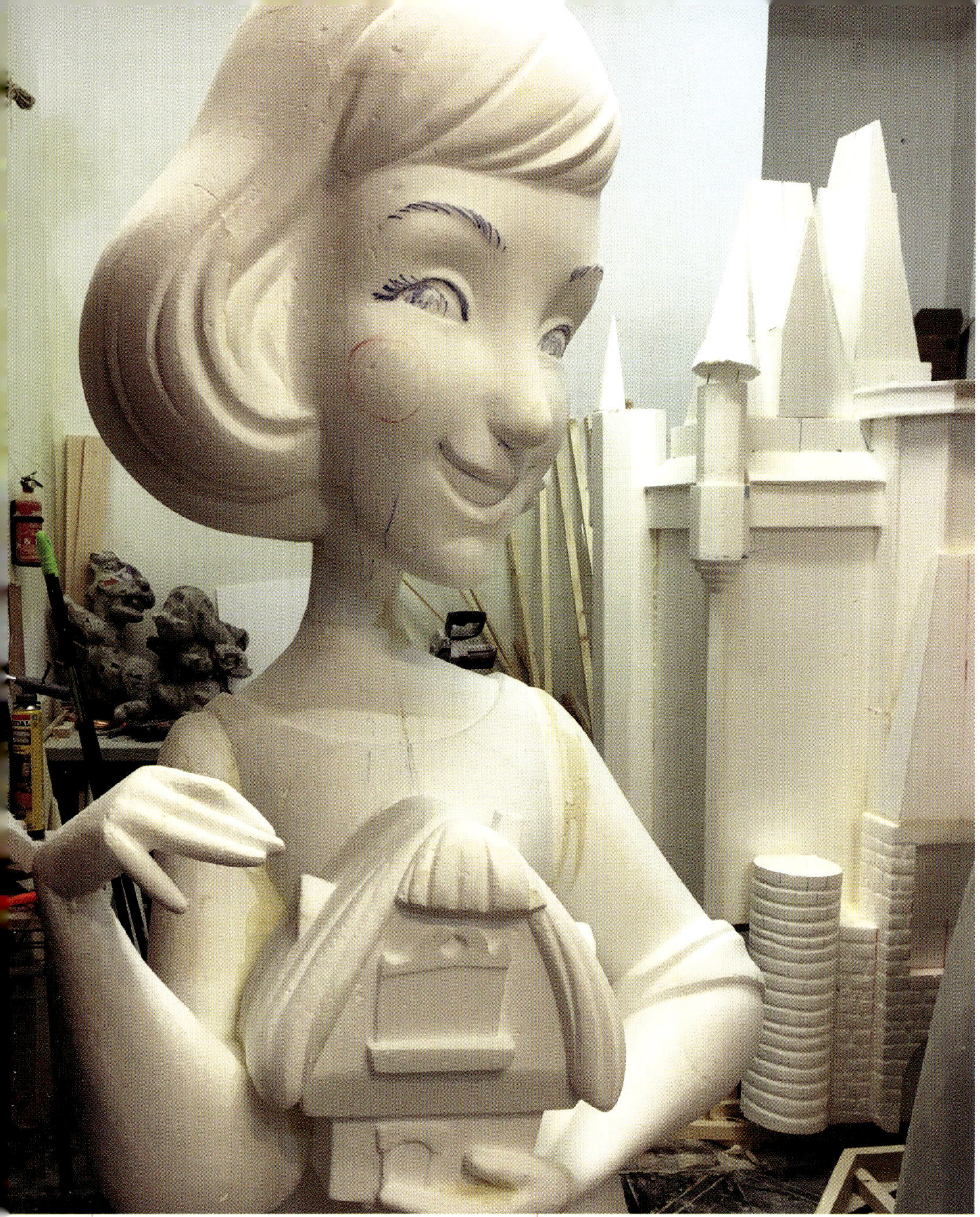

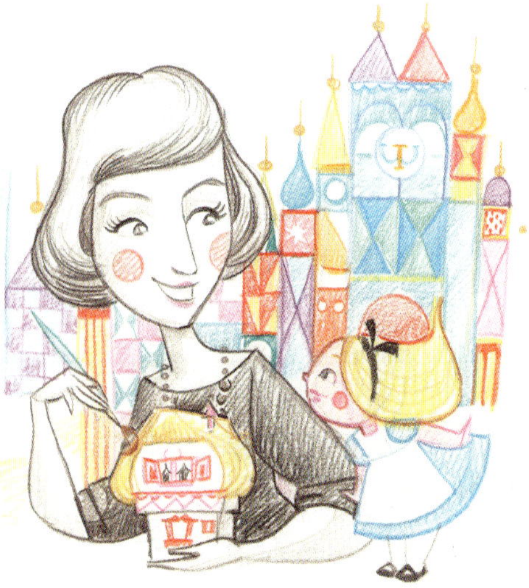

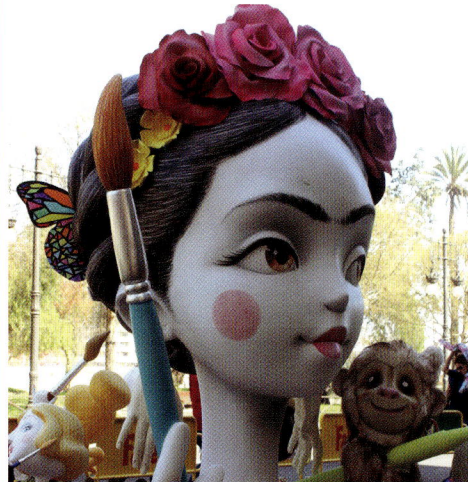

Esbós Dona Color!
2017
Falla Blanquerias

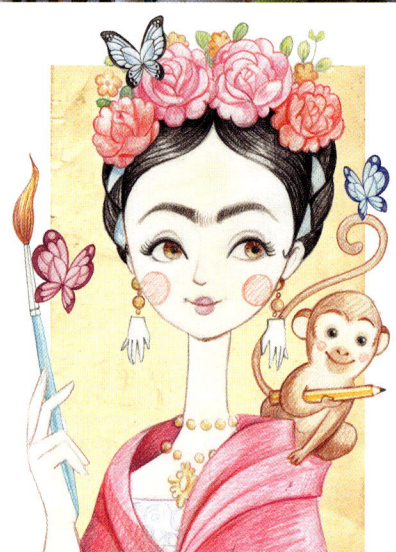

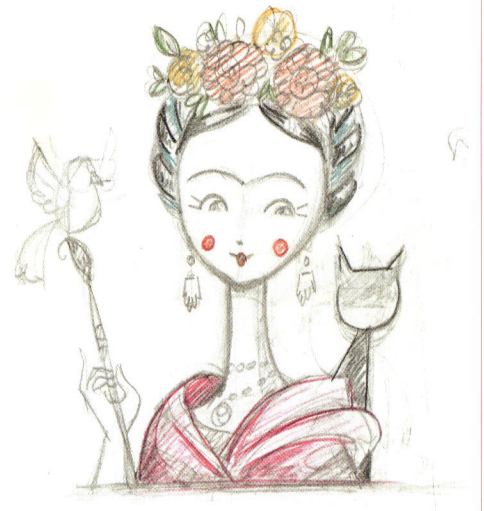

Il·lustración Mary Blair
2017 Drawing a Dream
Falla Conde Salvatierra-Cirilo Amorós

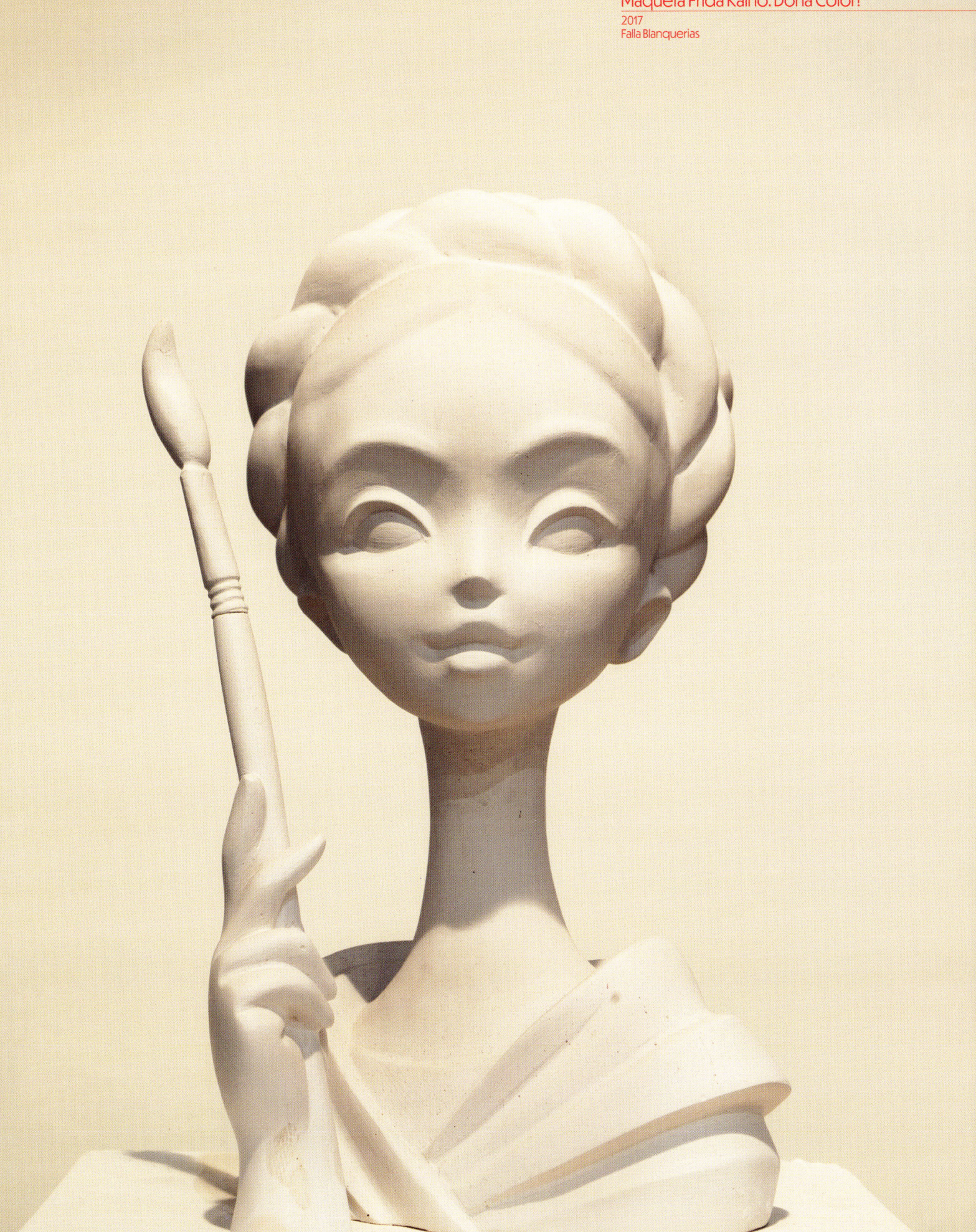

Ninot Marina Puche

2017 Dona Color!
Falla Blanquerias
Col·l. / Col. particular

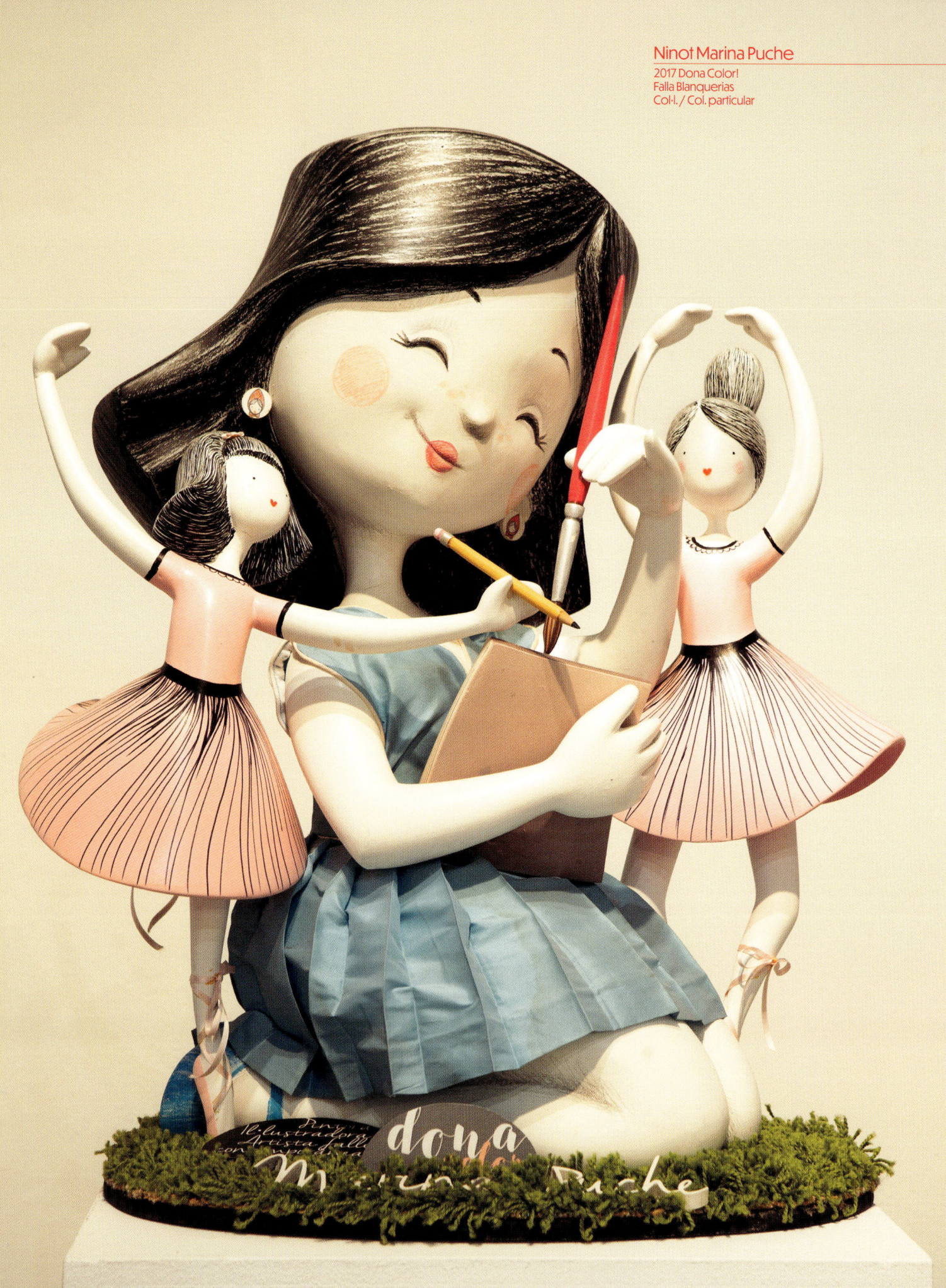

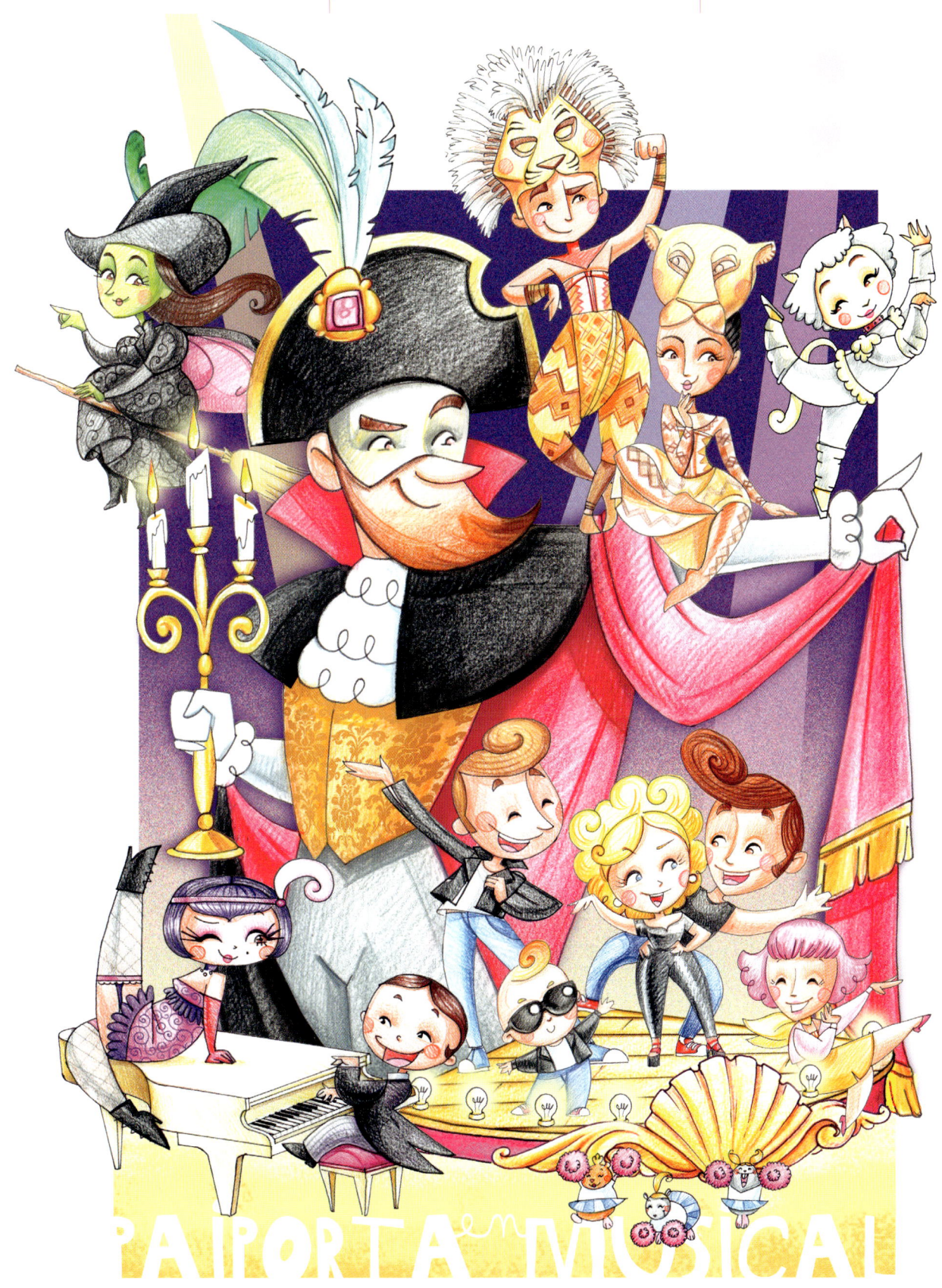

Esbós Paiporta en Musical
2017
Falla Sant Antoni

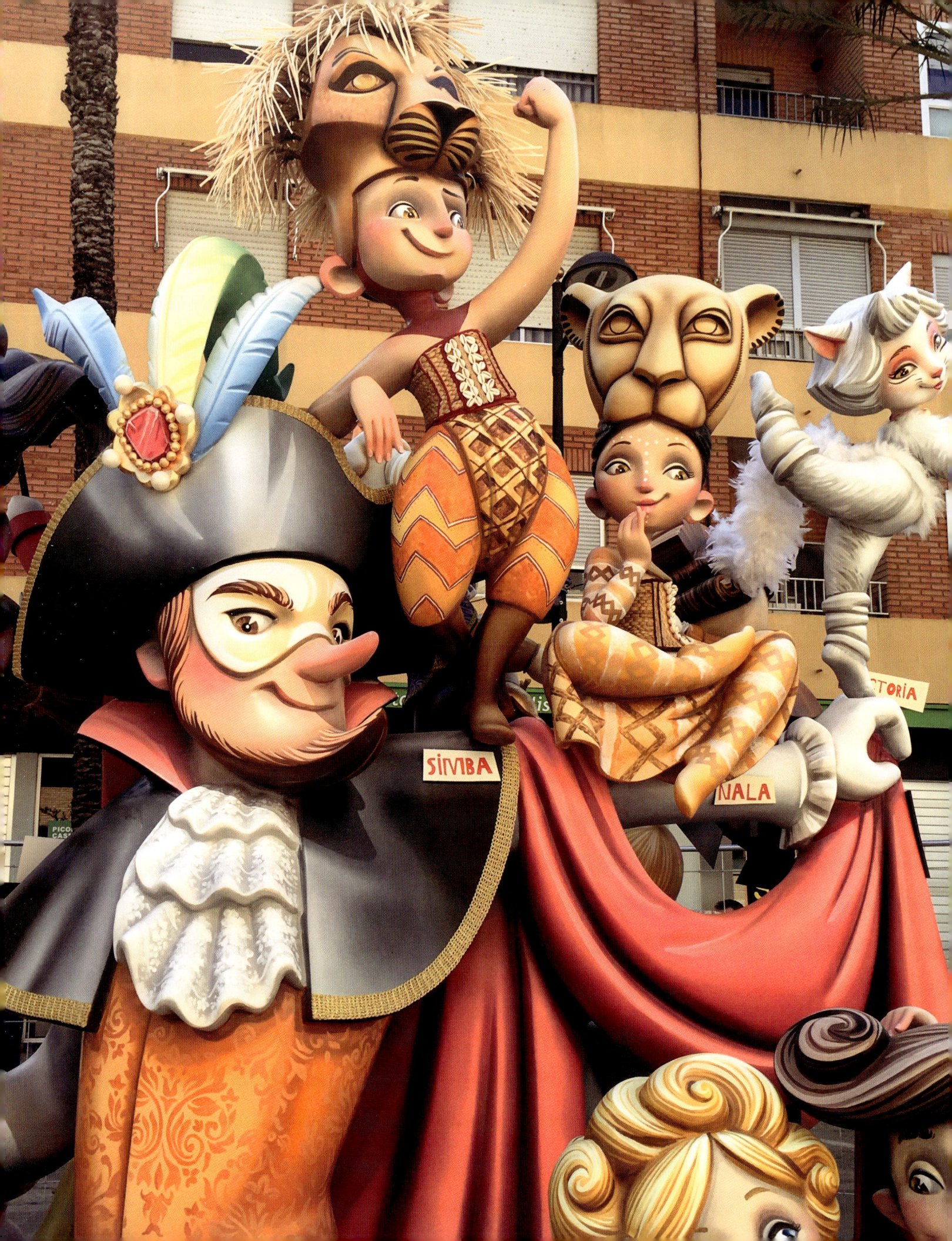

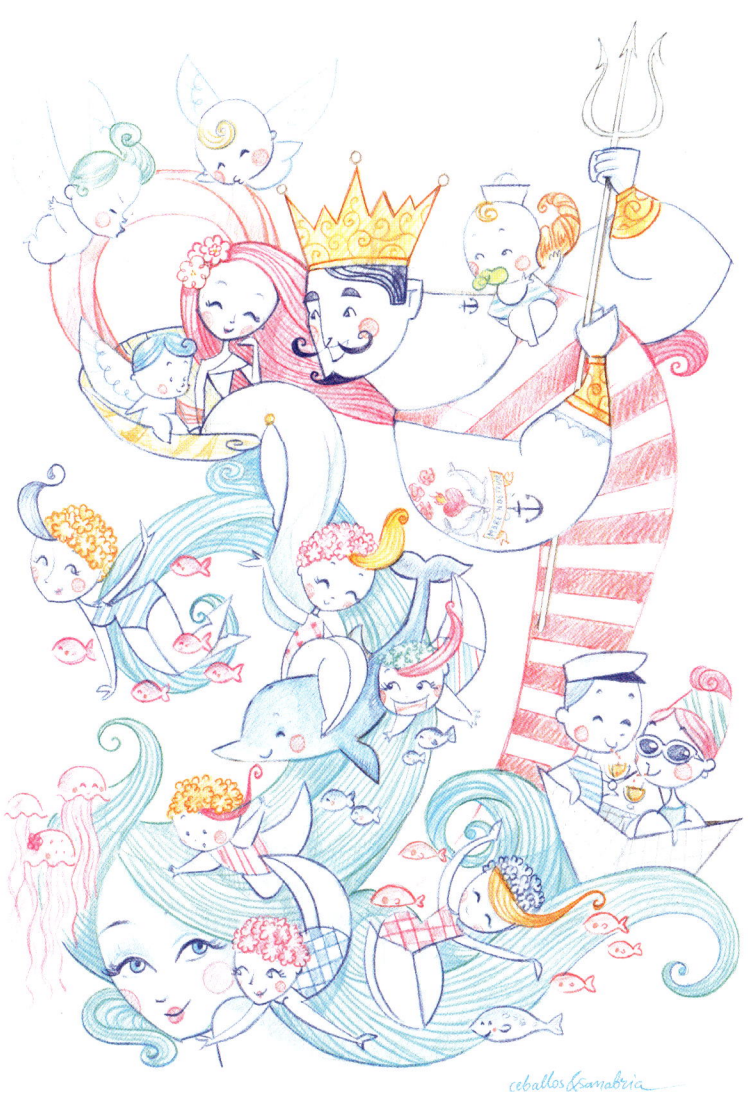

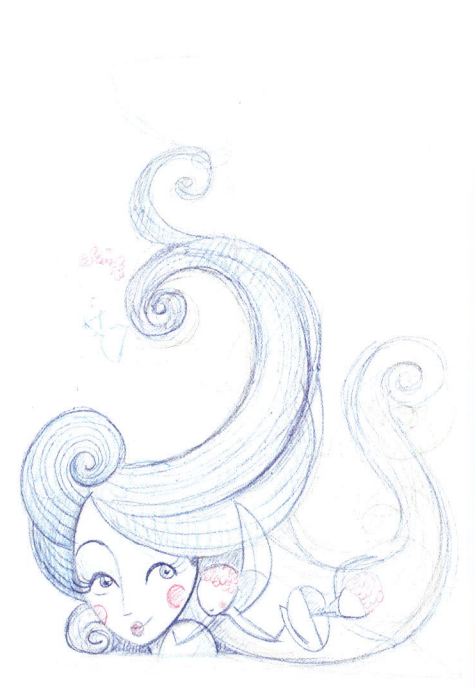

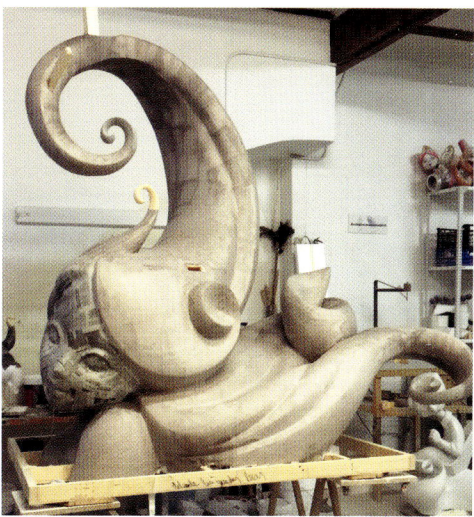

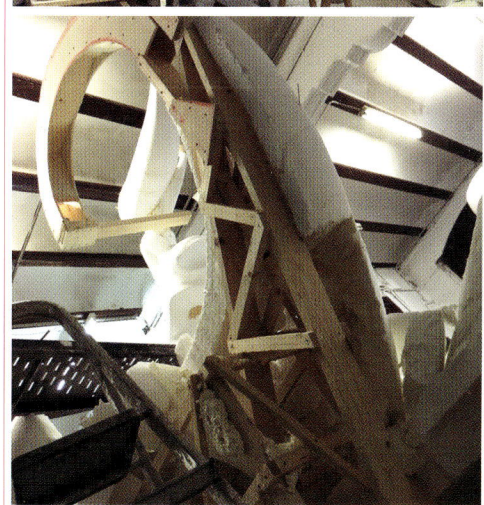

Esbós Anadyomene
2017
Foguera Altozano

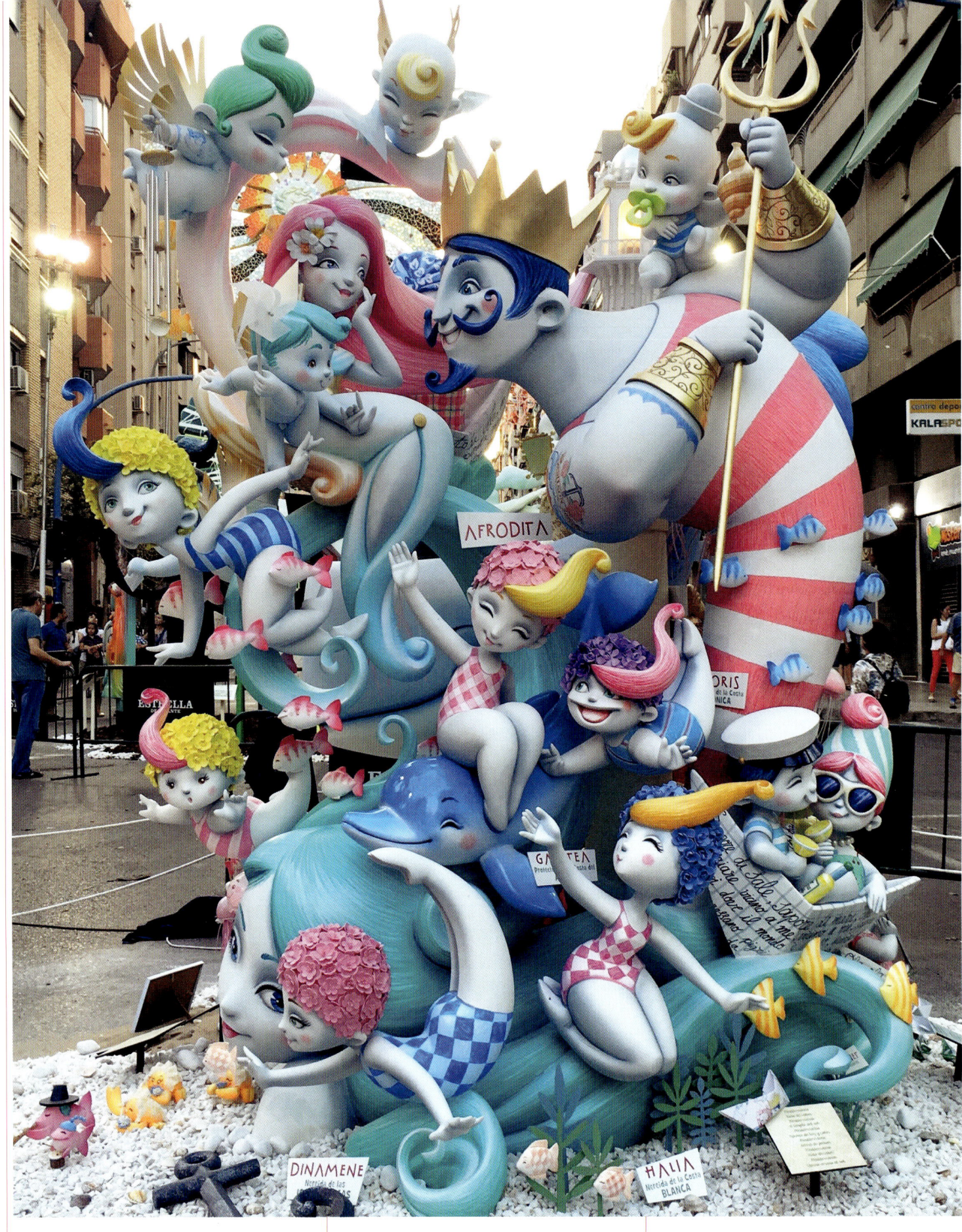

Anadyomene
2017
Foguera Altozano

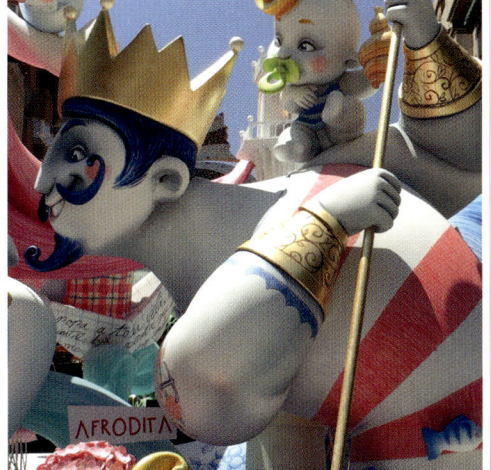

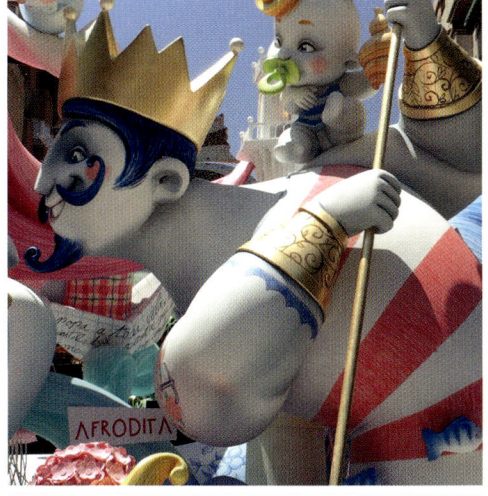

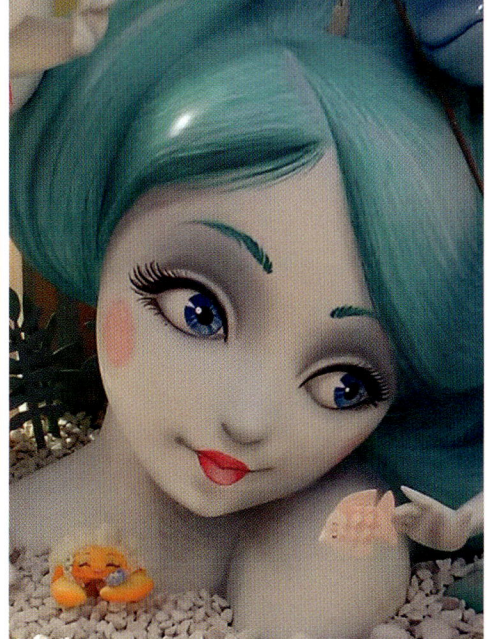

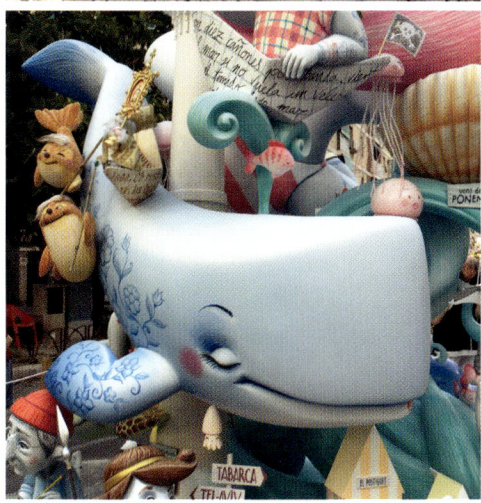

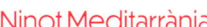

Ninot Meditarrània

2017 Anadyomene
Foguera Altozano
Col·l. / Col. Foguera Altozano

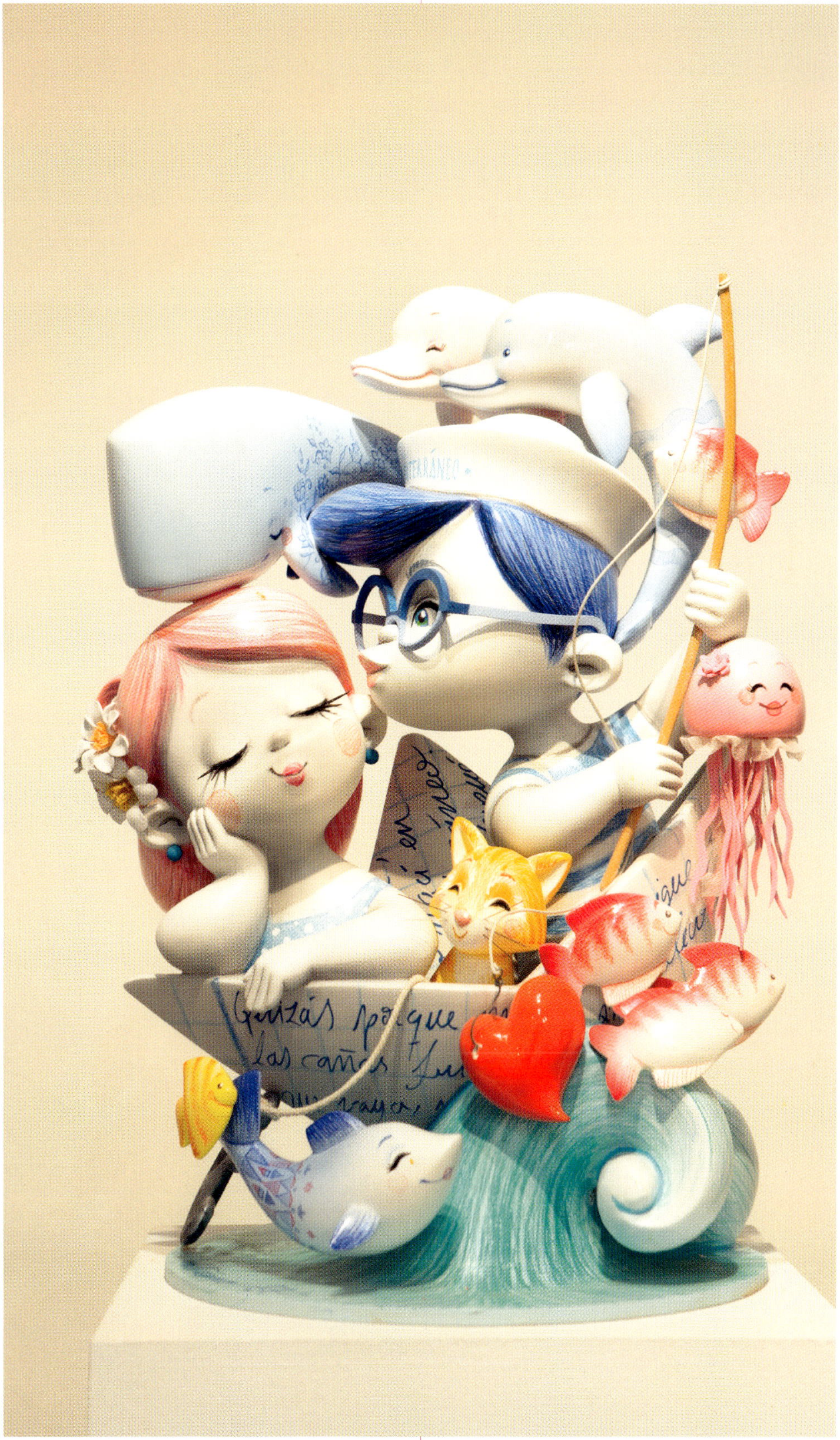

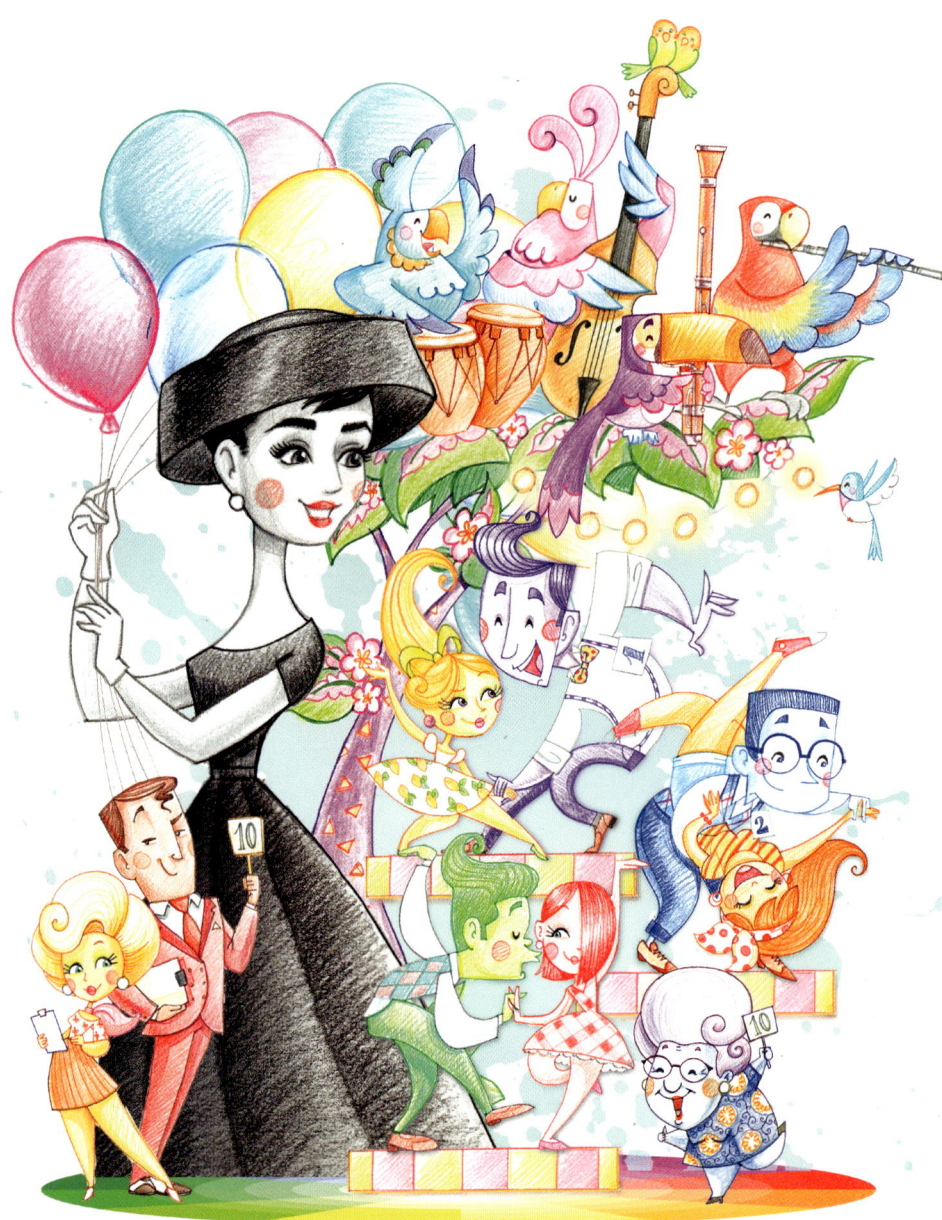

UNITED COLORS OF PILAR

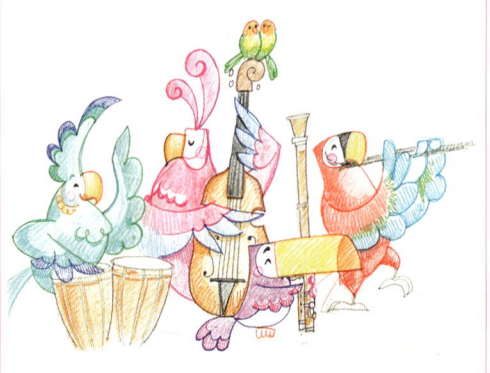

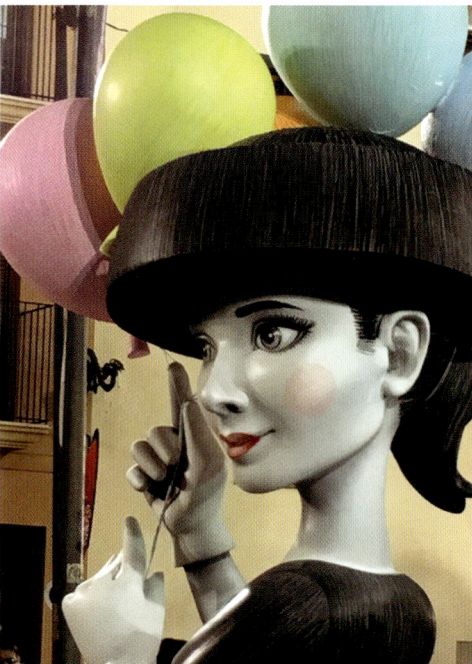

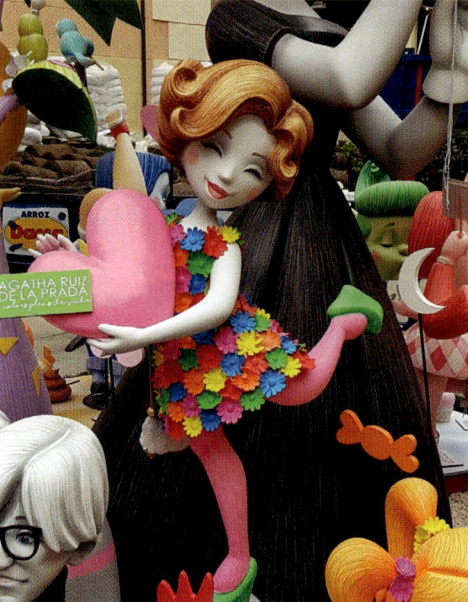

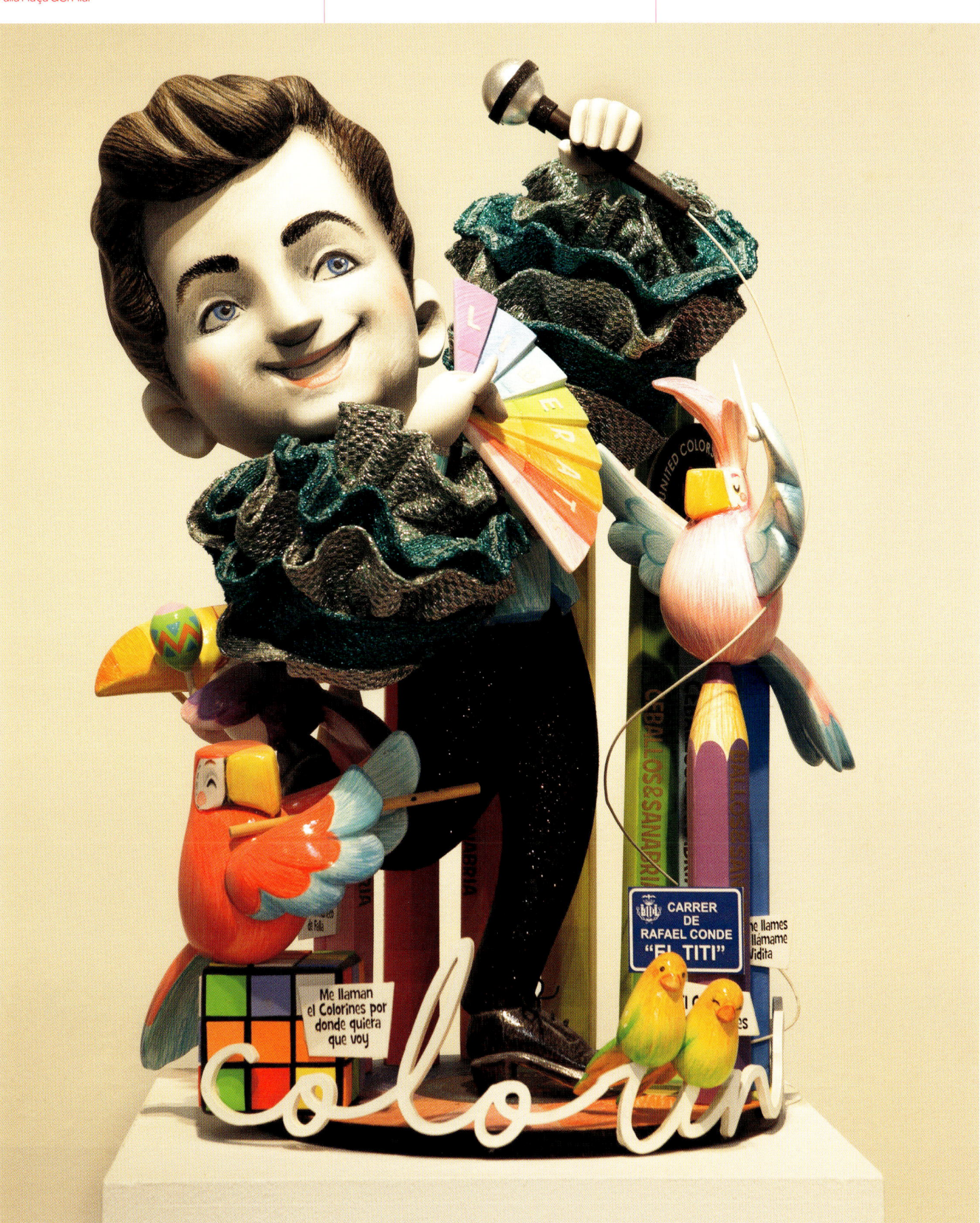

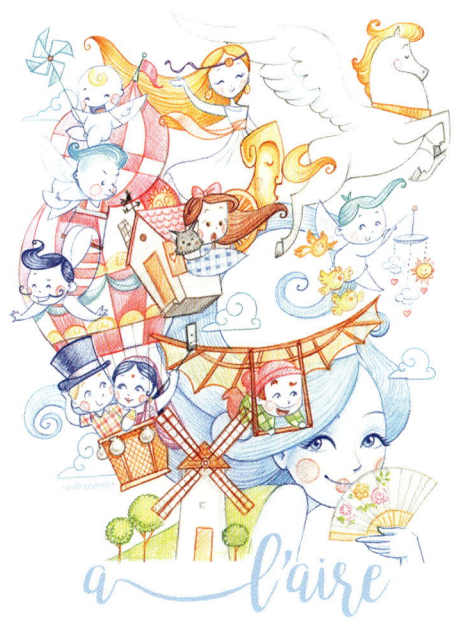

Esbós A l´Aire
2018
Falla Sant Antoni
Col·l. / Col. particular

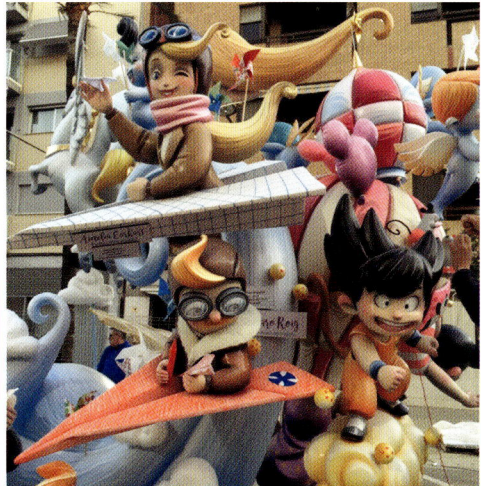

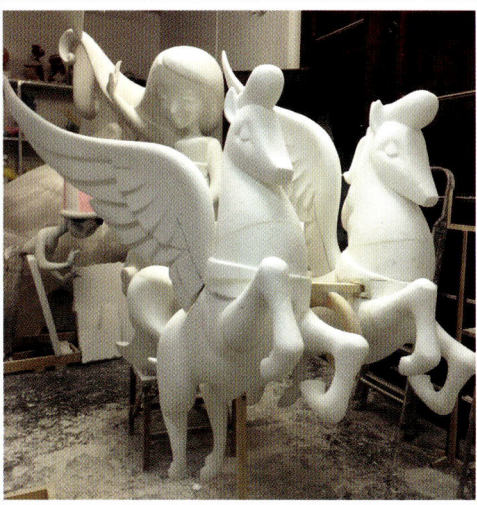

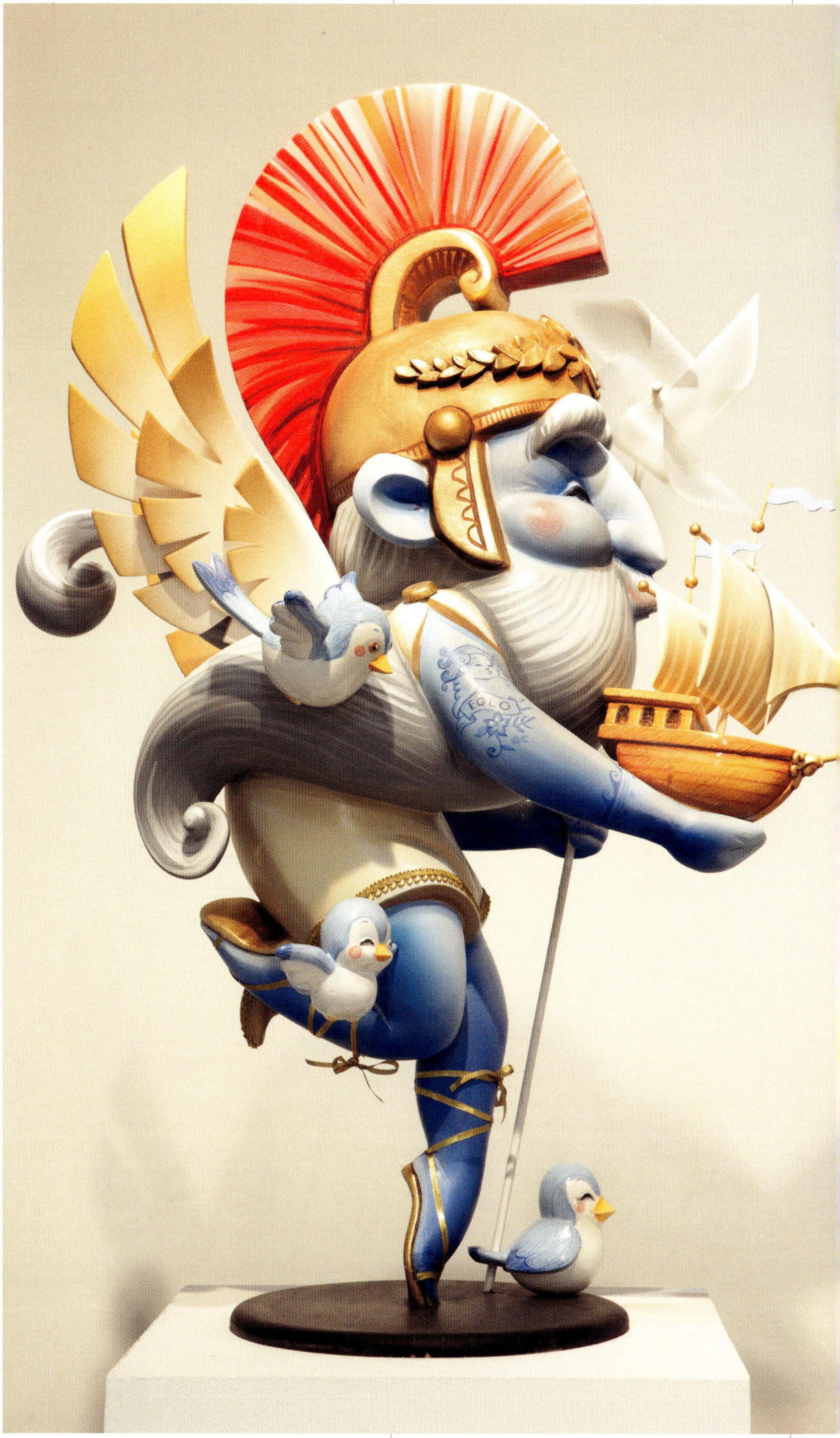

Ninot Eolo
2018 A l´Aire
Falla Sant Antoni
Col·l. / Col. particular

Esbós Dames i Cavallers

2018
Falla Ribera-Convento Santa Clara

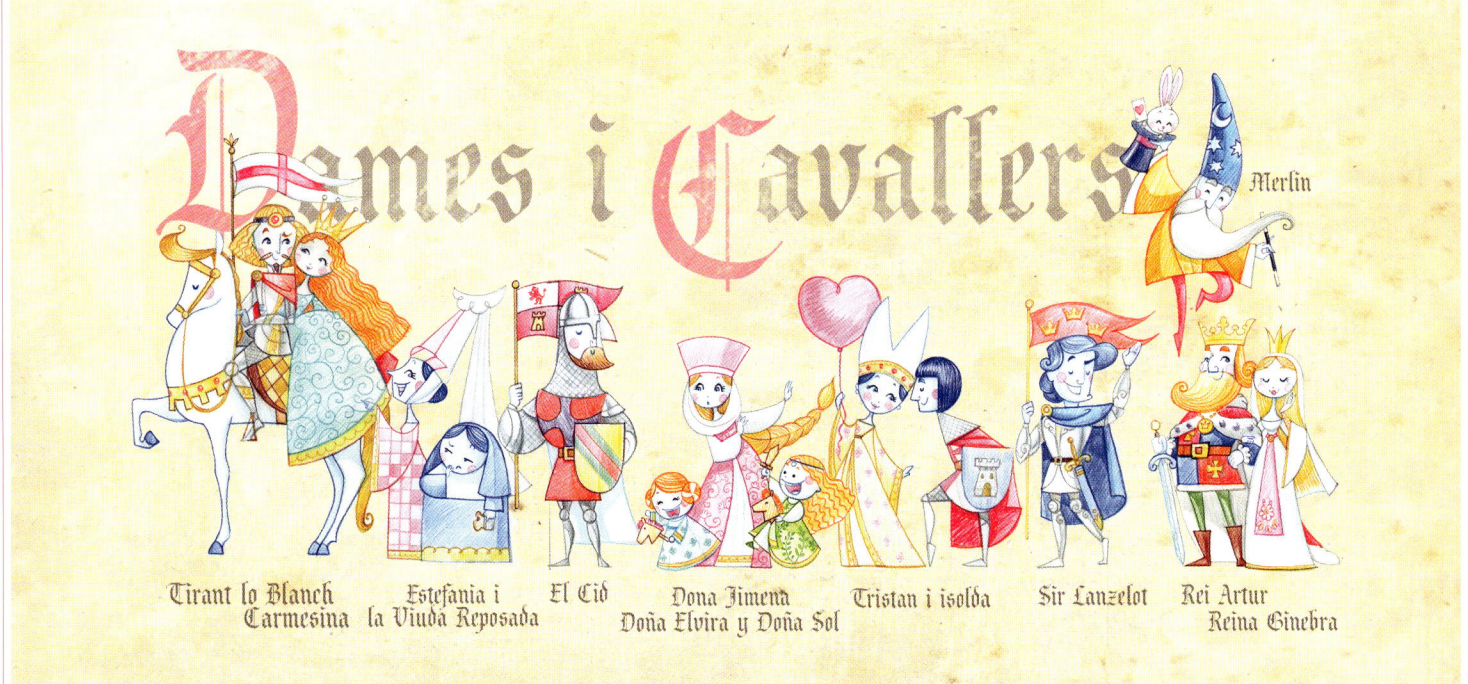

Tirant lo Blanch Carmesina — Estefania i la Viuda Reposada — El Cid — Dona Jimena Doña Elvira y Doña Sol — Tristan i isolda — Sir Lanzelot — Rei Artur Reina Ginebra — Merlin

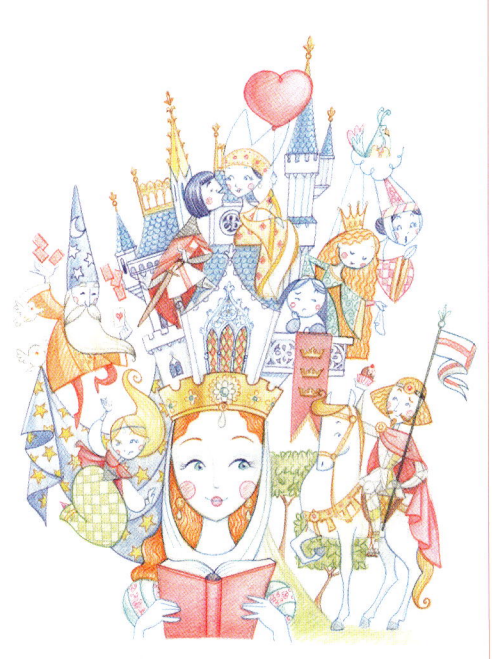

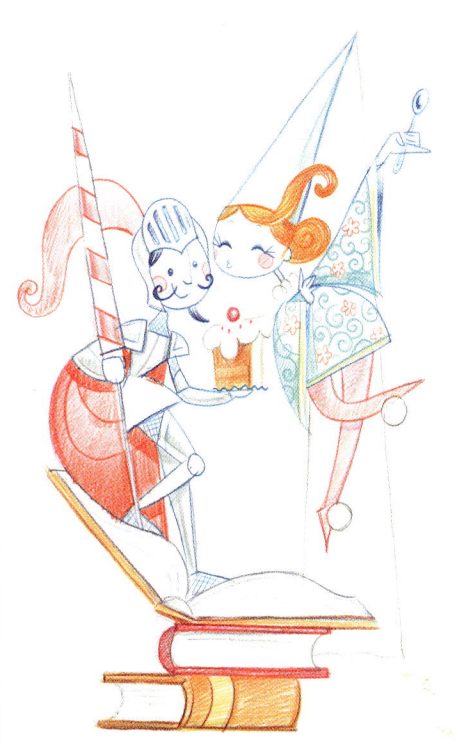

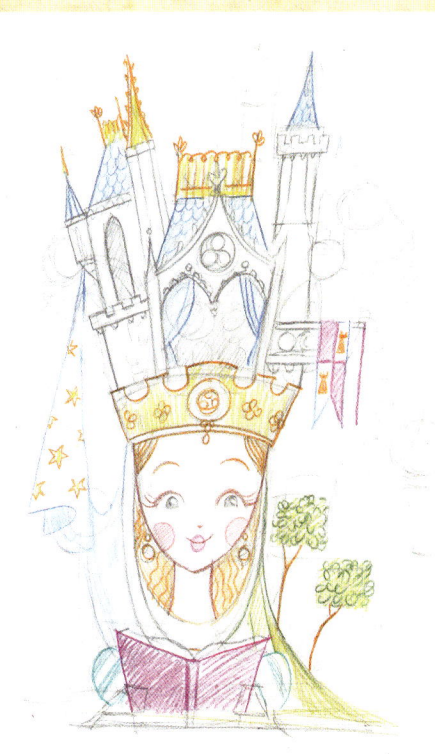

Estudis il·lustracions de esbós i ninot

2018 Dames i Cavallers
Falla Ribera-Convento Santa Clara

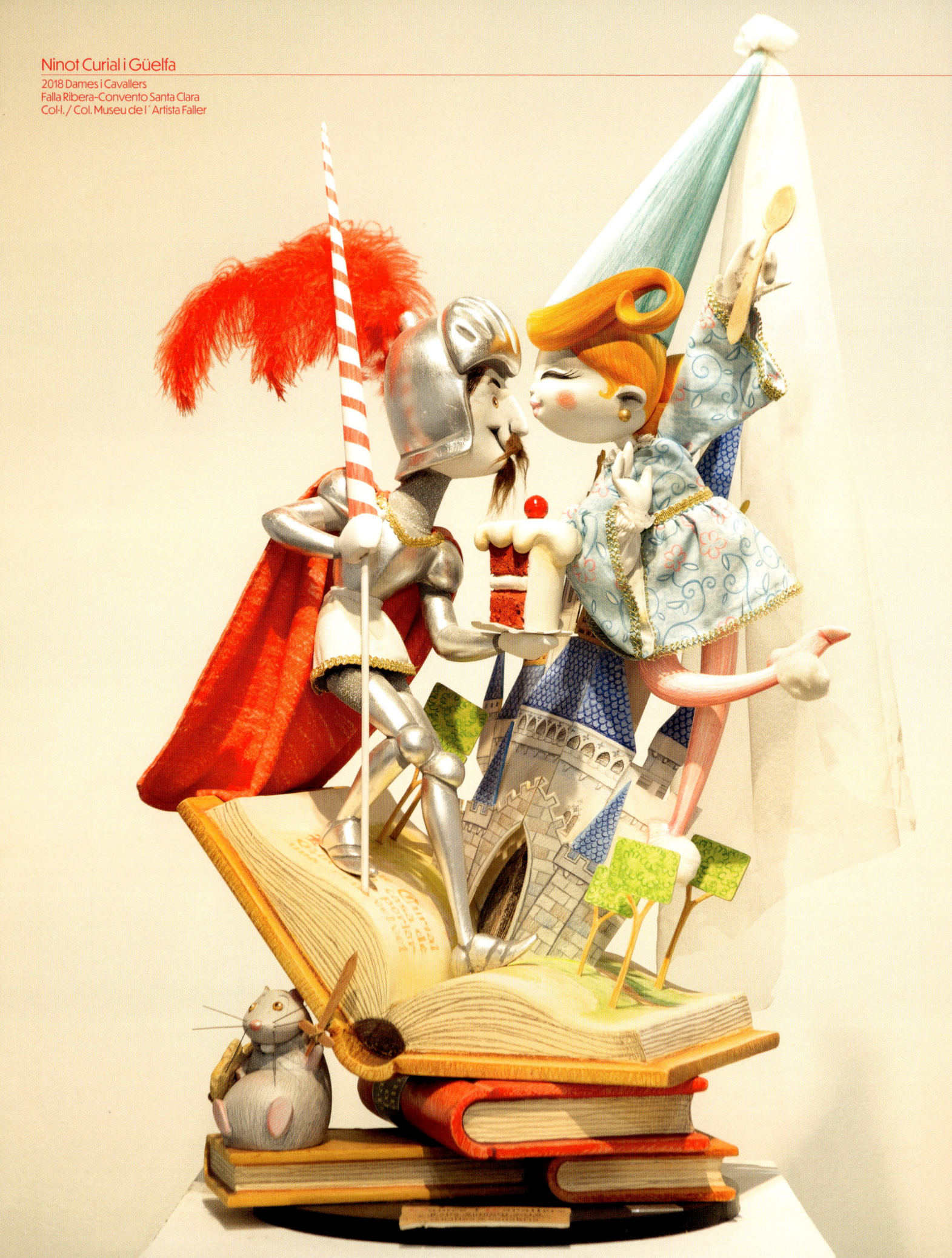

Dames i Cavallers

2018
Falla Ribera-Convento Santa Clara

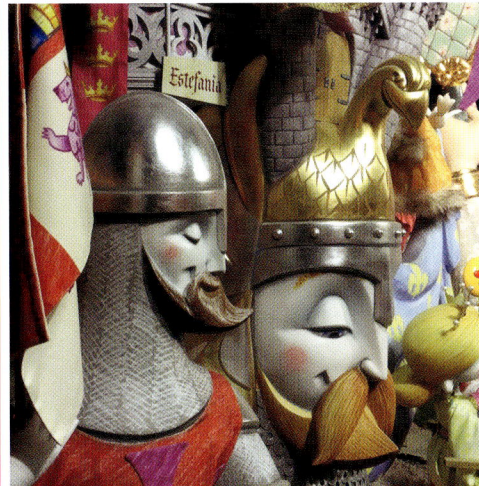

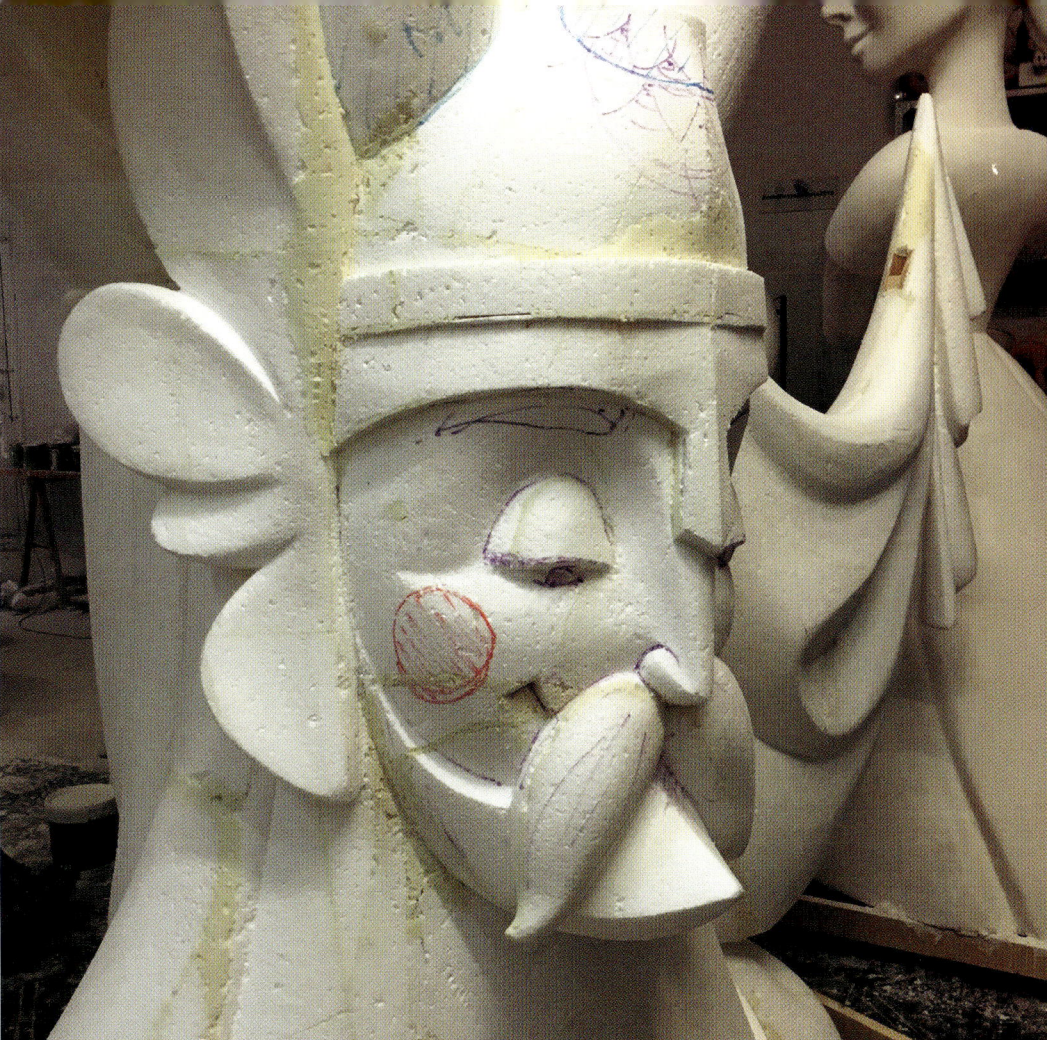

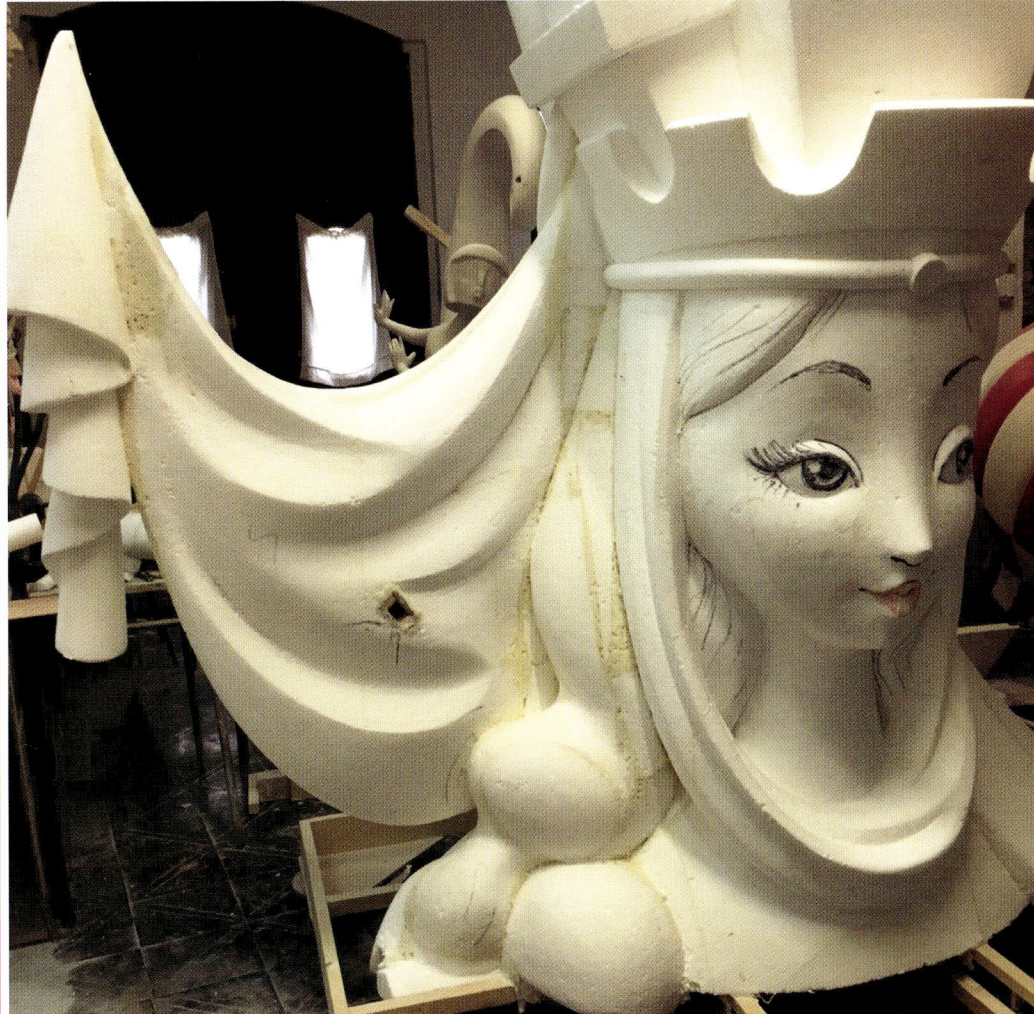

Estudis il·lustracions esbós Viva!

2018
Foguera Altozano

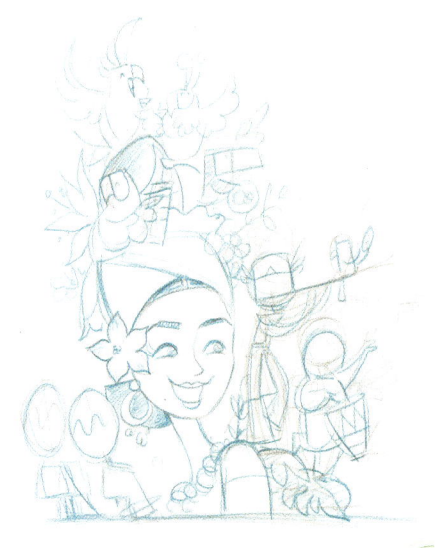

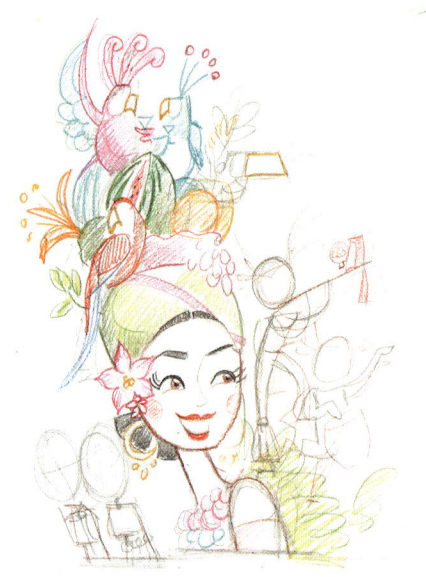

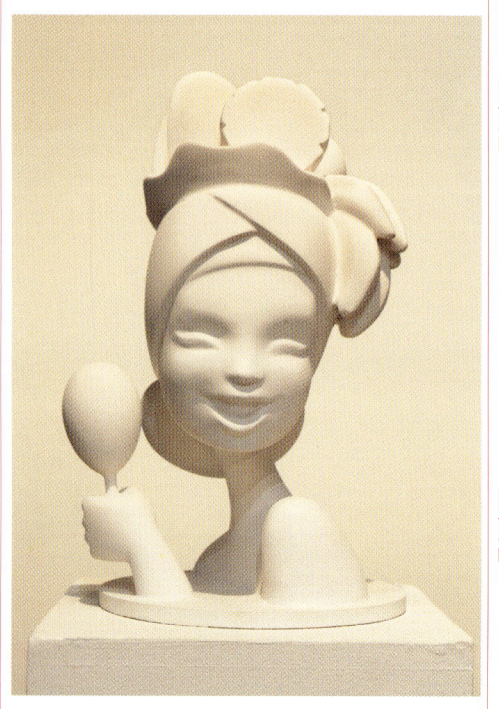

Estudis il·lustracions esbós Viva!

2018
Foguera Altozano

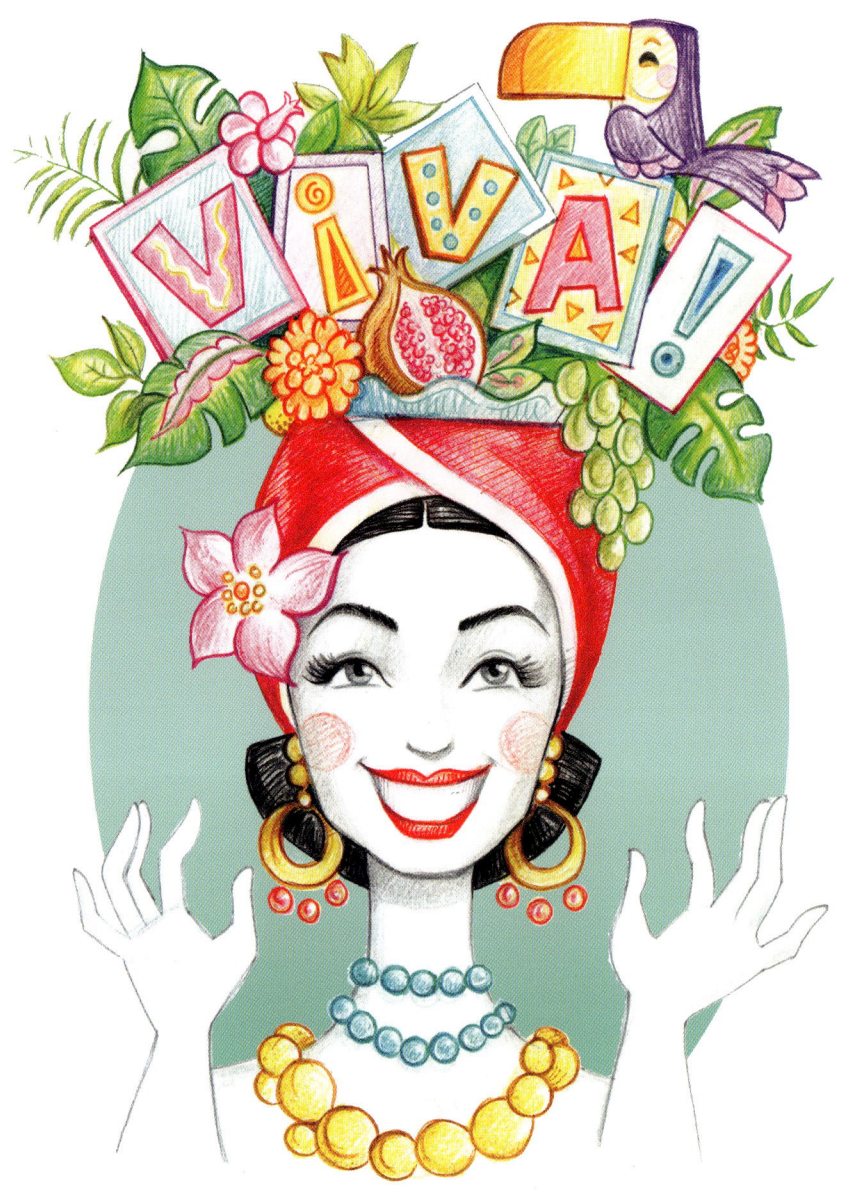

Esbós Viva!

2018
Foguera Altozano

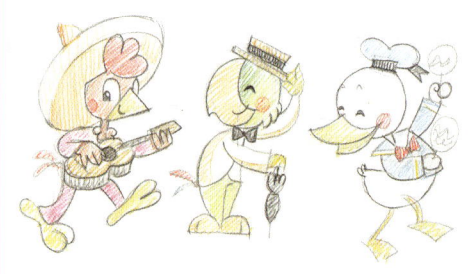

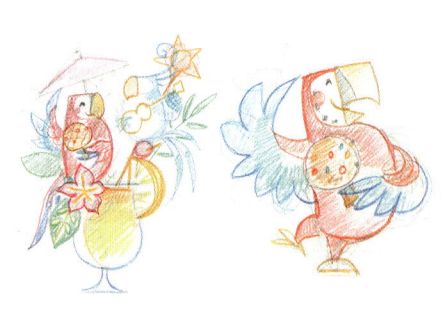

Estudis personatges Viva!

2018
Foguera Altozano

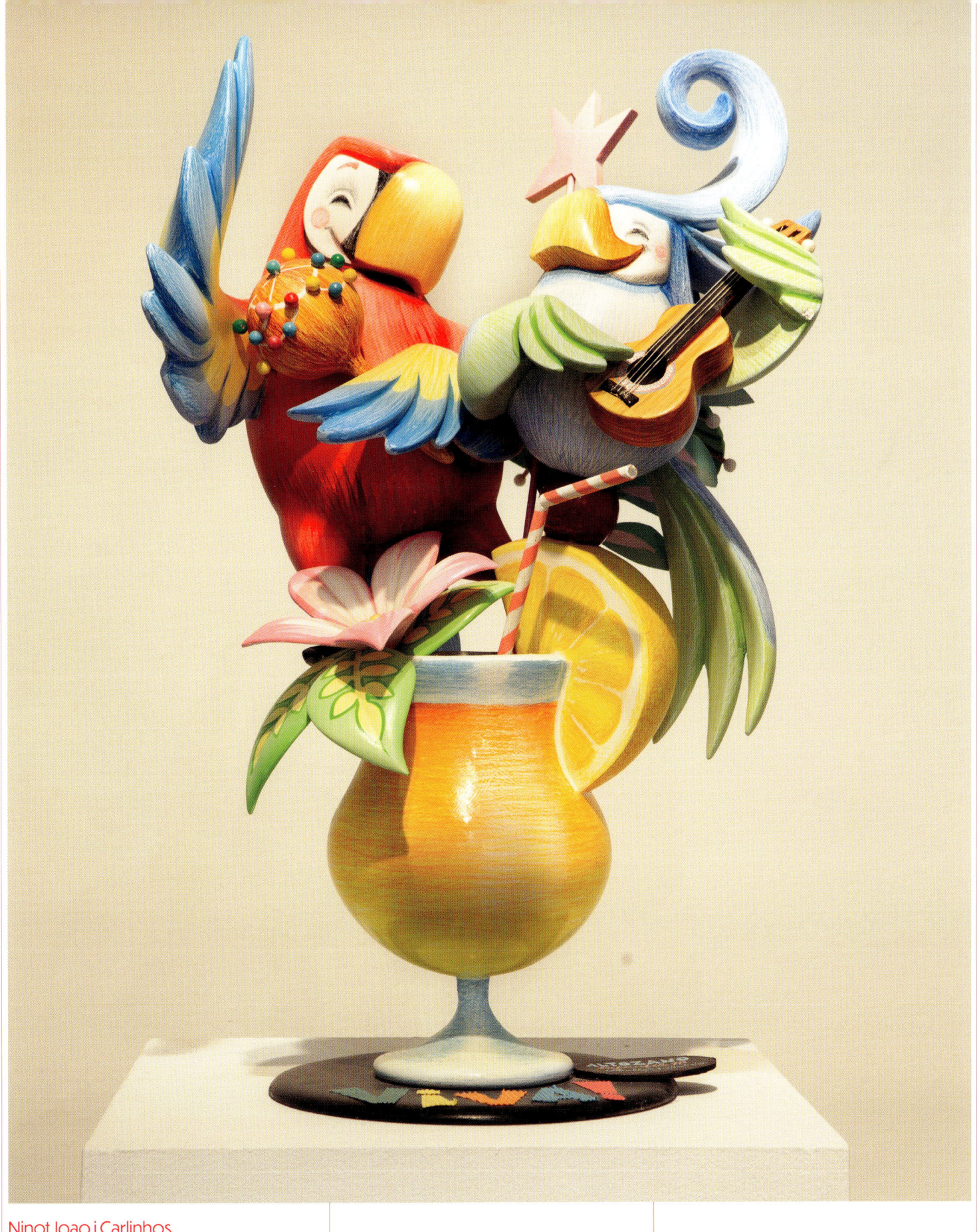

Ninot Joao i Carlinhos
2018 Viva!
Foguera Altozano
Col·l. / Col. particular

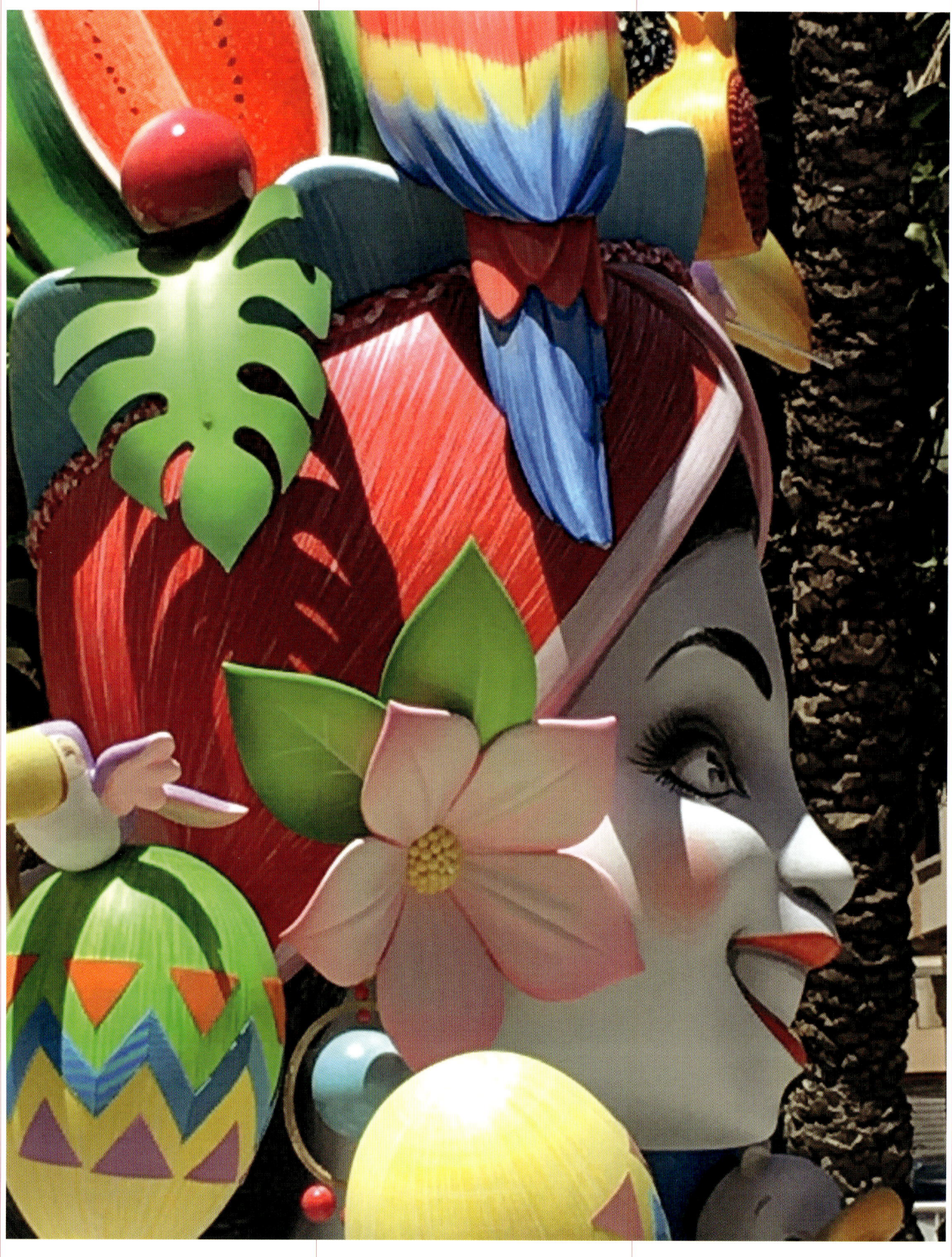

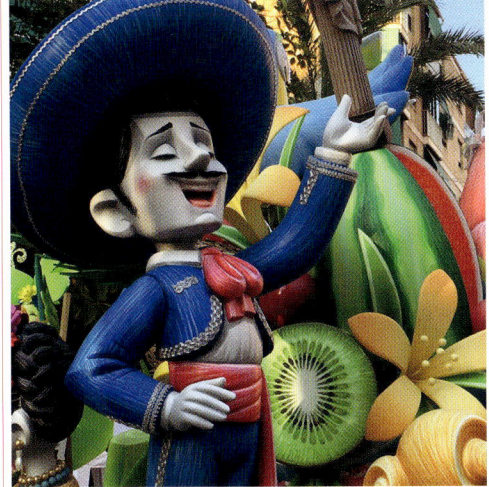

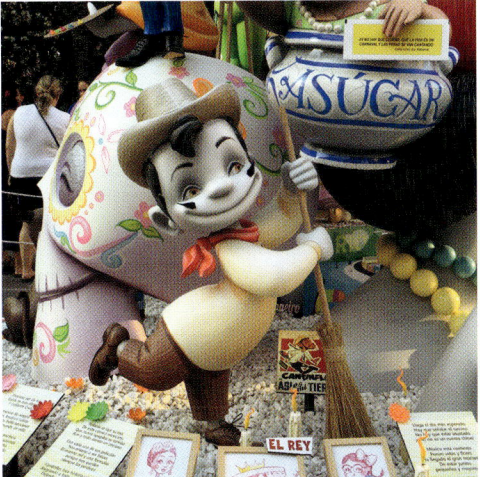

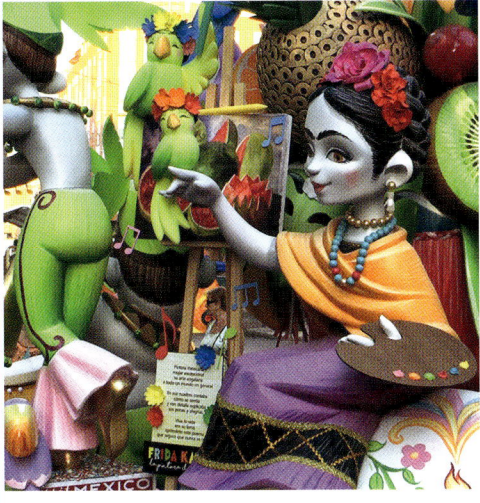

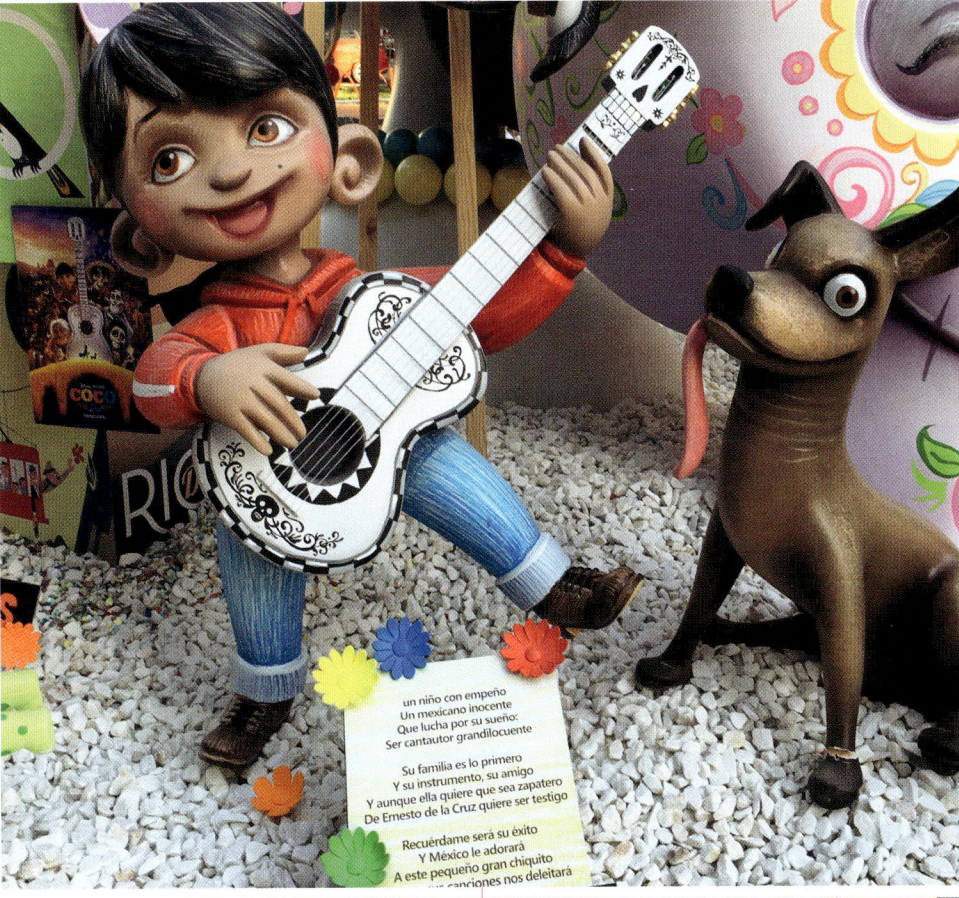

un niño con empeño
Un mexicano inocente
Que lucha por su sueño:
Ser cantautor grandilocuente

Su familia es lo primero
Y su instrumento, su amigo
Y aunque ella quiere que sea zapatero
De Ernesto de la Cruz quiere ser testigo

Recuérdame será su éxito
Y México le adorará
A este pequeño gran chiquito
sus canciones nos deleitará

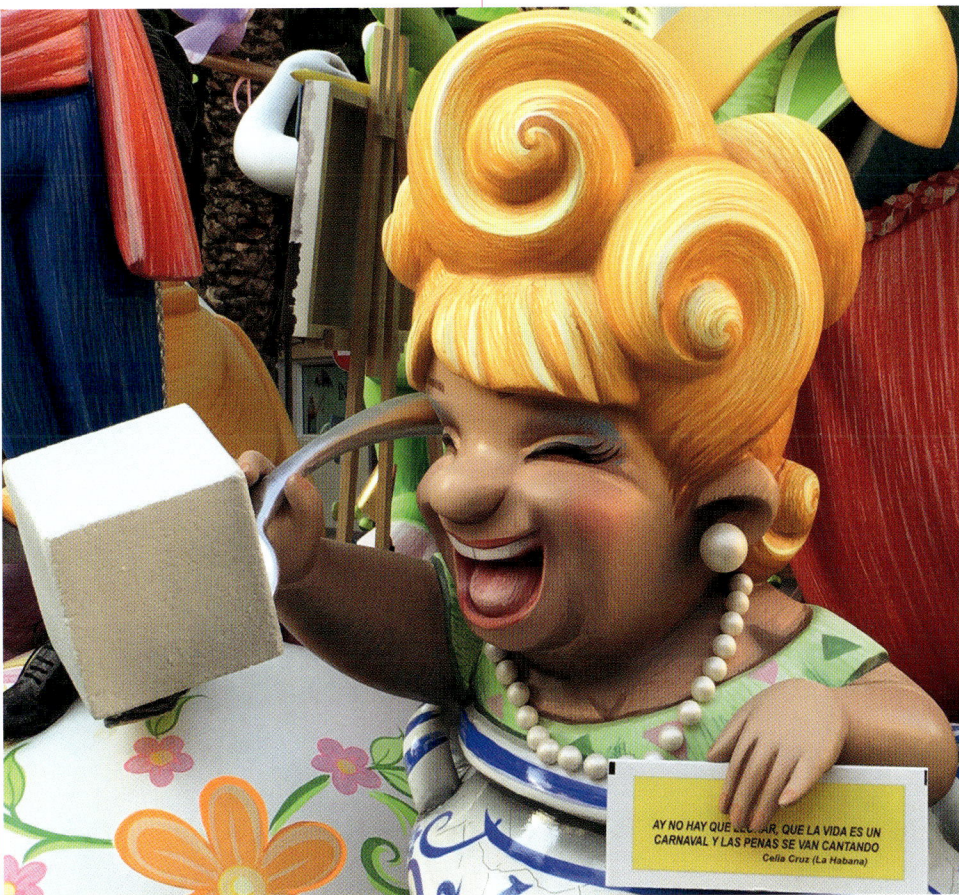

AY NO HAY QUE LLORAR, QUE LA VIDA ES UN
CARNAVAL Y LAS PENAS SE VAN CANTANDO
Celia Cruz (La Habana)

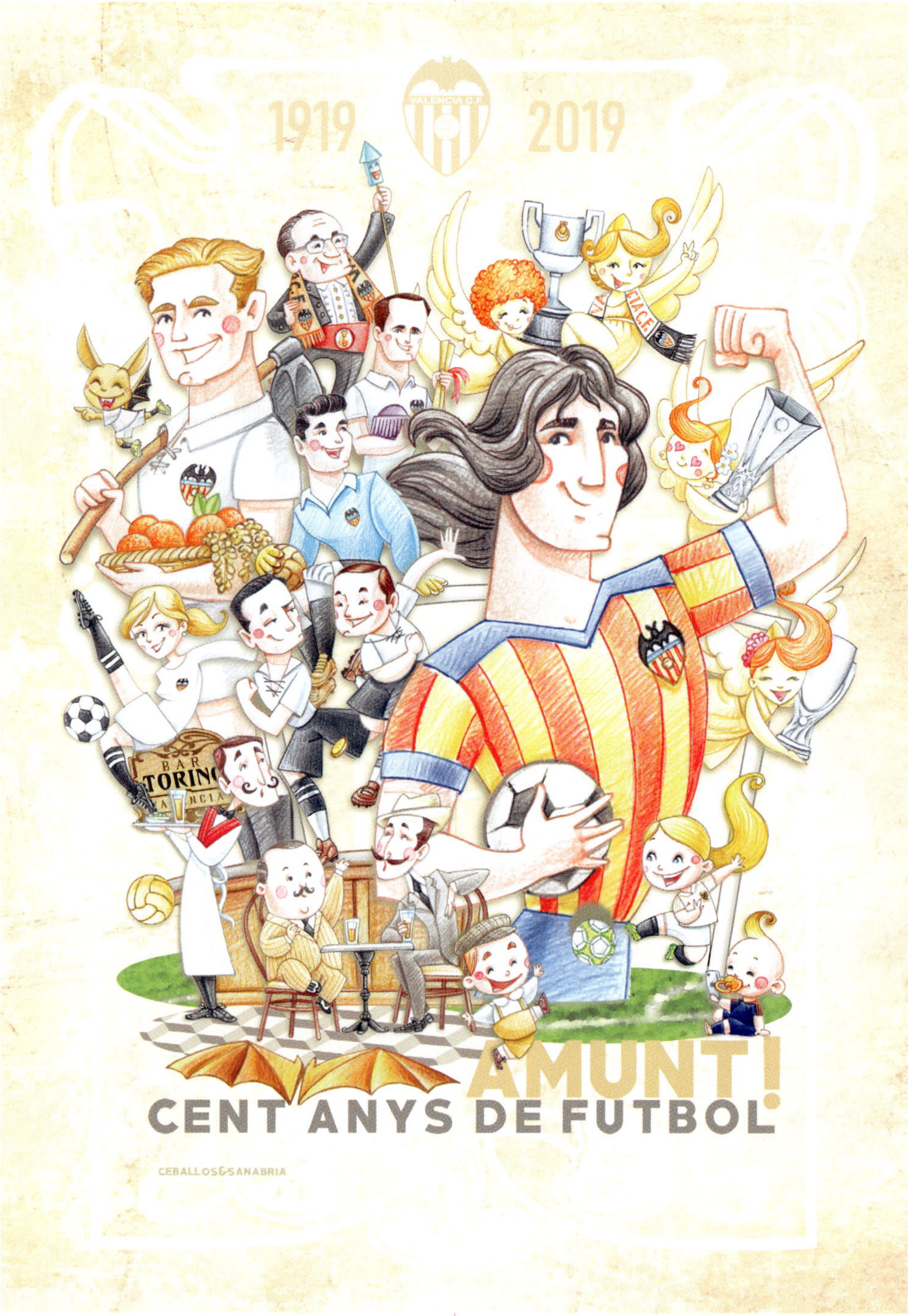

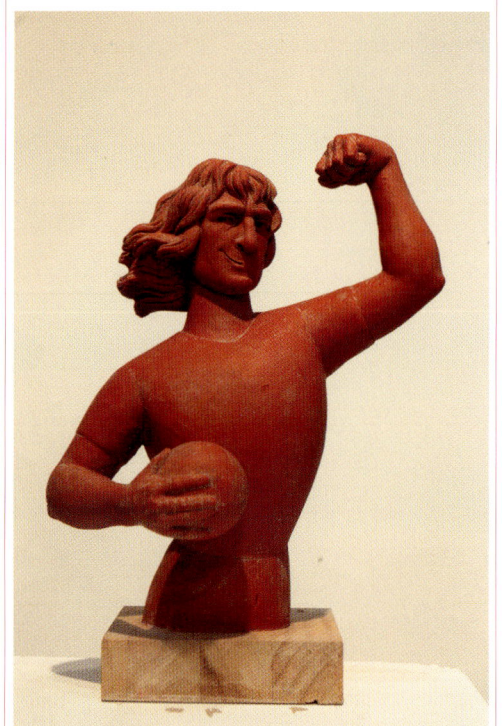

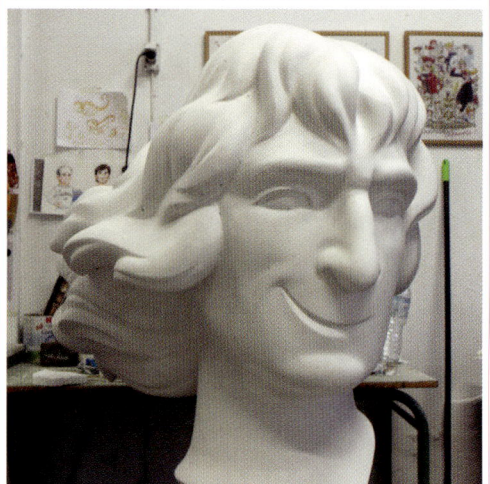

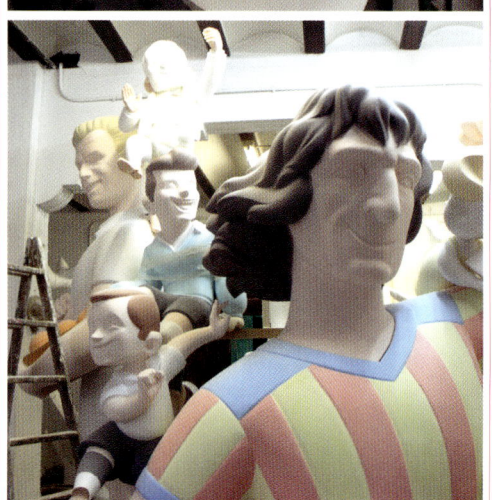

Maqueta Kempes
2019 Col·laboració José Puche
Falla Plaça de Reina-Pau-S. Vicent
Col·l. / Col. ceballos&Sanabria

Esbós Amunt! Cent Anys de Futbol
2019
Falla Plaça de Reina-Pau-S. Vicent

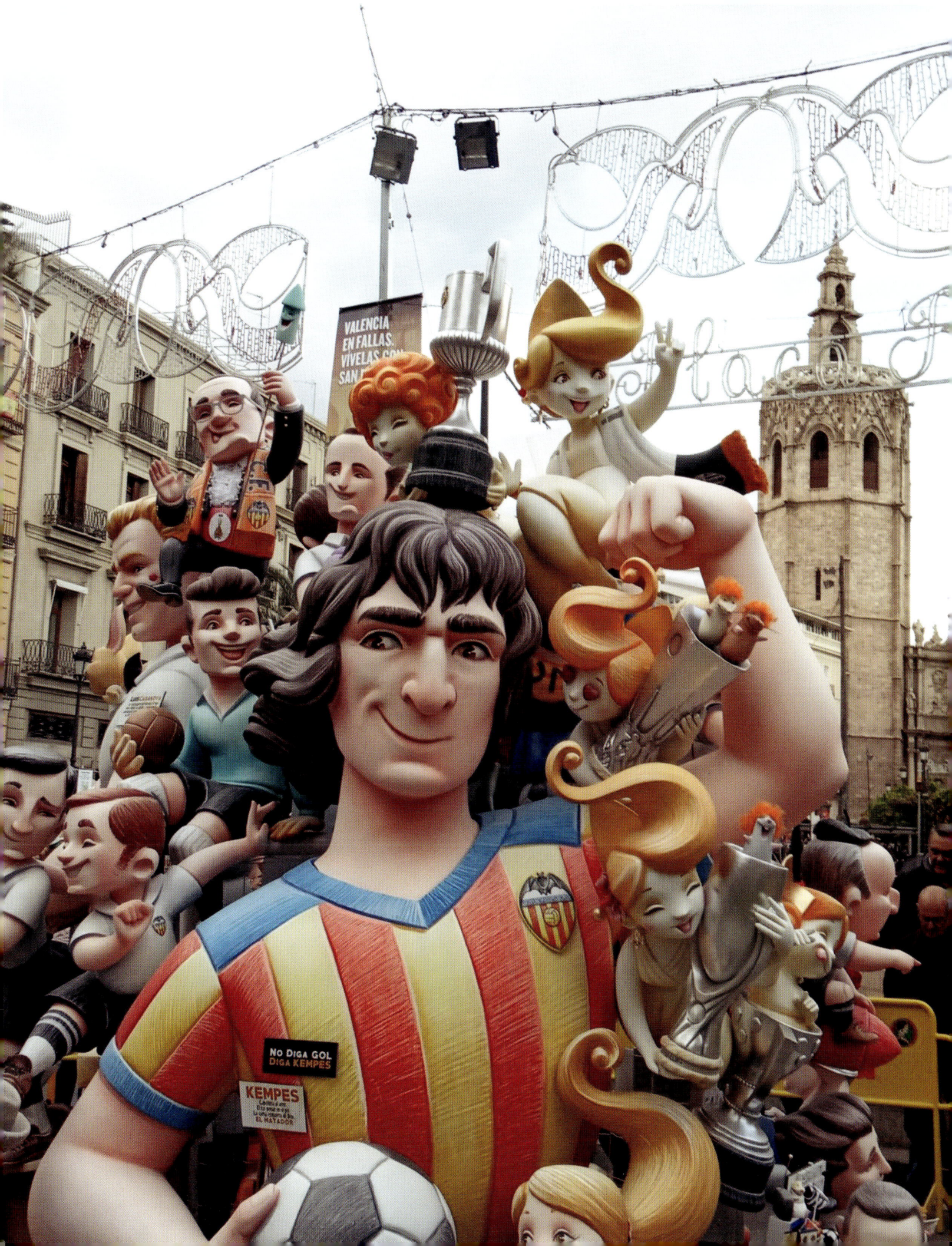

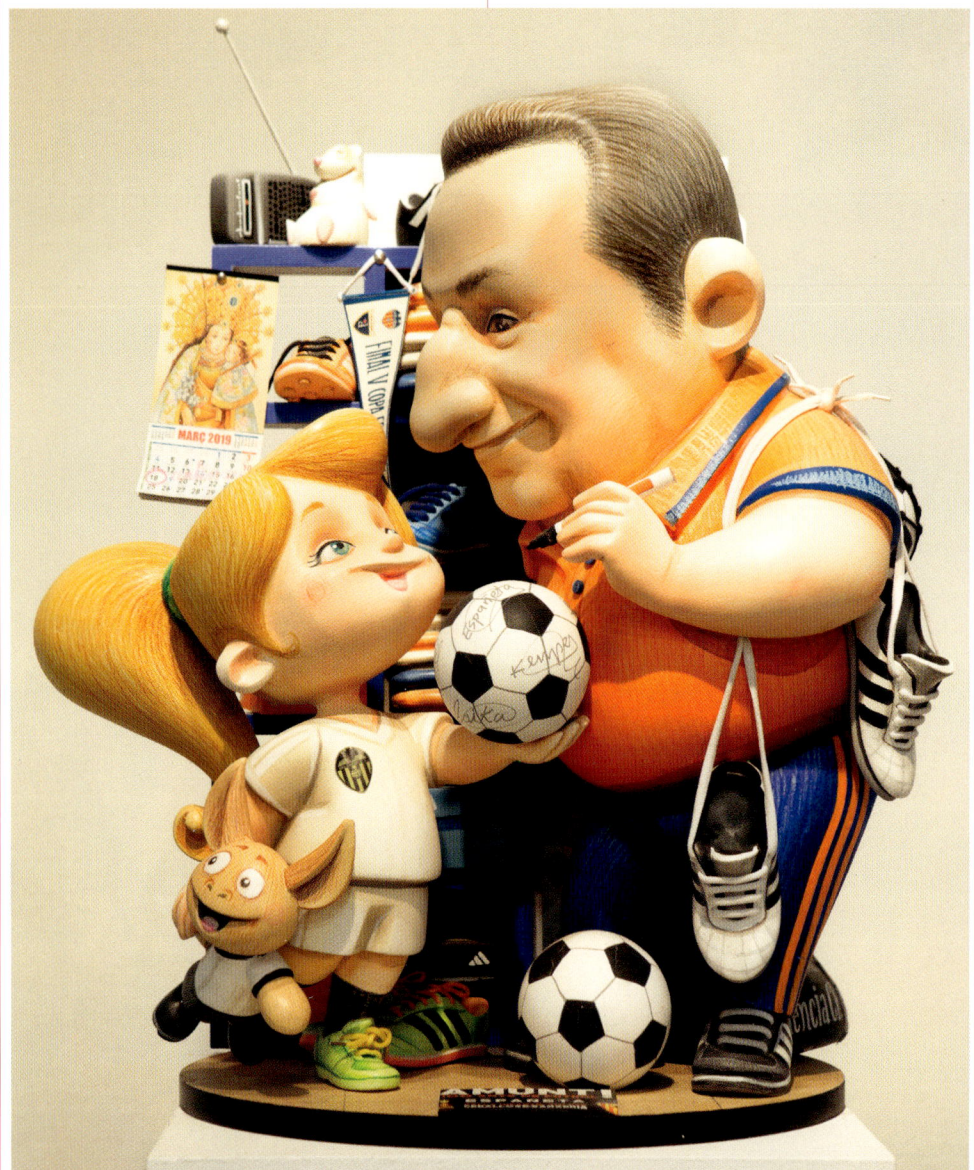

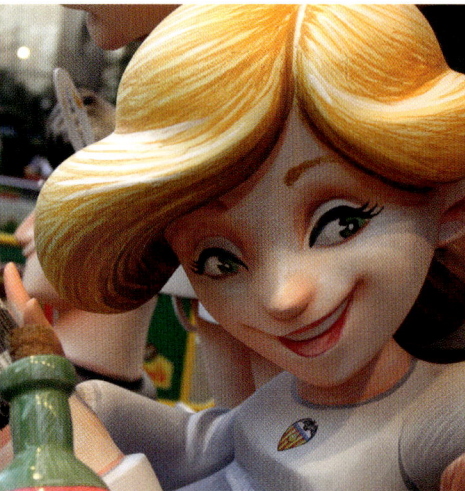

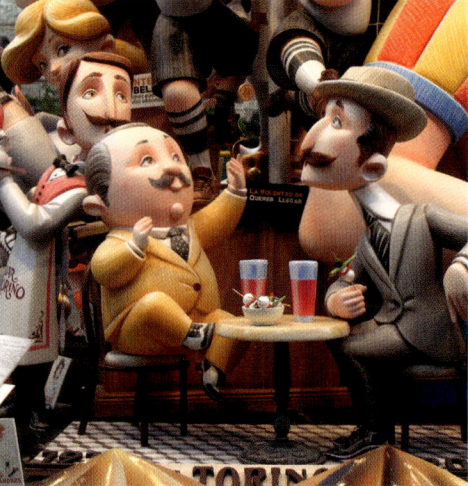

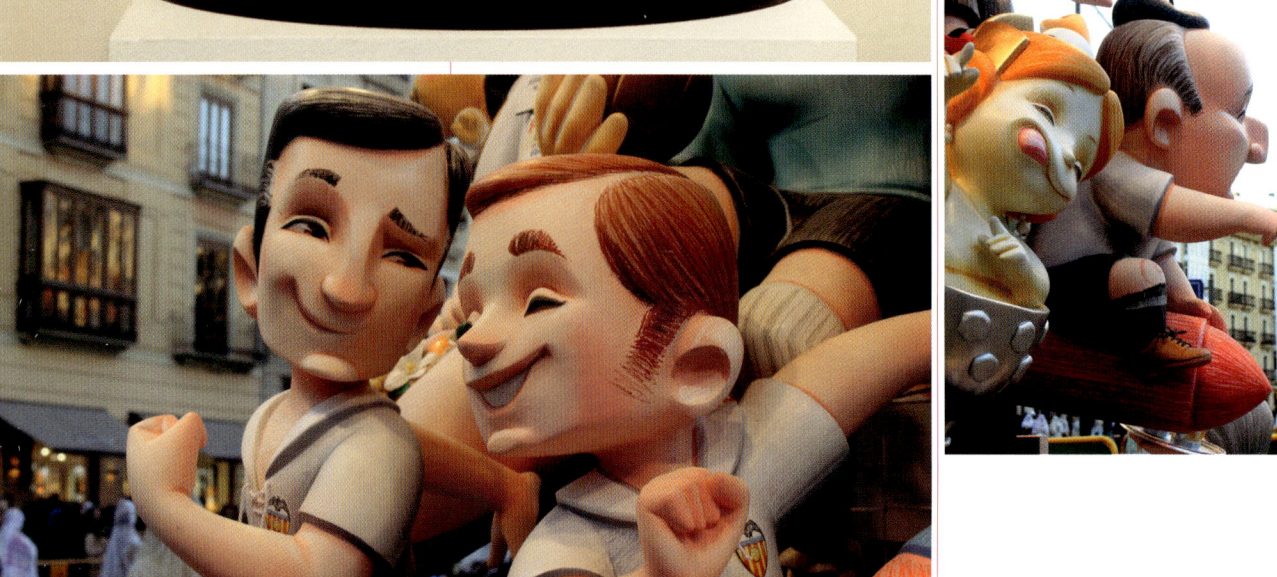

Esbós La Nit de Copèrnic

2019
Falla Camí Nou de Picanya-N. Primitiu

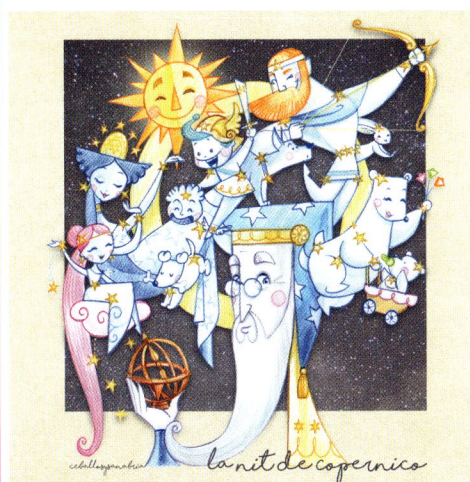

Estudis personatges Galileo i Reis d´Orient

2019 La Nit de Copèrnic
Falla Camí Nou de Picanya-N. Primitiu

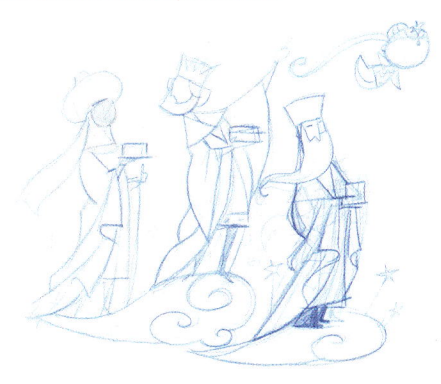

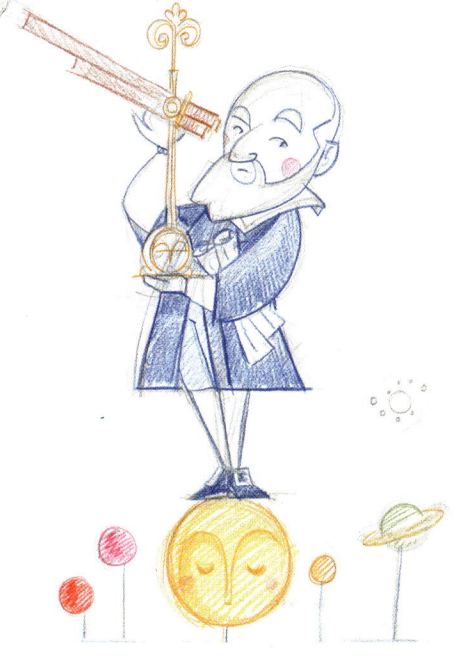

Maqueta La Nit de Copèrnic

2019
Falla Camí Nou de Picanya-N. Primitiu

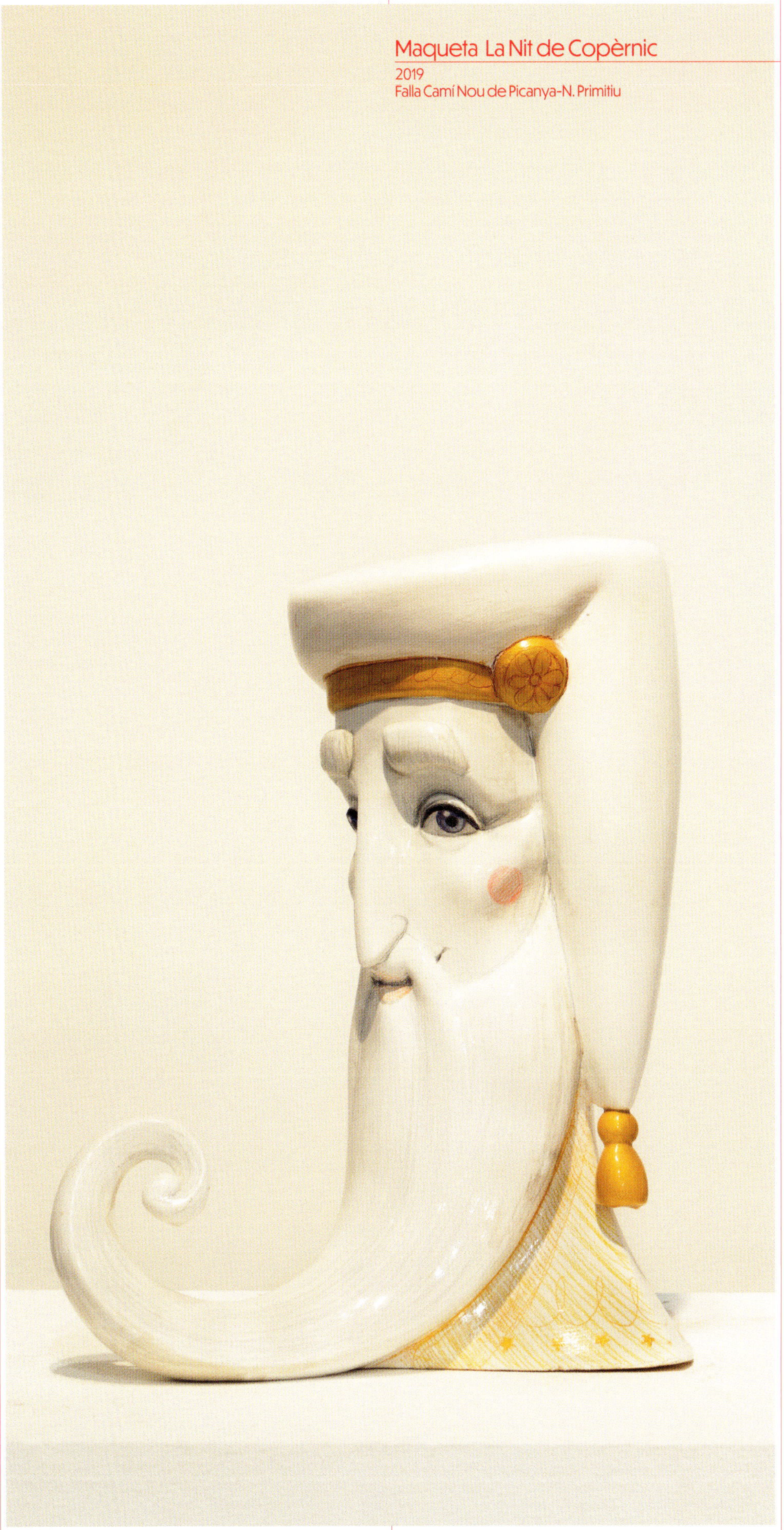

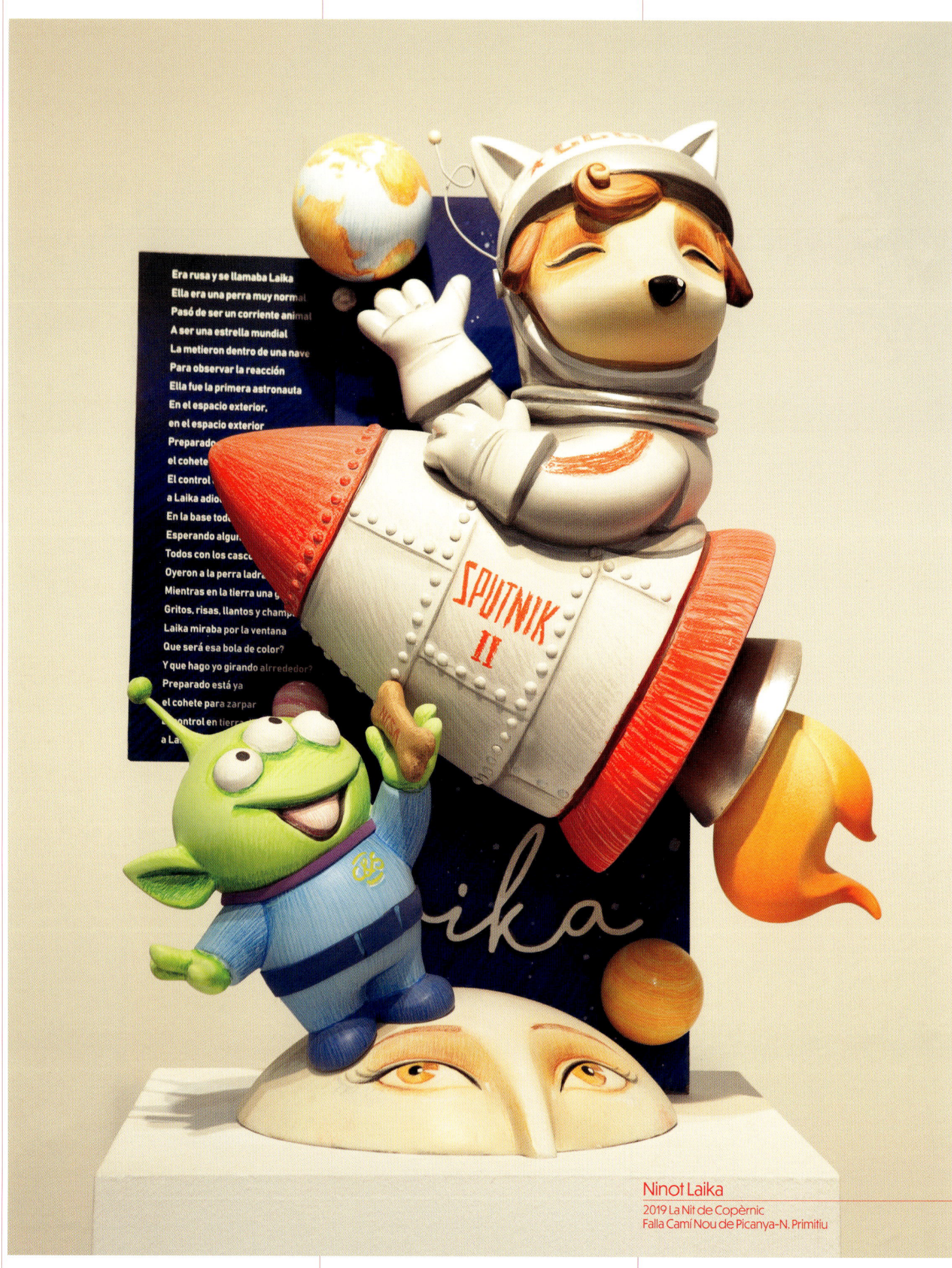

Era rusa y se llamaba Laika
Ella era una perra muy normal
Pasó de ser un corriente animal
A ser una estrella mundial
La metieron dentro de una nave
Para observar la reacción
Ella fue la primera astronauta
En el espacio exterior,
en el espacio exterior
Preparado
el cohete
El control
a Laika adios
En la base todo
Esperando algun
Todos con los casco
Oyeron a la perra ladra
Mientras en la tierra una g
Gritos, risas, llantos y champ
Laika miraba por la ventana
Que será esa bola de color?
Y que hago yo girando alrrededor?
Preparado está ya
el cohete para zarpar
El control en tierra
a La

SPUTNIK II

Ninot Laika
2019 La Nit de Copèrnic
Falla Camí Nou de Picanya-N. Primitiu

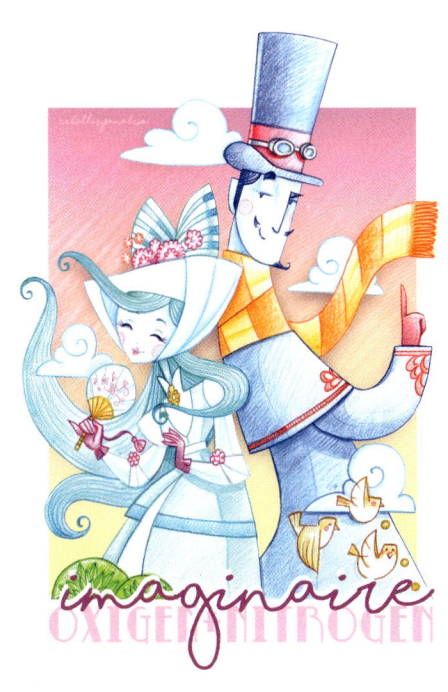

Esbós Imaginaire

2019
Foguera Foguerer-Carolines

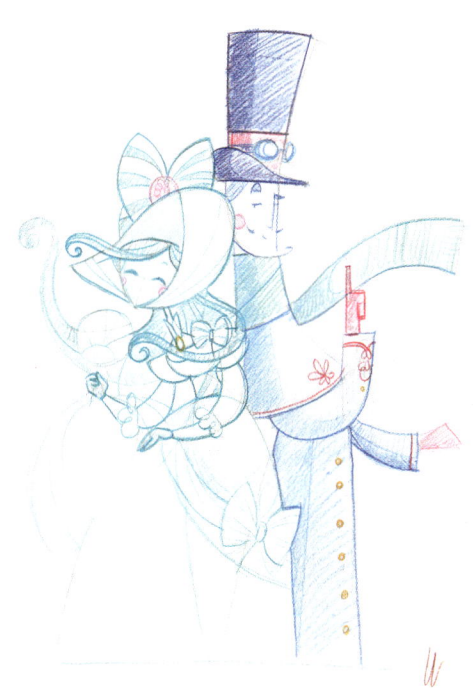

Estudí persontges Imaginaire

2019
Foguera Foguerer-Carolines

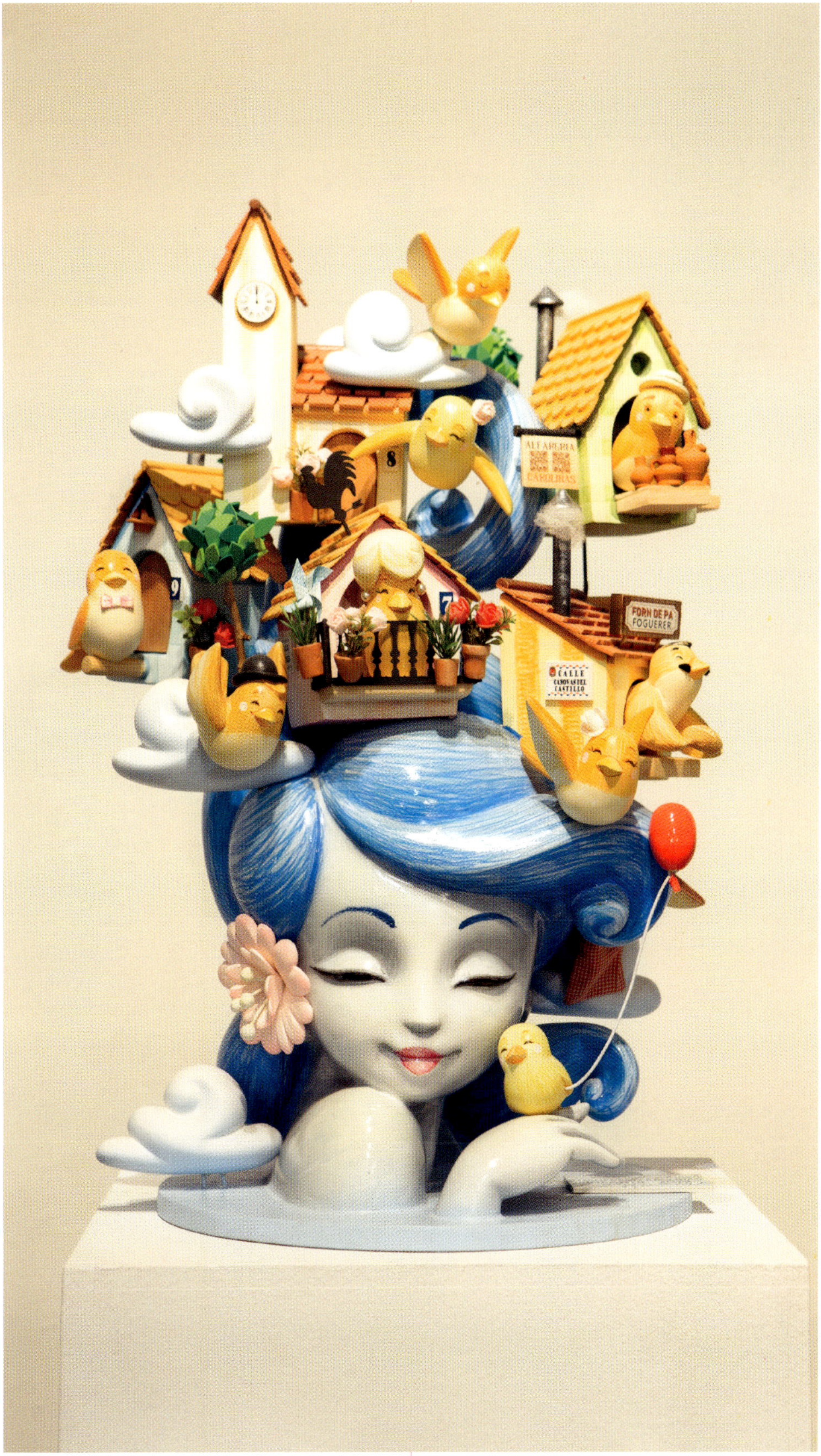

Ninot Imaginaire

2019
Foguera Foguerer-Carolines

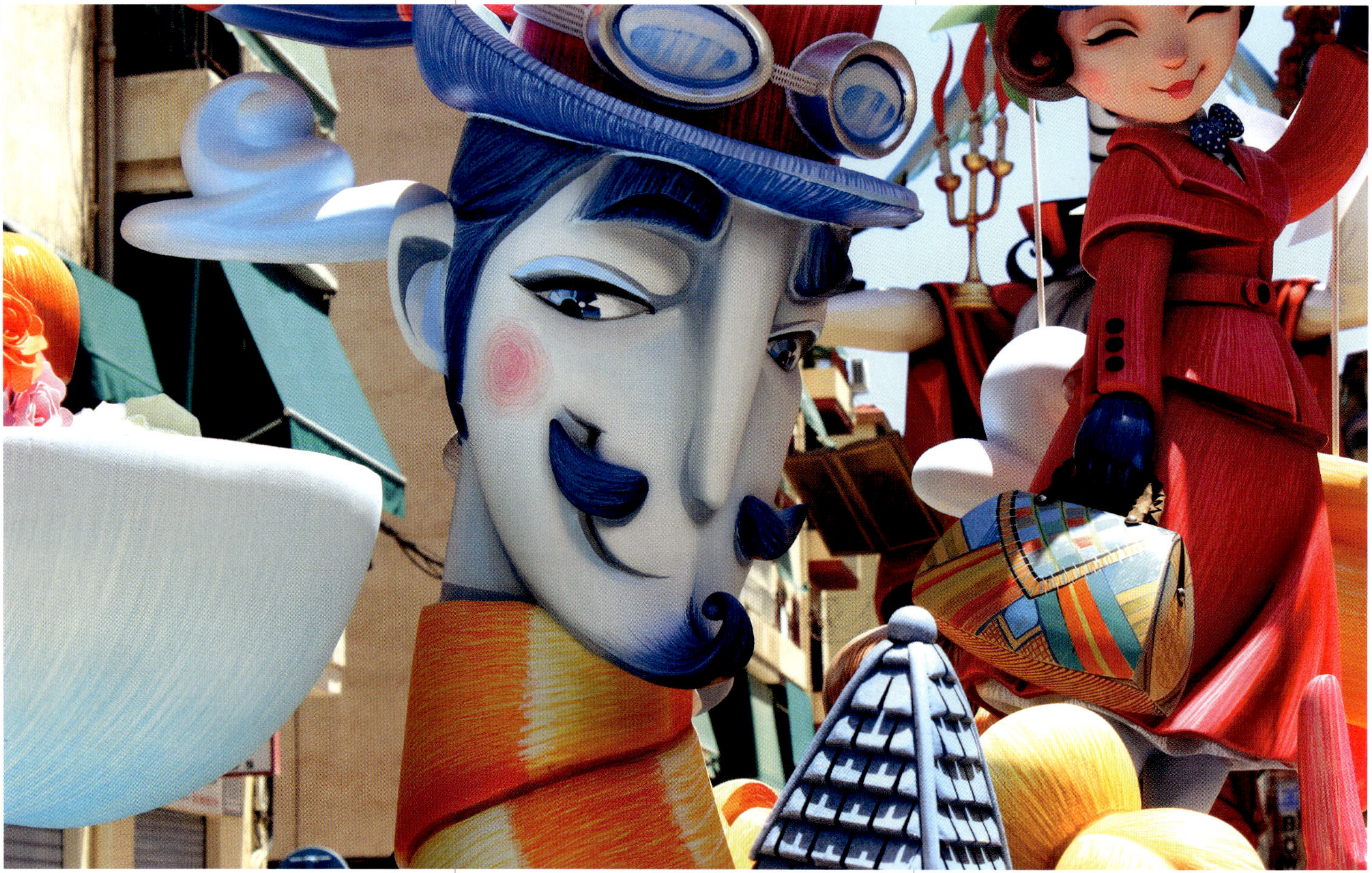

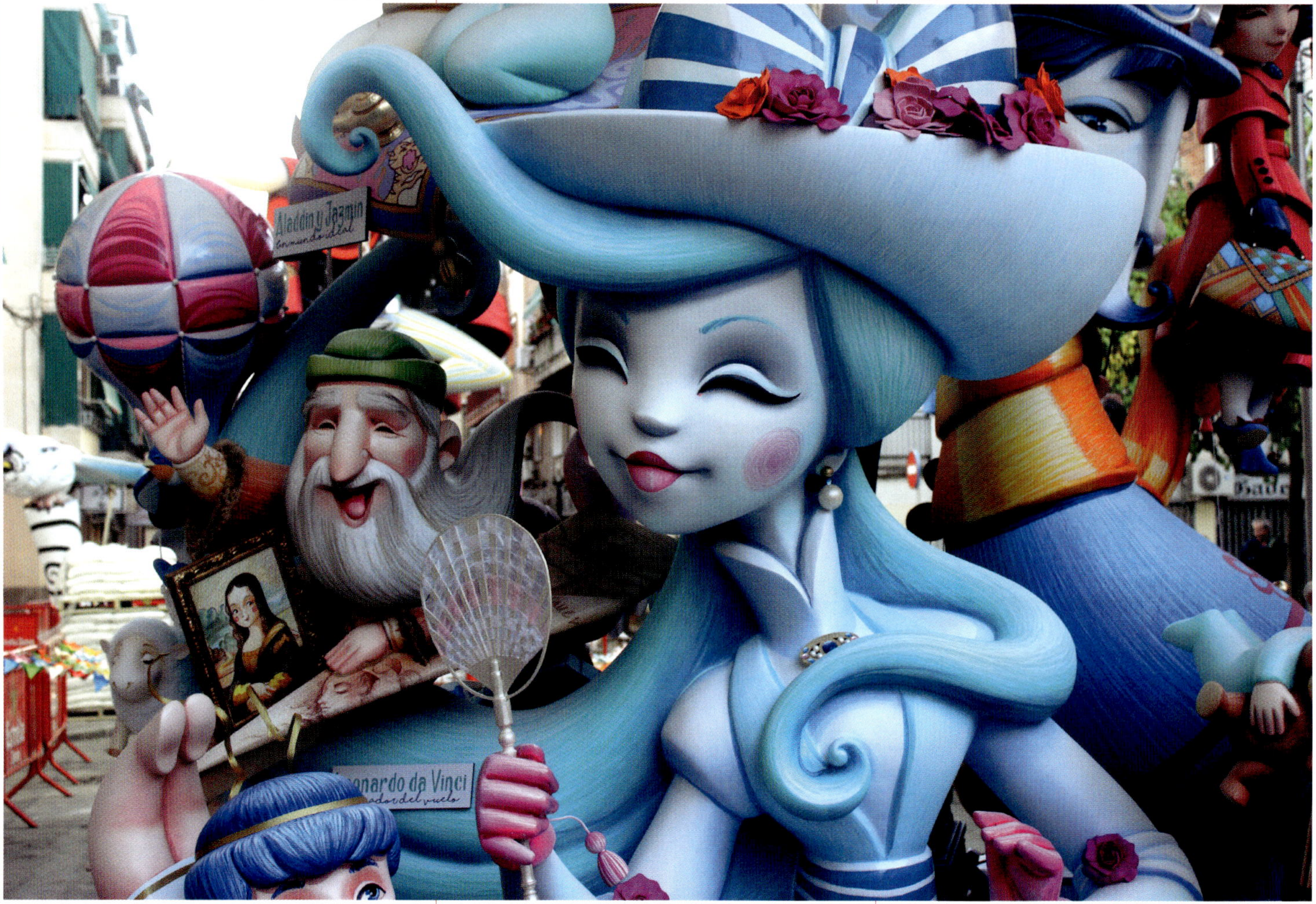

Aladdin y Jazmin
da Vinci

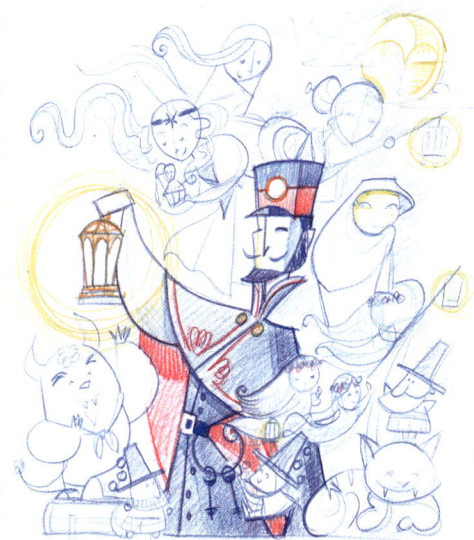

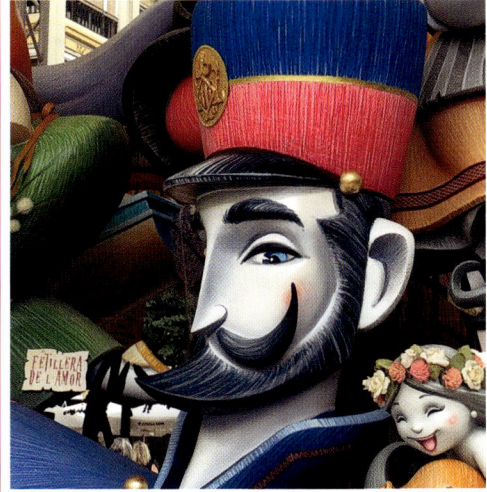

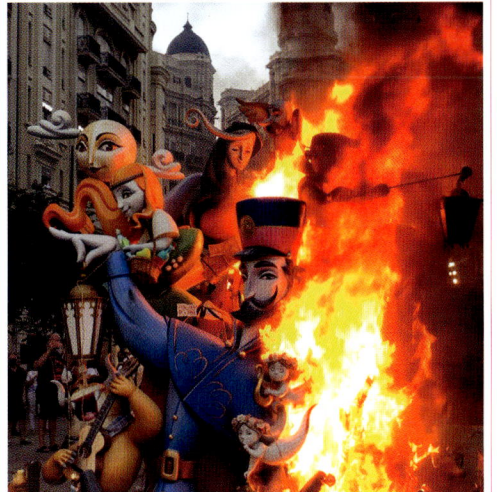

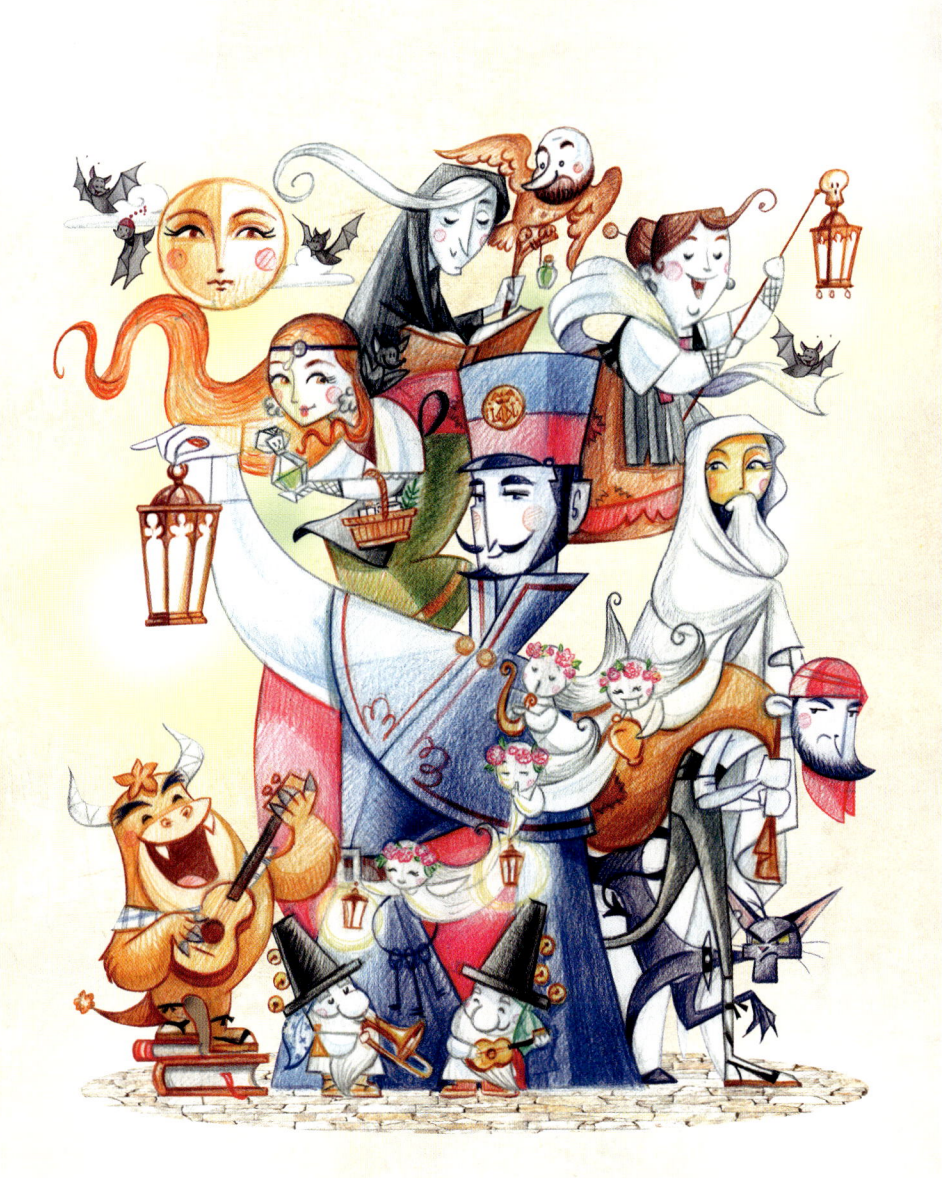

Esbós De València i Mosntres

2020
Falla Plaça de Reina-Pau-S. Vicent

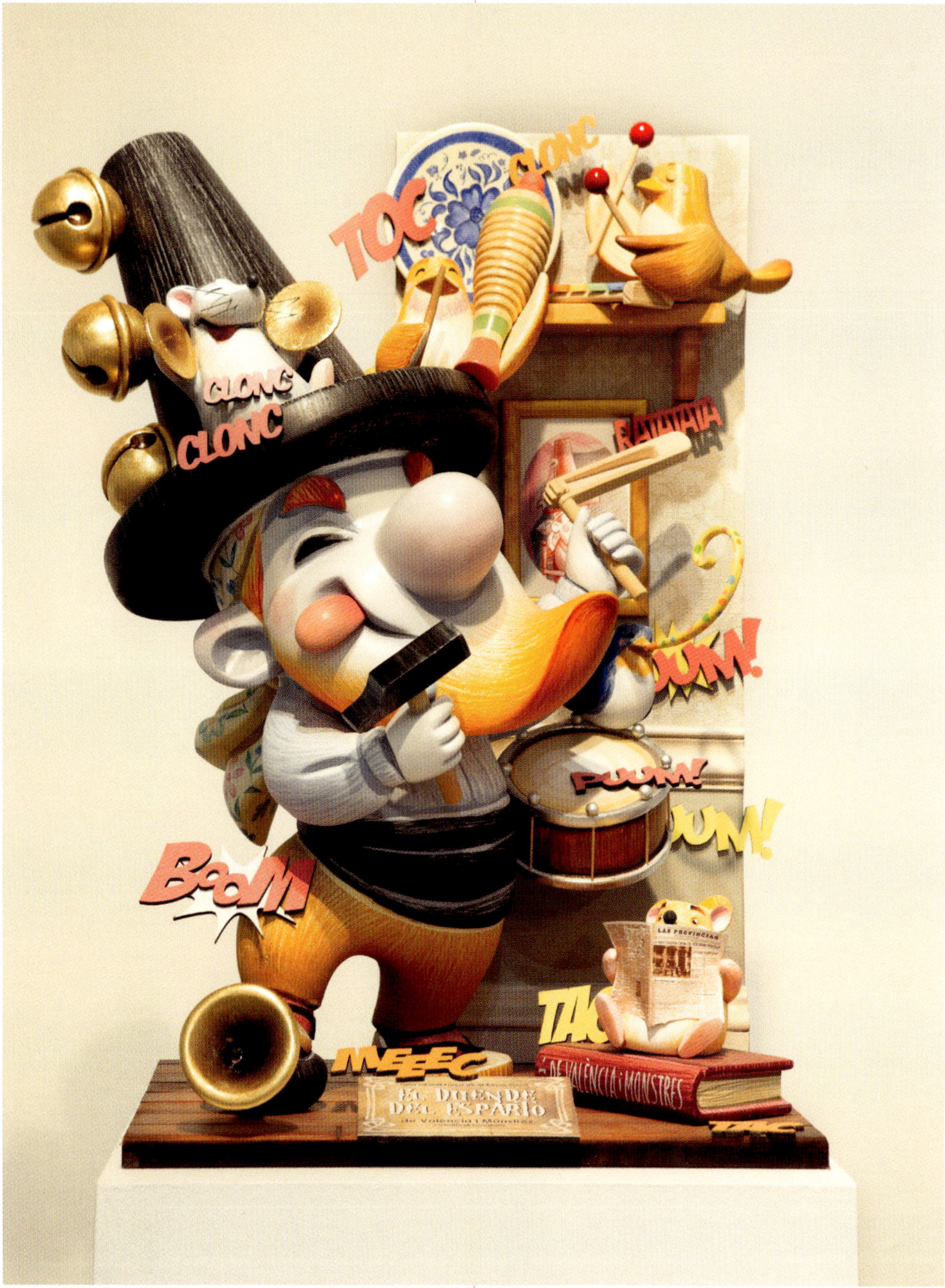

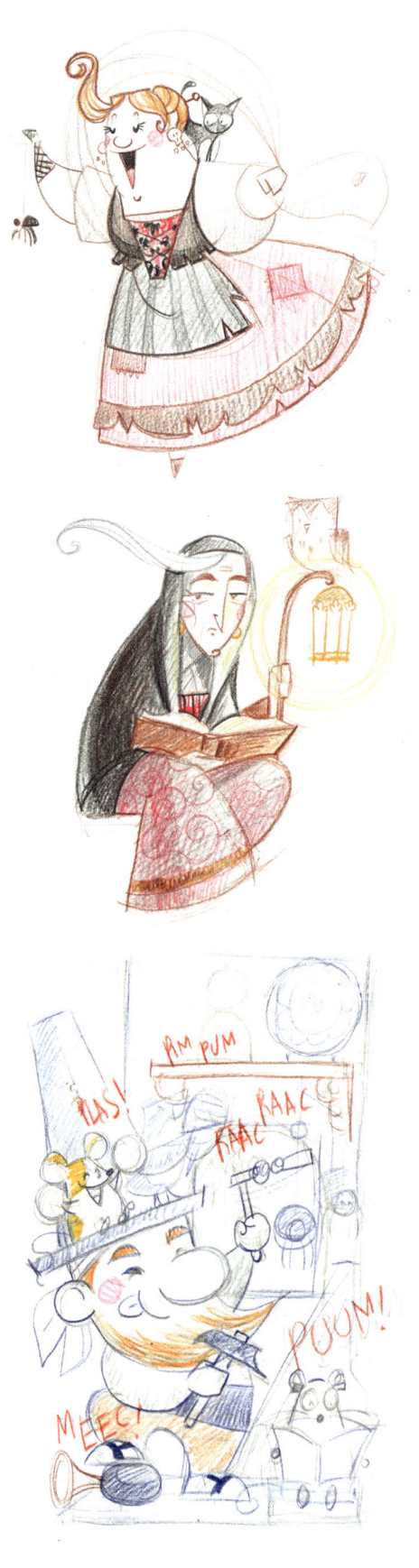

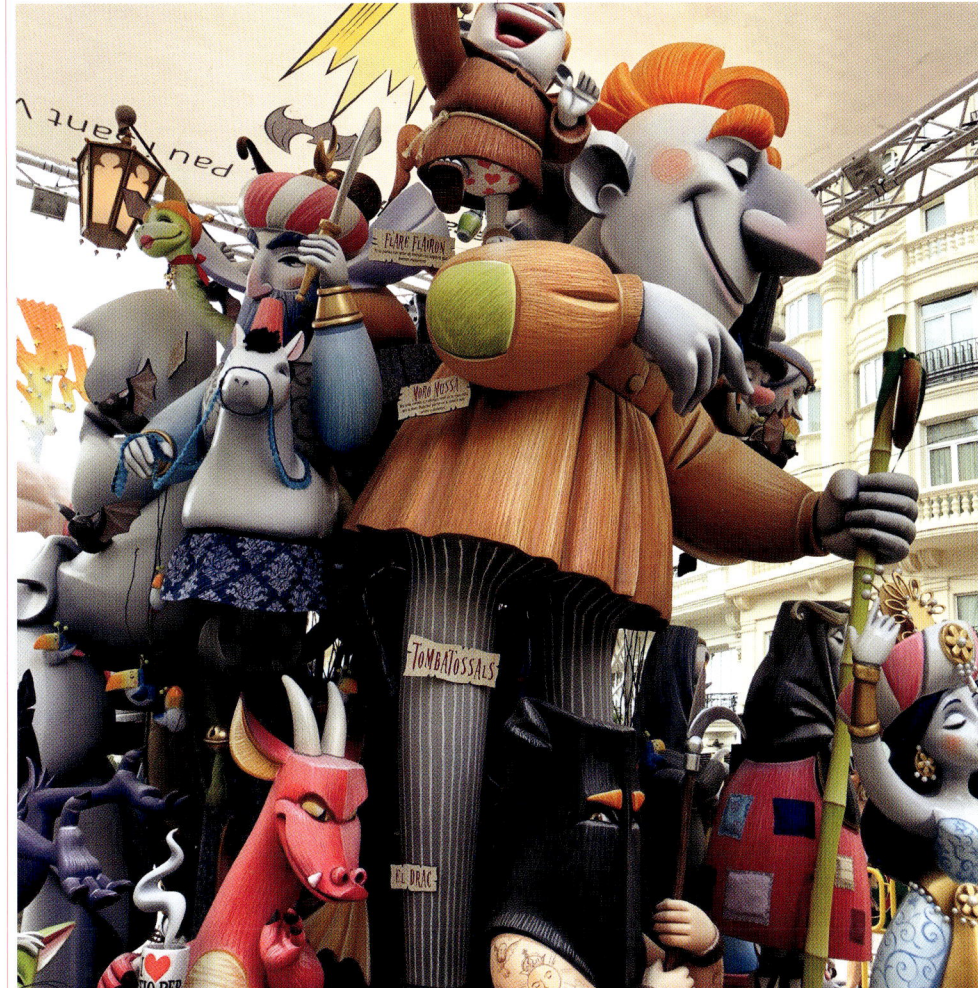
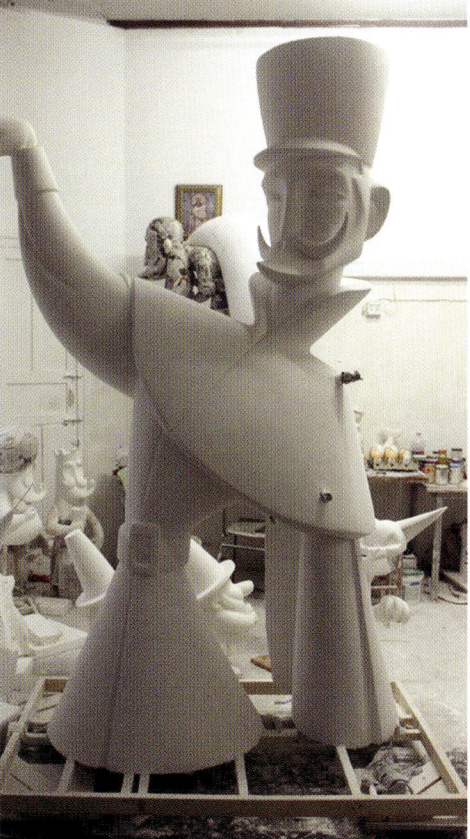
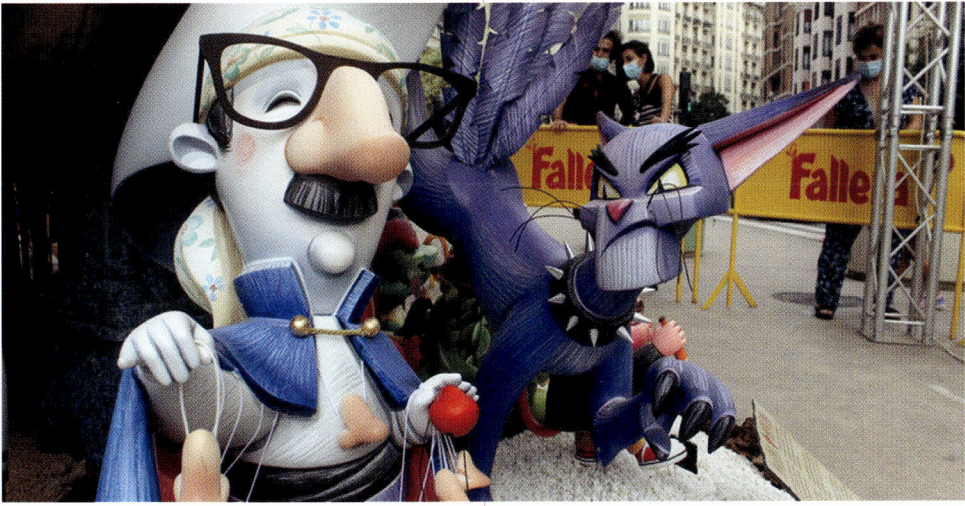
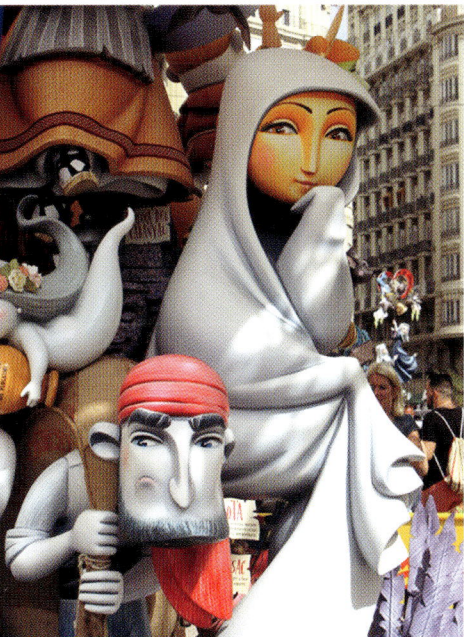

Esbós Ninot El Surrealisme sóc Jo!
2022 A l´ Avantguarda
Falla Plaça de Reina-Pau-S. Vicent

Ninot El Surrealisme sóc Jo!
2022 A l´ Avantguarda
Falla Plaça de Reina-Pau-S. Vicent

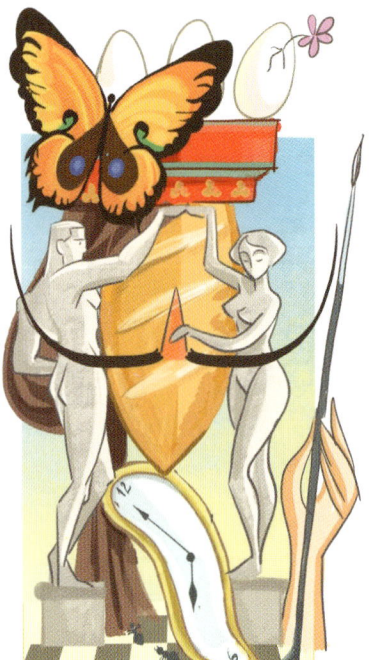

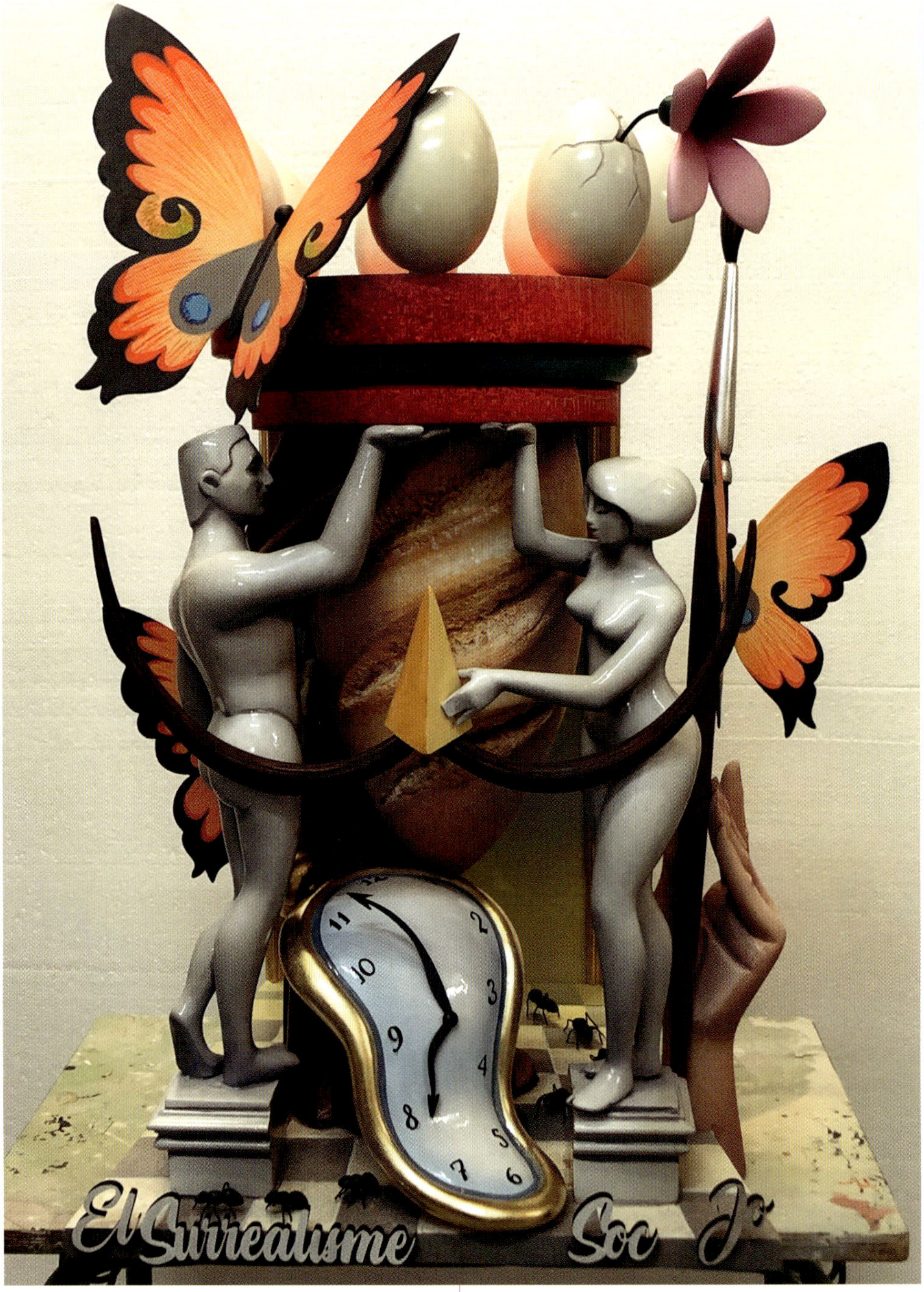

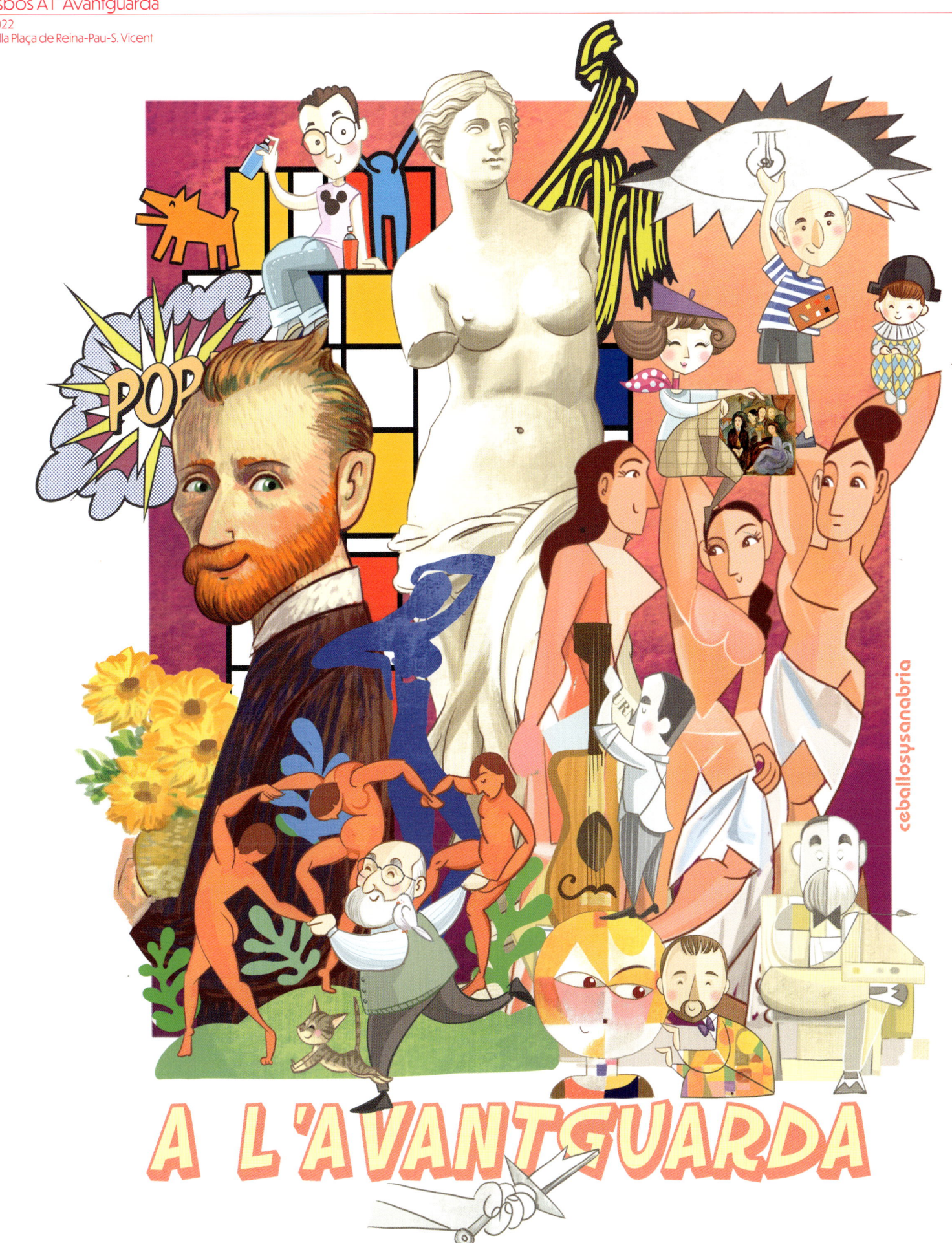

A l´Avantguarda

2022 A l´Avantguarda
Falla Plaça de Reina-Pau-S. Vicent

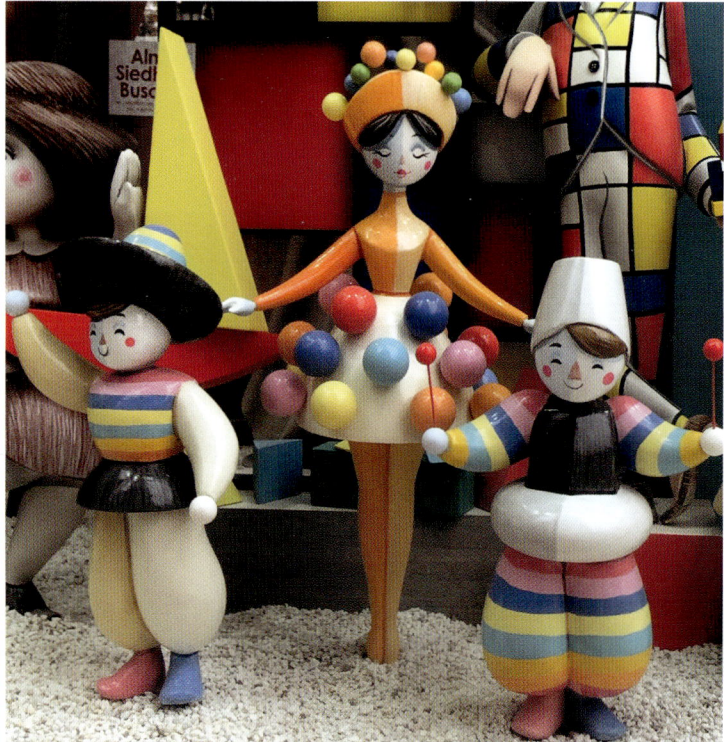

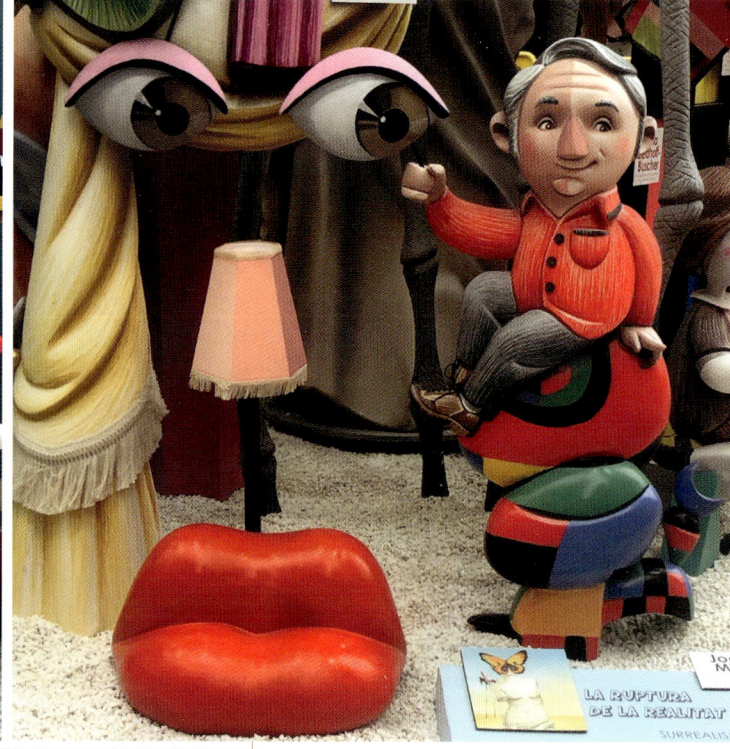

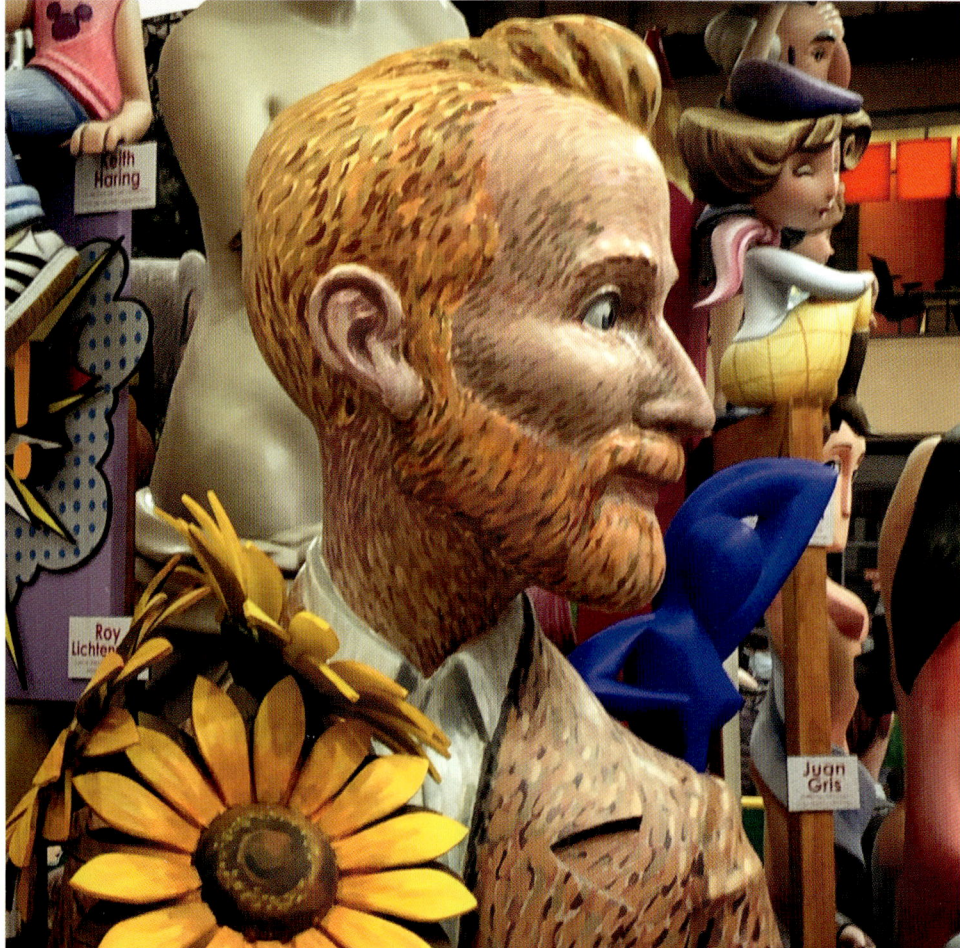

Ninot Vincent Van Gogh

2022 A l´Avantguarda
Falla Plaça de Reina-Pau-S. Vicent
Col.laboració pintura Sara F. Cuesta

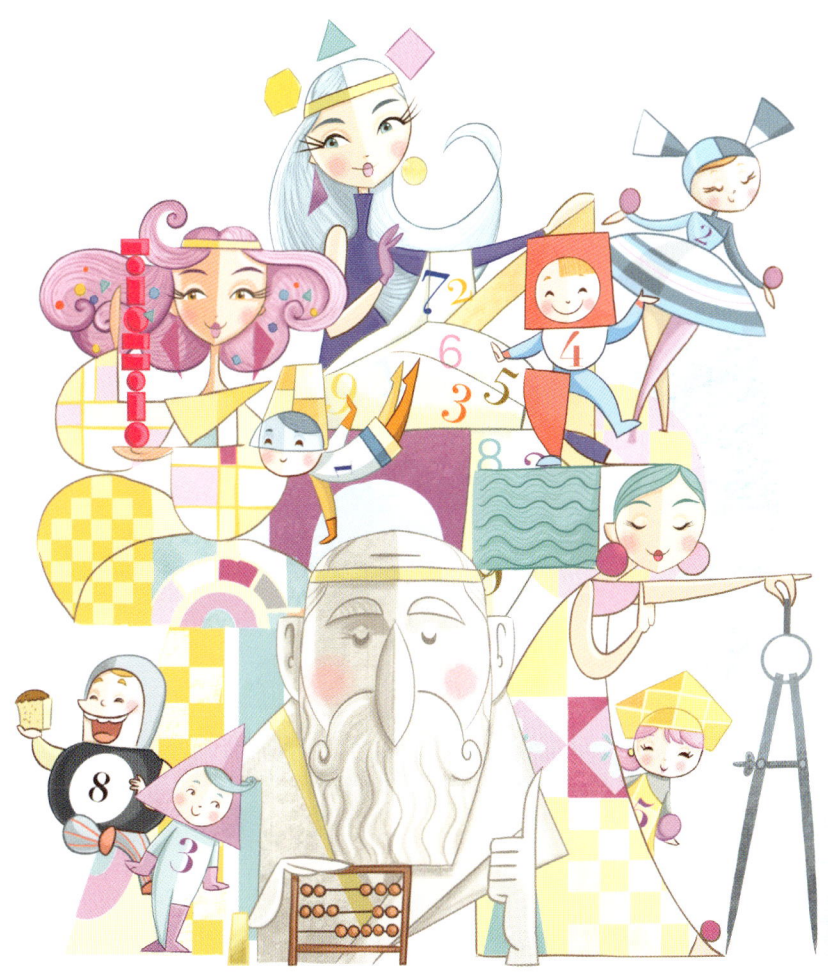

matemàticament

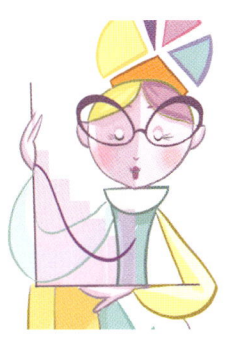
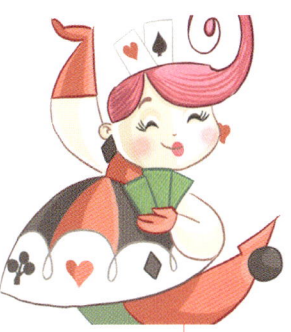
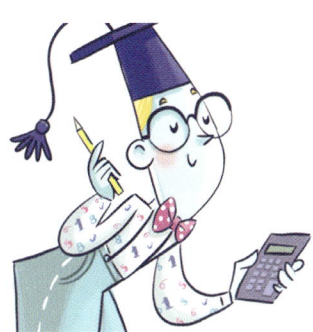

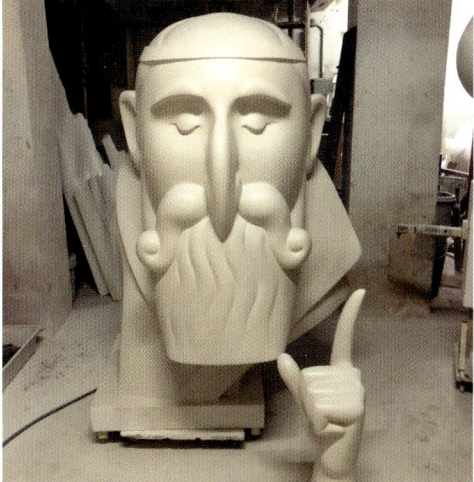

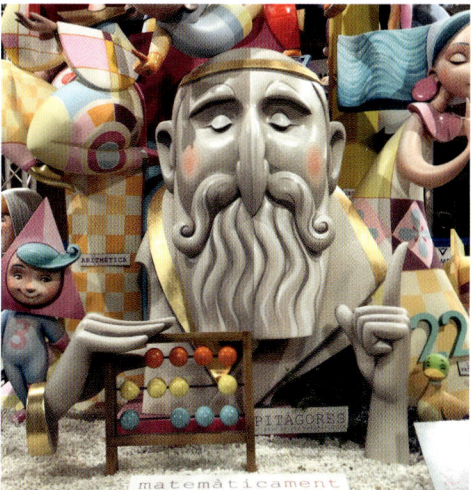

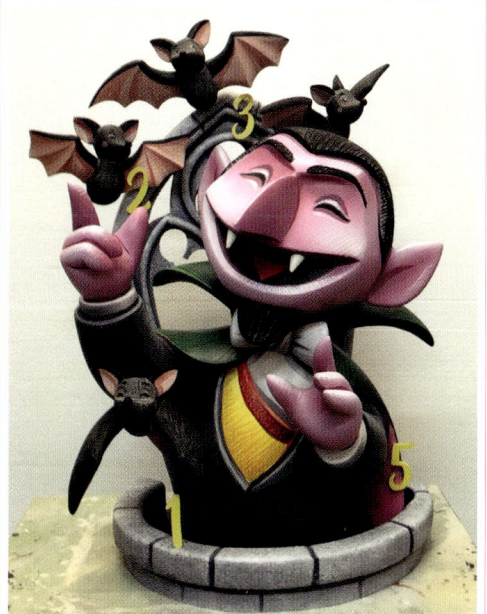

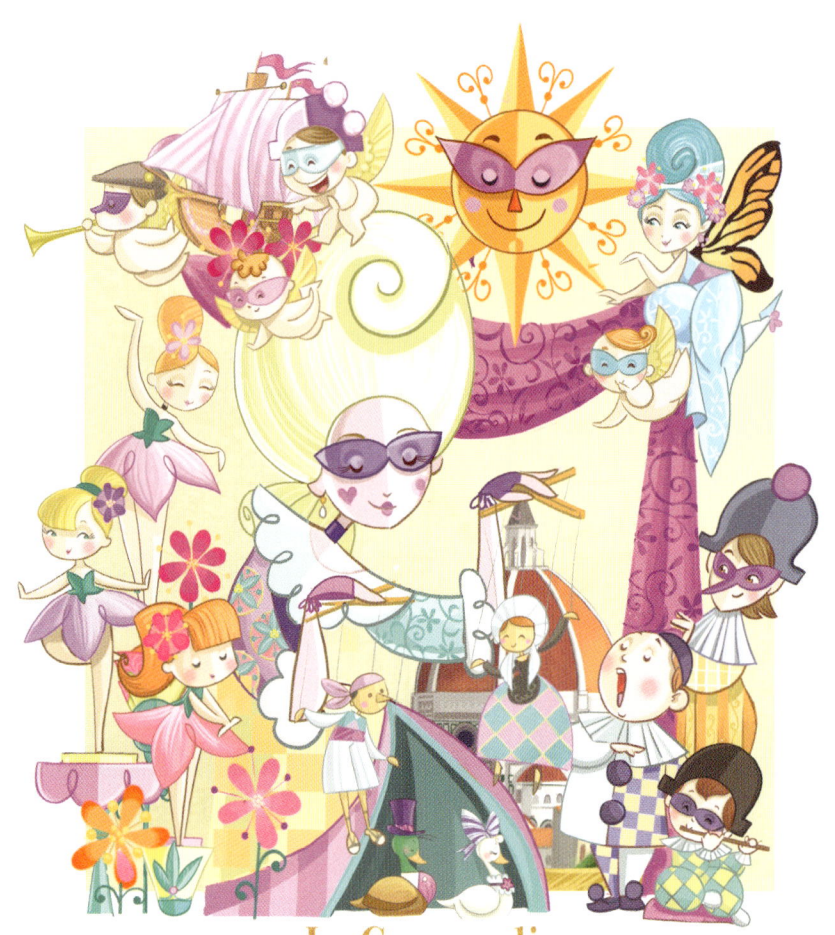

La Commedia
de Foguerarte

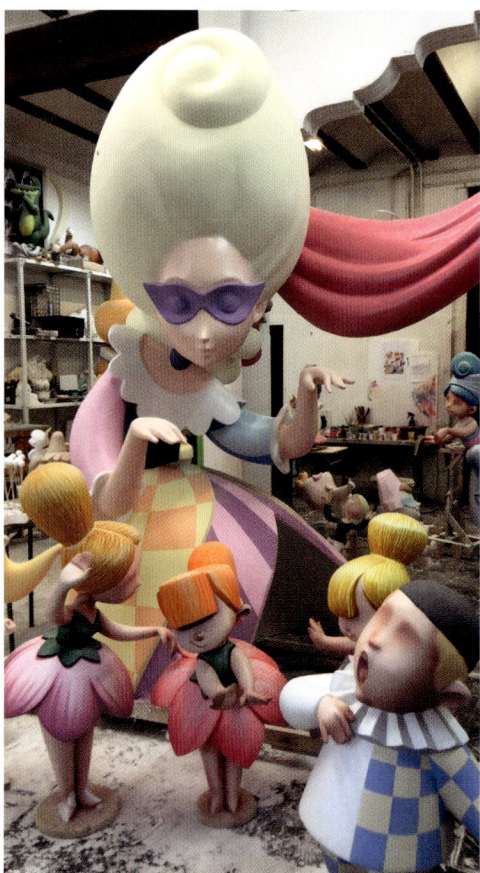

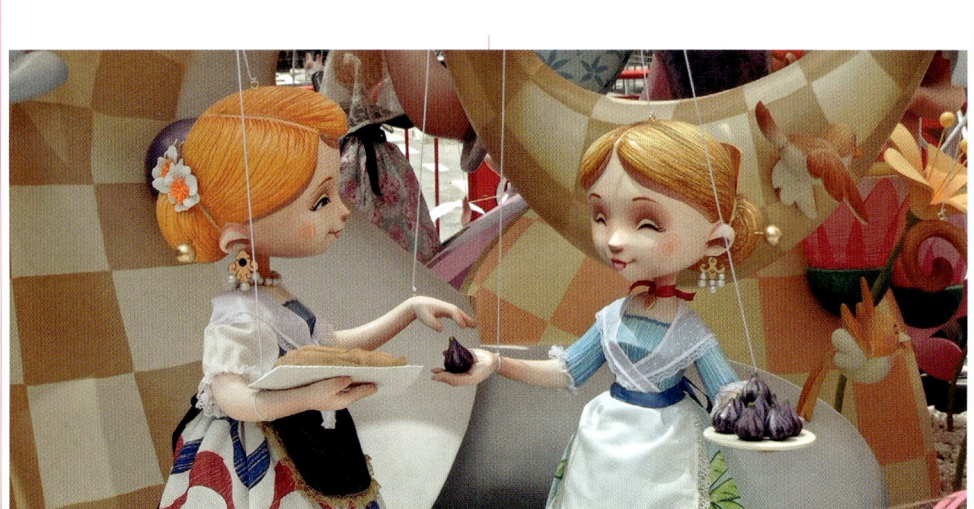

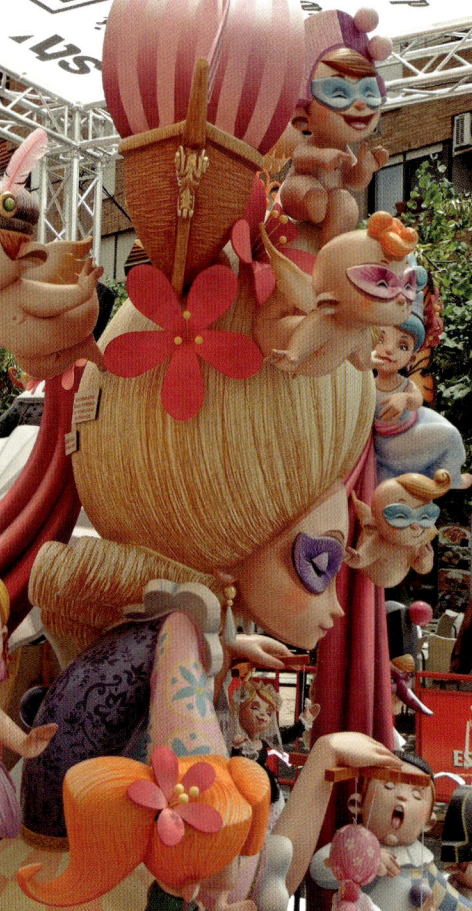

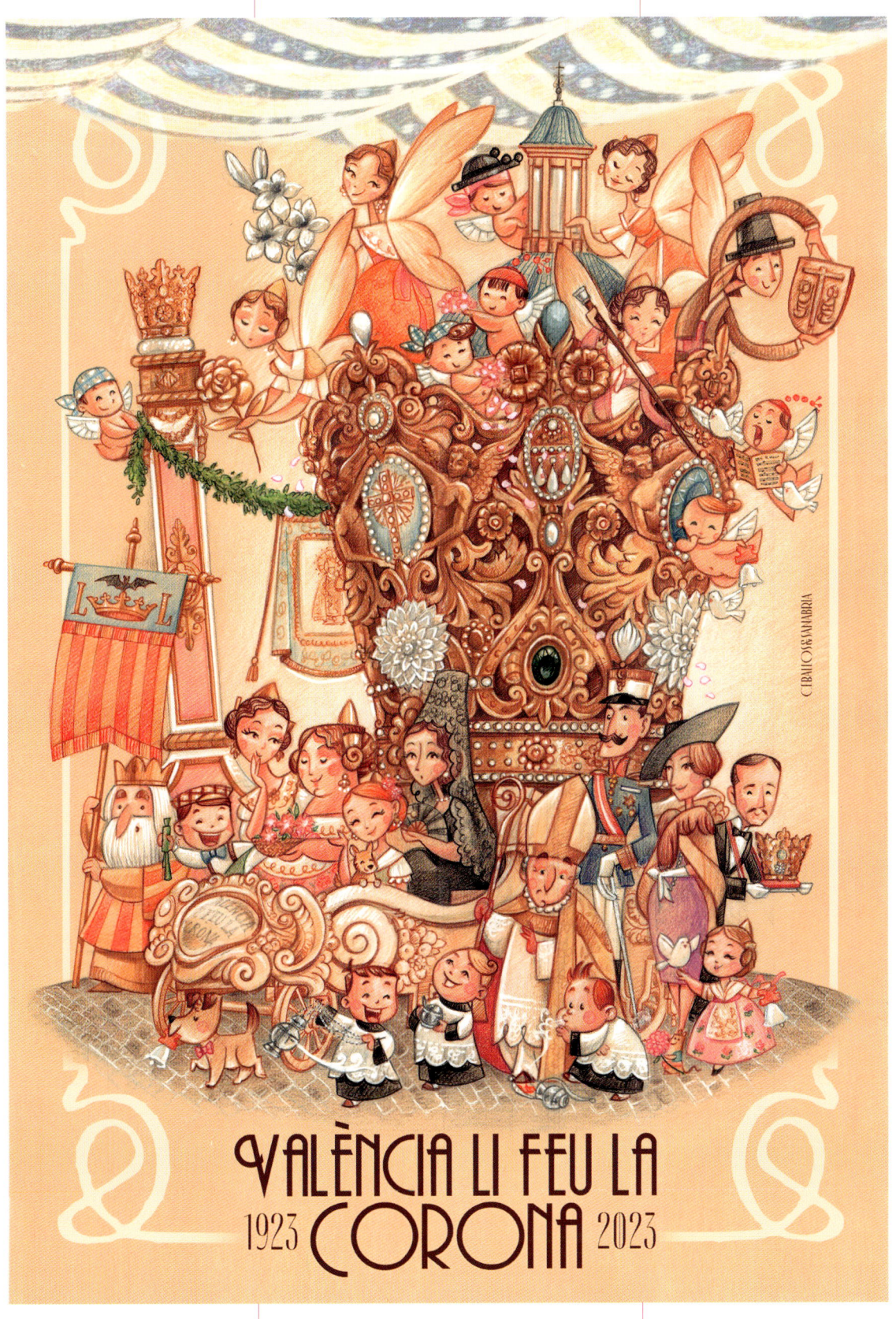

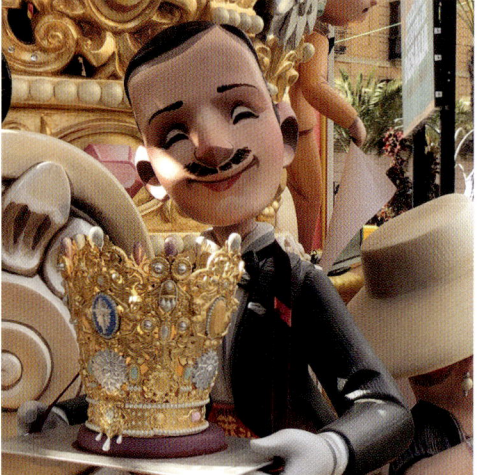

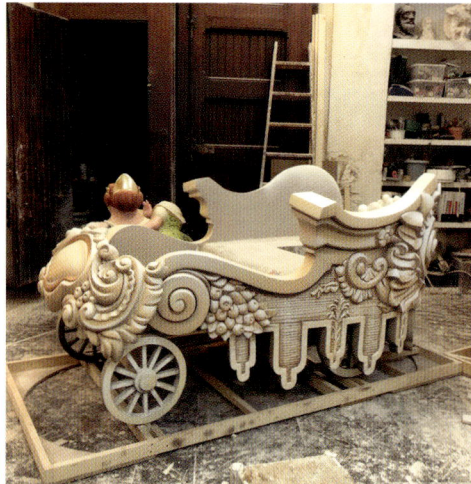

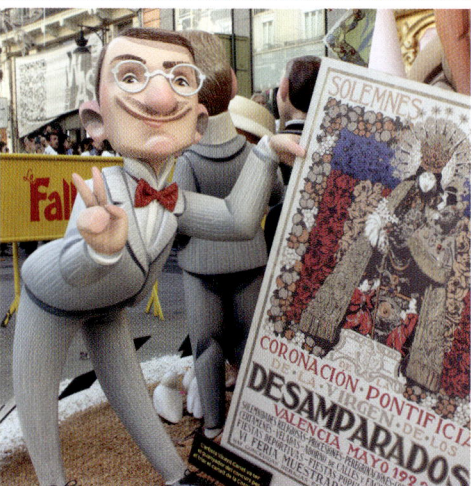

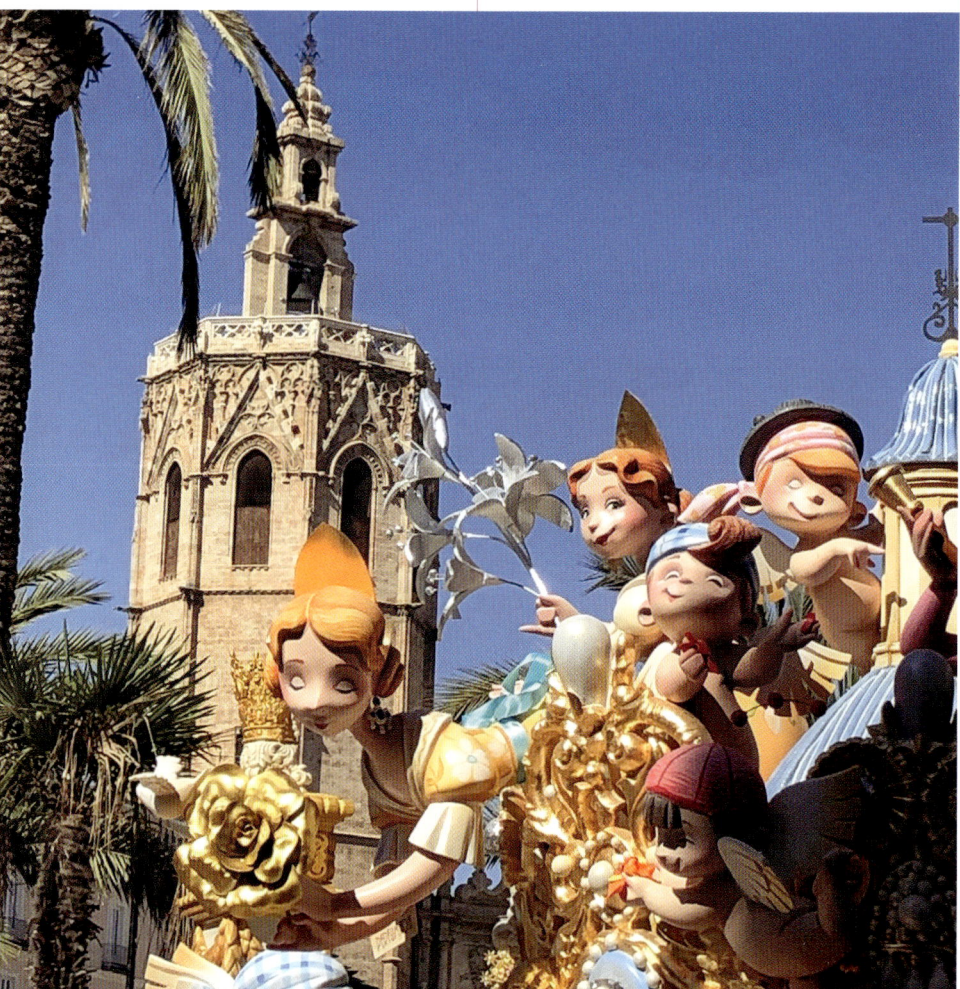

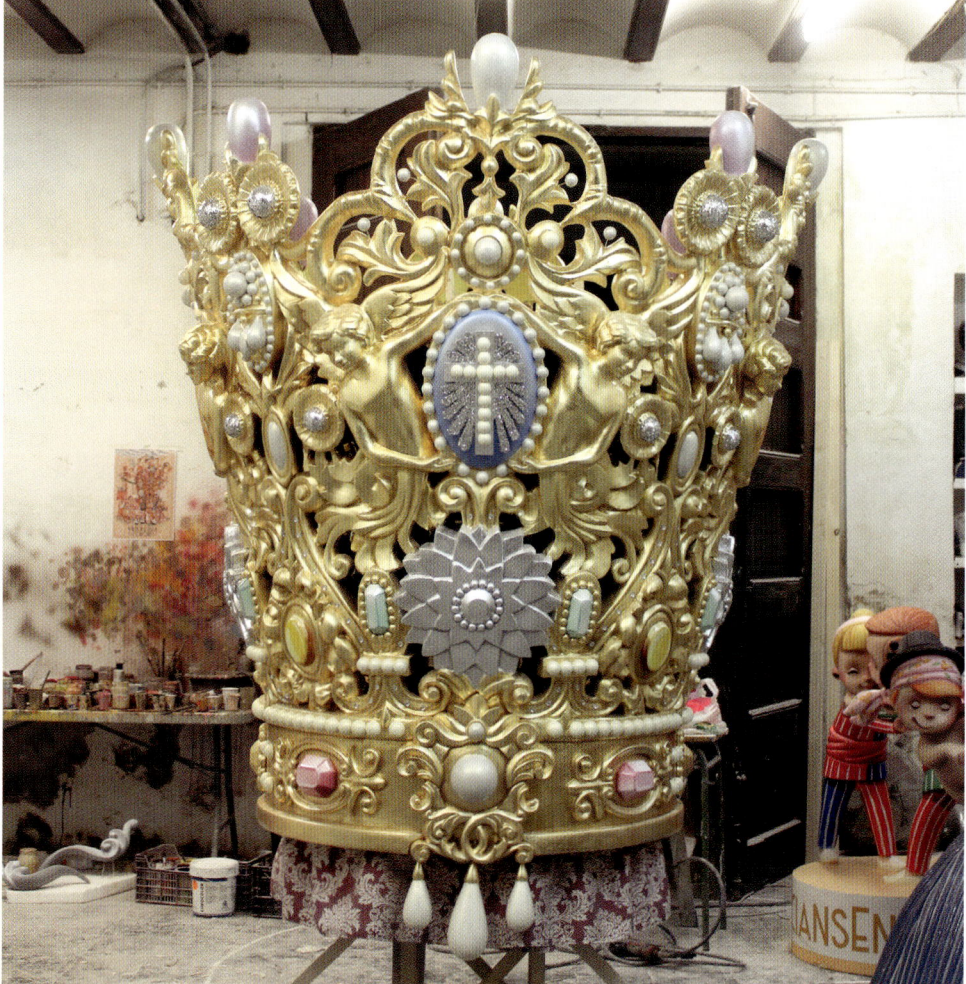

Ninot S´Ampara Baix ton Mant

2023 València li Feu la Corona
Falla Plaça de Reina-Pau-S. Vicent
Col·l. / Col. Museu Marià Mare de Déu dels Desamparats

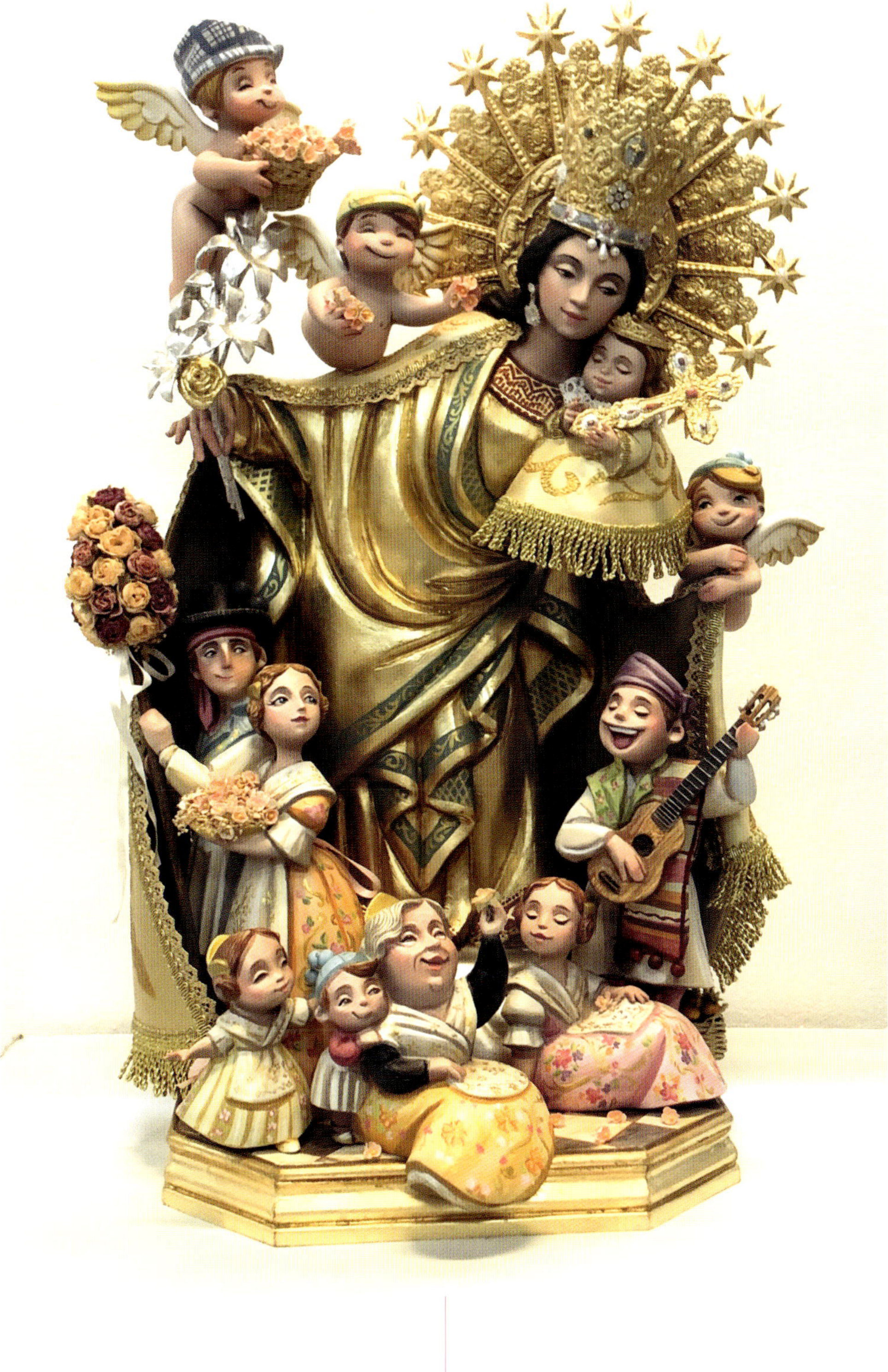

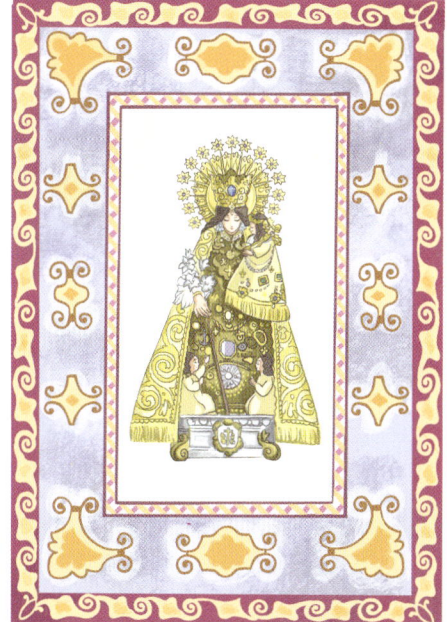

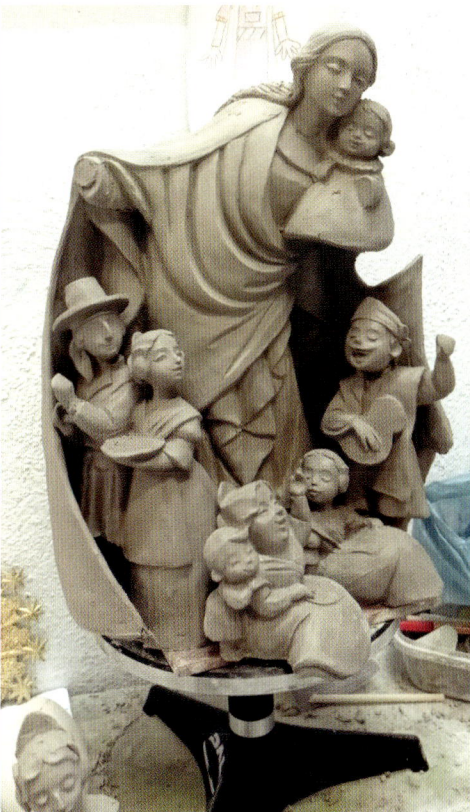

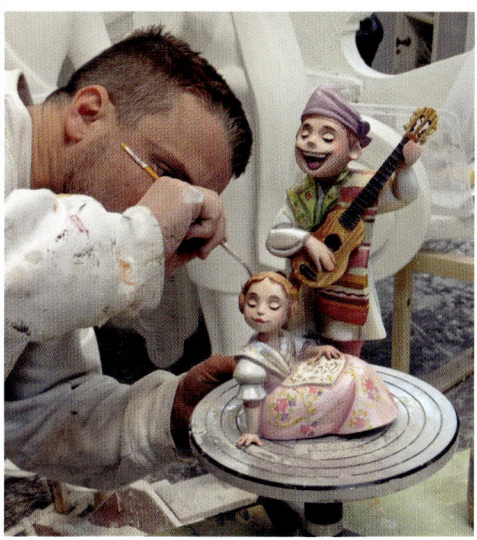

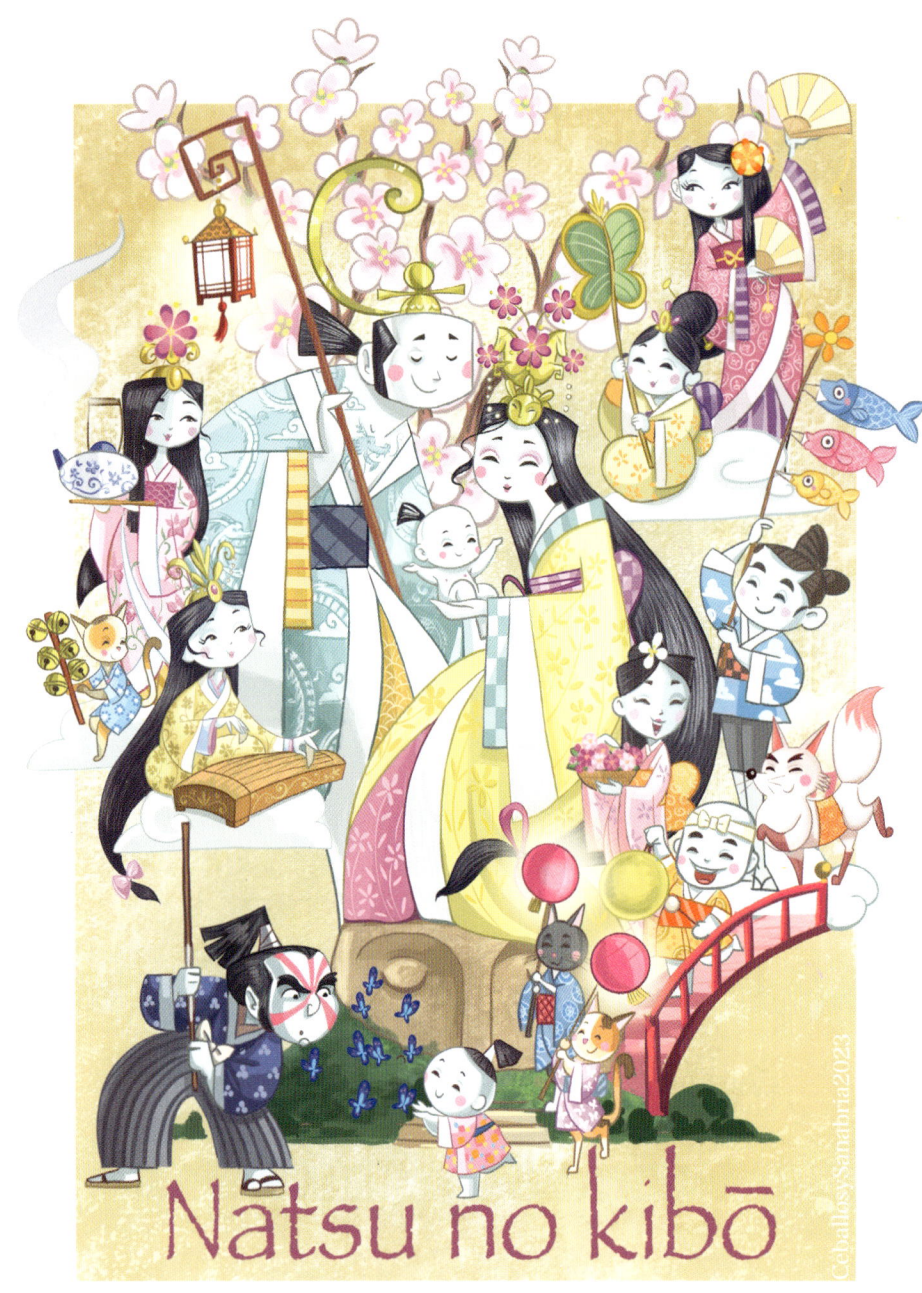

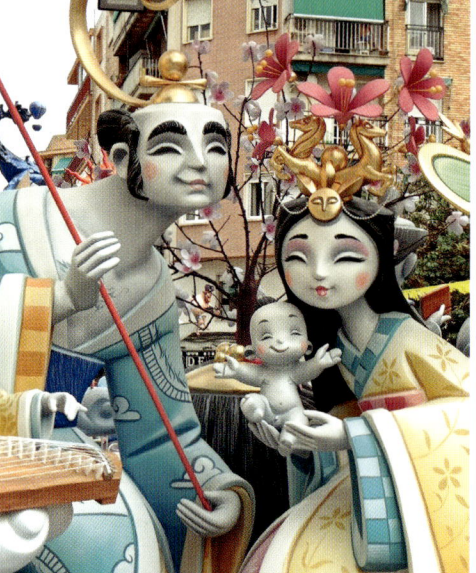

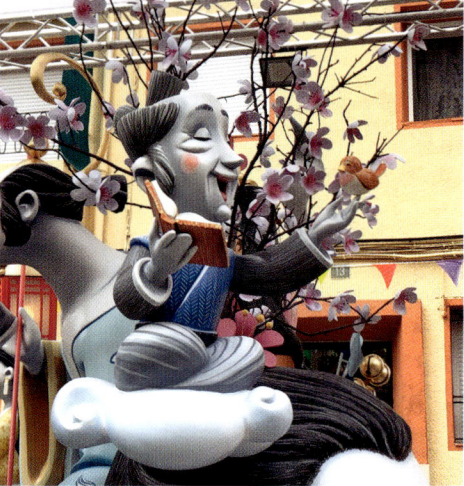

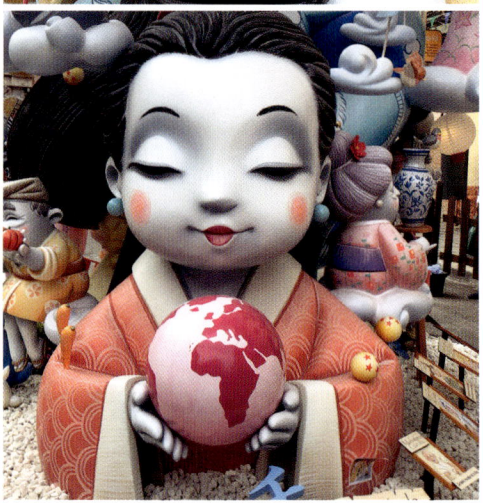

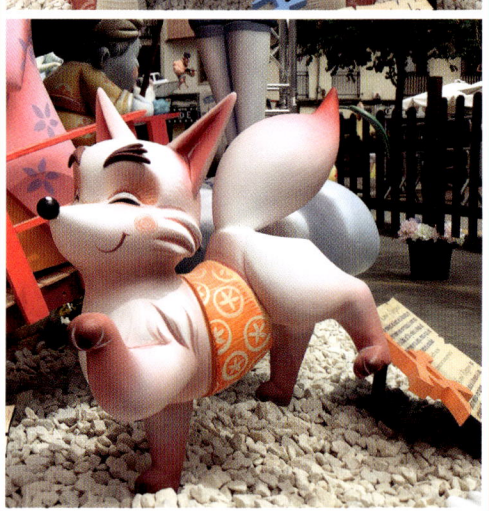

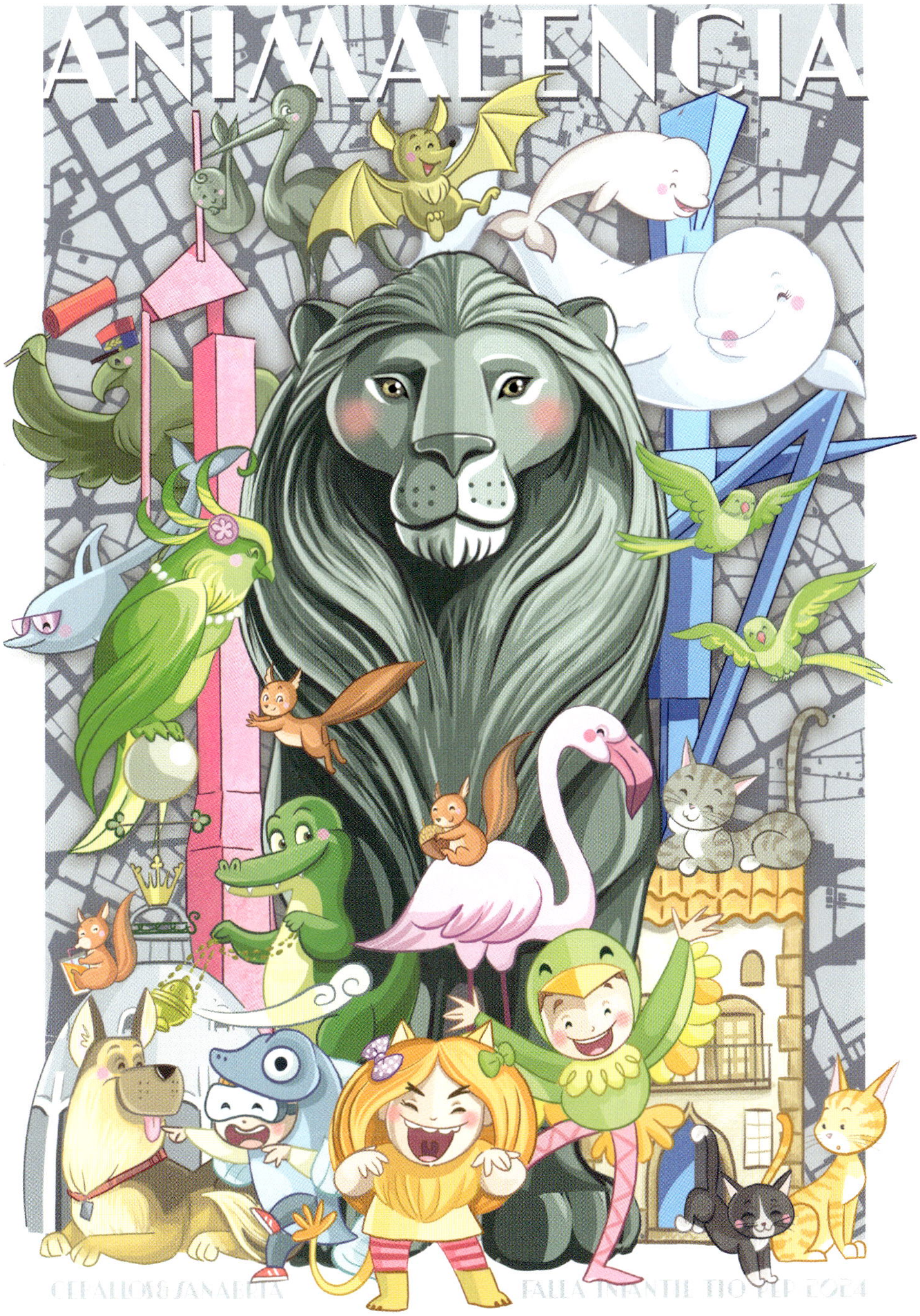

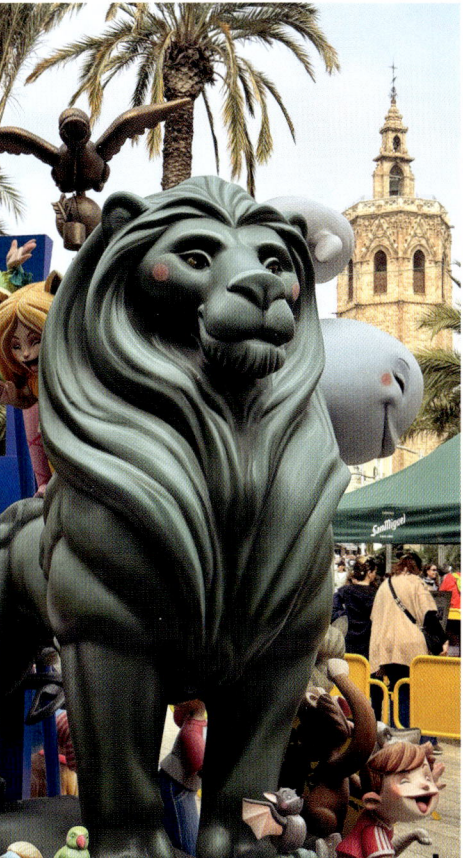

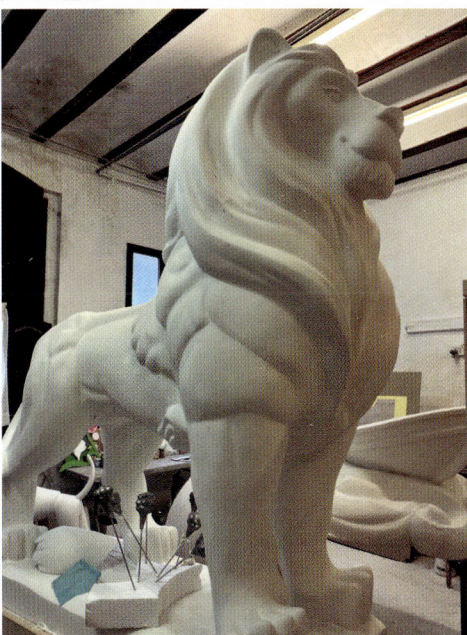

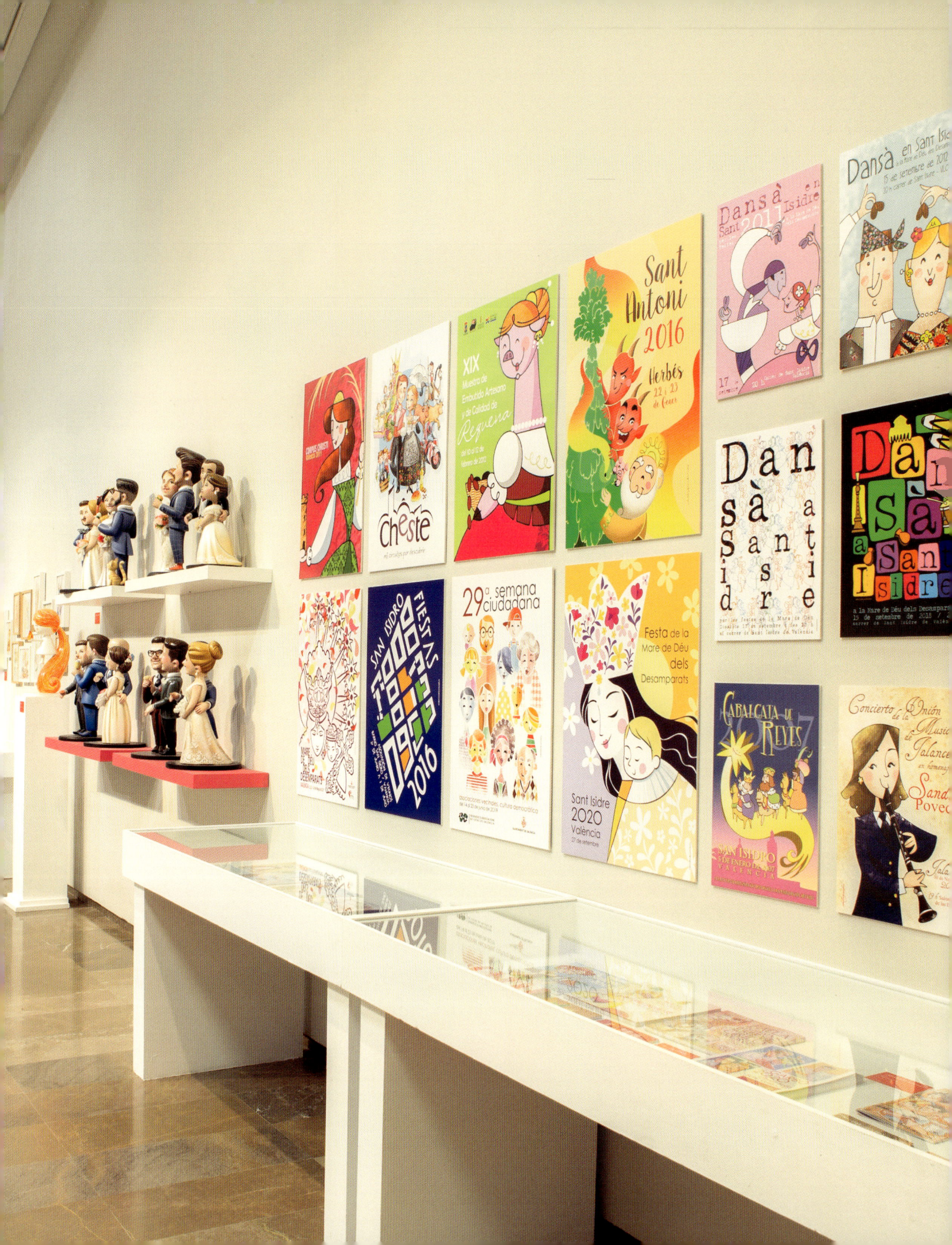

Un espectacle de varietats

La producció artística de Ceballos i Sanabria més enllà de les Falles

Luís Fernandez

Val ↓

És difícil traspassar el vanitós parany teixit per l'entramat festiu faller una vegada has caigut dins, encara que siga dret. Però la seua formació i les seues inquietuds professionals han permés que del taller de José Luis Ceballos i Paco Sanabria isquen, més enllà dels seus recognoscibles ninots, un ampli ventall eclèctic de productes artístics que abasten des de disciplines com la il·lustració i el disseny fins a l'escultura i la restauració. Tot això, a més, sense perdre gens ni mica de la seua essència, circumstància que els ha permés diversificar el seu univers personal amb la indeleble petjada d'una cal·ligrafia singular.

El seu període formatiu transcorre entre les facultats de Belles Arts de Sant Carles de la Universitat Politècnica de València i la d'Història de l'Art de la Universitat de València, on comencen a polir habilitats bàsiques com el dibuix i la pintura, alhora que adquireixen nous coneixements en el modelatge de fang, figura, retrat escultòric, talla en pedra o ceràmica cuita de gran format, que posteriorment amb gran encert han sabut aplicar a la seua producció artística, incloent-hi també la fallera. Però la seua preocupació per l'aprenentatge acadèmic els impulsa a continuar buscant noves sensacions com les que els brinden matèries relacionades amb la conservació i la restauració, de manera que obrin un nou camí en la seua formació que els permet aprendre l'art del daurat i la policromia, la talla en fusta o l'elaboració de motles.

És en el vell casinet de Sant Isidre, al costat del Camí Vell de Torrent, on instal·len el seu primer estudi, que serà al seu torn el banc de proves on donar curs a la creativitat a partir de les tècniques recentment adquirides. Als materials que porten de l'escola —bastidors, quadres entelats, cola de conill, bol roig d'Armènia, acetona, pigments, aglutinants, pa d'or, etc.— se'ls uneixen ara uns altres més propis de l'art efímer: suro blanc, periòdics i pintura plàstica setinada. Tot aquest *totum revolutum* mutarà en una infinitat d'idees plàstiques i creatives que s'aniran succeint amb els anys, com si es tractara d'un vertader espectacle de varietats.

Imatgeria, conservació i restauració

La imatgeria com a concepte escultòric lligat fonamentalment a la representació més formal de personatges religiosos, ha tingut en el taller de Ceballos i Sanabria un espai propi, i en certa manera significatiu, perquè la creació d'aquestes peces, tot i tindre uns cànons marcats i determinats, sempre ha comptat amb l'empremta pròpia que defineix un taller, i que en el seu cas s'ha pogut materialitzar en nombroses ocasions. Ja en 1999 realitzen per al seu barri de Sant Isidre una marededeu dels Desemparats en format xicotet, i en 2001 una imatge de la Puríssima Concepció per a l'església de la Nativitat de la localitat de la Puebla del Salvador, a Conca. El mateix any, també realitzen diverses pintures per al retaule major de l'església de Navarrés, on desenvolupen un programa iconogràfic basat en les dones fortes de la Bíblia. En 2003 realitzen la imatge processional de Santa Caterina per a l'església homònima de València, i en 2004, la decoració d'un gran retaule lateral de l'església de Iàtova, on destaquen les policromies en imitació de marbres juntament amb el daurat de cornises, fullaraques i capitells. Són els seus primers treballs en aquesta especialitat on van

Cast ↓

Es difícil traspasar la vanidosa trampa tejida por el entramado festivo fallero una vez has caído en ella, aunque sea de pie. Pero su formación y sus inquietudes profesionales han permitido que del taller de José Luis Ceballos y Paco Sanabria salgan, más allá de sus reconocibles *ninots*, un amplio abanico ecléctico de productos artísticos que abarcan desde disciplinas como la ilustración y el diseño hasta la escultura y la restauración. Todo ello además sin perder un ápice de su esencia, circunstancia que les ha permitido diversificar su universo personal bajo la indeleble huella de una caligrafía singular.

Su periodo formativo transcurre entre las facultades de Bellas Artes de San Carlos de la Universidad Politécnica de Valencia y la de Historia del Arte de la Universidad de Valencia, donde empiezan a pulir habilidades básicas como el dibujo y la pintura a la vez que adquieren nuevos conocimientos en el modelado de barro, figura, retrato escultórico, talla en piedra o cerámica cocida de gran formato, que posteriormente con gran tino han sabido aplicar a su producción artística, incluyendo también la fallera. Pero su preocupación por el aprendizaje académico les impulsa a seguir buscando nuevas sensaciones como las que les brindan materias relacionadas con la conservación y la restauración, abriendo así un nuevo camino en su formación que les permite aprender el arte del dorado y la policromía, la talla en madera o la elaboración de moldes.

Es en el viejo *casinet* de San Isidro, junto al *camí vell de Torrent*, donde instalan su primer estudio, que será a su vez el banco de pruebas donde dar rienda suelta a la creatividad a partir de las técnicas recién adquiridas. A los materiales que portan de la escuela - bastidores, cuadros entelados, cola de conejo, bol rojo de armenia, acetona, pigmentos, aglutinantes, pan de oro, etc.- se les unen ahora otros más propios del arte efímero: corcho blanco, periódicos y pintura plástica satinada. Todo ese *totum revolutum* mutará en un sinfín de ideas plásticas y creativas que se irán sucediendo con los años, como si de un verdadero espectáculo de variedades se tratase.

Imaginería, conservación y restauración

La imaginería como concepto escultórico ligado fundamentalmente a la representación más formal de personajes religiosos, ha tenido en el taller de Ceballos y Sanabria un espacio propio y en cierta medida significativo, pues la creación de estas piezas, a pesar de tener unos cánones marcados y determinados, siempre ha contado con esa impronta propia que define a un taller, y que en su caso se ha podido materializar en numerosas ocasiones. Ya en 1999 realizan para su barrio de San Isidro una Virgen de los Desamparados en pequeño formato, y en 2001, una imagen de la Purísima Concepción para la iglesia de la Natividad de la localidad de la Puebla del Salvador, en Cuenca. Ese mismo año, también realizan varias pinturas para el retablo mayor de la iglesia de Navarrés, donde desarrollan un programa iconográfico basado en las mujeres fuertes de la Biblia. En 2003 realizan la imagen procesional de Santa Catalina, para la iglesia homónima de Valencia, y en 2004 la decoración de un gran retablo lateral de la iglesia de Yátova, donde destacan las policromías en imitación a mármoles junto al dorado de cornisas, hojarascas y capiteles. Son sus primeros trabajos en esta especialidad

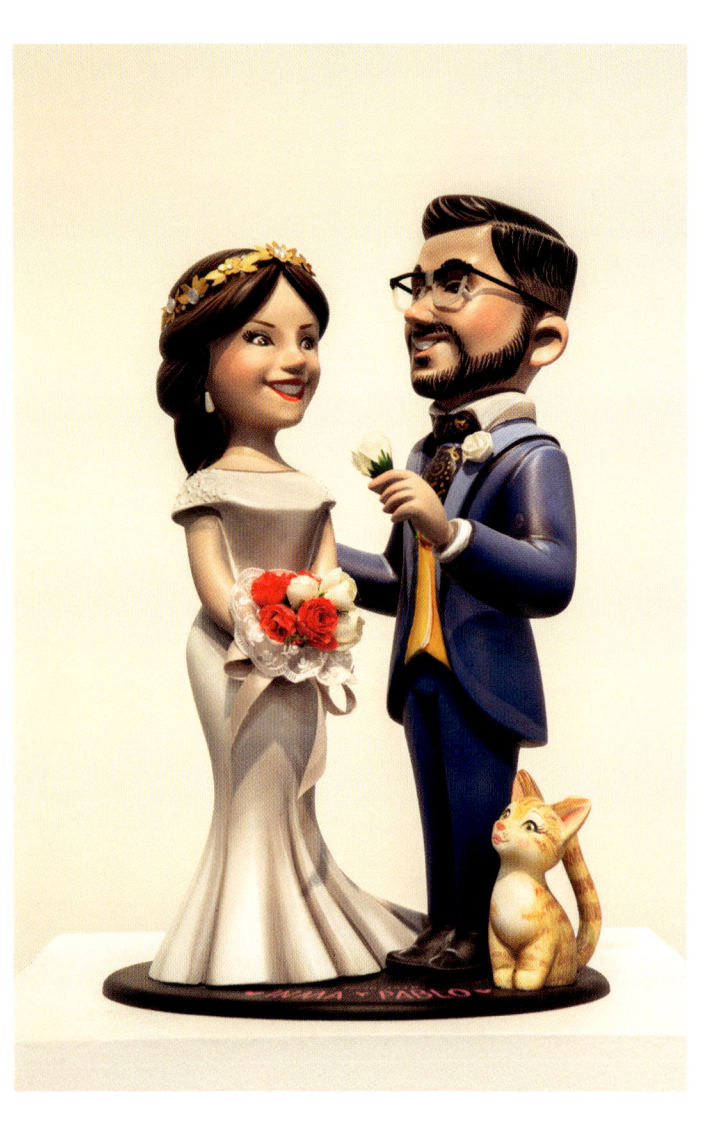
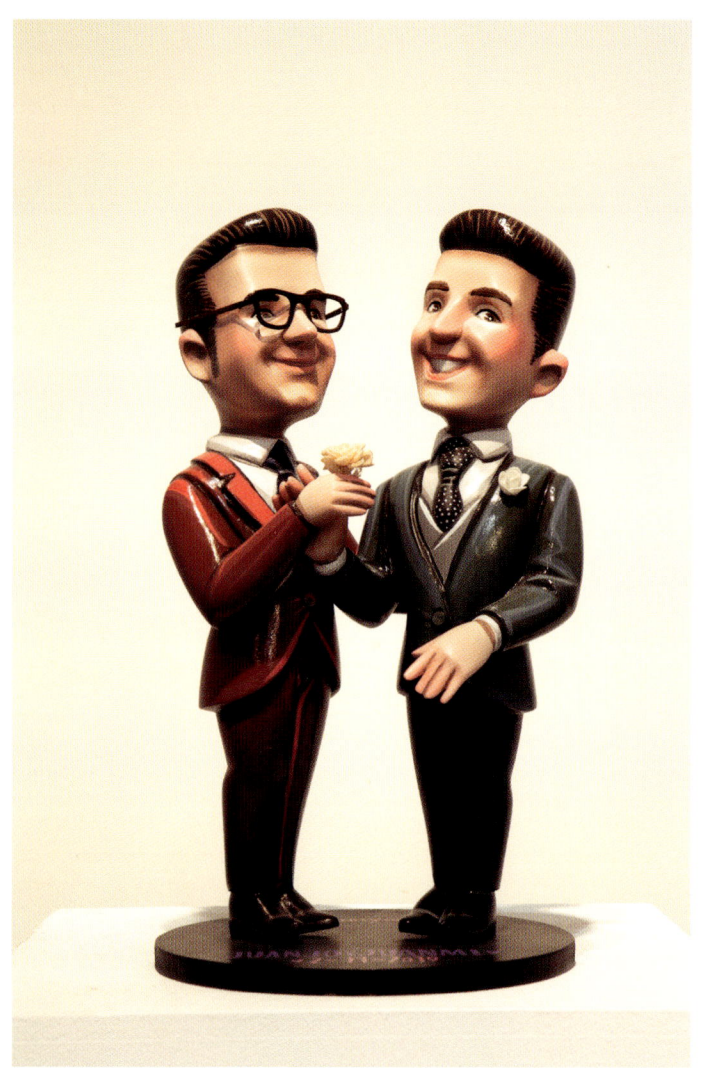

adquirint destresa tècnica i van assentant les bases d'un futur taller, pel qual comencen també a desfilar els primers ninots de la seu *opera prima* fallera a Quart-Palomar.

De manera paral·lela a la seua labor imatgera, en les albors del segle XXI fan els seus primers passos també en la conservació i restauració, primer dins del període formatiu de la Facultat de Belles Arts, on restauren el panell ceràmic de l'antiga cooperativa la Societat de Sant Isidre així com la imatge titular de sant Isidre de la mateixa església de València, realitzada en 1940 per l'escultor Pelegrín Pérez o la predel·la del retaule de Sant Francesc, obra del mestre de Perea, peça cremada en l'incendi de la Catedral de València en 1936. En l'any 2005 restauren juntament amb els seus companys les pintures murals de l'ermita de santa Elena de la població castellonenca d'Ares del Maestrat, i en 2007 el pas processional del Crist Natzaré i el seu cirineu, de la localitat de Villanueva de la Reina, a Jaén. I de nou, per a l'església de Sant Isidre, restauren les dues imatges dels sants Vicent, Ferrer i Màrtir, realitzades per l'escultor Ramón Granell en 1960, i la imatge de la Mare de Déu dels Dolors del segle XVIII.

A partir de 2007 l'activitat fallera és la principal en l'obrador de Ceballos i Sanabria –com ja comencen a ser coneguts en l'àmbit artístic i festiu— però els treballs d'imatgeria, conservació i restauració continuen ocupant un espai rellevant. El mateix any realitzen una imatge de santa Bàrbara, amb la tècnica del ciment a imitació de pedra calcària per a la fornícula d'una xicoteta ermita reconvertida en museu paleontològic a Aras de los Olmos, una imatge de la Mare de Déu del Pilar, combinant ceràmica i fusta, per a l'església del barri de Sant Isidre, i un bust reliquiari de mida natural del beat Vicent Sicluna per a l'església parroquial de la població de Navarrés.

Després d'un període immersos quasi en exclusiva en la producció de falles i fogueres, reben en 2013 l'encàrrec de la Junta Central Fallera per a restaurar una imatge de sant Josep, procedent d'una donació particular, que es trobava arraconada en les seues dependències i que a partir d'aquest moment passarà a formar part del festeig de l'Ofrena de Flors a la patrona que es fa durant els dies de Falles. D'aquesta data és també la rèplica de la imatge de sant Vicent xiquet, de l'altar del Carme de València, i dos àngels decoratius per encàrrec particular, i la restauració de la imatge pelegrina de sant Bult de la Xerea. En 2017 realitzen una imatge de sant Joan Evangelista per a la localitat de la Puebla de Montalbán, a Toledo, i restauren la imatge titular de la Mare de Déu dels Desemparats de Sant Isidre, on completen el modelatge escultòric de la túnica i el pal·li de la imatge, que fins a aquell any era una figura de candeler.

En la seua última etapa, ja a partir de 2019, s'ocupen de la imatge processional del Crist dels Afligits del Canyamelar, i en 2020 de les imatges de sant Roc de les festes del barri de Natzaret, i de la titular d'aquella mateixa parròquia, la Mare de Déu dels Desemparats, on repeteixen el modelatge de la vestimenta interior de la imatge per a completar la seua visió iconogràfica, tal com ho havien fet amb la titular del barri de Sant Isidre pocs anys abans. Ja més recentment, l'any 2021, realitzen una nova imatge de sant Vicent Ferrer per al recentment creat altar de la pedania de l'Oliverar a la ciutat de València i, per encàrrec particular, un bust reliquiari de xicotet format del beat Gaspar Bono l'any 2022.

Patrimoni festiu

L'especialització del taller de Ceballos i Sanabria en la producció i intervenció d'elements pertanyents a la cultura i el patrimoni festiu mereix, per la qualitat i la quantitat de projectes, una menció a part. D'una banda, trobem la construcció i el disseny per encàrrec de noves peces o personatges, molts d'ells amb el format tradicional dels gegants i capgrossos, com *Isidret i Marieta*, per a les festes del seu barri; el cap del mític personatge del *Tio de la Porra*, per encàrrec de l'Ajuntament de Gandia; la parella *Nelo i Visantica* i la geganta *Beatriu d'Urrea* per a la Colla de dolçainers Els Bessons; una parella per a la Comparsa de Gigantes de la localitat madrilenya de Torrejón de Ardoz; el cap per a la nova geganta *Magi*, de la localitat barcelonina de Sant Andreu de Palomar; o ja recentment la parella de gegants del valencià barri de Patraix, on van construir la figura del baró i la seua acompanyant, *Amparito la Palletera* en 2021 i 2022, respectivament, any en el qual també han elaborat el gegantet que representa el sacerdot Josep Bau Burguet per a les festes del barri de

donde van adquiriendo destreza técnica y van asentando las bases de un fututo taller, por el cual empiezan también a desfilar los primeros *ninots* de su opera prima fallera en Quart-Palomar.

De forma paralela a su labor imaginera, en los albores del siglo XXI dan sus primeros pasos también en la conservación y restauración, primero dentro del periodo formativo de la Facultad de Bellas Artes, donde restauran el panel cerámico de la antigua cooperativa la sociedad de San Isidro así cómo la imagen titular de San Isidro de la misma iglesia de Valencia, realizada en 1940 por el escultor Pelegrín Pérez o la predela del retablo de San Francisco, obra del maestro de Perea, pieza quemada en el incendio de la Catedral de Valencia en 1936. En el año 2005 restauran junto a sus compañeros las pinturas murales de la ermita de Santa Elena de la población castellonense de Ares del Maestre, y en 2007 el paso procesional del Cristo Nazareno y su cirineo, de la localidad jienense de Villanueva de la Reina. Y de nuevo, para la iglesia de San Isidro, restauran las dos imágenes de los Santos Vicente, Ferrer y Mártir, realizadas por el escultor Ramón Granell en 1960, y la imagen de la Virgen de los Dolores del siglo XVIII.

A partir de 2007 la actividad fallera es la principal en el obrador de Caballos y Sanabria –como ya empiezan a ser conocidos en el ámbito artístico y festivo- pero los trabajos de imaginería, conservación y restauración siguen ocupando un espacio relevante. Ese mismo año realizan una imagen de Santa Bárbara, con la técnica del cemento a imitación de piedra caliza para la hornacina de una pequeña ermita reconvertida en museo paleontológico en Aras de los Olmos, una imagen de la Virgen del Pilar, combinando cerámica y madera, para la iglesia del barrio de San Isidro, y un busto relicario de tamaño natural del beato Vicente Sicluna para la iglesia parroquial de la población de Navarrés.

Después de un periodo inmersos casi en exclusiva en la producción de fallas y hogueras, reciben en 2013 el encargo de la Junta Central Fallera para restaurar una imagen de San José, procedente de una donación particular, que se encontraba arrinconada en sus dependencias y que a partir de ese momento pasará a formar parte del festejo de la ofrenda de flores a la patrona que se realiza durante los días de fallas. De esta fecha es también la réplica de la imagen de San Vicente niño, del altar del Carmen de Valencia, y dos Ángeles decorativos por encargo particular, y la restauración de la imagen peregrina de San Bult de la Xerea. En 2017 realizan una imagen de San Juan evangelista para la localidad de la Puebla de Montalbán en Toledo y restauran la imagen titular de la Virgen de los Desamparados de San Isidro, dónde completan el modelado escultórico de la túnica y el palio de la imagen, que hasta ese año era una figura de candelero.

En su última etapa, ya a partir de 2019, se ocupan de la imagen procesional del Cristo de los Afligidos del Cañamelar, y en 2020 de las imágenes de San Roque de las fiestas del barrio de Nazaret, y de la titular de aquella misma parroquia, la Virgen de los Desamparados, donde repiten el modelado de la vestimenta interior de la imagen para completar su visión iconográfica, de igual manera que lo habían hecho con la titular del barrio de San Isidro unos años antes. Ya más recientemente, en el año 2021, realizan una nueva imagen de San Vicente Ferrer para el recién creado altar de la pedanía del Oliveral en la ciudad de Valencia, y por encargo particular un busto relicario de pequeño formato del beato Gaspar Bono en el año 2022.

Patrimonio festivo

La especialización del taller de Caballos y Sanabria en la producción e intervención de elementos pertenecientes a la cultura y el patrimonio festivo merece, por la calidad y la cantidad de proyectos, una mención aparte. Por un lado encontramos la construcción y el diseño por encargo de nuevas piezas o personajes, muchos de ellos con el formato tradicional de los gigantes y cabezudos, como *Isidret i Marieta*, para las fiestas de su barrio; la cabeza del mítico personaje del *Tio de la Porra*, por encargo del Ayuntamiento de Gandía; la pareja *Nelo i Visantica* y la giganta *Beatriz de Urrea* para la *Colla de dolçainers Els Bessons*; una pareja para la *Comparsa de Gigantes* de la localidad madrileña de Torrejón de Ardoz; la cabeza para la nueva giganta *Magi*, de la localidad barcelonesa de Sant Andreu de Palomar; o ya recientemente la pareja de gigantes del valenciano barrio de Patraix, donde construyeron la figura del Barón y su acompañante, *Amparito la Palletera* en 2021 y 2022 respectivamente,

Sant Isidre. Dins d'aquesta producció festiva podem incloure també els dissenys de carrosses realitzats per a les batalles de flors de la Gran Fira de Juliol dels anys 2018 i 2019 per als tallers de Demets i Jordi Palanca, així com diverses bústies reials dels Reis Mags, per encàrrec de les alcaldies dels pobles de València de la Punta i la Torre, i de l'Ajuntament de Cheste.

La col·lecció d'escultura festiva produïda al taller de Sant Isidre es completa amb el seu treball més ambiciós: la realització per encàrrec de l'Ajuntament de València de quatre noves parelles de capgrossos que representen personatges històrics vinculats amb la ciutat. Es tracta, per tant, de huit personalitats rellevants del món de la cultura valenciana seleccionades pel mateix consistori per a ser homenatjades en els festejos municipals, com ara la mateixa Cavalcada de Reis, on s'estrenen amb gran èxit el gener de 2017. Les celebritats triades van ser els escriptors del Segle d'Or, Ausiàs March i Sor Isabel de Villena; el botànic Cavanilles i la impressora Antònia Gómez d'Orga; els universals Vicente Blasco Ibáñez i Concha Piquer; i l'escriptor Vicent Andrés Estellés i la compositora Matilde Salvador, els retrats dels quals van ser executats amb gran brillantor amb la inconfusible marca personal dels seus creadors.

I quant a la restauració de peces de gran valor etnològic vinculades a l'activitat festiva de la Comunitat, la seua labor s'inicia amb un altre nou encàrrec de l'Ajuntament de València per a la restauració dels huit gegants acabats d'adquirir a Casa Insa, i que fins a 2014 eren llogats per a participar en la festa del Corpus Christi. Juntament amb aquesta intervenció es van sumar les tres parelles de capgrossos del Museu del Corpus, que presentaven un lamentable estat de conservació, així com la restauració integral dels històrics gegants que representen el rei Jaume I i la seua dona Na Violant d'Hongria, els més antics de la ciutat, per a la Festa dels Xiquets del carrer de Sant Vicent. I encara que anecdòtic, també convé destacar els treballs de documentació que, per encàrrec de l'Ajuntament de València, van fer per a la catalogació dels 260 béns mobles que componen la col·lecció del Museu Faller de València i que va servir com a base per a la seua posterior declaració com a museu per part de la Generalitat Valenciana.

Disseny gràfic i il·lustració

L'equip creatiu, guiat principalment per la mà de Paco Sanabria, ha explorat també amb gran èxit el disseny gràfic, el disseny editorial i la il·lustració en múltiples i variats formats, que han abastat des de la cartelleria i els àlbums il·lustrats fins a catàlegs, portades de revistes i llibrets de falla. Un àmbit en què han pogut donar curs a la imaginació sempre partint del propi ventall colorista i dinàmic sense renunciar a la seua identitat gràfica i artística, com hem pogut veure en els successius encàrrecs i propostes als quals han fet front, resolts amb una àmplia paleta compositiva on no falten les picades d'ullet ocurrents i els somriures sempiterns.

En 2011 reben l'encàrrec de fer el cartell del Corpus Christi per part de l'Ajuntament de València, en què ofereixen una imatge nova de santa Bàrbara com a personatge protagonista de la festa, i es presenten el mateix any al concurs de cartells de la XIX Mostra d'Embotit de Requena, amb una composició on destaca una divertida porqueta tradicional de Requena. Curiosa i significativa és la col·lecció de cartells realitzada per al barri de Sant Isidre, on són part activa del seu entramat social, veïnal i festiu, i des de 2009 desenvolupen els cartells de la *Dansà* de les festes tradicionals del barri, així com en diverses ocasions el de les Festes Veïnals d'estiu que organitza l'Associació de Veïns o el de les emotives Festes de la Mare de Déu de 2020. Fan també el cartell per a les Festes Populars del barri de Sant Marcel·lí en 2015, en què il·lustren els seus dos famosos gegants Pi i Pa; en 2016 el de les Festes de Sant Antoni d'Herbés; en 2019 el de les festes patronals de Natzaret; en 2021 la campanya gràfica per a la Falla de la Plaça de la Reina *Un Centre de Falles*; i per encàrrec de la Federació d'Associacions Veïnals de València confeccionen els cartells per a la seua Setmana Ciutadana dels anys 2021 i 2022.

Respecte del disseny editorial, un del seus encàrrecs més emblemàtics és, sens dubte, la realització de la portada de 2019 de la mítica revista *El Turista Fallero*. Basada en un retrat d'Audrey Hepburn, l'actriu porta una àmplia pamela sobre la qual, a manera de

año en el que también han elaborado el gigantillo que representa al sacerdote José Bau Burguet para las fiestas del barrio de San Isidro. Dentro de esta producción festiva podemos incluir también los diseños de carrozas realizados para las Batallas de Flores de la *Gran Fira de Juliol* de los años 2018 y 2019 para los talleres de Demets y Jordi Palanca, así como varios Buzones Reales de los Reyes Magos, por encargo de las alcaldías de los pueblos de Valencia de La Punta y La Torre, y del Ayuntamiento de Cheste.

La colección de escultura festiva producida en el taller de San Isidro se completa con su trabajo más ambicioso: la realización por encargo del Ayuntamiento de Valencia de cuatro nuevas parejas de cabezudos que representen a personajes históricos vinculados con la ciudad. Se trata por tanto de ocho personalidades relevantes del mundo de la cultura valenciana seleccionadas por el propio consistorio para ser homenajeadas en los festejos municipales, tales como la propia Cabalgata de Reyes, donde se estrenan con gran éxito en enero de 2017. Las celebridades elegidas fueron los escritores del siglo de oro, Ausias March y Sor Isabel de Villena; el botánico Cavanilles y la impresora Antonia Gómez de Orga; los universales Vicente Blasco Ibáñez y Concha Piquer; y el escritor Vicent Andrés Estellés y la compositora Matilde Salvador, cuyos retratos fueron ejecutados con gran brillantez con la inconfundible marca personal de sus creadores.

Y en cuanto a la restauración de piezas de gran valor etnológico vinculadas a la actividad festiva de la comunidad, su labor da comienzo con otro nuevo encargo del Ayuntamiento de Valencia para la restauración de los ocho gigantes recién adquiridos a Casa Insa, y qué hasta 2014 eran alquilados para participar en la fiesta del Corpus Christi. Junto a esta intervención se sumaron las tres parejas de cabezudos del Museo del Corpus, que presentaban un lamentable estado de conservación, así como la restauración integral de los históricos gigantes que representan al rey Jaume I y su mujer Na Violant de Hungría, los más antiguos de la ciudad, para la Fiesta de los Niños de la calle San Vicente. Y aunque anecdótico, también conviene destacar los trabajos de documentación que, por encargo del Ayuntamiento de Valencia, realizaron para la catalogación de los 260 bienes muebles que componen la colección del Museo Fallero de Valencia y qué sirvió como base para su posterior declaración como museo por parte de la Generalitat Valenciana.

Diseño gráfico e ilustración

El equipo creativo, guiado principalmente por la mano de Paco Sanabria, ha explorado también con gran éxito el diseño gráfico, el diseño editorial y la ilustración en múltiples y variados formatos, que han abarcado desde la cartelería y los álbumes ilustrados hasta catálogos, portadas de revistas y *llibrets* de falla. Un ámbito en el que han podido dar rienda suelta a la imaginación siempre partiendo del propio abanico colorista y dinámico sin renunciar a su identidad gráfica y artística, como hemos podido ver en los sucesivos encargos y propuestas a los que han hecho frente, resueltos con una amplia paleta compositiva donde no faltan los guiños ocurrentes y las sonrisas sempiternas.

En 2011 reciben el encargo de realizar el cartel del Corpus Christi por parte del Ayuntamiento de Valencia, ofreciendo una imagen novedosa de Santa Bárbara como personaje protagonista de la fiesta, y se presentan ese mismo año al concurso de carteles de la XIX Muestra de Embutido de Requena, con una composición donde destaca una divertida cerdita tradicional requenense. Curiosa y significativa es la colección de carteles realizada para el barrio de San Isidro, donde son parte activa de su entramado social, vecinal y festivo, y desde 2009 llevan desarrollando los carteles de la *Dansà* de las fiestas tradicionales del barrio, así como en diversas ocasiones el de las Fiestas Vecinales de verano que organiza la Asociación de Vecinos o el de las emotivas fiestas de la *Mare de Déu* de 2020. Realizan también el cartel para las Fiestas Populares del barrio de San Marcelino en 2015 ilustrando a sus dos famosos gigantes Pi y Pa; en 2016 el de las Fiestas de Sant Antoni de Herbés; en 2019 el de las fiestas patronales de Nazaret; En 2021 la campaña gráfica para la Falla de la plaza de la Reina *Un Centre de Falles*; y por encargo de la Federación de Asociaciones Vecinales de Valencia confeccionan los carteles para su Semana Ciudadana de los años 2021 y 2022.

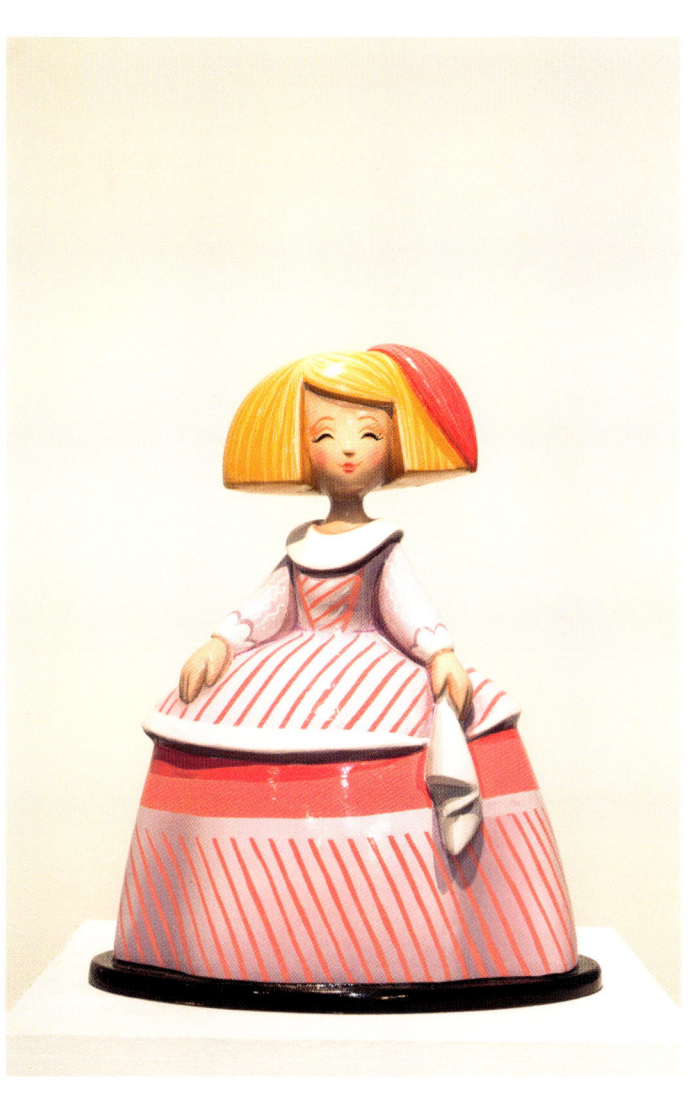

Menina Pop
2021
Col·lecció particular

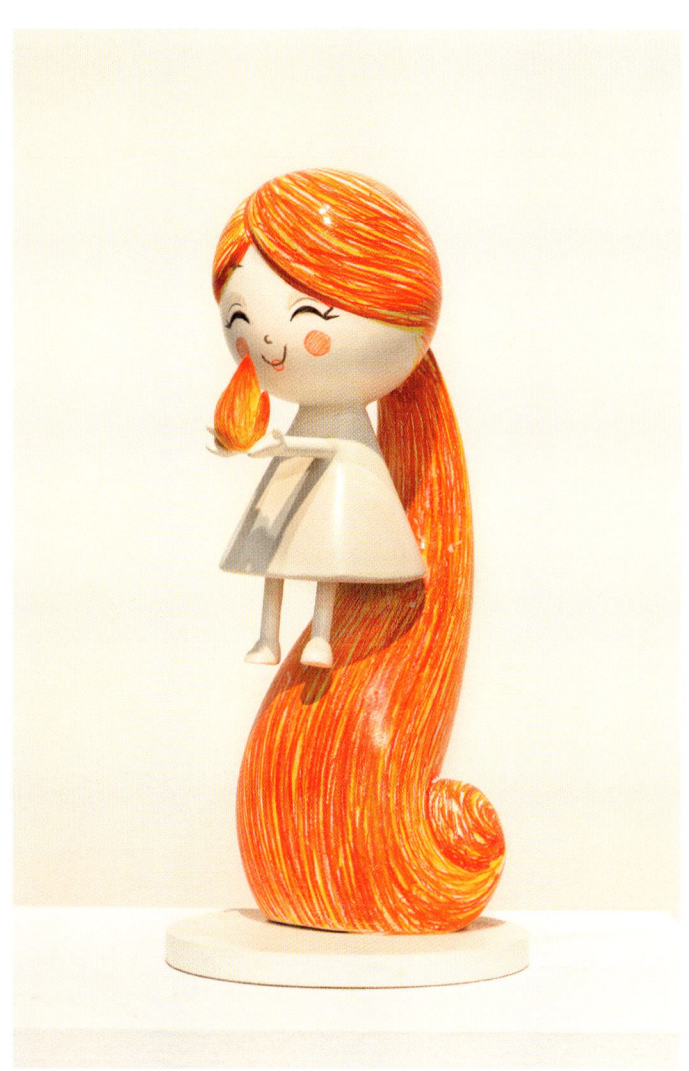

Flameta
2015
Col·lecció particular

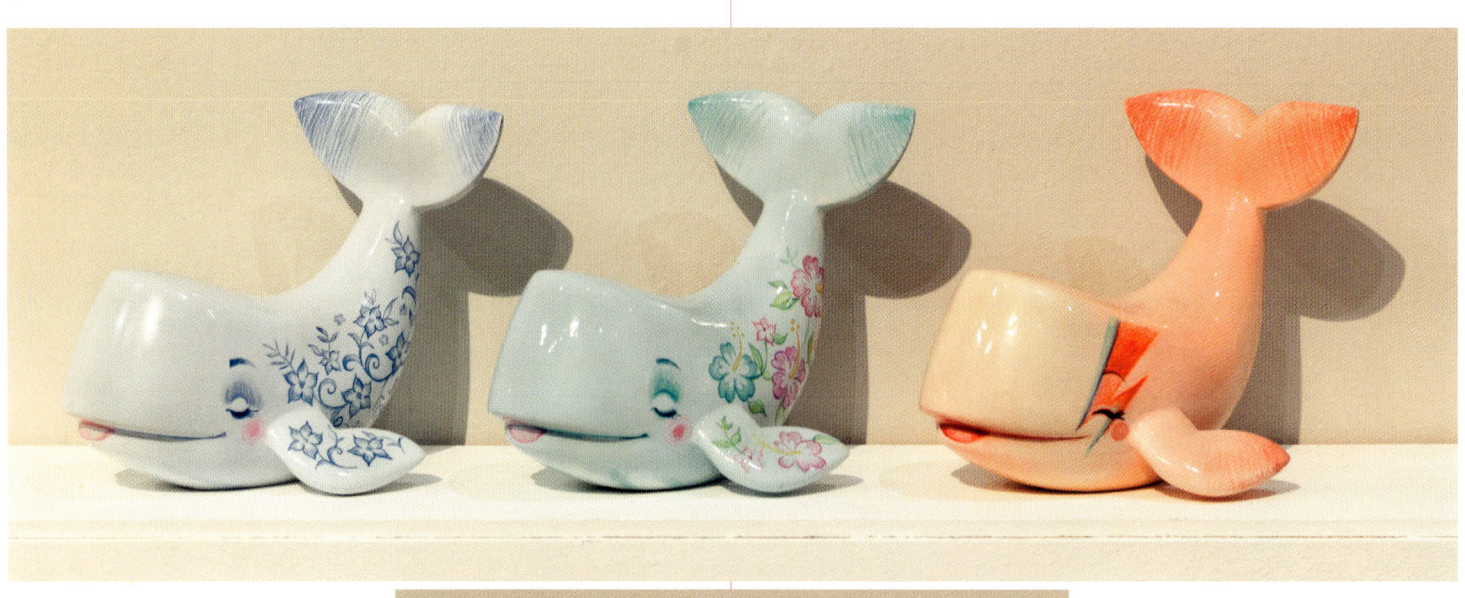

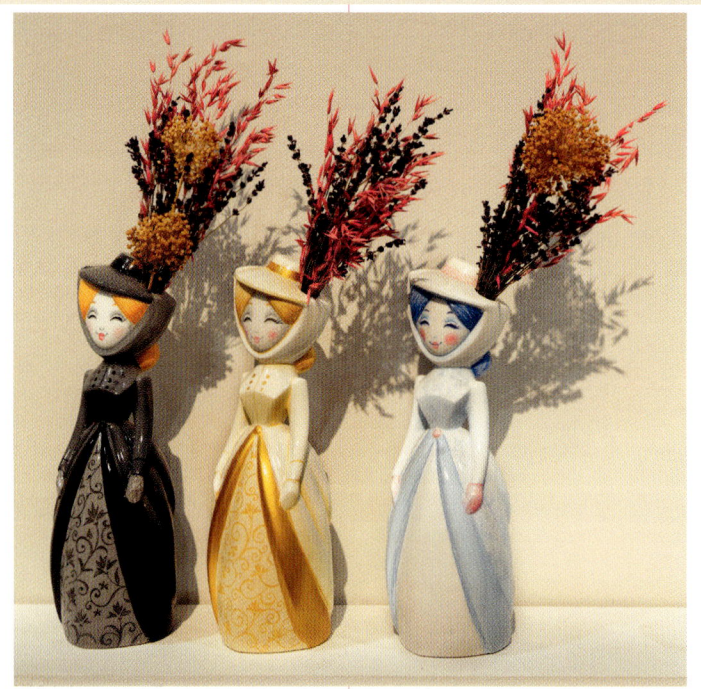

falla, es desplega un repertori de personatges de la festa que va des d'indumentaristes, falleres i fallers, músics i artistes, fins a la genial picada d'ullet al mestre Pepe Puche, que queda representat pintant una de les seues carismàtiques llunes falleres. Aquell any també fan la portada de la revista de l'Agrupació de Falles Benicalap-Campanar, on recreen un idil·li amorós entre els dos barris a través dels seus campanars ben abraçats com una parella de valencians enamorats, així com la portada per al 10é aniversari de l'associació Eixidors del Trasllat. Col·laboren amb l'Altar de Sant Vicent Ferrer de l'Àngel Custodi de València elaborant dues grans il·lustracions sobre els miracles de sant Vicent Ferrer per a l'altar i amb la creació de diferents escenes per a il·lustrar un llibre editat per aquesta associació sobre la història i evolució de les representacions dels teatres de miracles en honor al sant valencià. Per a l'Associació Veïnal Patraix il·lustren la portada de la seua revista informativa *Patraix Viu*, un encàrrec en què tornen a mostrar el seu compromís social i veïnal. També realitzen una auca commemorativa del Dia Internacional dels Drets de la Infància, per a la Diputació de València, o les il·lustracions dels gegants històrics de Sant Feliu de Llobregat, per a una publicació editada pel seu ajuntament.

Dins de l'ampli àmbit editorial no podem oblidar la sèrie de contes il·lustrats autoeditats, un camp en el qual es van iniciar en 2015 amb el relat nadalenc *Las Hermanas Tang* i al qual des d'aquell moment no han deixat d'acudir anualment, i n'han obtingut resultats més que notables. Així, en 2016, va nàixer una interessant proposta plena de color amb *Historias de mis lápices de colores*; en 2017 una particular versió de *Blancanieves. Reina de África*; en 2018 la història del viatge dels Reyes Mags narrada amb el títol *Los Tres Astrónomos* i en 2019 llancen un versió basada en l'obra de Giorgio Vasari, on narren amb dibuixos les històries de cinc genis renaixentistes titulada *Los Amigos de Giorgio*. Però és en 2021 quan aconsegueixen el seu major èxit amb un dels seus llibres il·lustrats: *La Feren els Àngels*, una recreació il·lustrada de la història i l'origen de la Mare de Déu dels Desemparats en ple Segle d'Or valencià del qual venen més de 1.500 exemplars. El mateix any, en col·laboració amb la Falla de la Plaça de la Reina, i vinculat de nou a la falla infantil, llancen el conte *De València i Monstres*, en què il·lustren tres llegendes de l'imaginari de monstres valencians.

L'evolució del llibret de falla com a artefacte cultural lligat a la festa també ha permès l'aparició de nous formats, on la il·lustració i el disseny han aconseguit cotes anteriorment impensables, i als quals Ceballos i Sanabria han sabut adaptar molt bé la seua tècnica. Un clar exemple és el llibret infantil de la Falla de la Plaça de la Reina de 2019, on en paral·lel a la construcció de la falla infantil dedicada al centenari del València CF, fan un àlbum de cromos en el qual il·lustren desenes de personatges de la història del club en col·laboració amb la mateixa comissió, que esdevé un dels seus treballs més populars i reconeguts. També han il·lustrat llibrets per a les comissions Camí Nou de Picanya-Nicolau Primitiu (2013), Juan Bautista Vives (2017 i 2018), la Falla la Saleta d'Aldaia (2009 i 2022) o la comissió Gravador Esteve-Ciril Amorós l'any 2014, amb la qual van aconseguir el premi extraordinari Armando Serra de Lo Rat Penat. El mateix any inicien la col·laboració amb *Els Gegants de Molins de Rei*, amb la il·lustració del Catàleg de la Trobada Anual de Gegants i Capgrossos d'aquesta vila, dissenyant les seues portades i dibuixant totes les parelles convidades a aquest esdeveniment de manera ininterrompuda fins a l'any 2022.

Singular dins de la il·lustració són els seus treballs sobre ceràmica disseminats en diferents panells instal·lats sobre algunes façanes de la ciutat de València. Es el cas del dedicat al 150 aniversari de la Falla Quart-Palomar, situat a la plaça de Santa Úrsula, o el panell commemoratiu de la Coronació de la Verge del barri de Sant Isidre, ubicat al carrer d'Enric Taulet. Precisament és en el seu barri de procedència on realitzen tres panells dedicats als titulars dels carrers on se situen: José Andreu Alabarta, Nicolau Primitiu Gómez Serrano i Beatriu Civera, així com un socarrat commemoratiu del centenari de l'església de Sant Isidre. Una tècnica, la del socarrat, amb la qual també van fer en 2009 cinquanta taulells recordatoris del càrrec d'Honorable Clavariessa Vicentina ostentat per M. Dolores Asensi.

Respecto al diseño editorial, uno de sus encargos más emblemáticos es sin duda la realización de la portada de 2019 de la mítica revista "El Turista Fallero". Basada en un retrato de Audrey Hepburn, esta porta una amplia pamela sobre la que, a modo de falla, se desarrolla un repertorio de personajes de la fiesta que va desde indumentaristas, falleras y falleros, músicos y artistas, hasta el genial guiño al maestro Pepe Puche, que queda representado pintando una de sus carismáticas lunas falleras. Ese año también realizan la portada de la revista de la Agrupación de Fallas Benicalap-Campanar, donde recrean un idilio amoroso entre ambos barrios a través de sus campanarios enzarzados en una pareja de valencianos enamorados, así como la portada para el 10º aniversario de la asociación *Eixidors del Trasllat*. Colaboran con el Altar de San Vicente Ferrer del Ángel Custodio de Valencia elaborando dos grandes ilustraciones sobre los milagros de San Vicente Ferrer para el altar y con la creación de diferentes escenas para ilustrar un libro editado por esta asociación sobre la historia y evolución de las representaciones de los teatros de milagros en honor al santo valenciano. Para la Asociación Vecinal de Patraix ilustran la portada de su revista informativa *Patraix Viu*, un encargo en el que vuelven a mostrar su compromiso social y vecinal. También realizan una auca conmemorativa del Día Internacional de los Derechos de la Infancia, para la Diputación de València, o las ilustraciones de los gigantes históricos de Sant Feliu de Llobregat, para una publicación editada por su Ayuntamiento.

Dentro del amplio ámbito editorial no podemos olvidar la serie de cuentos ilustrados autoeditados, un campo en el que se iniciaron en 2015 con el relato navideño *Las Hermanas Tang* y al que desde entonces no han dejado de acudir anualmente, obteniendo resultados más que notables. Así en 2016 nació una interesante propuesta llena de color con *Historias de mis lápices de Colores*; en 2017 una particular versión de *Blancanieves Reina de África*; en 2018 la historia del viaje de los Reyes Magos narrada bajo el título *Los Tres Astrónomos* y en 2019 lanzan un versión basada en la obra de Giorgio Vasari, donde narran con dibujos las historias de 5 genios renacentistas titulada Los Amigos de Giorgio. Pero es en 2021 cuando alcanzan su mayor éxito con uno de sus libros ilustrados: La Feren els Àngels, una recreación ilustrada de la historia y el origen de la Virgen de los Desamparados en pleno Siglo de Oro valenciano del cual venden más de 1.500 ejemplares. Ese mismo año, en colaboración con la falla de la Plaza de la Reina, y vinculado de nuevo a la falla infantil, lanzan el cuento *De València i Monstres*, ilustrando en él tres leyendas del imaginario de monstruos valencianos.

La evolución del *llibret* de falla como artefacto cultural ligado a la fiesta también ha permitido la aparición de nuevos formatos, donde la ilustración y el diseño han alcanzado cotas anteriormente impensables, y a los cuales Ceballos y Sanabria han sabido adaptar muy bien su técnica. Un claro ejemplo es el *llibret* infantil de la falla de la plaza de la Reina de 2019, donde en paralelo a la construcción de la falla infantil dedicada al centenario del Valencia CF, realizan un álbum de cromos en el cual ilustran a decenas de personajes de la historia del club en colaboración con la propia comisión, convirtiéndose en uno de sus trabajos más populares y reconocidos. También han ilustrado llibrets para las comisiones Cami Nou de Picanya - Nicolau Primitiu (2013), Juan Bautista Vives (2017 y 2018), la Falla la Saleta de Aldaia (2009 y 2022) o la comisión Grabador Esteve - Cirilo Amorós en el año 2014 con la que consiguieron el premio extraordinario Armando Serra de Lo Rat Penat. Ese mismo año inician la colaboración con *Els Gegants de Molins de Rei*, realizando la ilustración del Catálogo del Encuentro Anual de Gigantes y Cabezudos de esta villa, diseñando sus portadas y dibujando todas las parejas invitadas a este evento de forma ininterrumpida hasta el año 2022.

Singular dentro de la ilustración son sus trabajos sobre cerámica diseminados en diferentes paneles instalados sobre algunas fachadas de la ciudad de Valencia. Es el caso del dedicado al 150 aniversario de la Falla Quart-Palomar, ubicado en la plaza de Santa Úrsula o el panel conmemorativo de la Coronación de la Virgen del barrio de San Isidro ubicado en la calle Enric Taulet. Precisamente es en su barrio de procedencia donde realizan tres paneles dedicados a los titulares de las calles donde se ubican: José Andreu Ala-

La identitat corporativa i el disseny de logotips per a establiments comercials, associacions culturals o efemèrides festives, no és tampoc un terreny desconegut dins del taller, on són sol·licitats precisament per la personalitat gràfica que imprimeixen als seus projectes i que el client coneix i pretén. Així, han fet logotips com el del 75è aniversari de la Falla Borrull-Socors, el del 25è aniversari de l'Agrupació Fallera del Botànic, el del 75è aniversari de la Falla Infantil d'Esparter-Ramón y Cajal, el del 50è aniversari de la comissió infantil de Duc de Gaeta-la Pobla de Farnals, el del 50è aniversari de la Falla Aras de Alpuente-Castell de Pop o el del bicentenari de la Falla de la Plaça de la Reina, per a la qual també van fer el dels 75 anys de la mítica falla del Tio Nelo. Al seu torn, comerços com El Tocador de J. Sáez i J. Parralejo, El Vestidor Faller, l'Armari de Fallera o l'administració de Loteries Dª Concha, van requerir el llapis de Ceballos i Sanabria per a dissenyar la seua marca.

Les il·lustracions de la factoria Ceballos i Sanabria donen vida a infinitat de projectes comercials i festius des dels seus inicis, però el reconeixement del gran públic arriba de la mà de la seua notorietat en el món de les falles, on després de diversos anys plantant a la plaça major, aconseguixen crear una marca pròpia i que els seus ninots siguen reclamats pel públic en altres formats, o impresos en samarretes, tasses o targetes, que es colen involuntàriament en l'imaginari de gran part del col·lectiu faller més enllà fins i tot de la mateixa capital. La seua primera sèrie d'il·lustracions festives, comercialitzades a través de la marca *Sacabutx*, fresques, coloristes i impregnades del segell inconfusible del taller, van trencar tots els motles i van ser la base per a desenvolupar noves propostes: retrats i ninots personalitzats, invitacions, targetes, marca pàgines, il·lustracions commemoratives o xicotetes peces escultòriques seriades, entre molts altres formats, tan preuades i demanades com la famosa Balena Josefina en les seues tres versions, el simpàtic pelicà Rodolfo o l'elegant dama-florer Winifred, objectes de qualitat i exquisida factura totalment artesanals que a vegades tornen a llançar-se per petició popular, i que es converteixen en autèntics objectes de decoració i fins i tot de col·leccionisme.

Es tracta, sens dubte, d'una extensíssima obra extra fallera, tan àmplia en formats com rica en matisos, que els ha ajudat a explorar nous camps i a augmentar la seua creativitat, de manera que s'han convertit en vertaders artistes pluridisciplinaris que no han descurat la seua identitat ni en el més mínim detall. Una personalitat que no admet imitadors i que podem gaudir en tot el que fan i en tot el que encara està per arribar.

barta, Nicolau Primitiu Gómez Serrano y Beatriu Civera, así como un socarrat conmemorativo del centenario de la iglesia de San Isidro. Una técnica la del socarrat con la que también realizaron en 2009 cincuenta azulejos recordatorios del cargo de Honorable Clavariesa Vicentina ostentado por Dª Mª Dolores Asensi.

La identidad corporativa y el diseño de logotipos para establecimientos comerciales, asociaciones culturales o efemérides festivas, no es tampoco un terreno desconocido dentro del taller, donde son solicitados precisamente por esa personalidad gráfica que imprimen a sus proyectos y que el cliente conoce y pretende. Así, han realizado logotipos como el del 75º aniversario de la falla Borrull-Socors, el del 25º aniversario de la Agrupación fallera del Botánico, el del 75º aniversario de la falla infantil de Espartero-Ramón y Cajal, el del 50º aniversario de la comisión infantil de Duque de Gaeta-Puebla de Farnals, el del 50º aniversario de la Falla Aras de Alpuente-Castell de Pop o el del bicentenario de la Falla de la Plaza de la Reina, para la que también realizaron el de los 75 años de la mítica falla del Tio Nelo. A su vez, comercios como El Tocador de J. Sáez y J. Parralejo, El Vestidor Faller, l'Armari de Fallera o la administración de Loterías Dª Concha, requirieron del lápiz de Ceballos y Sanabria para diseñar su marca.

Las ilustraciones de la factoría Ceballos y Sanabria dan vida a infinidad de proyectos comerciales y festivos desde sus inicios, pero el reconocimiento del gran público llega de la mano de su notoriedad en el mundo de las fallas, donde después de varios años plantando en la plaza mayor, consiguen crear una marca propia y que sus *ninots* sean reclamados por el público en otros formatos, o impresos en camisetas, tazas o tarjetones, colándose involuntariamente en el imaginario de gran parte del colectivo fallero más allá incluso de la propia capital. Su primera serie de ilustraciones festivas, comercializadas a través de la marca *Sacabutx*, frescas, coloristas e impregnadas del sello inconfundible del taller, rompieron todos los moldes y fueron la base para desarrollar nuevas propuestas posteriores: retratos y ninots personalizados, invitaciones, tarjetones, marca páginas, ilustraciones conmemorativas o pequeñas piezas escultóricas seriadas, entre otros muchos formatos, tan preciadas y demandadas como la famosa ballena Josefina en sus tres versiones, el simpático pelicano Rodolfo o la elegante dama-florero Winifred, objetos de calidad y exquisita factura totalmente artesanales que en ocasiones vuelven a lanzarse por petición popular, convirtiéndose en auténticos objetos de decoración e incluso coleccionismo.

Se trata sin duda de una extensísima obra extra fallera, tan amplia en formatos como rica en matices, que les ha ayudado a explorar nuevos campos y a aumentar su creatividad, convirtiéndose en verdaderos artistas pluridisciplinares que no han descuidado su identidad ni en el más mínimo detalle. Una personalidad que no admite imitadores y podemos disfrutar en todo lo que realizan y en todo lo que todavía está por llegar.

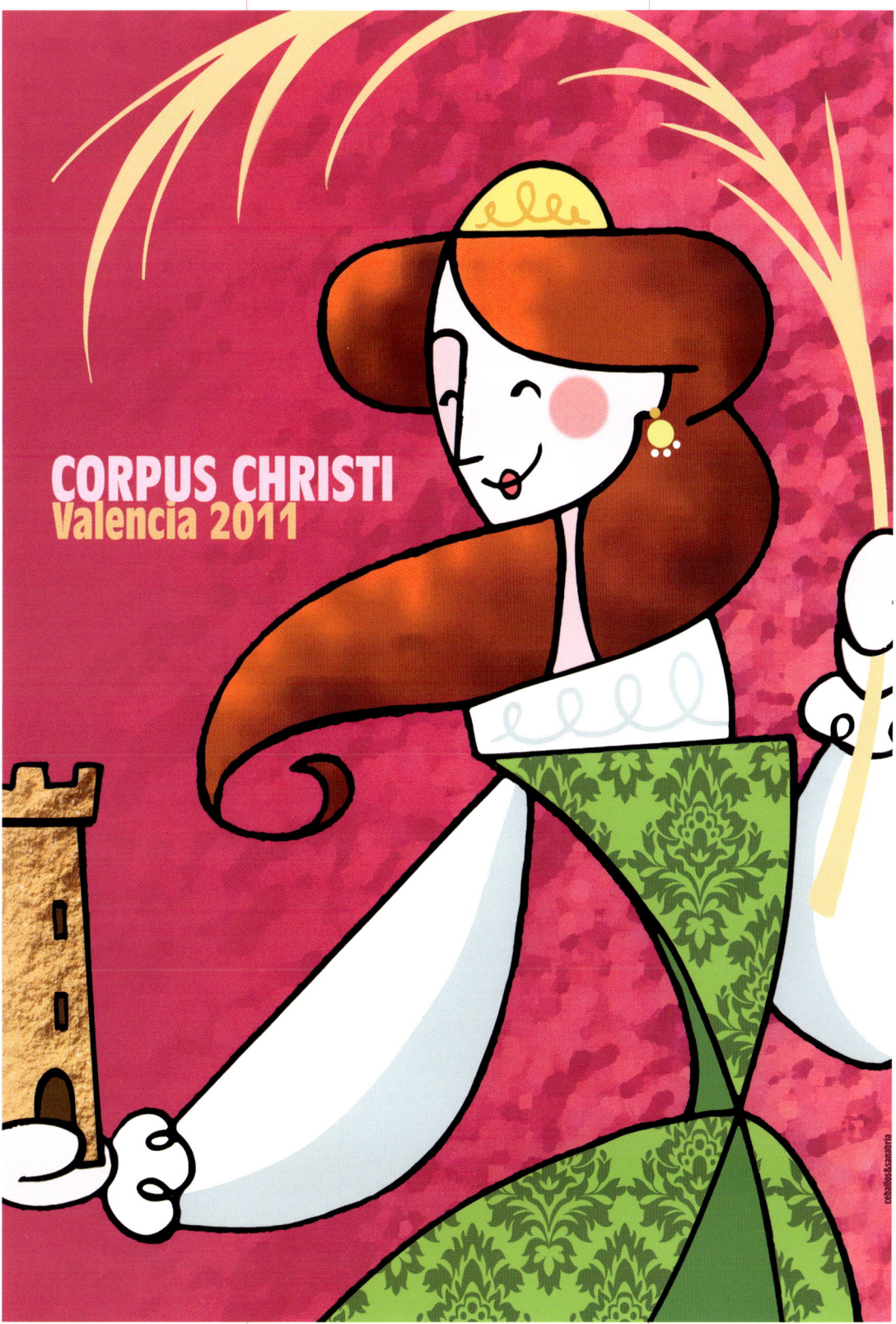

Corpus Christi
2011 Cartel
Ajuntament de Valéncia

Cavalgada de Reis Sant Isidre
2007 Cartel

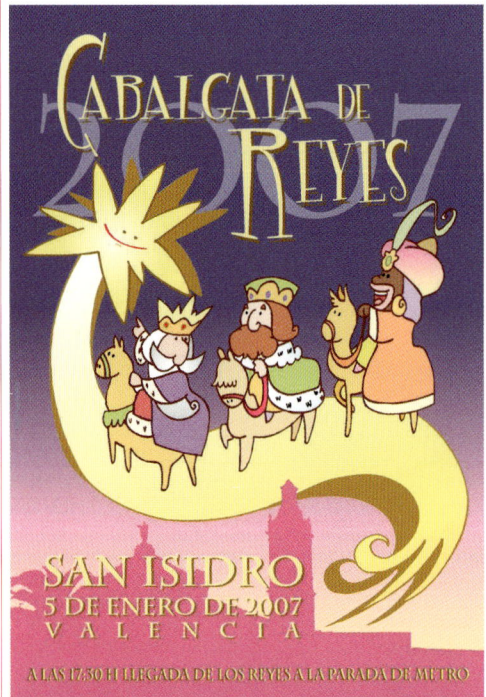

XIX Mostra d'Embotit de Requena
2012 Cartel

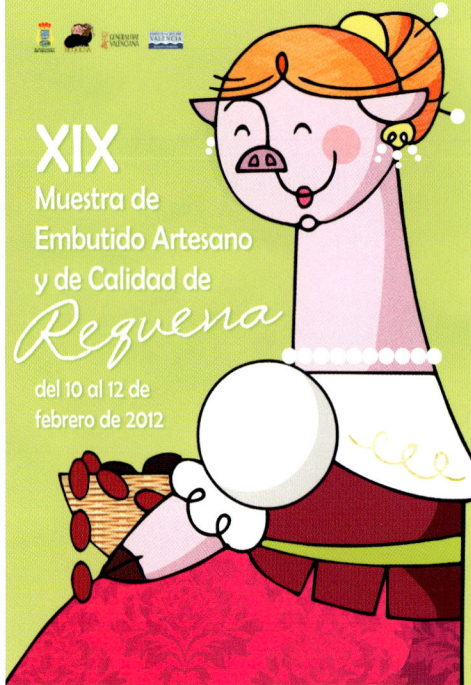

Concert Homenatge Sandra Poveda
2013 Cartel

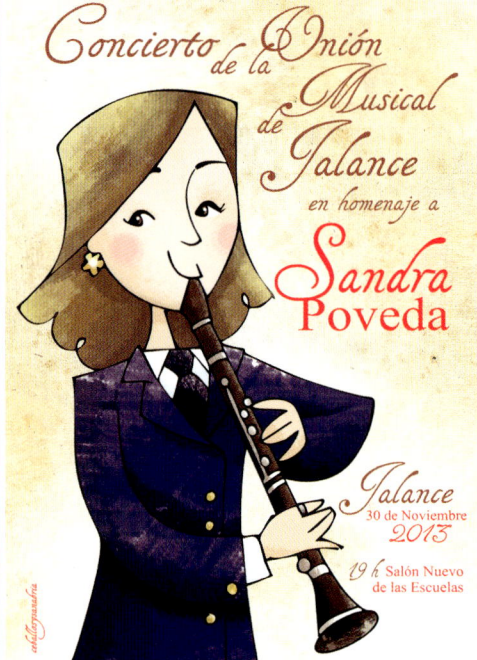

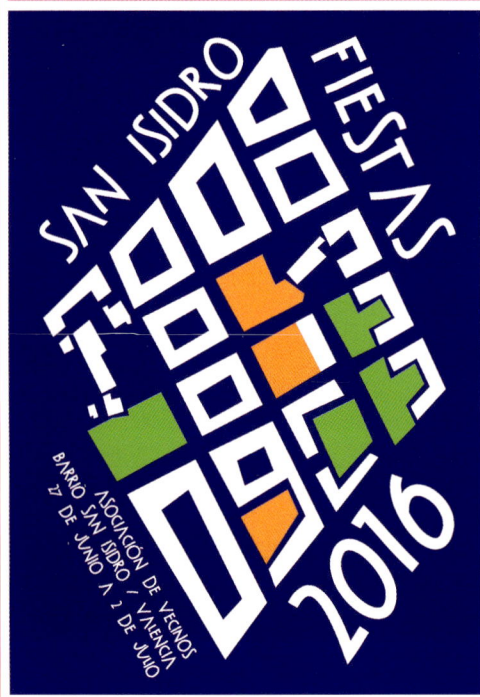

Festes Veïnals Barri Sant Isidre
2016 Cartel
Associació Veïnal Sant Isidre

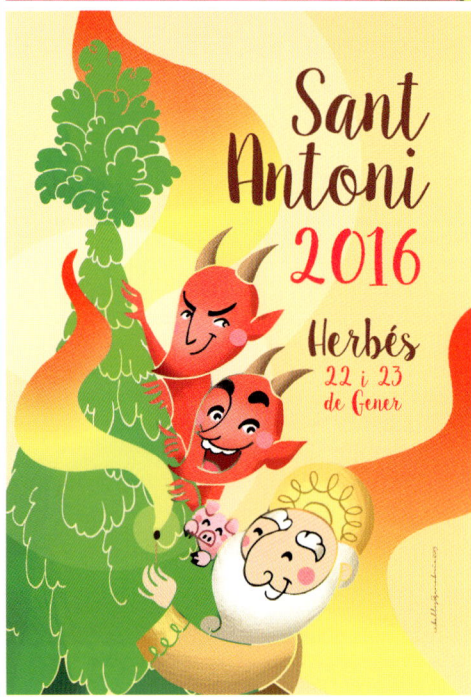

Sant Antoni Herbés
2016 Cartel
Majoralia Sant Antoni d´Herbés

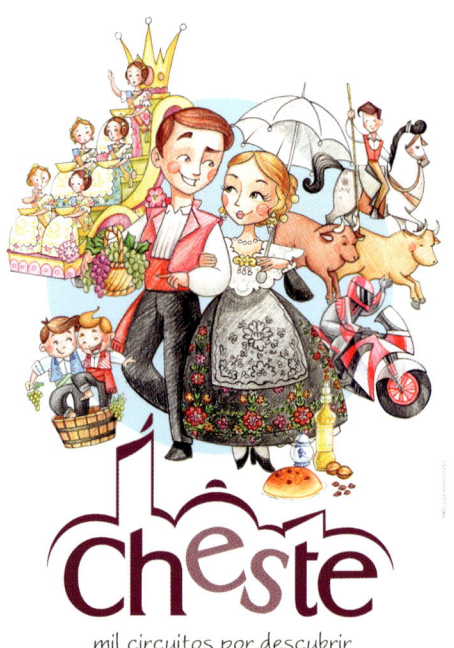

Cheste Turismo
2017 Cartel
Ayuntamiento de Cheste

29 Setmana Ciudadana
2019 Cartel
Fed. As. Veïnals de València

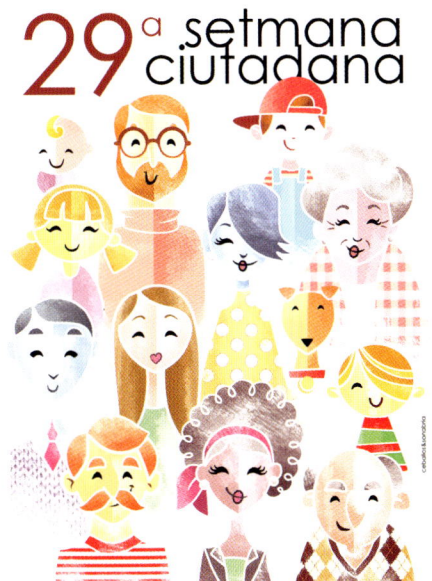

Festa Mare de Déu de Sant Isidre
2020 Cartel

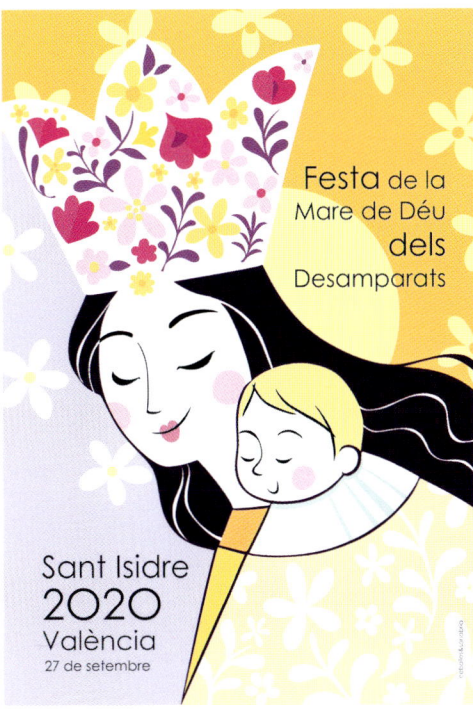

Un Centre de Falles
2021 Cartel
Falla Plaça de la Reina

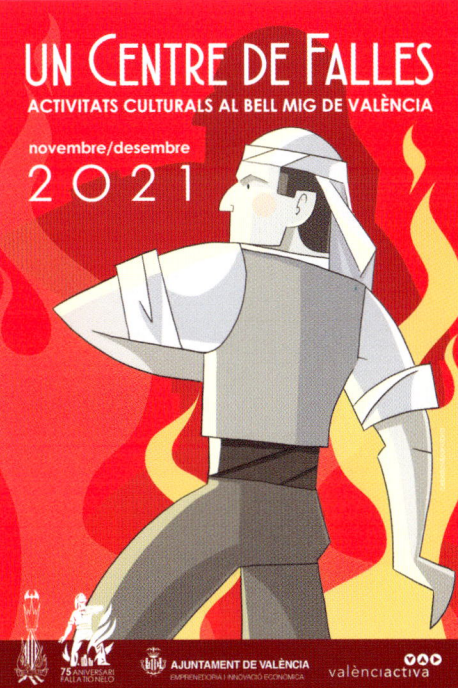

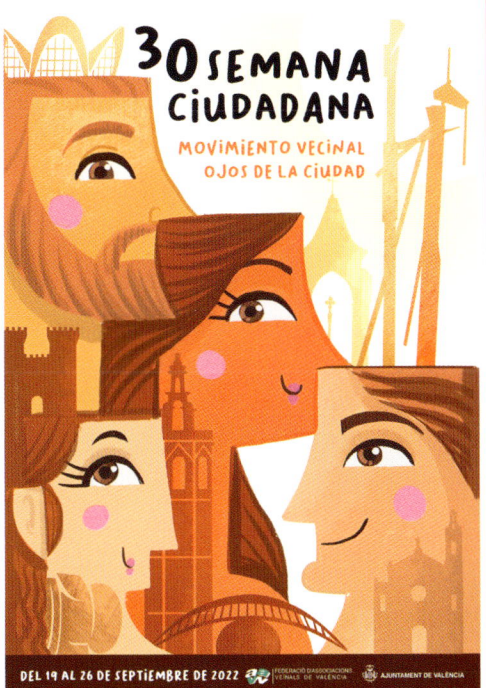

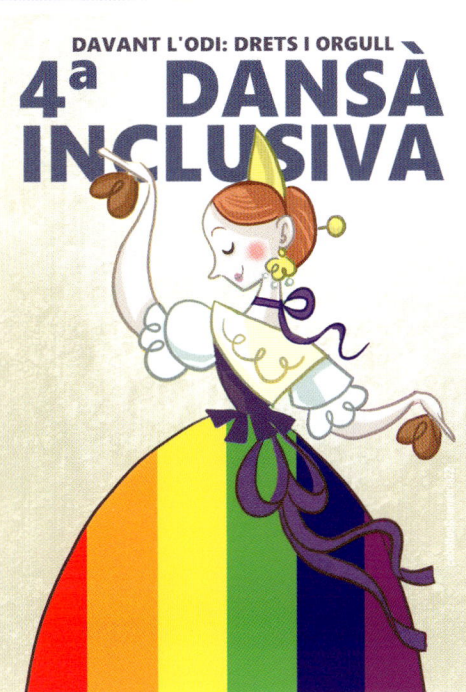

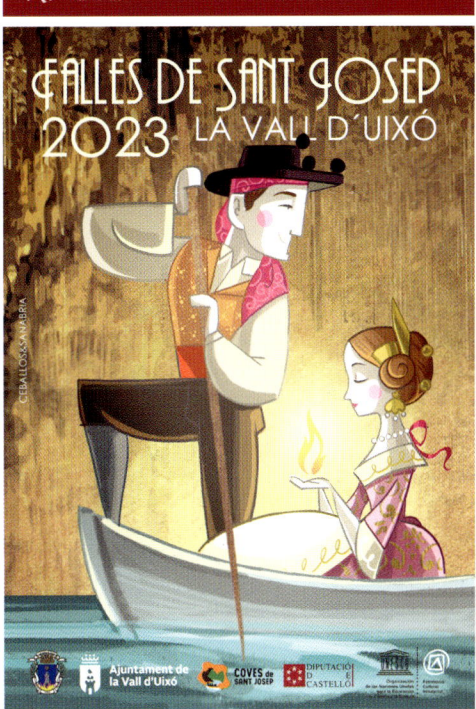

30 Setmana Ciudadana
2022 Cartel
Fed. As. Veïnals de València

4ª Dansà Inclusiva
2022 Cartel

Falles La Vall d´Uixó
2023 Cartel
Junta Local Fallera La Vall d´Uixó

Patraix, un barri de Disseny

2022
Revista Associació Veïnal Patraix

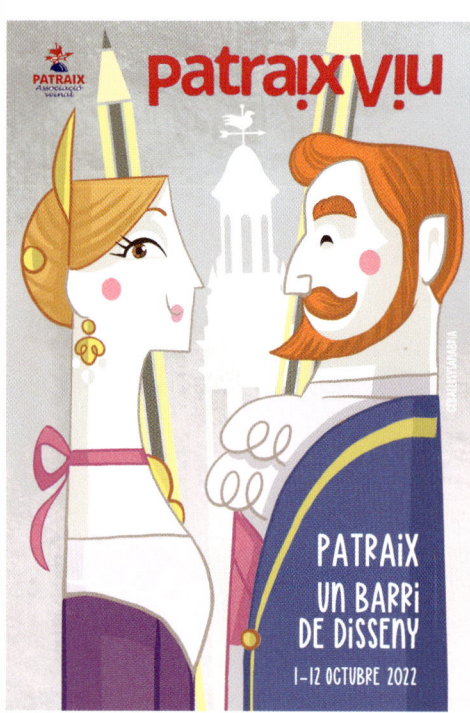

Els Reis d´Orient a La Torre-Faitanar

2023 Cartel
Alcaldia de La Torre-Faitanar

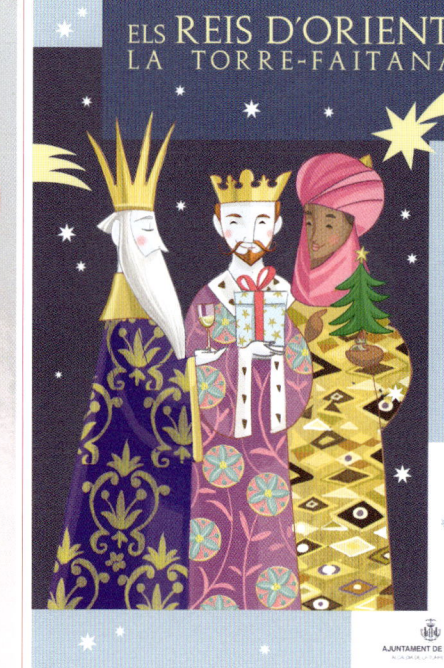

La Mare de Déu visita Paterna

2023 Cartel
Parroquia Sant Pere Paterna

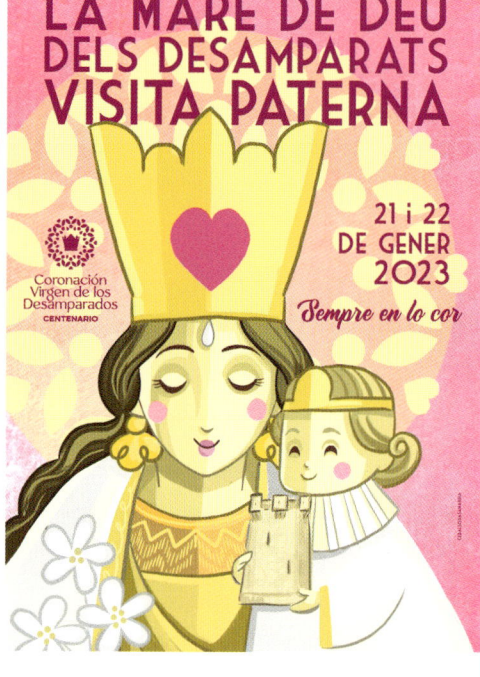

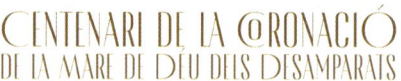

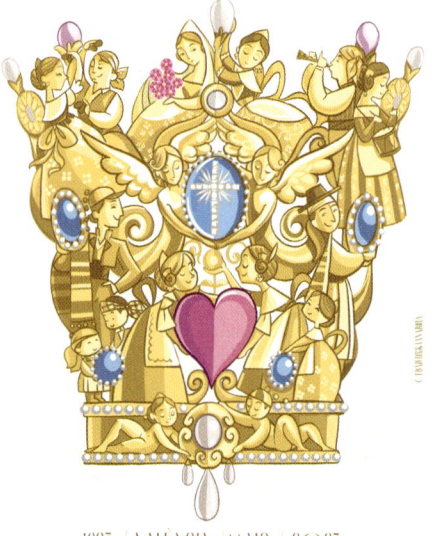

Centenari Coronació Mare de Déu

2023 Cartel

9 d´Octubre a Torrent

2023
Ajuntament de Torrent

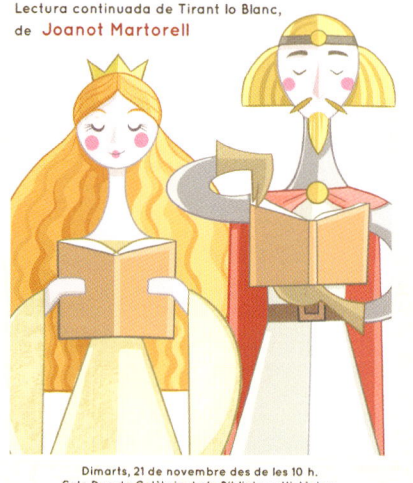

Tornem al Tirant

2023 Cartel
Centre Cultural La Nau – UV

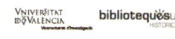 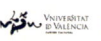

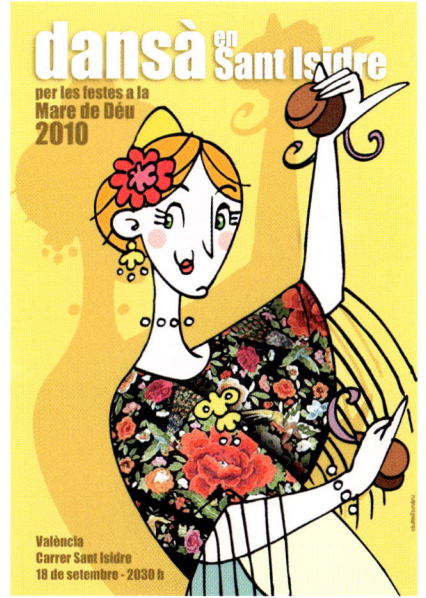

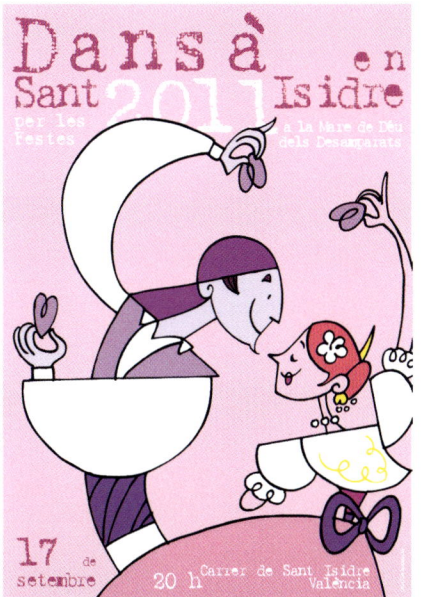

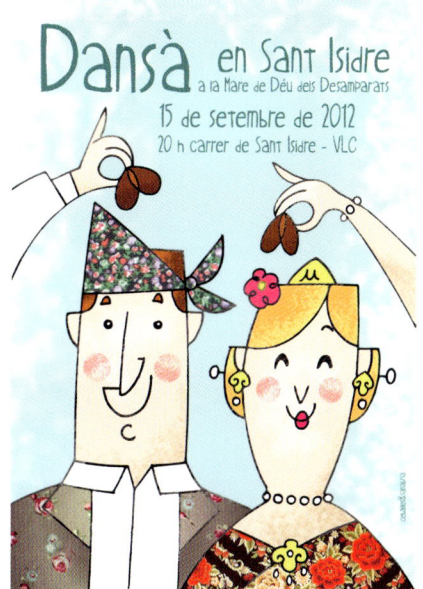

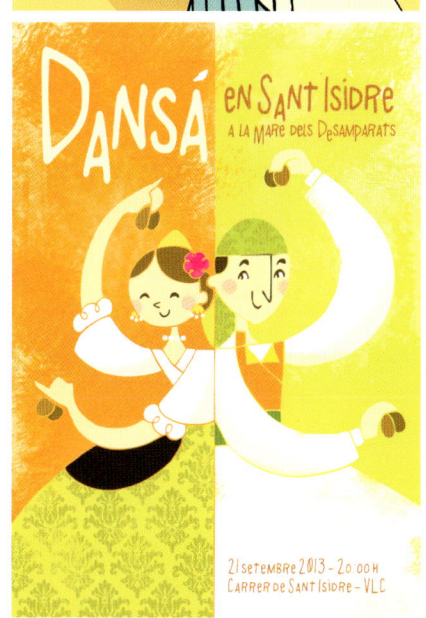

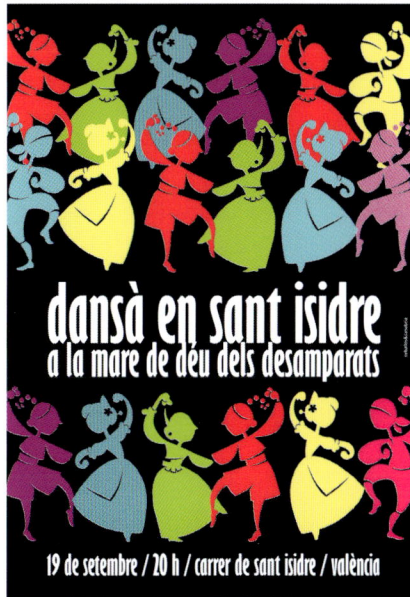

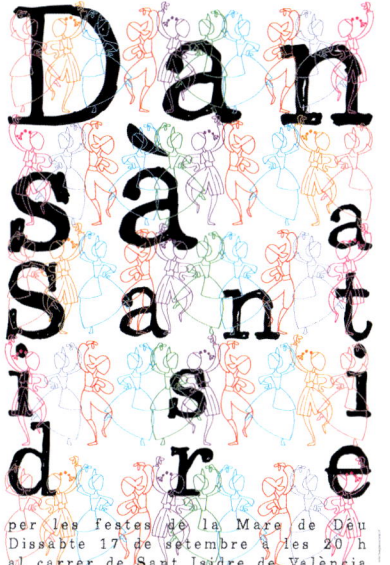

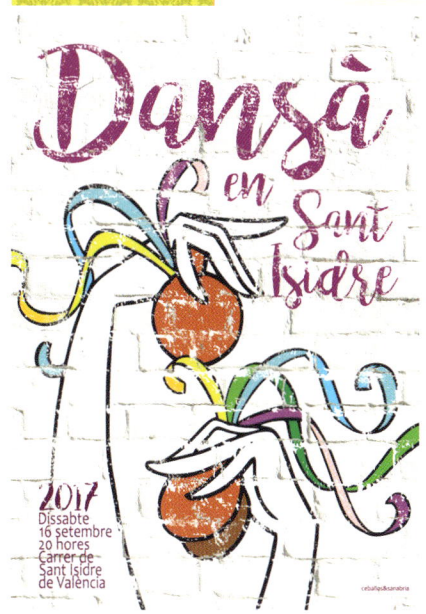

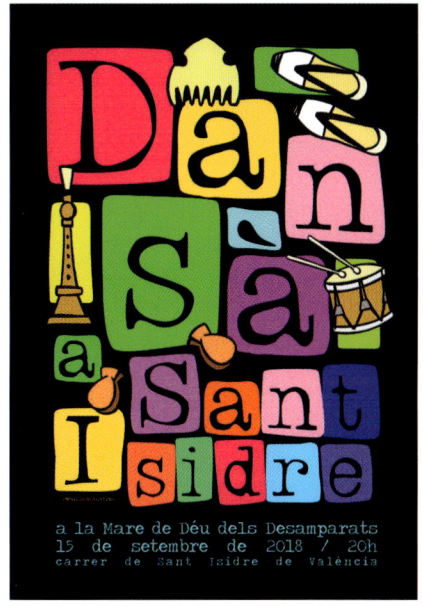

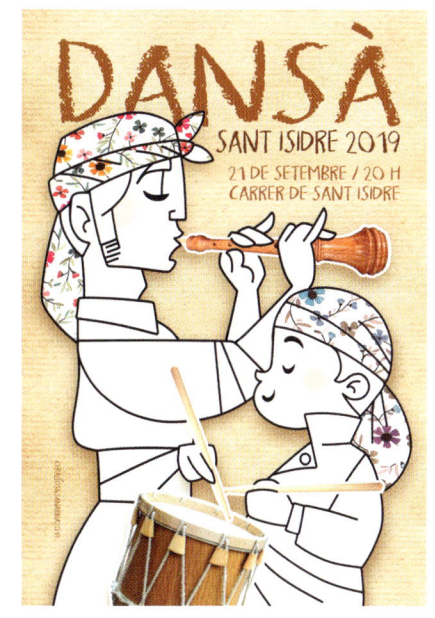

Ninots de casament

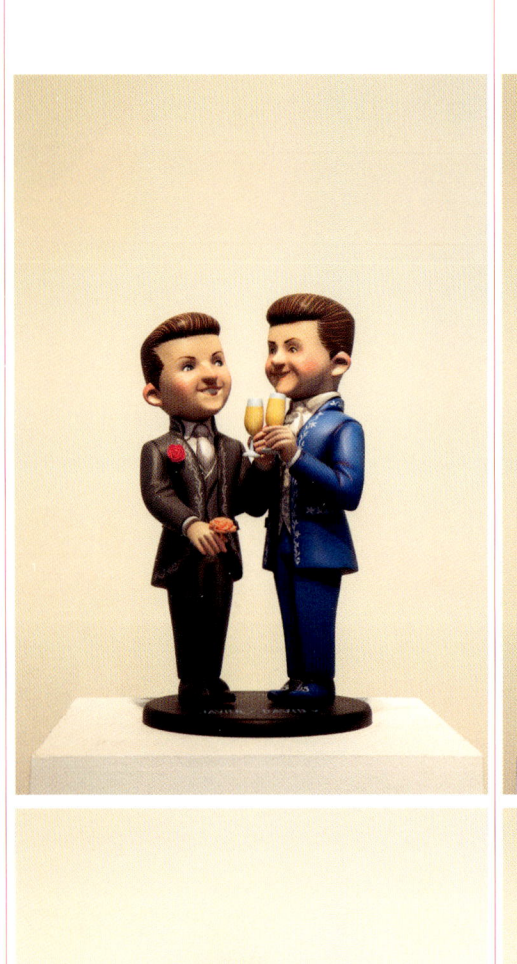

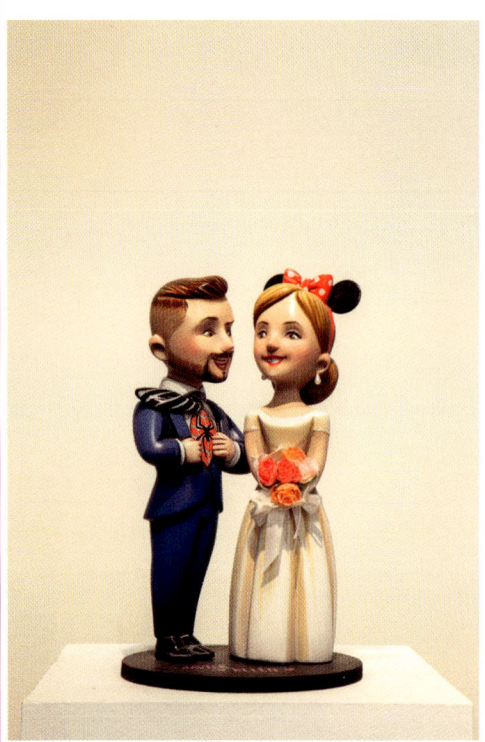

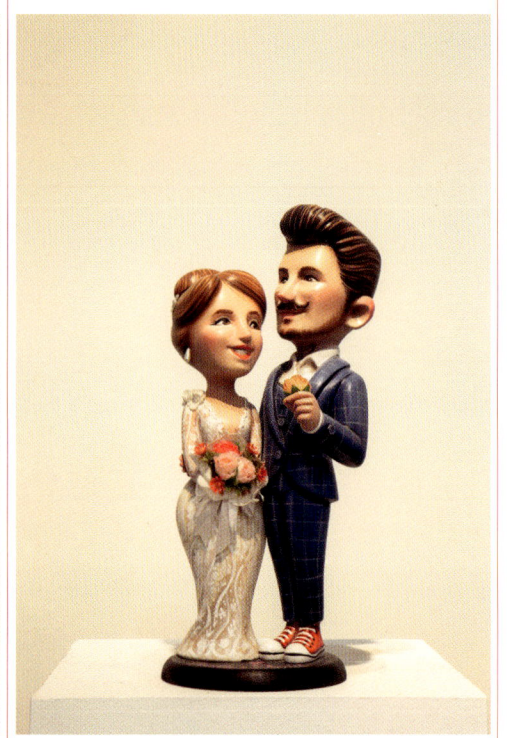

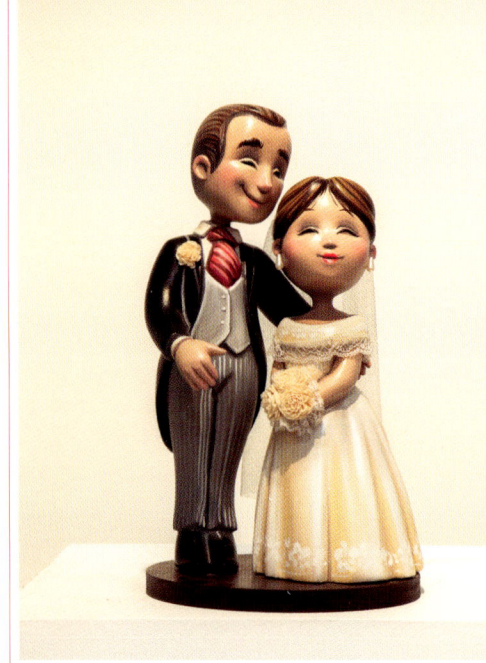

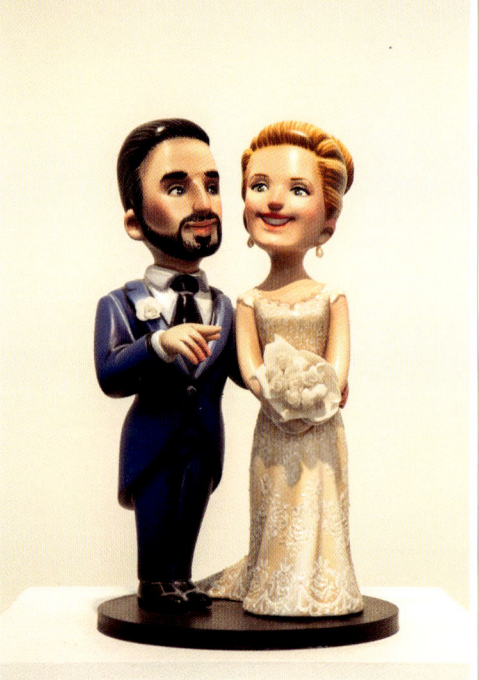

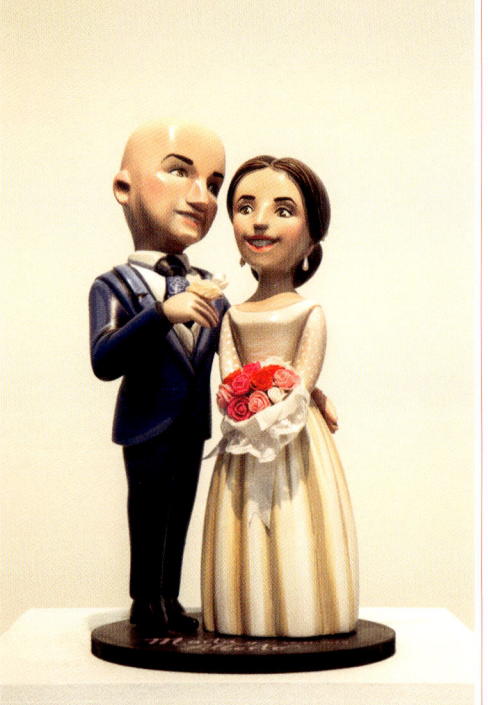

Portades, Revistes i Llibrets

De València i Dolçes
2010 LLibret Infantil
Falla Palleter-Erudit Orellana

El Circ
2012 LLibret Infantil
Falla La Saletta

Fallestoltes... Moltes Voltes!
2013 Llibret
Falla Camí Nou Picanya-N. Primitiu

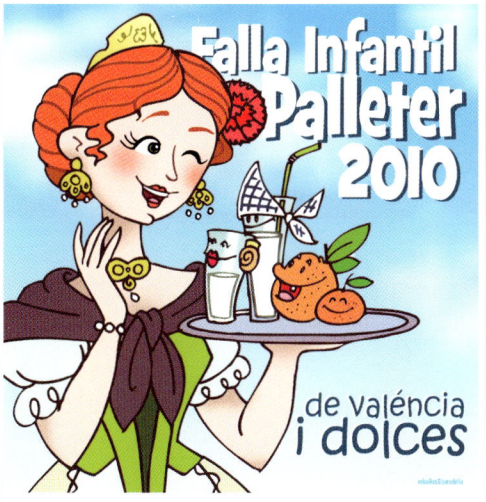

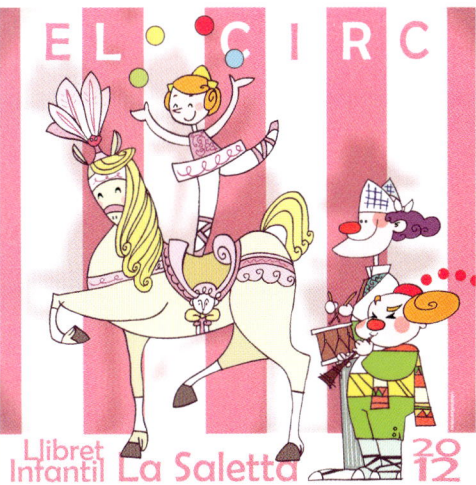

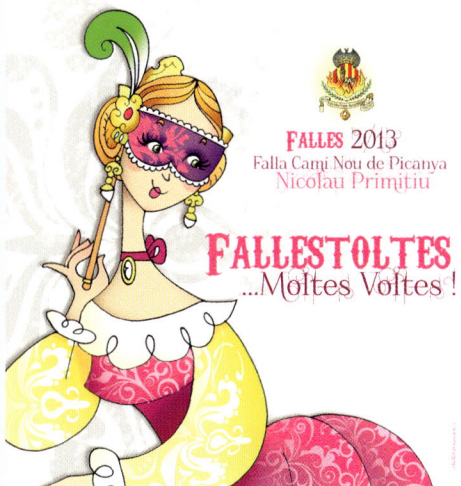

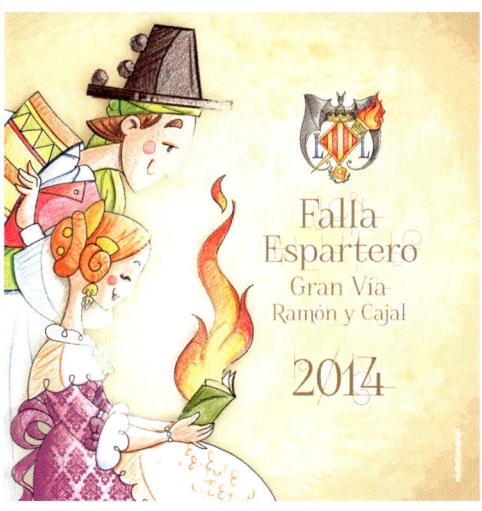

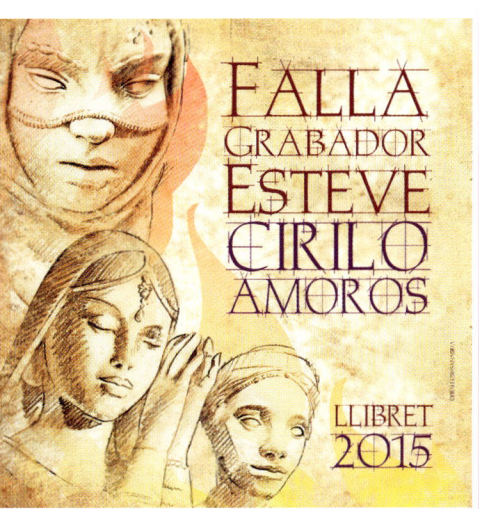

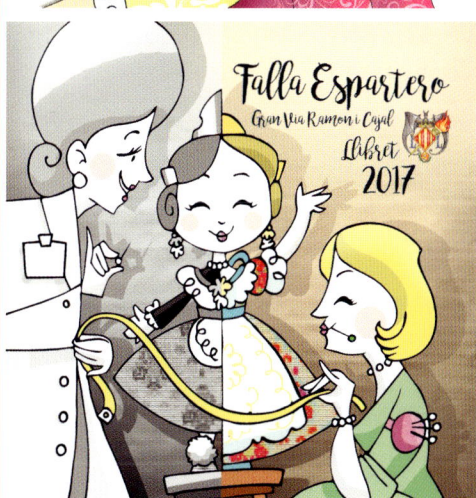

Llibret Falla Espartero-Gran Via Ramón y Cajal
2014

Llibret Falla Grabador Esteve-Cirilo Amorós
2015

Llibret Falla Espartero-Gran Via Ramón y Cajal
2017

Llibret Juan Bta. Vives-S. Ferrandis Luna
2016

Llibret Infantil Juan Bta. Vives-S. Ferrandis Luna
2016

Llibret Juan Bta. Vives-S. Ferrandis Luna
2017

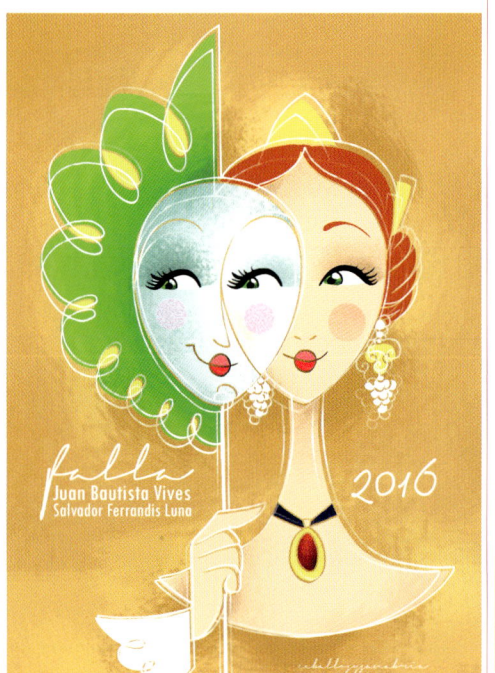

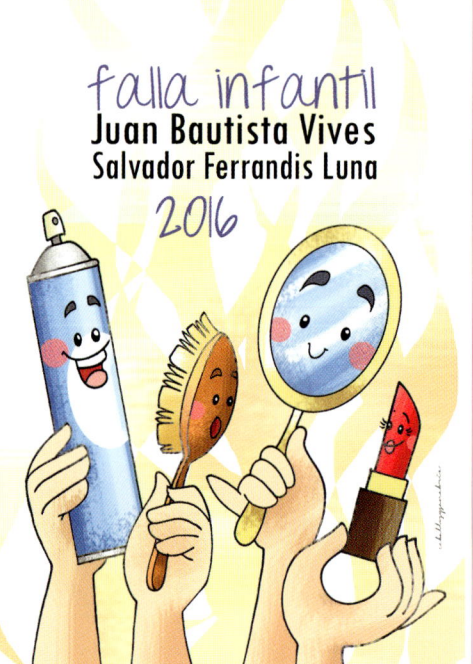

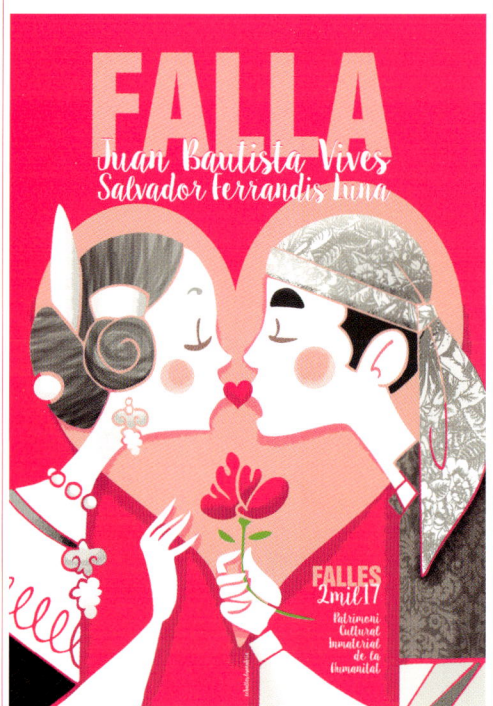

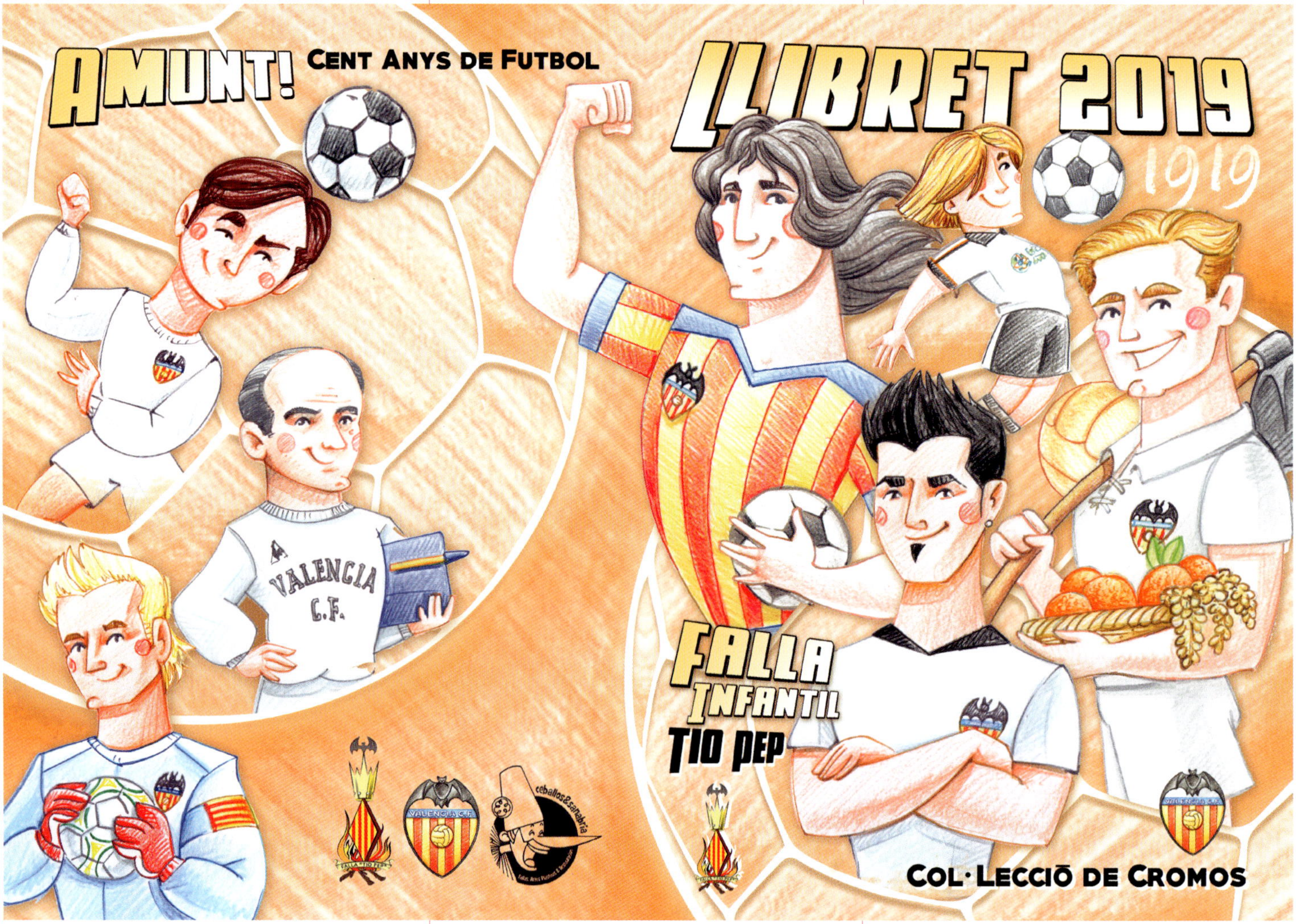

Llibret Infantil – Col·lecció de Cromos
2019
Falla Plaça de la Reina

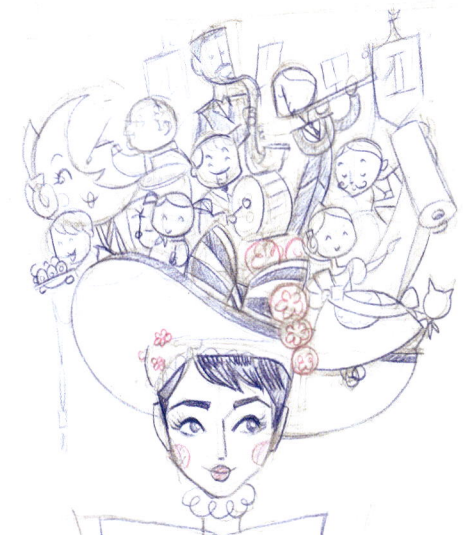

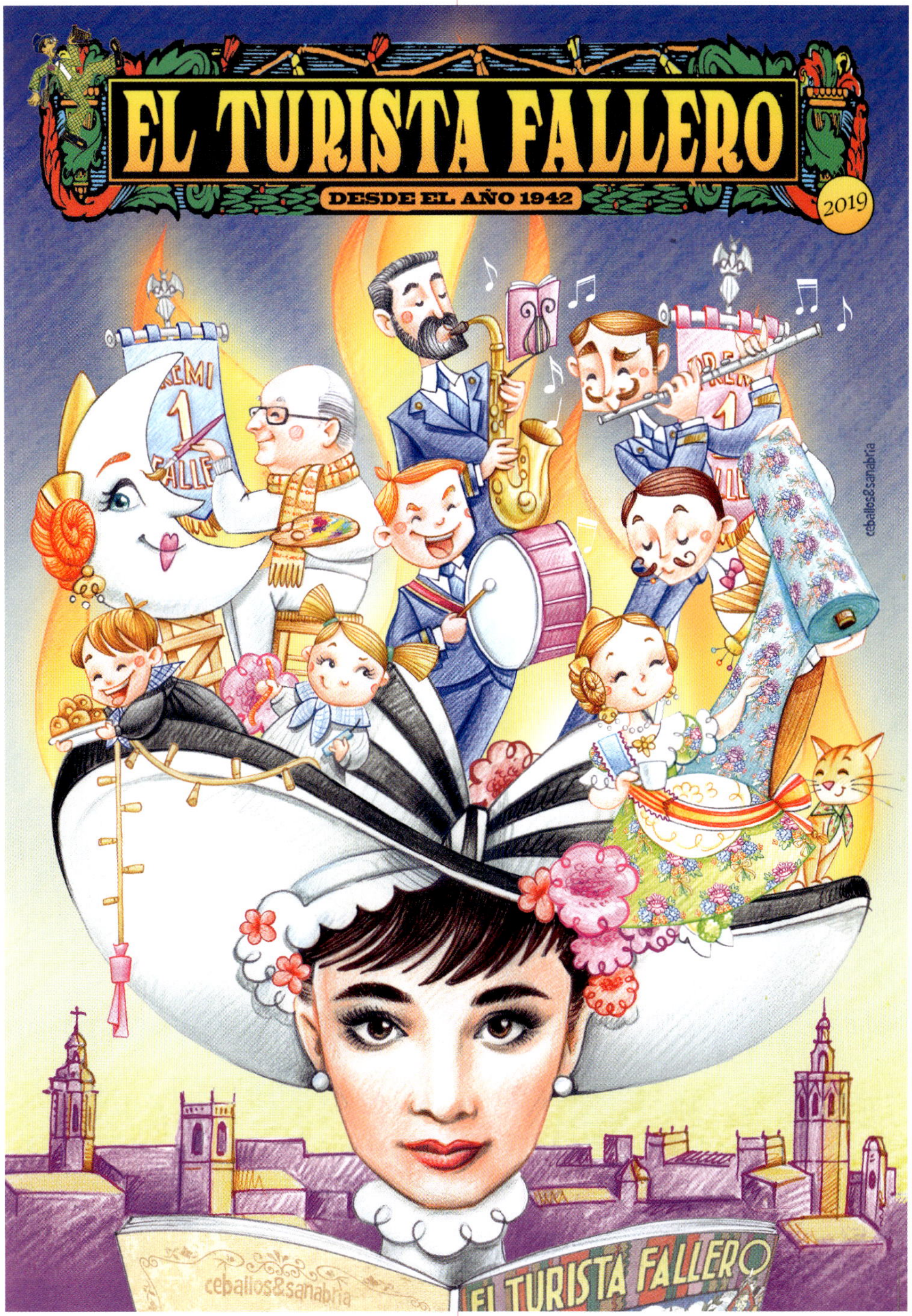

Revista-Llibret Federació Benicalap-Campanar

2019
Federació de Falles Benicalap-Campanar

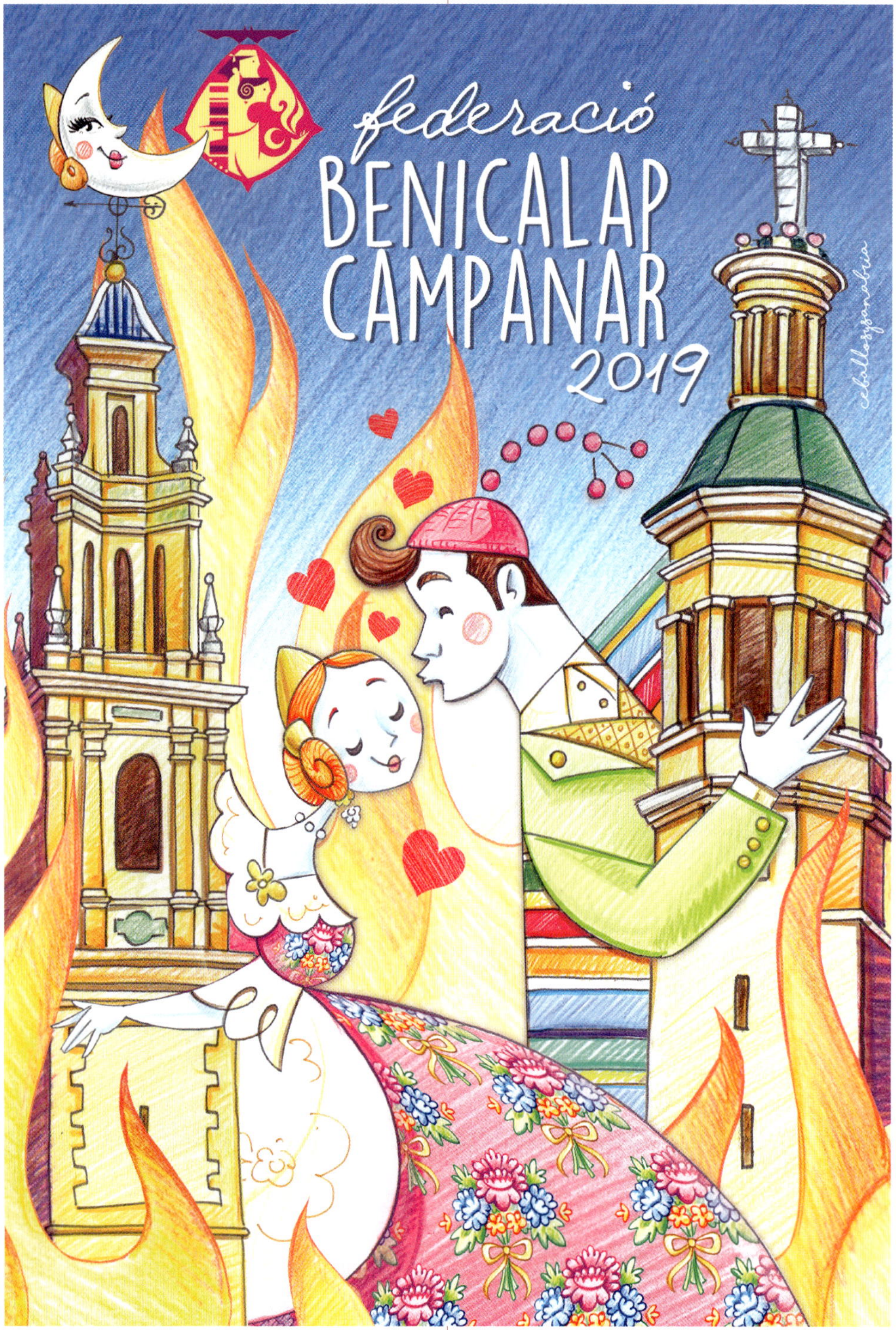

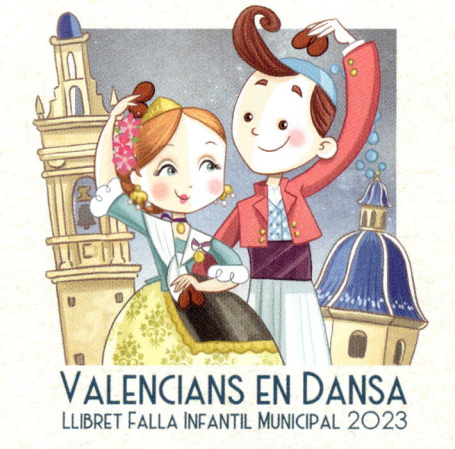

Valencians en Dansa

2023
LLibret Infantil Falla Municipal Infantil
Ajuntament de València

València li Feu la Corona

2023
LLibret Infantil Falla Plaça de la Reina

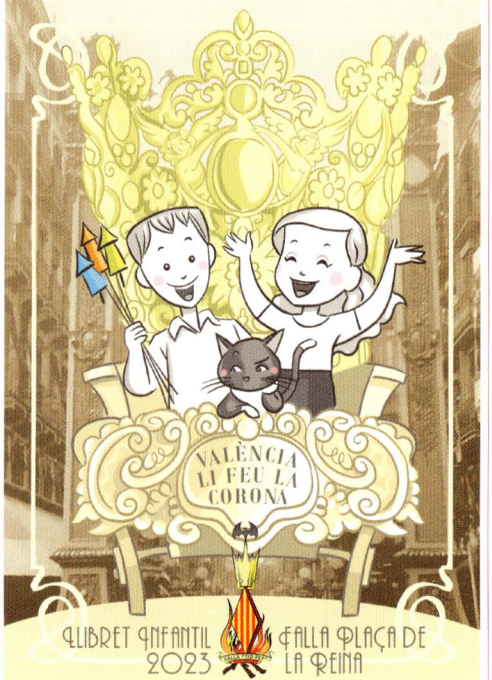

Serie Il·lustracions

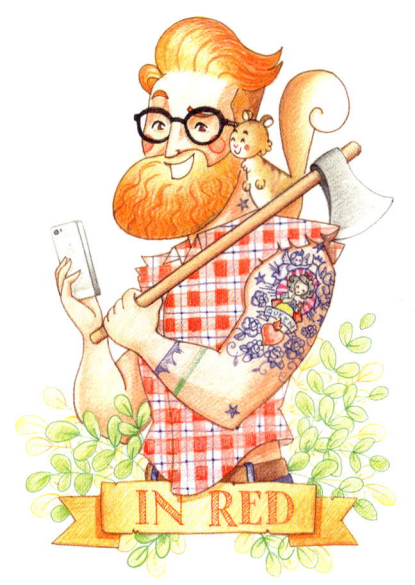

IN RED

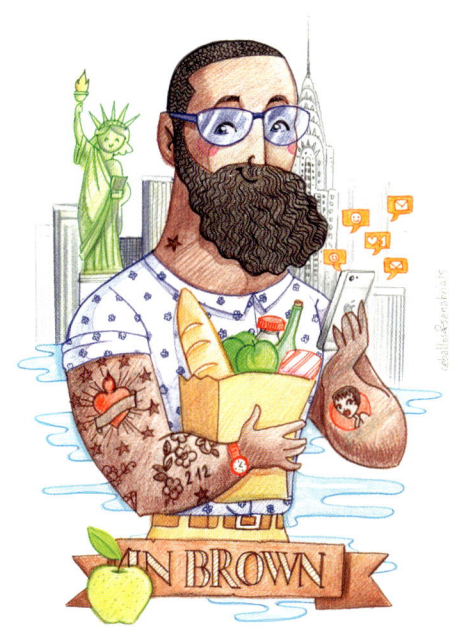

IN BROWN

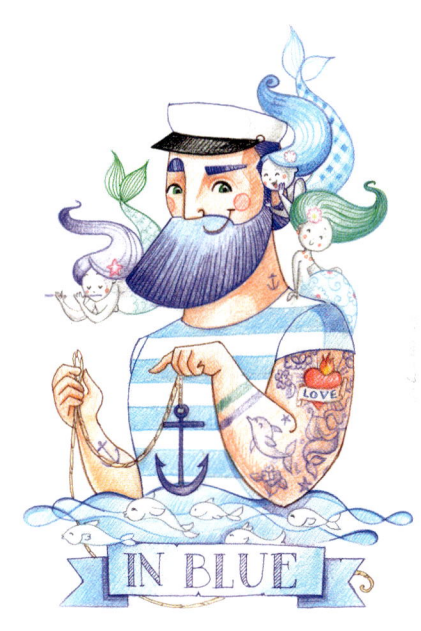

IN BLUE

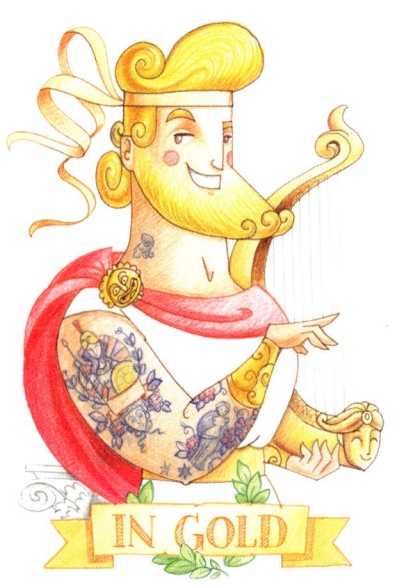

IN GOLD

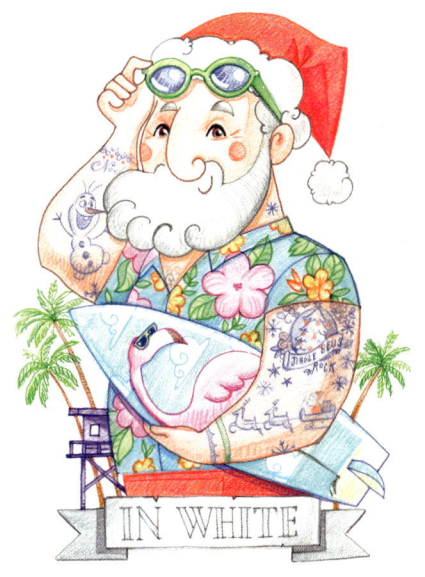

IN WHITE

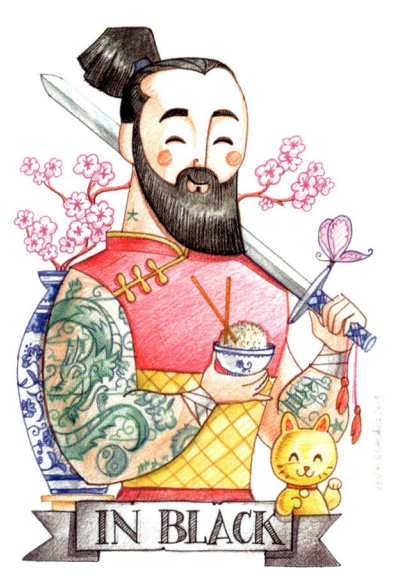

IN BLACK

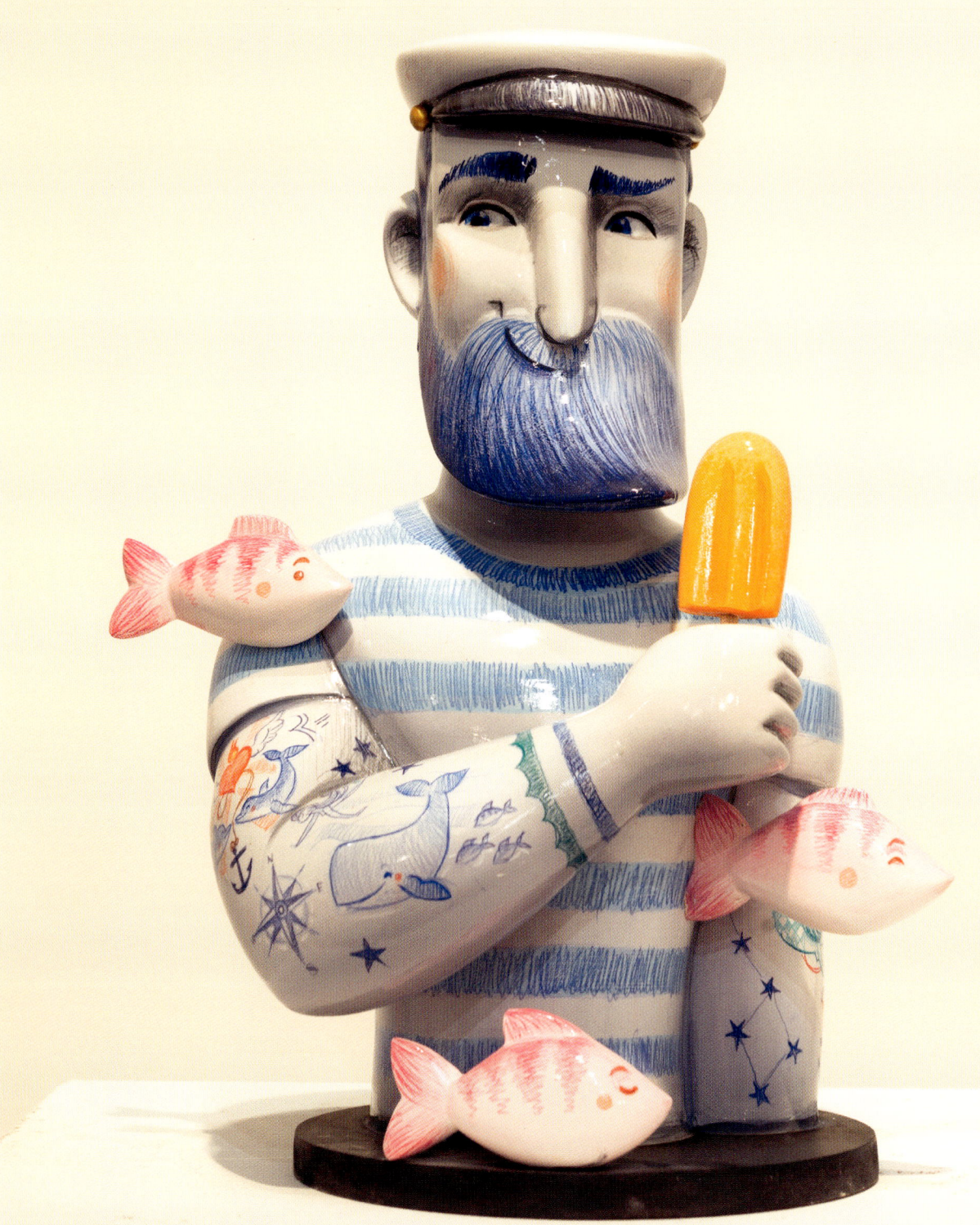

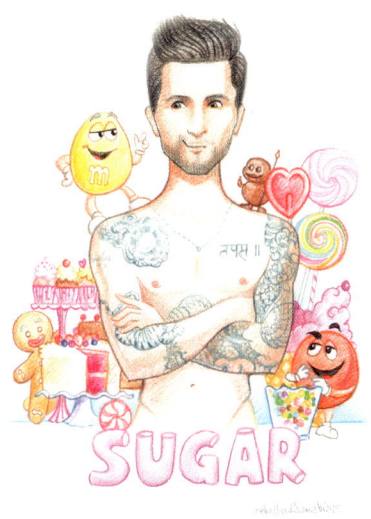

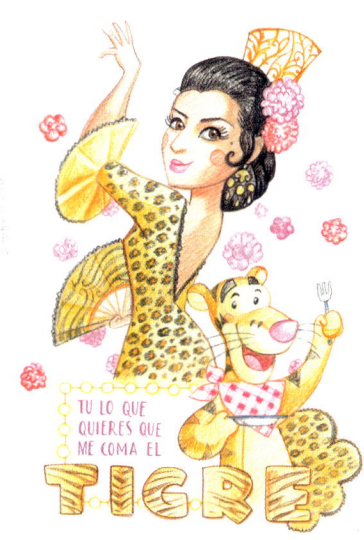

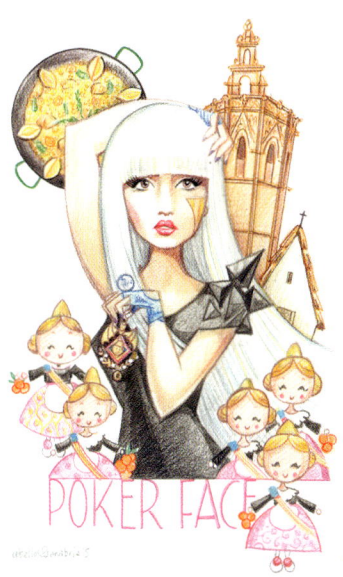

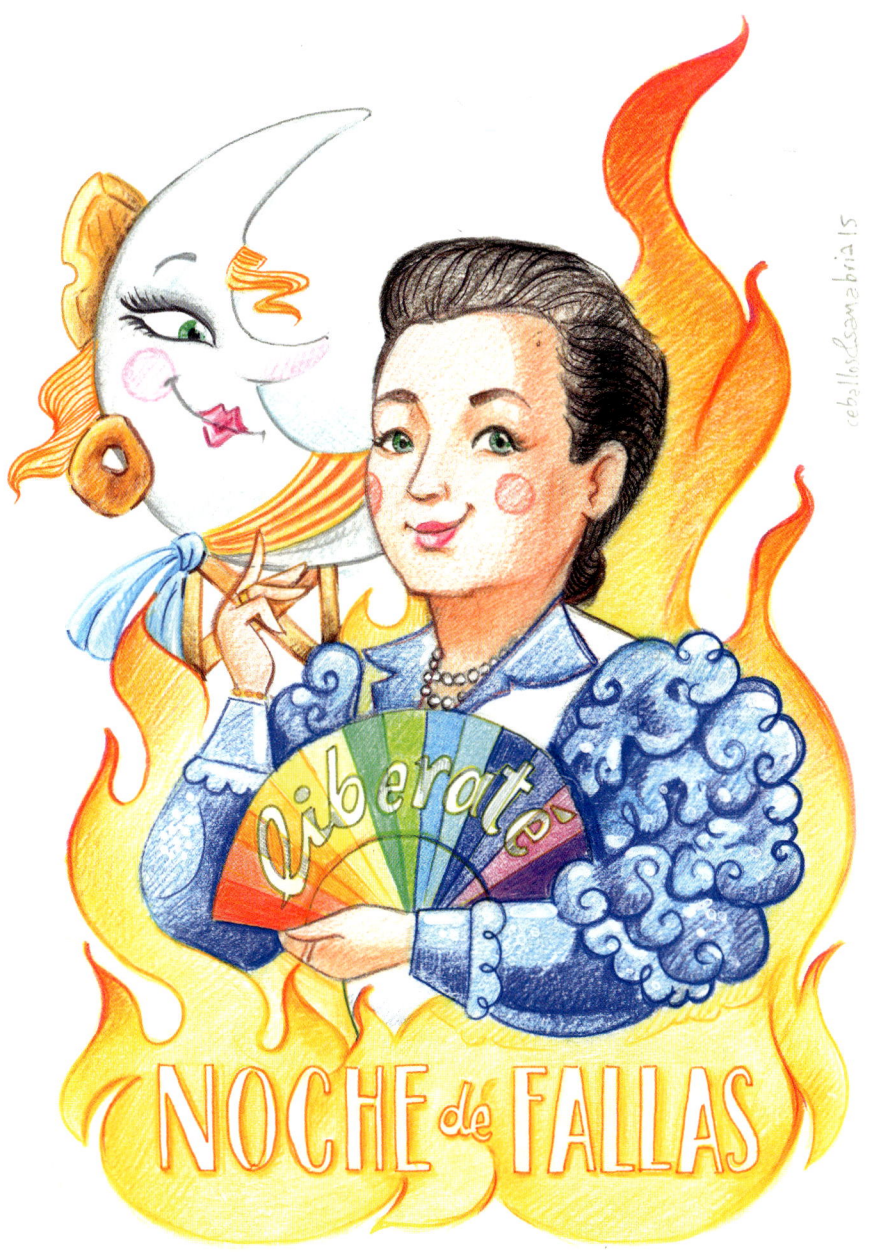

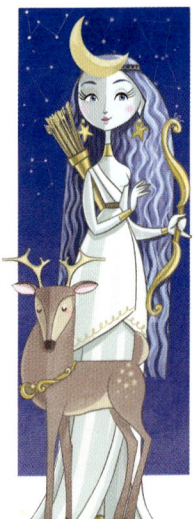

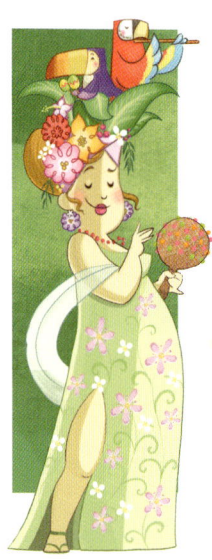

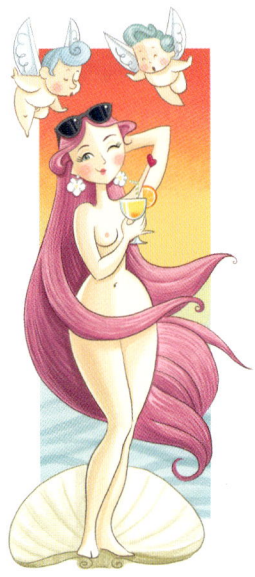

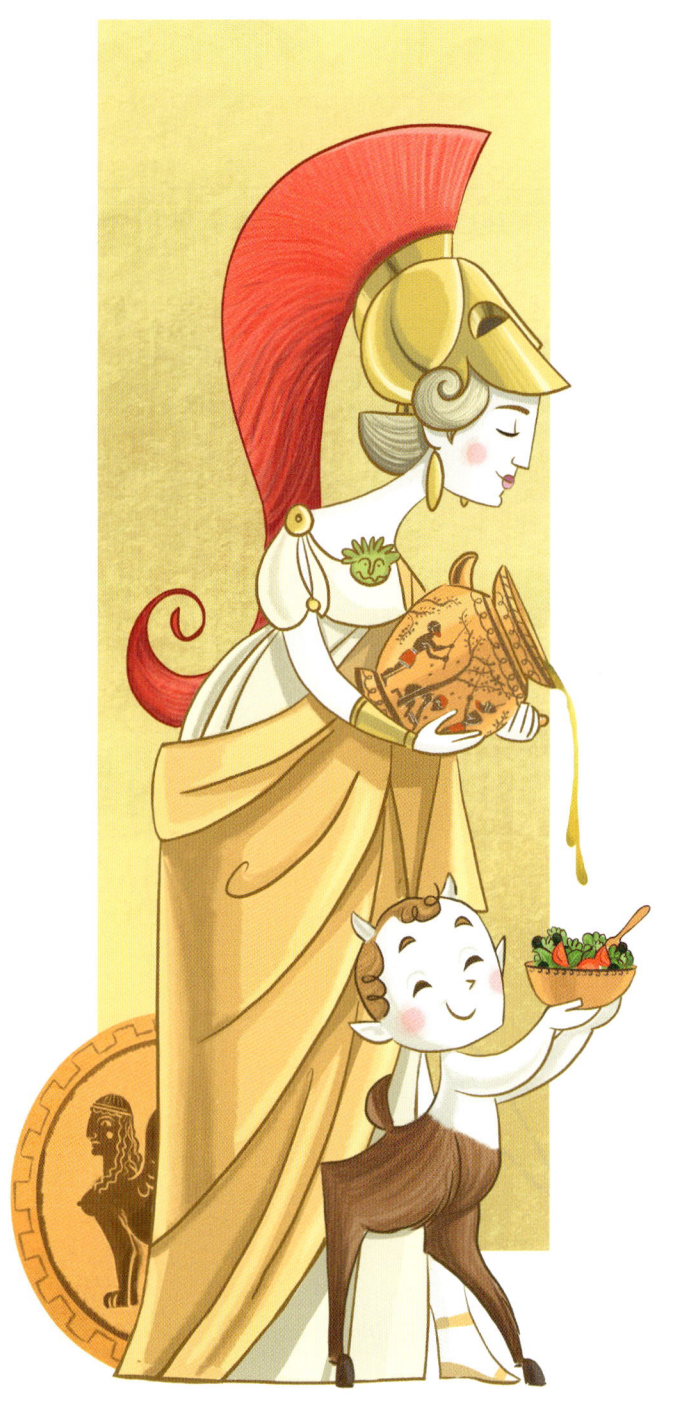

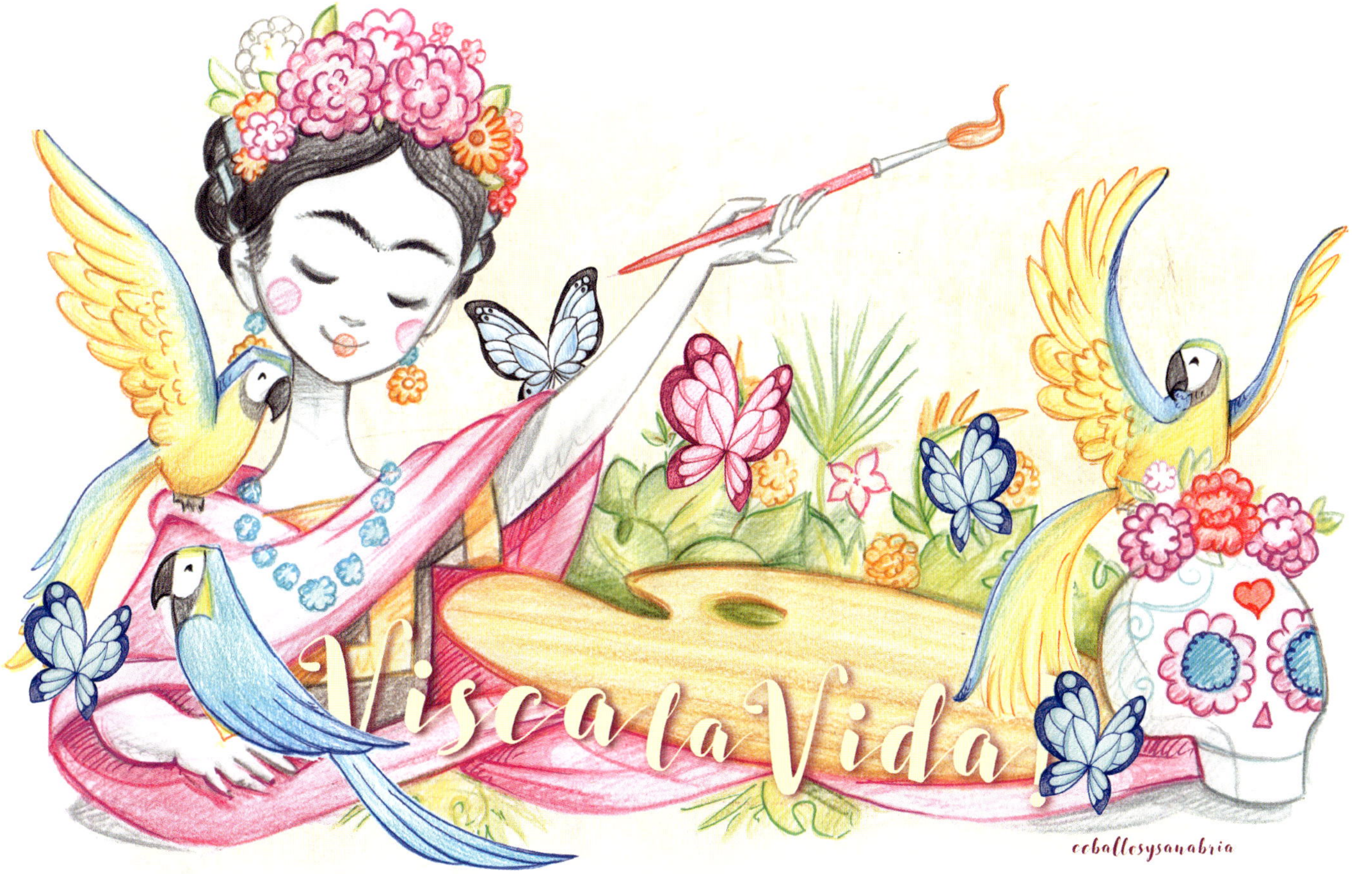

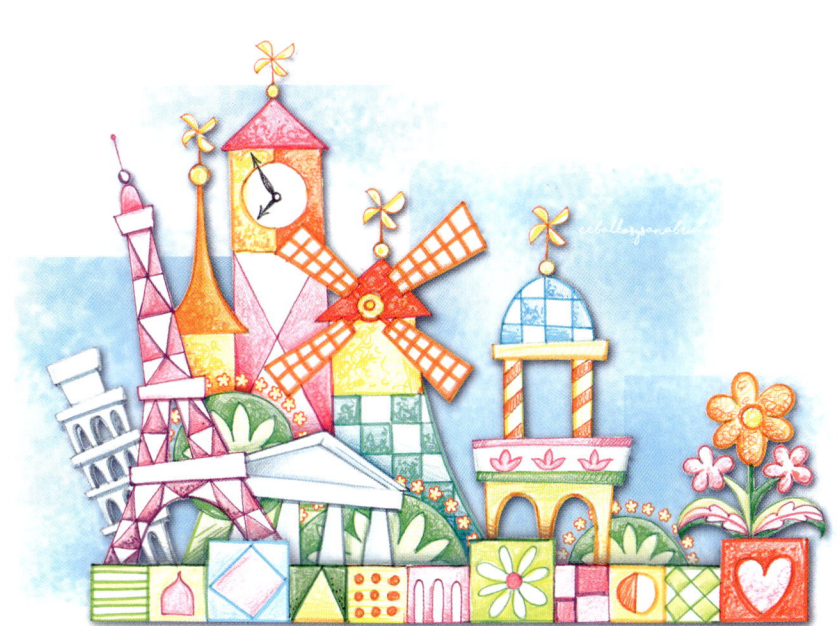

Esbós Carrossa Batalla de Flors
Un Món Xicotet
2017

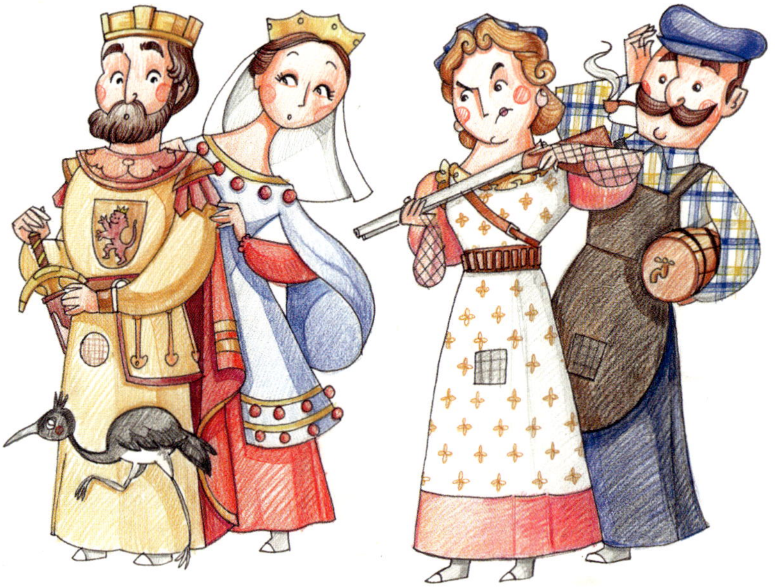

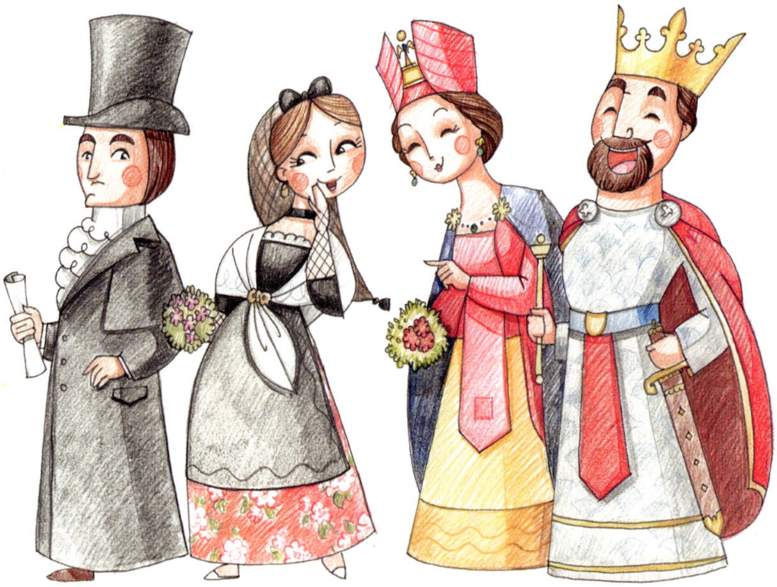

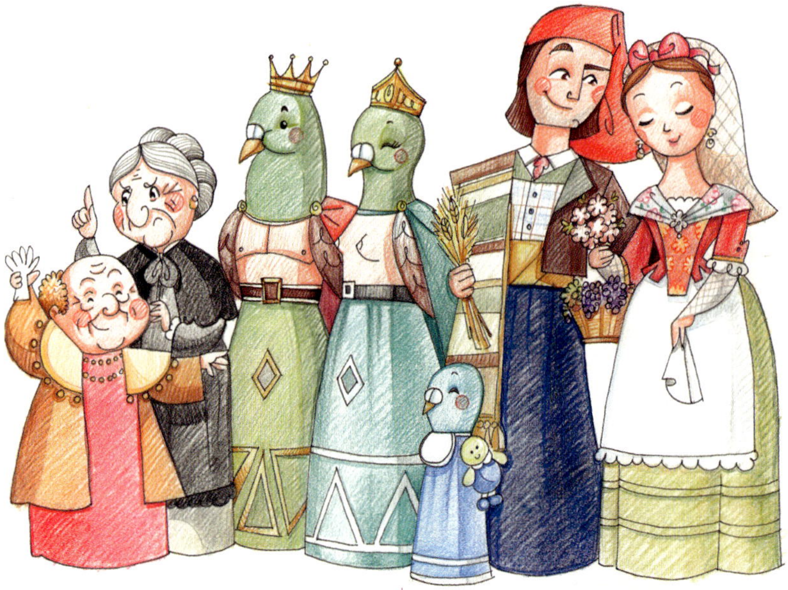

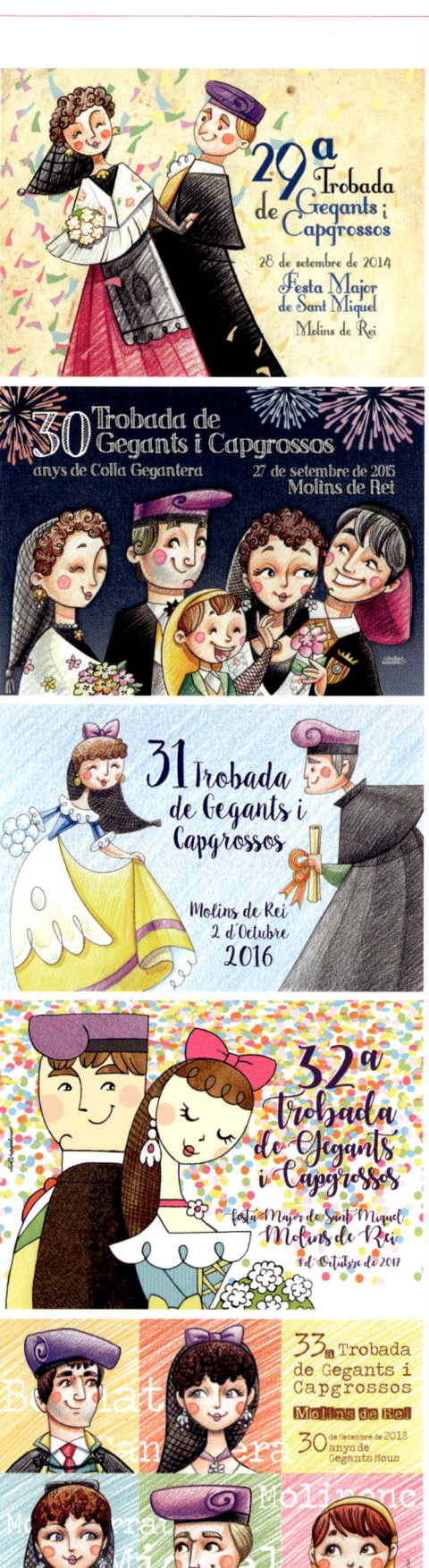

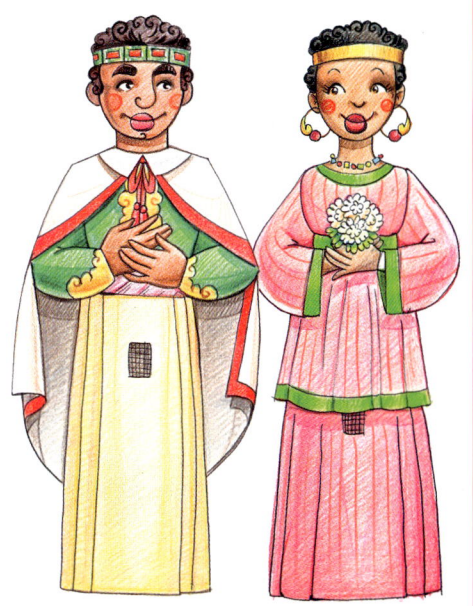

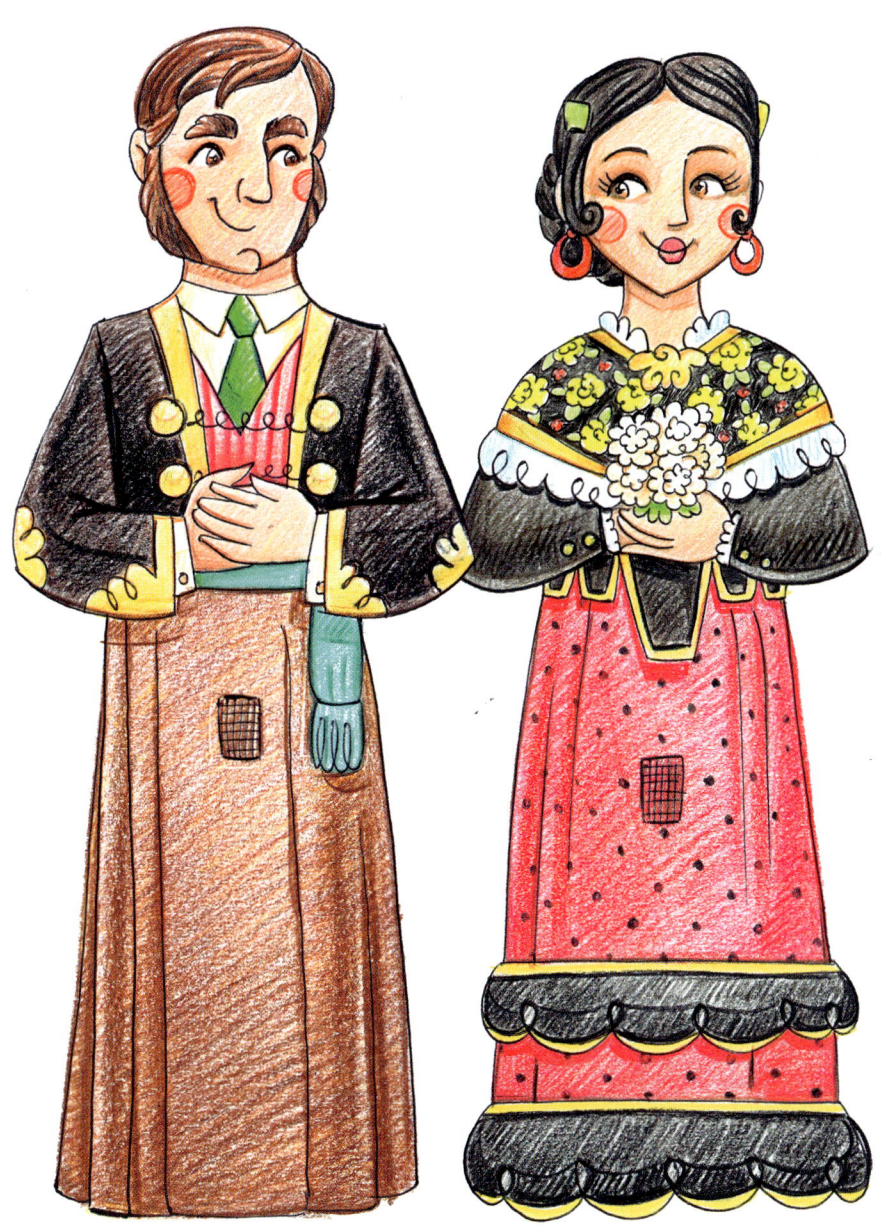

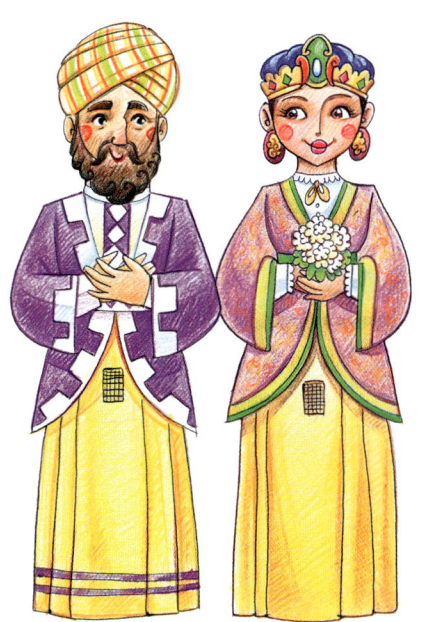

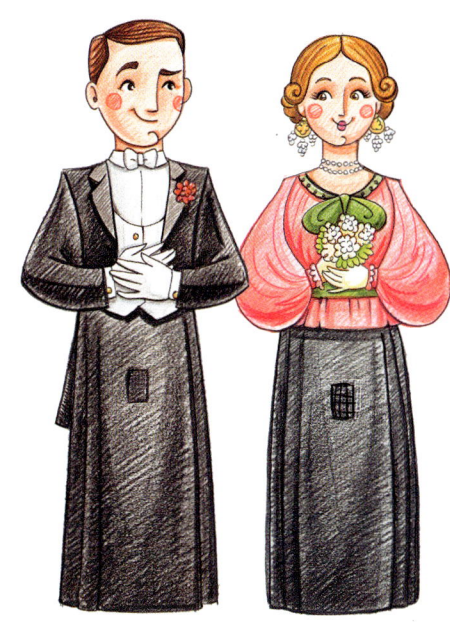

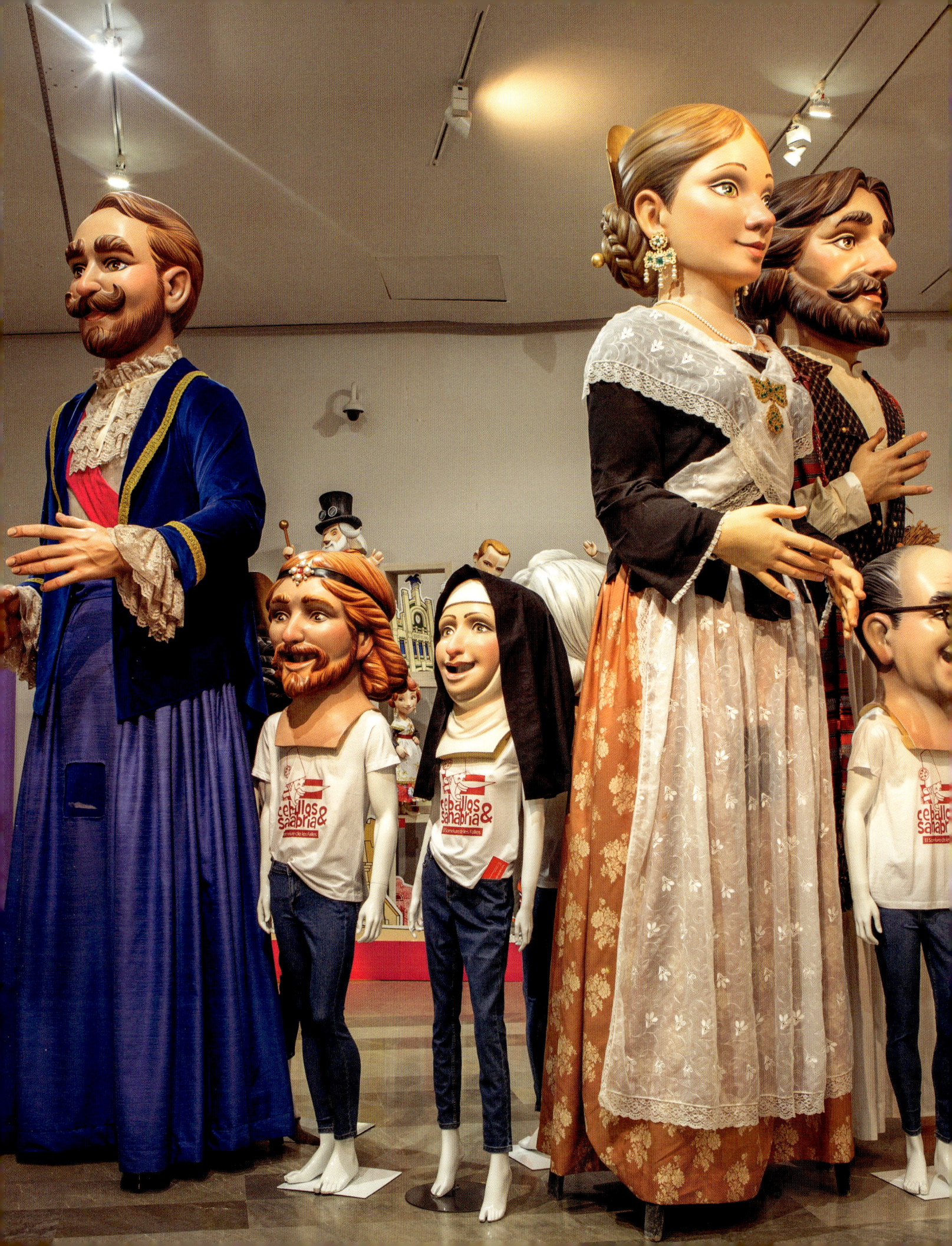

Col·lecció de Cabuts de la Ciutat de València
2016
Col·lecció Ajuntament de València

Nanos de València
2017
Ajuntament de València

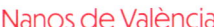

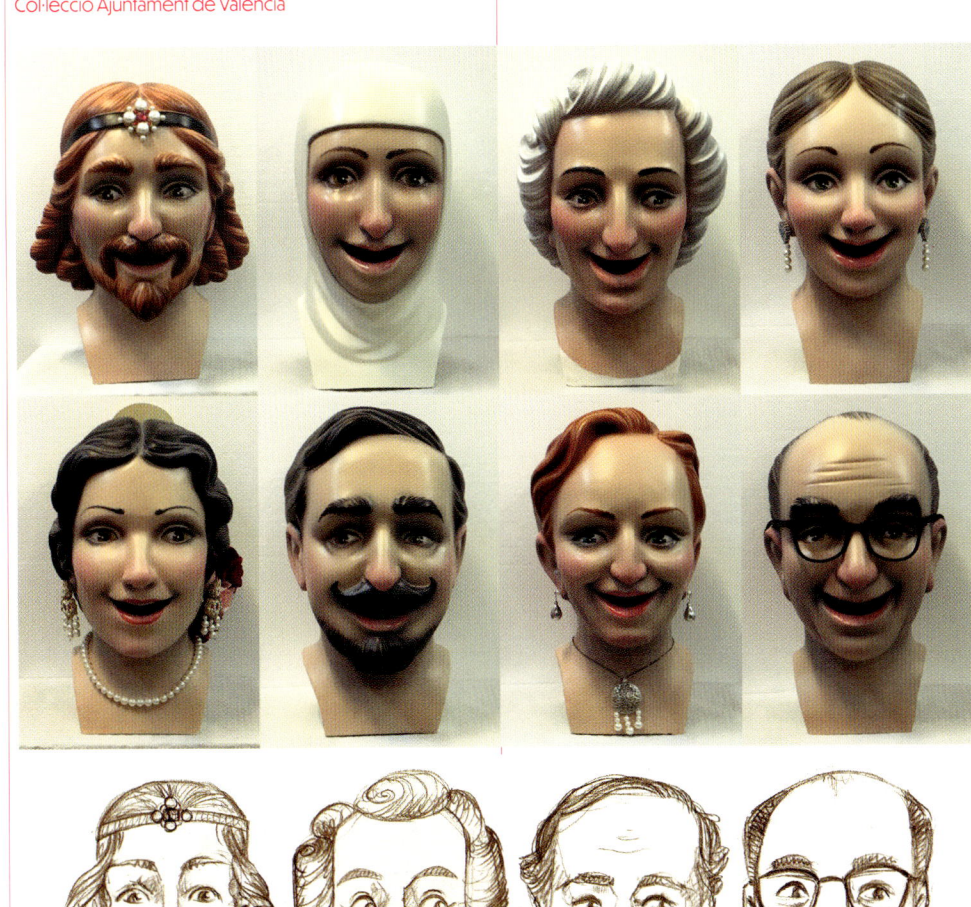

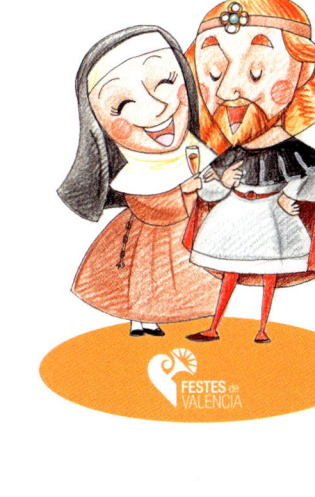

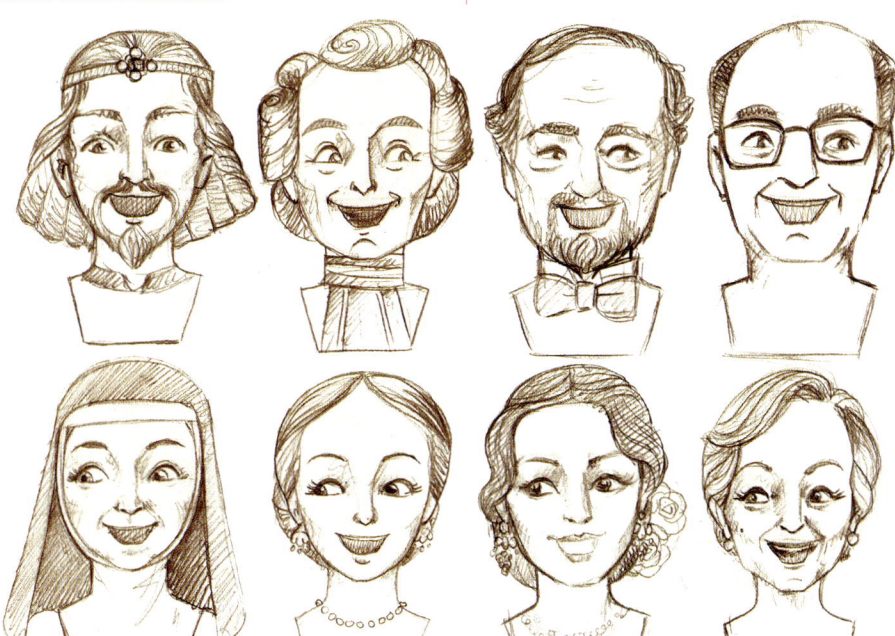

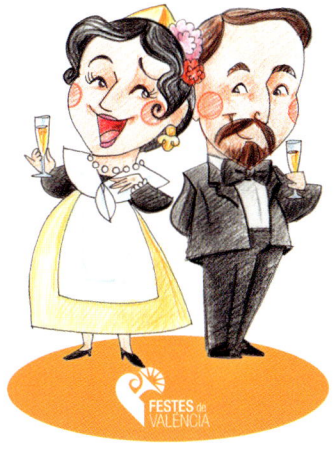

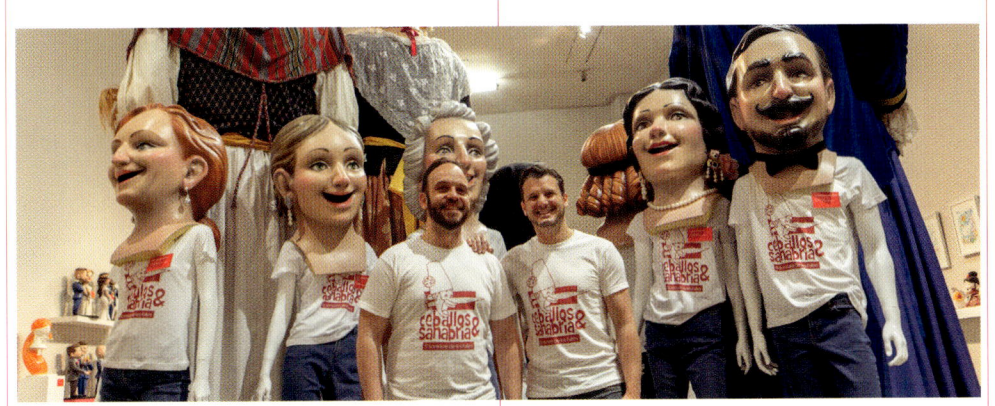

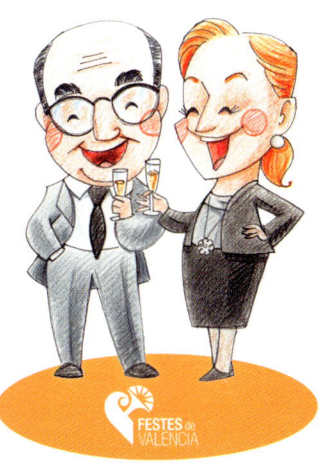

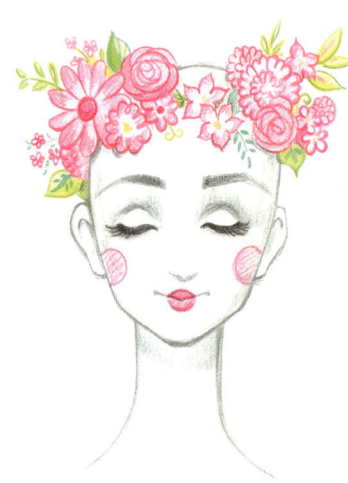

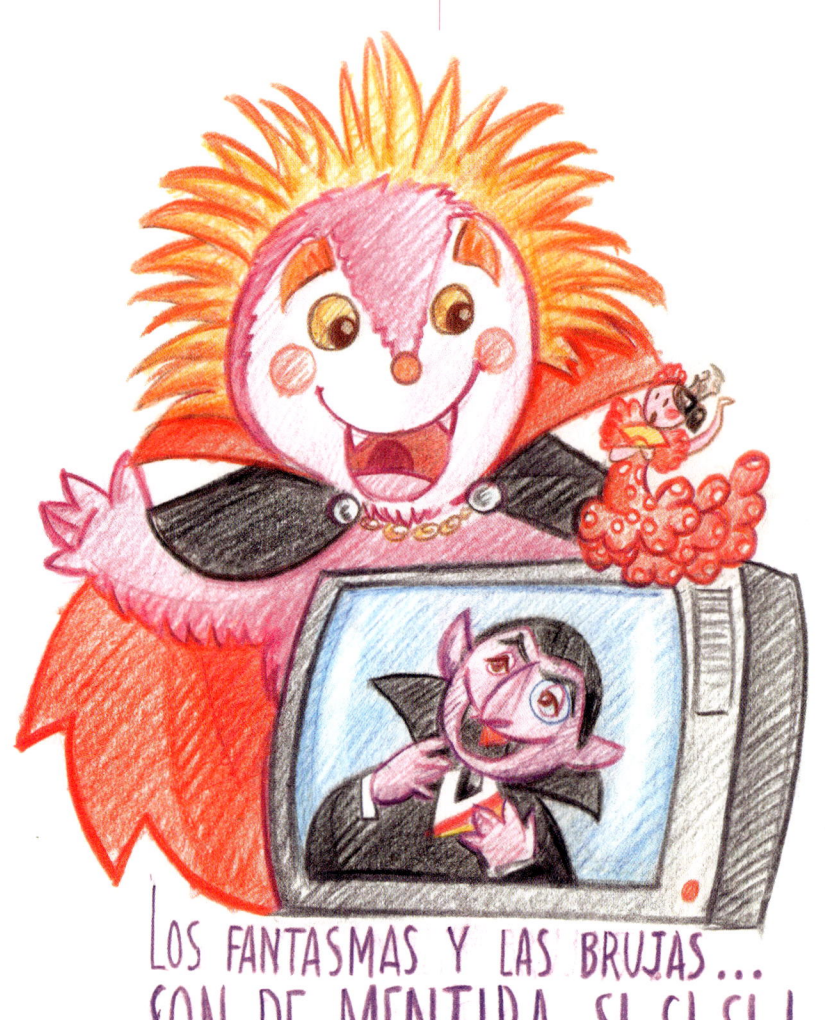

LOS FANTASMAS Y LAS BRUJAS...
SON DE MENTIRA, SI, SI, SI !

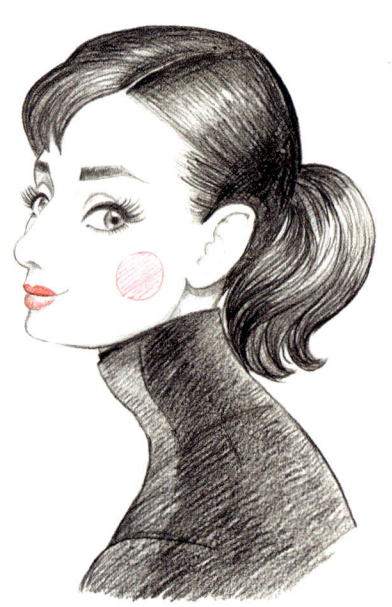

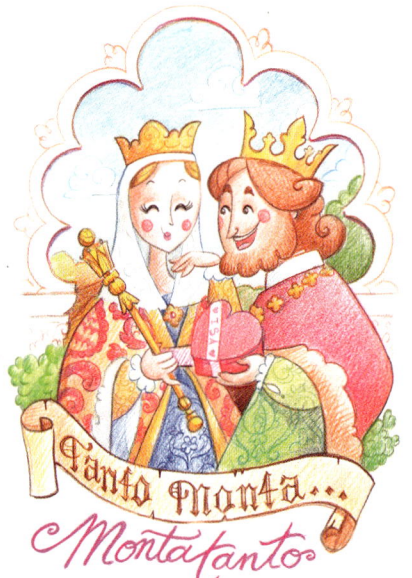

Tanto Monta...
Monta tanto

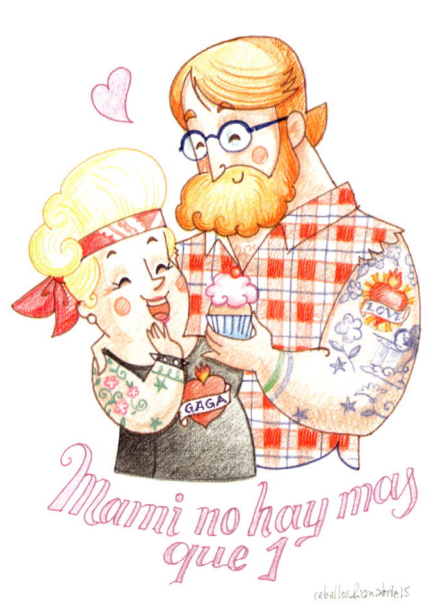

Mami no hay mas
que 1

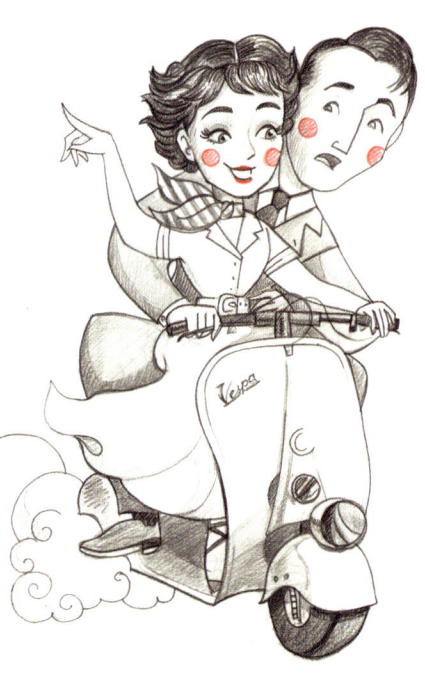

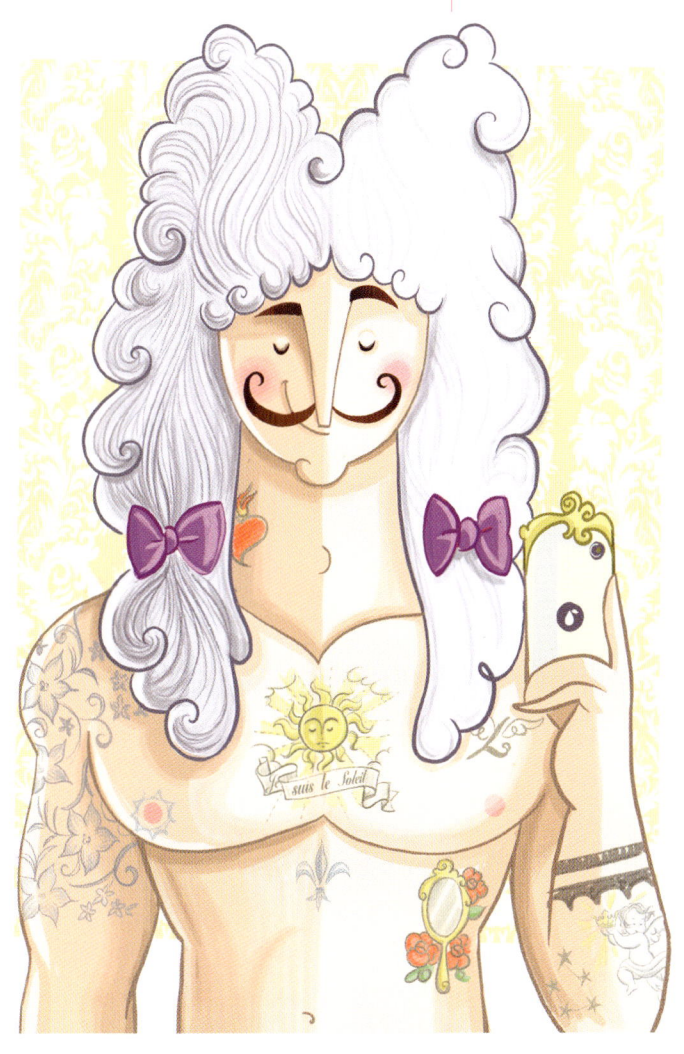

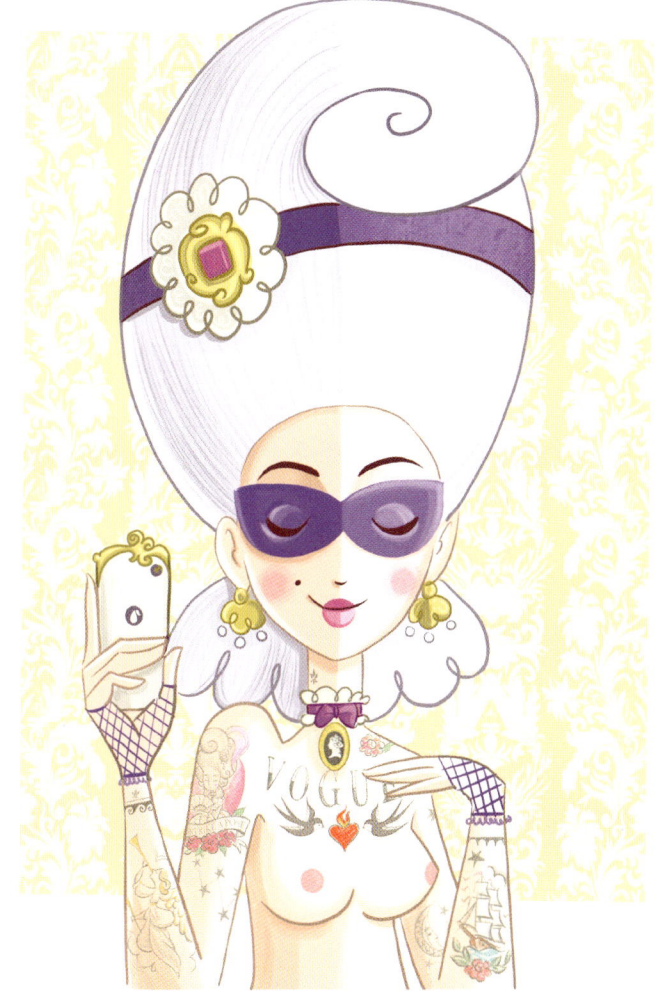

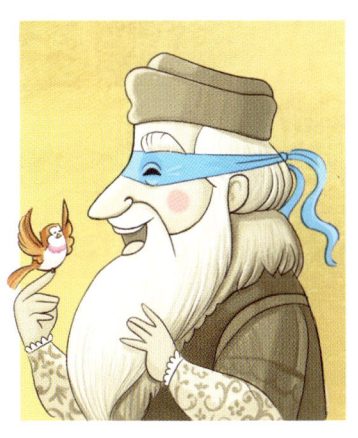

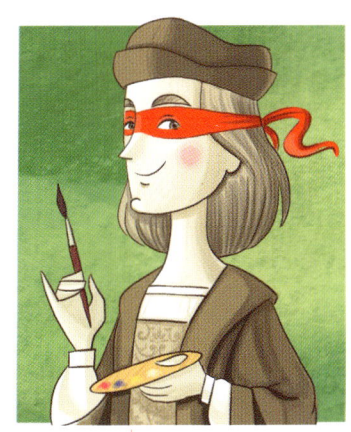

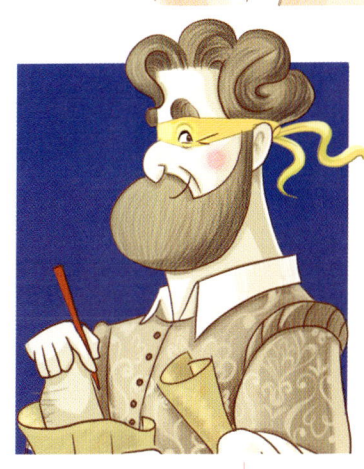

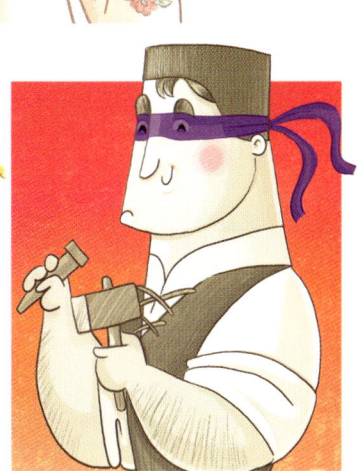

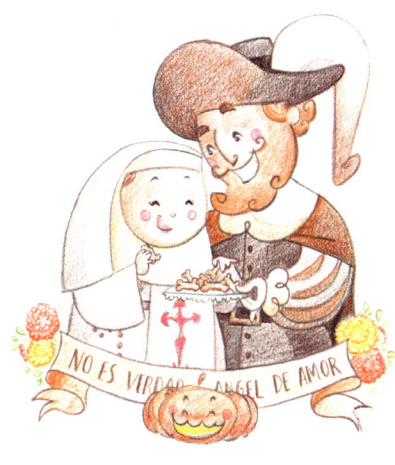

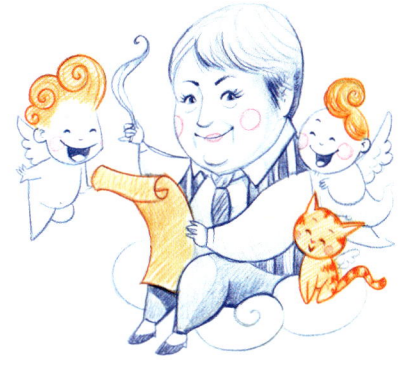

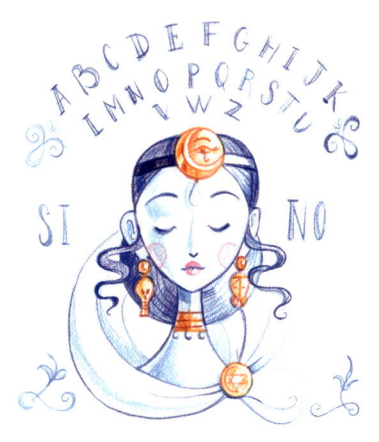

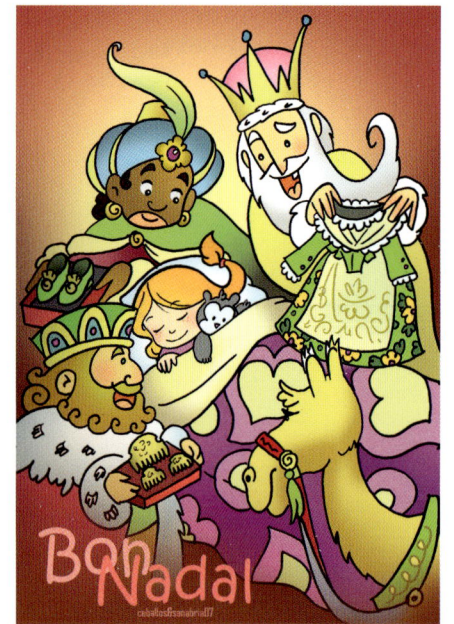

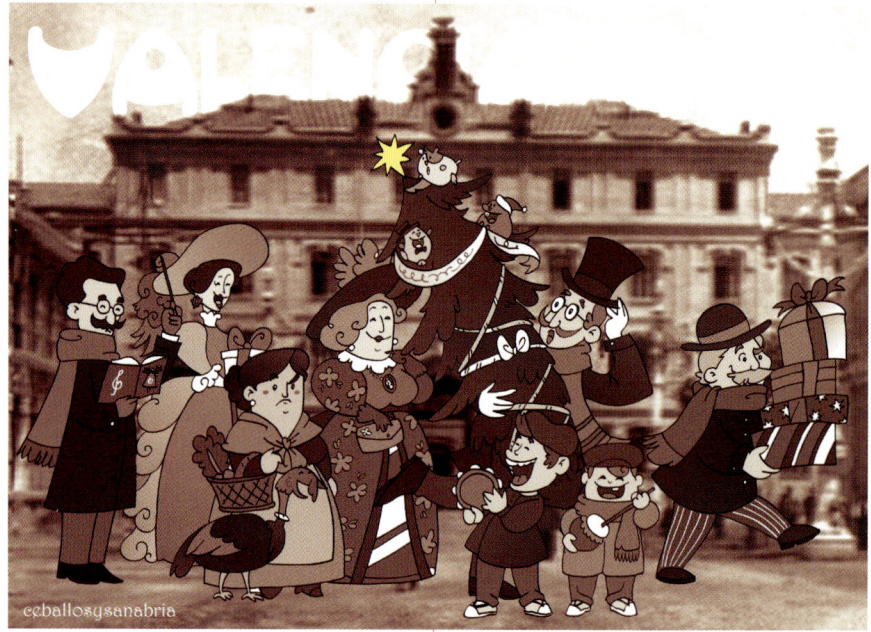

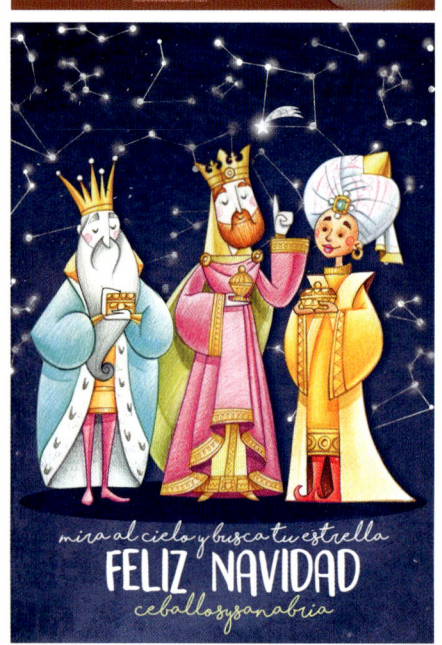

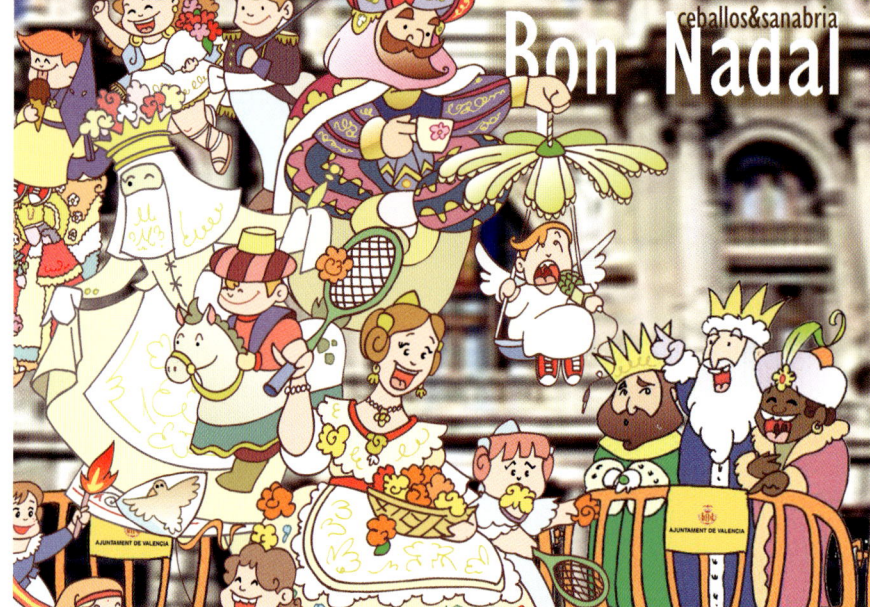

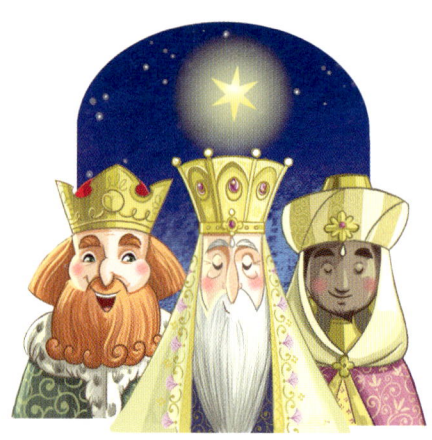

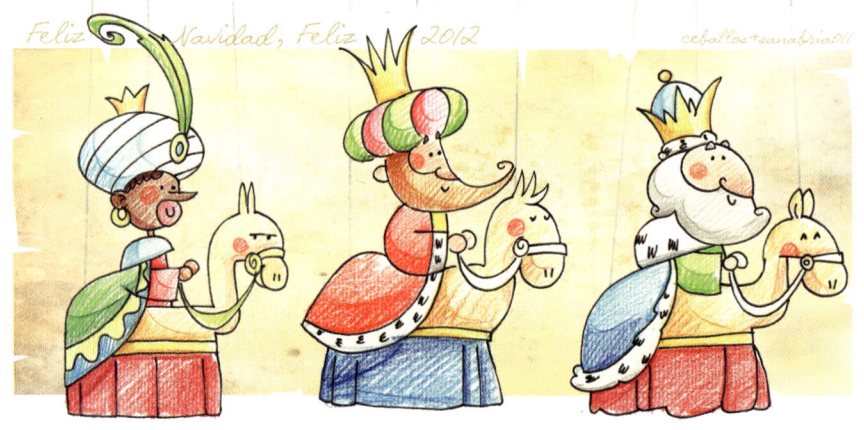

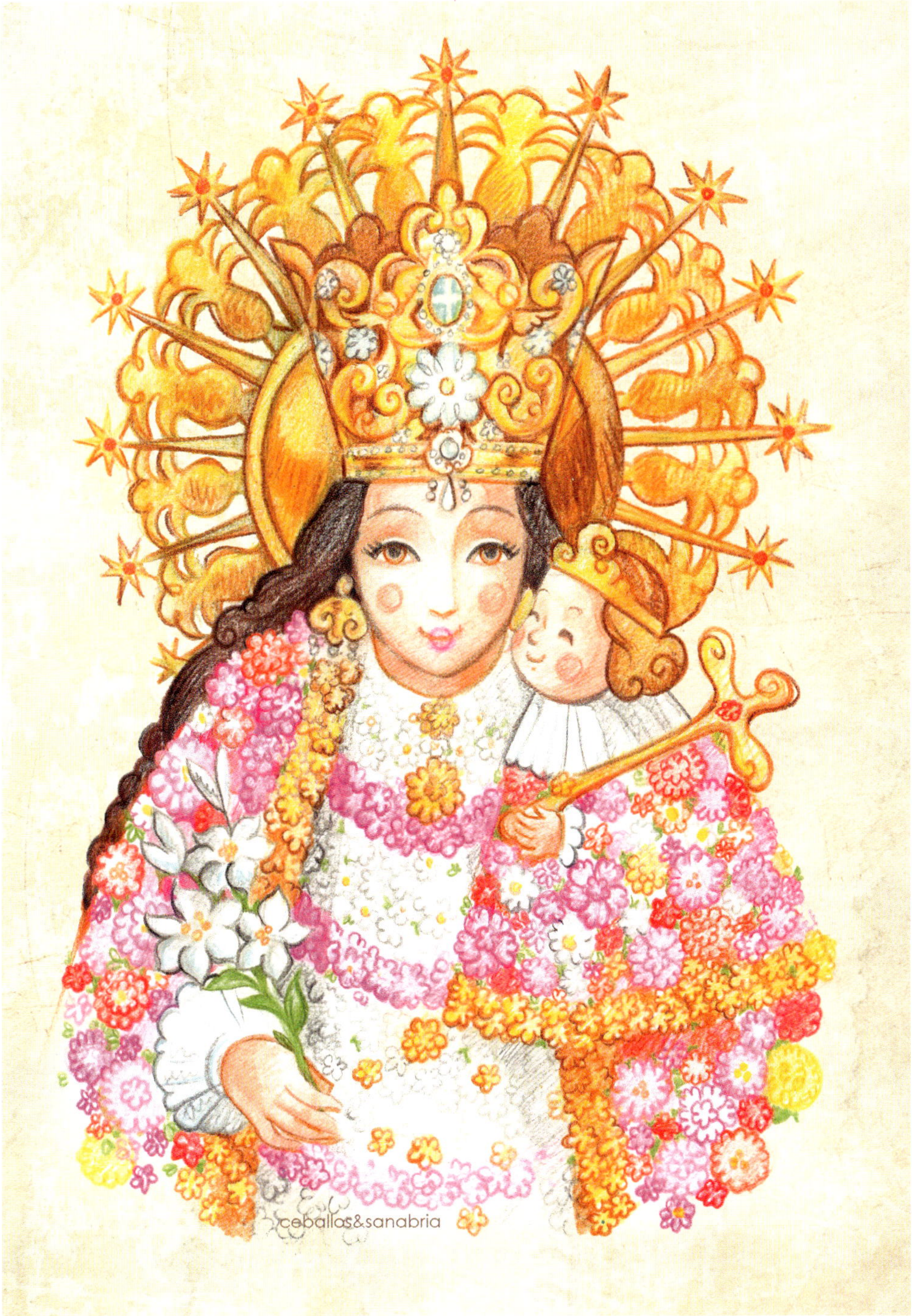

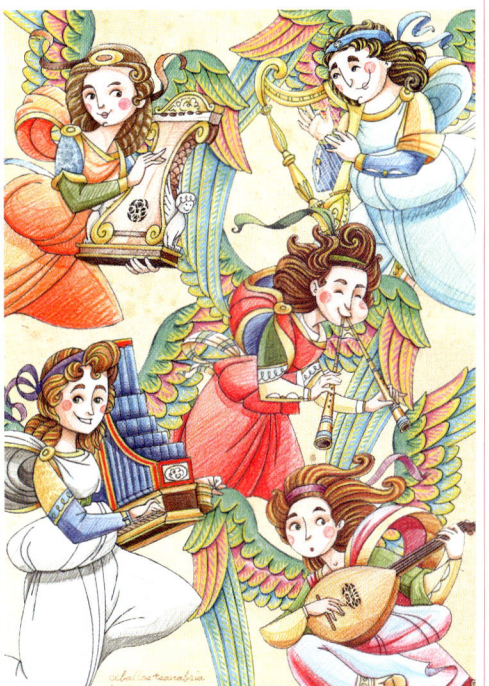

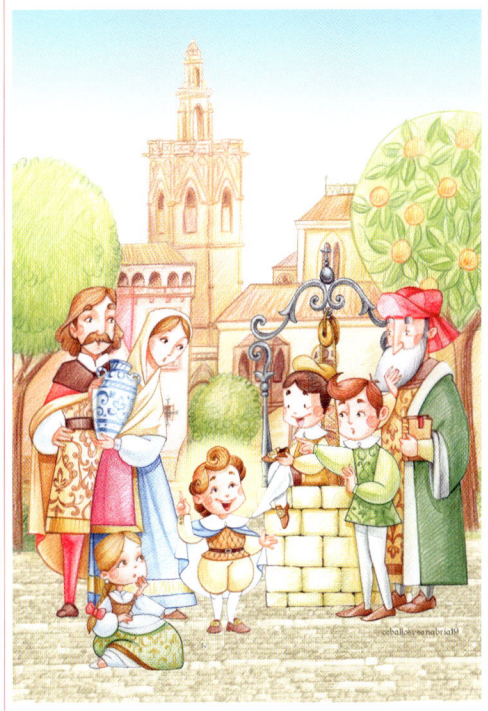

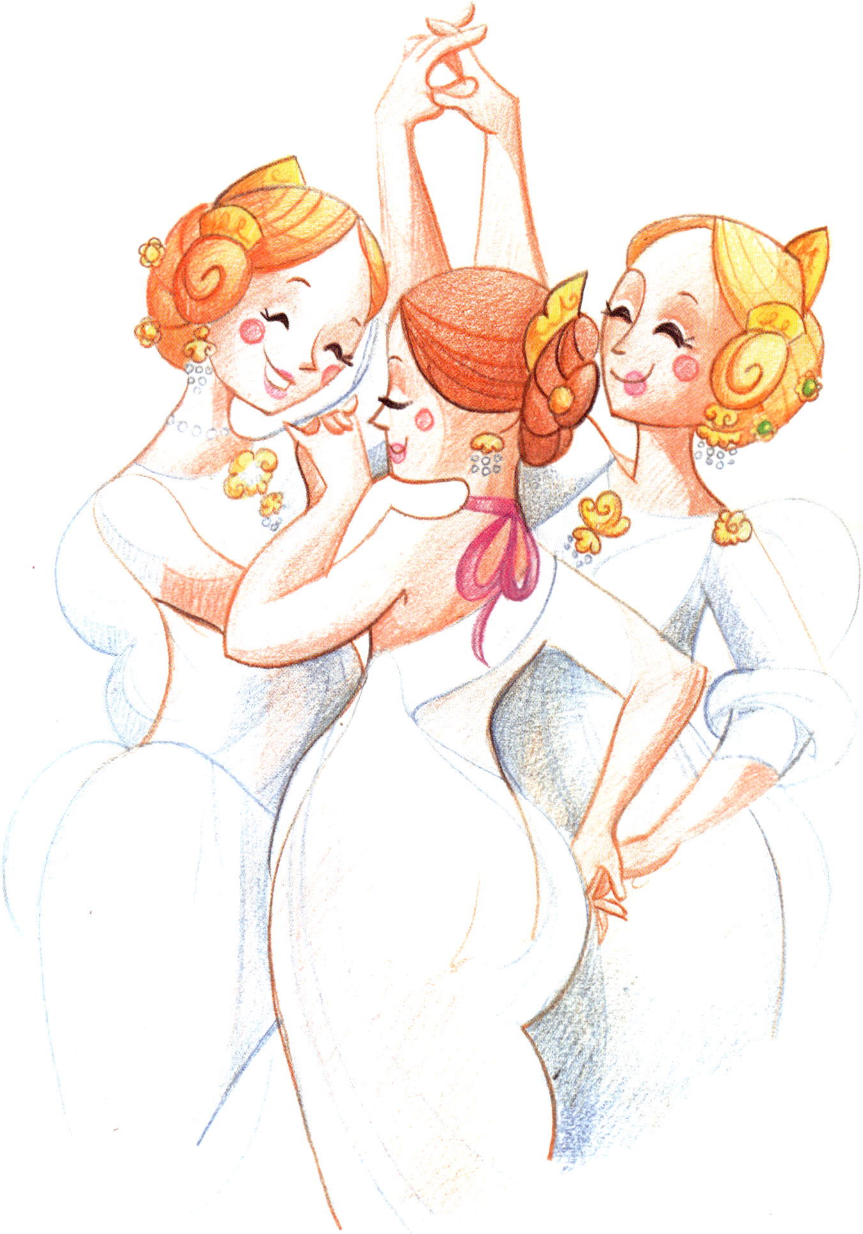

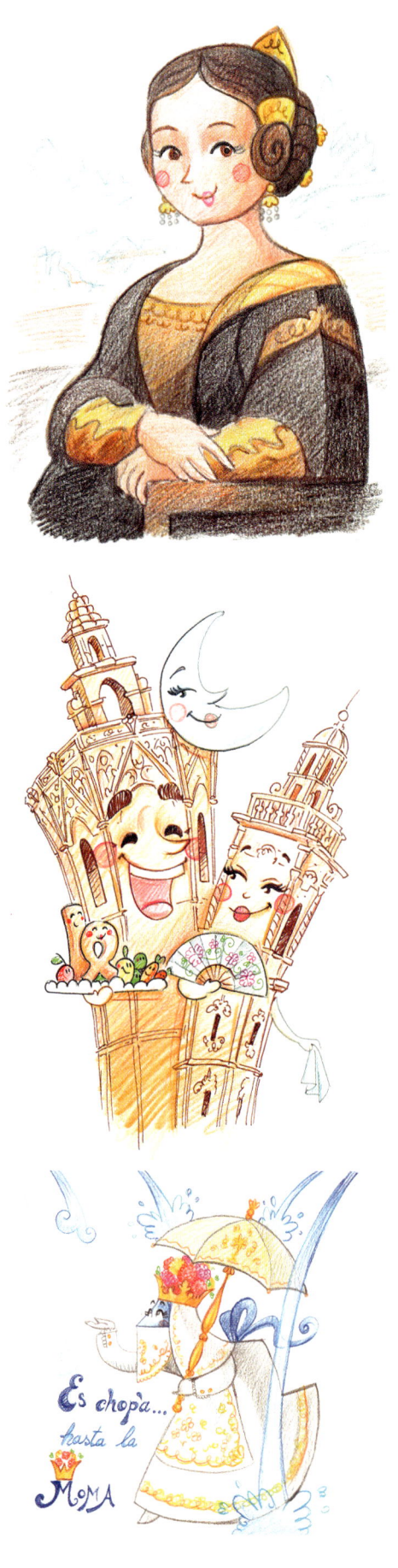

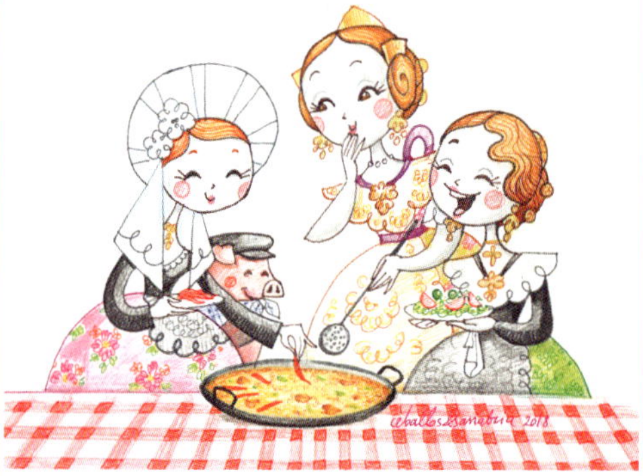

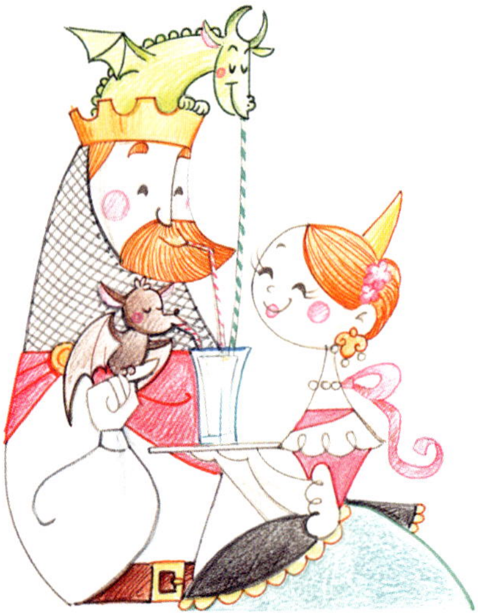

Es chopà...
hasta la
MOMA

Xineses i més Xineses
2018
Col·l. / Col. particular

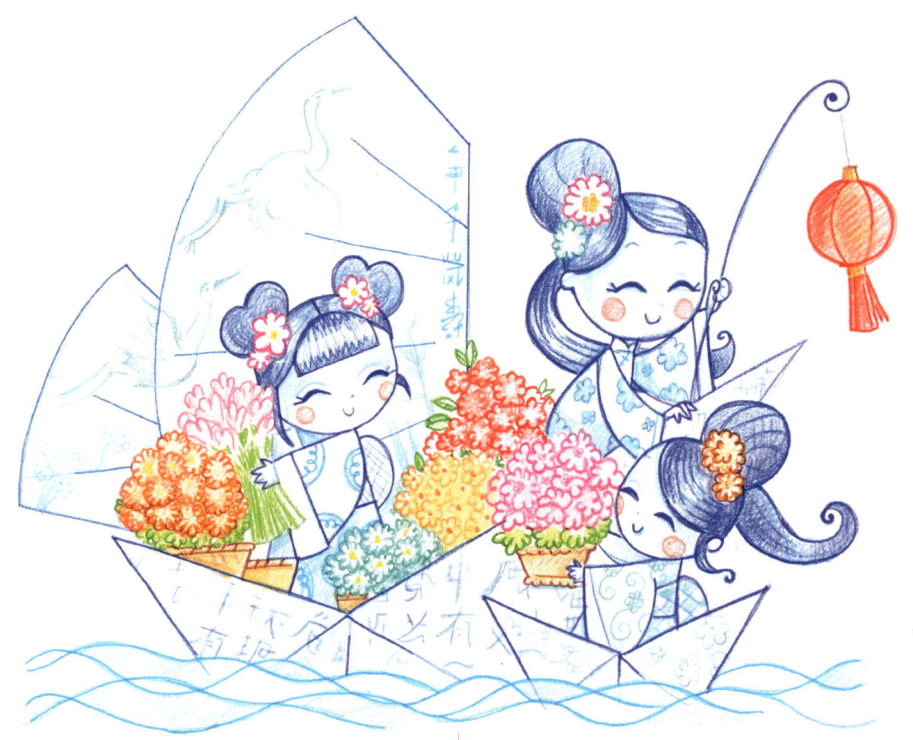
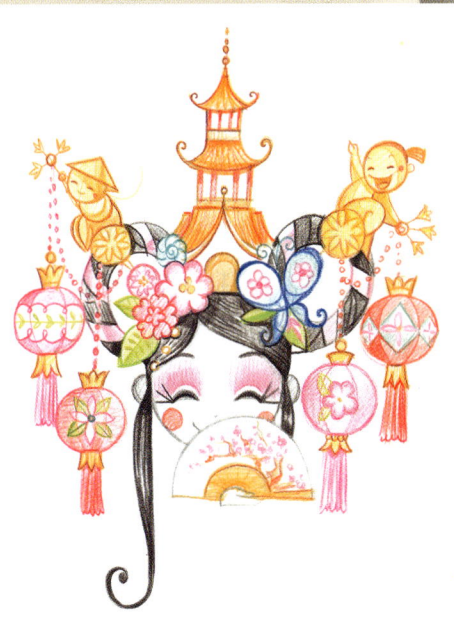

Xineses i més Xineses
2018
Col·l. / Col. particular

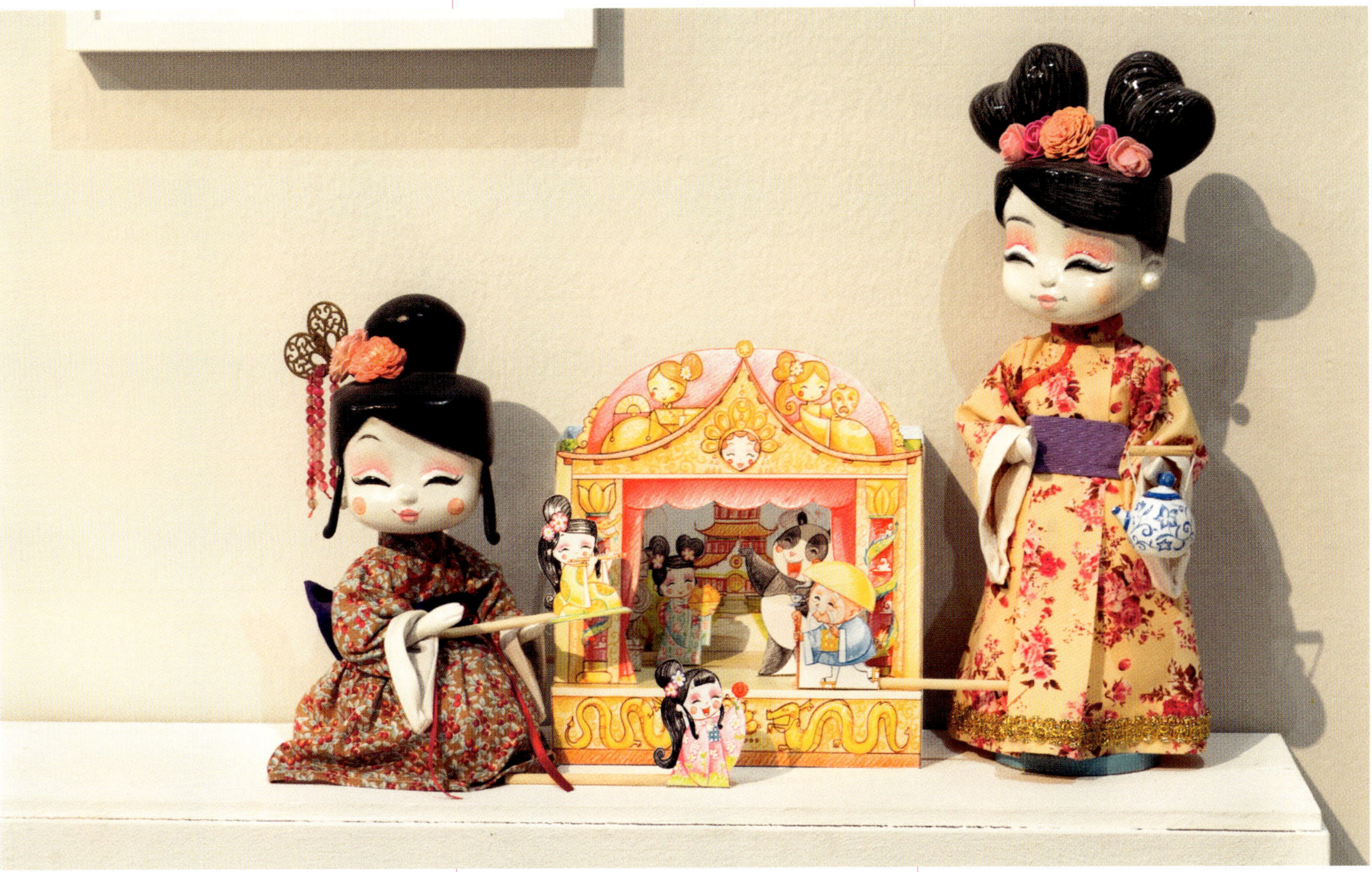

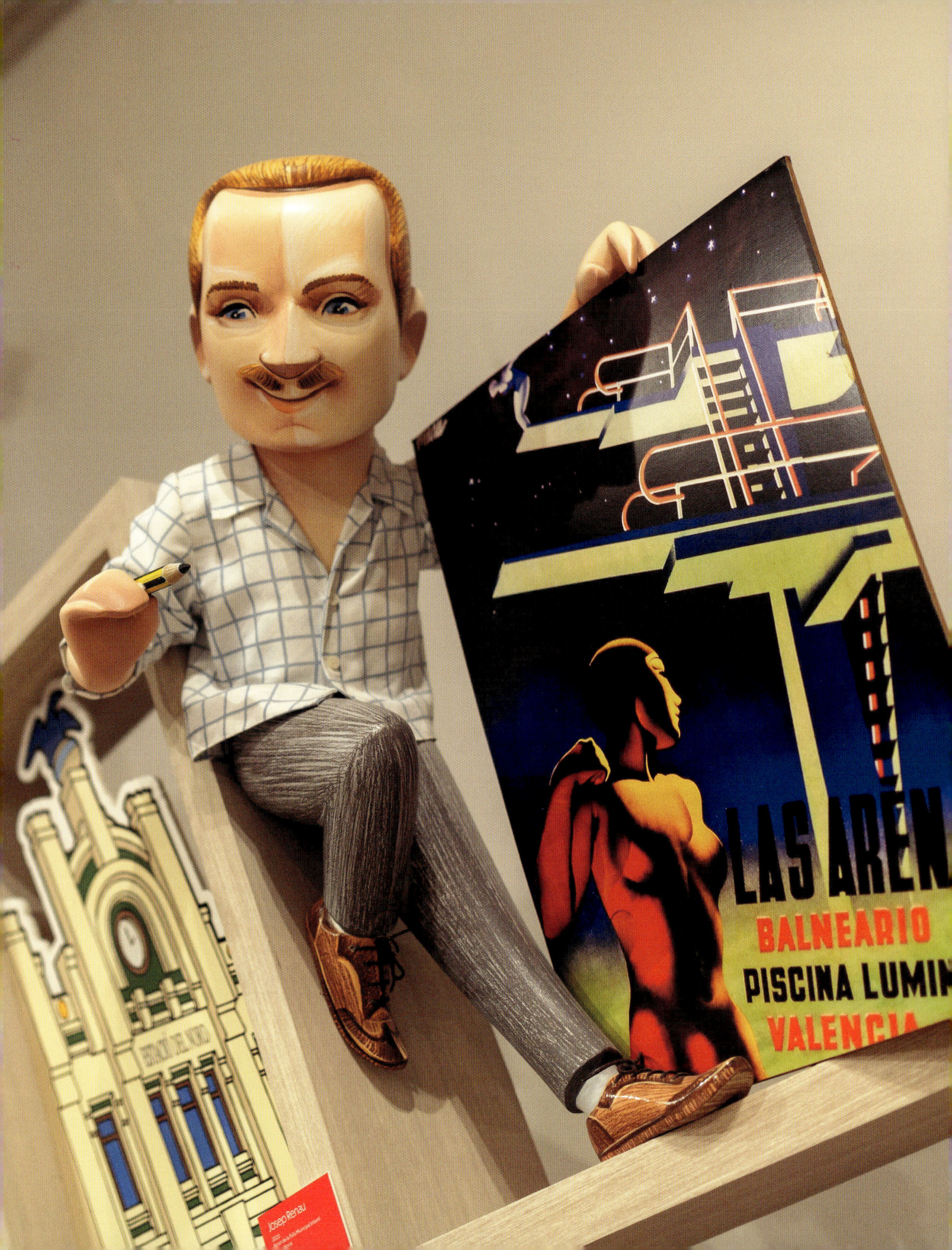

I ENS DORAREN LA 10 I LA 11

Les falles municipals de Ceballos i Sanabria

Manuel Andrés Zarapico

Val ↓

El 1987 es plantava la primera Falla Municipal Infantil a la plaça de l'Ajuntament. Començava la marxa d'un emplaçament faller de referència per on passarien diversos artistes al llarg dels anys. Vint anys després arribarien Ceballos i Sanabria per a girar el calcetí i generar un estàndard, una expectativa i un rècord. Per aquests tres condicionants, podem considerar el taller de Sant Isidre com l'"amo" de la plaça municipal infantil en els seus 36 anys de vigència.

La dialèctica utilitzada en totes les propostes del duo d'artesans compost per José Luis Ceballos i Francisco Sanabria en aquesta falla s'ha convertit en paradigmàtica per al cadafal infantil municipal. Si bé la didàctica va ser el primer vehicle utilitzat per a la temàtica d'aquelles primeres falletes de finals dels huitanta, la reinvenció de Ceballos i Sanabria del llenguatge artístic, ajustat als temps actuals, amb un desenvolupament clar, estructurat i, podríem dir, exhaustiu de cada tema converteixen el seu discurs en únic i diferenciador. Falles ludicodidàctiques n'hi ha hagut i n'hi haurà, però no amb el segell distintiu d'aquesta dupla.

La documentació i la, com déiem, exhaustivitat entre del suport narratiu presentat en forma de falla són actius que cal tindre en compte. I ho són perquè el que es conta basteix i converteix en vehicle l'estètica i no al revés. El que es conta, el que es divulga i es construeix fa de la plàstica corretja de transmissió, que consolida falles sòlides, compactes i sempre destacades en els dos apartats, tant el narratiu com l'artístic.

Les expectatives al voltant de les seues falles sempre han sigut primordials per a entendre l'experiència. Després d'un èxit continuat de crítica i públic, la següent iteració creativa s'espera amb ganes, tenint a més la certesa que València i la seua cultura popular, els trets identificatius de la ciutat, les efemèrides més assenyalades i els esdeveniments especials articulen el fons i la forma de la proposta.

Per descomptat, són artistes de rècord. Ceballos i Sanabria han firmat ja una dotzena de falles municipals infantils, nou de les quals consecutives, i han generat fins i tot un *hype* sense precedents per la consecució d'una desena consecutiva que no va arribar, però que va marcar una fita en la història recent de la festa. A més, el díptic de falles plantades els anys de la pandèmia de la Covid-19 els situen de nou en l'estadística històrica del món de les Falles.

Tot això apuntala una realitat. Si la Falla Infantil de l'Ajuntament té 'amos', són Ceballos i Sanabria.

El camí cap a la plaça

El duo arribava a les falles passant, en primer terme, per la universitat. I no sols per la seua llicenciatura en Belles Arts, sinó per la trobada afortunada en 2003 amb Marina Puche, filla del prestigiós artista faller Pepe Puche. Els tres assistien en la Facultat a la classe d'Anatomia que dirigia un altre prestigiós escultor relacionat amb el món faller, José Luis Álvarez 'el metge'. Tot es va anar forjant fins a fer eclosió, durant el seu últim any de carrera, firmant una falla infantil per a la comissió de Quart-Palomar, on se celebrava el 150 aniversari, i Pepe Puche plantava la falla gran. Va ser

Cast ↓

En 1987 se plantaba la primera falla municipal infantil en la plaza del Ayuntamiento. Comenzaba la andadura de un emplazamiento fallero de referencia por el que pasarían diversos artistas a lo largo de los años. Veinte años después llegarían Ceballos y Sanabria para dar la vuelta al calcetín y generar un estándar, una expectativa y un récord. Por estos tres condicionantes, podemos considerar al taller de San Isidro como el 'dueño' de la plaza municipal infantil en sus 36 años de vigencia.

La dialéctica utilizada en todas las propuestas del dúo de artesanos compuesto por José Luis Ceballos y Francisco Sanabria en esta falla se ha convertido en paradigmática para el catafalco infantil municipal. Si bien la didáctica fue el primer vehículo utilizado para la temática de aquellas primeras fallitas de finales de los ochenta, la reinvención de Ceballos y Sanabria del lenguaje artístico, ajustado a los tiempos actuales, con un desarrollo claro, estructurado y, podríamos decir, exhaustivo de cada tema convierten su discurso en único y diferenciador. Fallas lúdico-didácticas las ha habido y las habrá, pero no con el sello distintivo de esta dupla.

La documentación y la, como decíamos, exhaustividad dentro del soporte narrativo presentado en forma de falla son activos para tener en cuenta. Y lo son porque aquello que se cuenta arma y convierte en vehículo a la estética y no al revés. Lo que se cuenta, lo que se divulga y construye hace de la plástica correa de transmisión, cimentando fallas sólidas, compactas y siempre destacadas en ambos apartados, tanto en lo narrativo como en lo artístico.

Las expectativas alrededor de sus fallas siempre han sido primordiales para entender la experiencia. Tras un éxito continuado de crítica y público, la siguiente iteración creativa se espera con ganas, teniendo además la certeza de que Valencia y su cultura popular, los rasgos identificativos de la ciudad, las efemérides más señaladas y los eventos especiales articulan el fondo y la forma de la propuesta.

Por supuesto, son artistas de récord. Ceballos y Sanabria han firmado ya una docena de fallas municipales infantiles, nueve de ellas consecutivas, generando incluso un *hype* sin precedentes por la consecución de una décima consecutiva que no llegó, pero que marcó un hito en la historia reciente de la fiesta. Además, el díptico de fallas plantadas en los años de la pandemia de la Covid-19 los sitúan de nuevo en la estadística histórica del mundo de las Fallas.

Todo lo expuesto apuntala una realidad. Si la falla infantil del ayuntamiento tiene 'amos', esos son Ceballos y Sanabria.

El camino hacia la plaza

El dúo llegaba a las fallas pasando, en primer término, por la universidad. Y no sólo por su licenciatura en Bellas Artes, sino por el encuentro afortunado en 2003 con Marina Puche, hija del prestigioso artista fallero Pepe Puche. Los tres asistían en la facultad a la clase de anatomía que dirigía otro reputado escultor relacionado con el mundo fallero, José Luís Álvarez 'el metge'. Todo se fue fraguando hasta eclosionar, durante su último año de carrera, firmando una falla infantil para la comisión de Quart-Palomar, donde se celebraba el 150 aniversario y Pepe Puche plantaba la falla grande. Fue en 2004, y el debut se saldó

en 2004, i el debut es va saldar amb un primer premi i un segon d'enginy i gràcia en la sisena categoria del Concurs de Falles de la Junta Central Fallera (JCF).

Després d'aquella afortunada estrena, arribarien dues falles infantils més per a la demarcació de la plaça de Santa Úrsula, en les quals anirien establint el seu tret distintiu; una marca de la casa tant en composició com en desenvolupament temàtic. Aquesta marca s'observa també en les falles plantades de 2005 a 2007 al barri de Natzaret, en aquest cas en la demarcació d'Aras de Alpuente-Castell de Pop, des de la qual salten a la categoria reina de les falles infantils, la Secció Especial, en què aconsegueixen en 2007 un ostensible èxit amb el cinqué premi i segon d'enginy i gràcia obtingut per *Xocolate... bonísssim!!!* La coneguda falla del xocolate ja gaudia plenament dels trets de l'estil propi amb el qual, una vegada guanyat el concurs, accedirien a la plaça major de la ciutat.

La primera de nou consecutives

Un lustre d'experiència, evolució d'estil i desenvolupament va suposar el temps de creixement artístic exponencial de la dupla, que presentava el seu primer projecte al concurs municipal; un concurs en què el jurat, fins a l'any 2017, va estar compost per edils dels diferents grups polítics de l'Ajuntament de València.

El seu èxit en la Secció Especial de 2007 era una impecable carta de presentació, que els va obrir la porta de la plaça. I ací plantarien una falla emblemàtica: *Una ciutat... en plena festa.* D'una idea sorgida per a Quart-Palomar eixiria la forma definitiva de la que seria la primera falla infantil municipal arribada des de la Casa del Corretger de Sant Isidre.

Per a entendre també el context, cal analitzar que la Falla Infantil Municipal disposava d'un pressupost poc atractiu en comparació dels honoraris que es percebien en la Secció Especial. Com a termòmetre, la falla del xocolate estava pressupostada dins de la forqueta inferior de la categoria, i va costar 30.000 €. La Falla Municipal de 2008 disposava de 27.300 €.

El recorregut del calendari festiu valencià aglutinat en quatre segments, cada un corresponent a cada estació de l'any, i amb prop de mig centenar de figures era el repte proposat. La Moma del Corpus, una fallera en la Batalla de Flors, un personatge vestit de moro per al 9 d'Octubre i una xiqueta portant a beneir la seua mascota per Sant Antoni articulaven la composició al seu voltant; sobrevolant la falla, les festes en ordre estacional de primavera, estiu, tardor i hivern. Així, mitjançant un estil fresc, desenfadat i divertit, es presentaven diversos personatges de la Setmana Santa Marinera, les Falles, la festa de la Mare de Déu dels Desemparats, els miracles de sant Vicent Ferrer, la festa dels xiquets del carrer de Sant Vicent, la Carxofa de la Mare de Déu del Carme, els embalums de Sant Esteve, els Reis Mags, la Sant Silvestre, el Certamen de Bandes de Música i detalls que incorporaven festes emblemàtiques, com les galetetes de Sant Blai, la festa de la rosquilleta de Santa Mònica, les fires del Llibre, etc. Així mateix, suports gràfics plens d'enginy i gràcia completaven la falla amb personatges relatius a la festa, com Amparito Roca (pasdoble) o festes dels barris, com la Cantà a la Creu de Mig Camí de Sant Isidre o la benedicció de cotxes antics del barri de la Trinitat.

Com a curiositat, els tretze ratolins vestits com a personatges de la processó del Corpus, antany Festa Grossa de la ciutat, van ser realitzats com a regal per a la Fallera Major Infantil de València i la seua cort d'honor.

José Luis Ceballos i Francisco Sanabria van comptar amb la col·laboració en diversos aspectes de la construcció amb Lorena Ruipérez, Antonio Sanabria, Guillermo Rojas, i Pepe Puche, i ells van ser els responsables de la idea, guió, modelatge, escatat i pintura. Una falla d'autor que encaixa com un guant amb les línies mestres del que és la seua producció fallera.

L'èxit i les lloances a tots els nivells van encimbellar els autors a un altre estadi dins de la festa fallera, que va portar també el seu estil a un procés d'evolució constant en un entorn on encara estava tot per dir.

Una consolidació necessària

Arribava 2009, el centenari de l'Exposició Regional i l'estrena de l'himne que componguera el mestre José Serrano Simeón. Les condicions

con un primer premio y un segundo de ingenio y gracia en la sexta categoría del concurso de fallas de la Junta Central Fallera (JCF).

Tras aquel afortunado estreno, llegarían otras dos fallas infantiles para la demarcación de la plaza de Santa Úrsula, en las que irían estableciendo su rasgo distintivo; una marca de la casa tanto en composición como en desarrollo temático. Esa marca se observa también en las fallas plantadas de 2005 a 2007 en el barrio de Nazaret, en este caso en la demarcación de Aras de Alpuente-Castell de Pop, desde la que saltan a la categoría reina de las fallas infantiles, la sección Especial, logrando en 2007 un ostensible éxito con el quinto premio y segundo de ingenio y gracia cosechado por *Xocolate... ¡¡¡bonísssim!!!*. La conocida falla del chocolate ya disfrutaba plenamente de los rasgos del estilo propio con el que, una vez ganado el concurso, accederían a la plaza mayor de la ciudad.

La primera de nueve consecutivas

Un lustro de experiencia, evolución de estilo y desarrollo supuso el tiempo de crecimiento artístico exponencial de la dupla, que presentaba su primer proyecto al concurso municipal; un concurso en el que el jurado, hasta el año 2017, estuvo compuesto por ediles de los distintos grupos políticos del Ayuntamiento de Valencia.

Su éxito en la sección Especial de 2007 era una impecable carta de presentación, la cual les abrió la puerta de la plaza. Y en ella plantarían una falla emblemática: Una ciutat... en plena festa. De una idea surgida para Quart-Palomar saldría la forma definitiva de la que sería la primera falla infantil municipal llegada desde la Casa del Corretger de San Isidro.

Para entender también el contexto hay que analizar que la falla infantil municipal disponía de un presupuesto poco atractivo en comparación con los honorarios que se percibían en la sección Especial. Como termómetro, la falla del chocolate estaba presupuestada dentro de la horquilla inferior de la categoría, y costó 30.000 €. La falla municipal de 2008 disponía de 27.300 €.

El recorrido del calendario festivo valenciano aglutinado en cuatro segmentos, cada uno correspondiente a cada estación del año, y con cerca de medio centenar de figuras era el reto propuesto. La Moma del Corpus, una fallera en la Batalla de Flores, un personaje vestido de moro para el 9 d'Octubre y una niña llevando a bendecir su mascota por Sant Antoni articulaban la composición a su alrededor, sobrevolando la falla las fiestas en orden estacional de primavera, verano, otoño e invierno. Así, mediante un estilo fresco, desenfadado y divertido, se presentaban diversos personajes de la Semana Santa Marinera, las Fallas, la fiesta de la Mare de Deu dels Desamparats, els milacres de Sant Vicent Ferrer, la fiesta de los niños de la calle San Vicente, la Carxofa de la Virgen del Carmen, los bultos de San Esteban, los Reyes Magos, la San Silvestre, el certamen de bandas de música y detalles que incorporaban fiestas emblemáticas, como las galletitas de San Blas, la fiesta de la rosquilleta de Santa Mónica, las ferias del Libro, etc. Asimismo, apoyos gráficos repletos de ingenio y gracia completaban la falla con personajes relativos a la fiesta, como Amparito Roca (pasodoble), o fiestas de los barrios, como la Cantà a la Creu de Mig Camí de Sant Isidre o la bendición de coches antiguos del barrio de la Trinitat.

Como curiosidad, los trece ratones vestidos como personajes de la procesión del Corpus, la antaño Festa Grossa de la ciudad, fueron realizados como regalo para la Fallera Mayor Infantil de Valencia y su corte de honor.

José Luis Ceballos y Francisco Sanabria contaron con la colaboración en diversos aspectos de la construcción con Lorena Ruipérez, Antonio Sanabria, Guillermo Rojas, y Pepe Puche, siendo ellos los responsables de la idea, guion, modelado, lijado y pintura. Una falla de autor que encaja como un guante a las líneas maestras de lo que es su producción fallera.

El éxito y las alabanzas a todos los niveles encumbraron a los autores a otro estadio dentro de la fiesta fallera, llevando también su estilo a un proceso de evolución constante en un medio donde todavía estaba todo por decir.

Una consolidación necesaria

Llegaba 2009, el centenario de la Exposición Regional y el estreno del himno que compusiera el maestro José Serrano Simeón. Las con-

eren propícies, i malgrat que van considerar tres possibilitats diferents per a presentar, va ser el dedicat al centenari de l'Himne Regional el que evolucionaria fins a l'exhibit, que va girar al voltant dels fets i les gents que van envoltar l'Exposició Regional de 1909 d'una manera amena i en forma de conte.

València 1909 presentava dos canvis de pas. Un, de compositiu, que plantejava un costat frontal i un del darrere de falla més evidents. I un altre, l'enfocament, que d'un pla expositiu i lúdic com era el de les festes s'evolucionava a un de més complicat, replet de personatges històrics de gran rellevància, intentant que la lectura de la falla resultara fàcil però que el seu pòsit cultural fora major.

La desfilada de personalitats històriques va incloure en el costat frontal el mestre Serrano i el poeta Maximilià Thous, autors de l'himne, al costat de Tomás Trenor i els timbalers de la ciutat, envoltats del pintor Joaquín Sorolla, la soprano Lucrecia Bori o el fotògraf Antonio García. Darrere, i sobre la torre del palau de Ripalda, habitaven pintors com Ignacio Pinazo, Cecilio Pla i José Mongrell, el *versador d'albaes* Joan Batiste Burguet, l'escriptor Vicente Blasco Ibáñez, els arquitectes Mora i Ribes o el doctor Moliner. A més, es veia també l'actriu María Llácer, Dolores Petrer i Angelita Pajes, dones toreres i personatges històrics, com Miguel Arnau, el *Pardaler*, que venia ocells de terrissa.

La part inferior de darrere presentava una representació del cartell de l'Exposició Regional acompanyat, a manera de detalls de falla, d'elements característics de poblacions de la Regió, com l'arròs de Sueca, l'orxata d'Alboraia, la ceràmica de Manises, els ventalls d'Aldaia o mobles de Benetússer, Alfafar i Sedaví, entre altres.

Com a dada significativa, cal destacar que el pressupost assignat a la Falla Municipal Infantil en 2009 va ascendir fins als 29.000 €, la mateixa quantitat de la qual disposarien l'any següent, ja que el 8 d'abril l'equip resultava de nou guanyador del concurs.

En aquesta ocasió es plantejava un passeig per les galeries i museus de la ciutat. *Entra i voràs* era el títol d'una falla en la qual ens rebien dos quadres humanitzats: l'autoretrat de Diego Velázquez i Joaquina Candado, pintada per Francisco de Goya, prenien cos i sostenien els seus marcs en el Museu de Belles Arts de València davant la mirada d'uns joves acompanyats d'una hostessa.

Ninots representant la *Valentia* romana, la *Balansiya* àrab i la València medieval s'incorporaven en nom del Museu d'Història, mentre que el Museu de Prehistòria, el MuVIM i el Museu de la Ciutat capitalitzaven l'atenció en el remat.

A la part posterior hi havia el Patriarca Joan de Ribera, gran mecenes de l'art valencià, al costat del famós 'drac', i un ventall de figures que ens remetien al Museu de l'Arròs, la Casa Museu de Concha Piquer, el Museu Faller, el Museu Catedralici, el Jardí Botànic i la Casa dels Roques. També es va realitzar la reproducció de l'escultura *Dona davant* l'espill de Julio González per a simbolitzar l'IVAM.

Cal destacar la cúpula del Sant Pius V, que servia de centre, el retaule gòtic que narrava el regnat de Fallera Major Infantil de València mitjançant il·lustracions, i els famosos 'talps', marca de la casa, que sota les senyalitzacions de València Museu Obert, representaven ubicacions tan importants com el Mercat Central, les Torres de Serrans, la Llotja, la Reial Basílica, la Catedral o les Drassanes del port, entre altres.

Un camí sòlid i consolidat

Totalment consolides, les falles de Ceballos i Sanabria a la plaça de l'Ajuntament eren part del paisatge de la ciutat quan arribaven les Falles, i la seua participació en el concurs municipal es comptava per èxits; un certamen que va ser bastant concorregut per a la mitjana de cara a 2011, però de nou el projecte del duo era el triat. El 20 d'abril es donava llum verda a la que seria la següent falla infantil, *A la tribuna del Túria*. El pressupost van ser 29.000 €.

Una vegada més prevalia l'aportació cultural a la proposta, en aquesta ocasió posant l'accent en el Tribunal de les Aigües, que el 30 de setembre de 2009 era declarat Patrimoni Cultural Immaterial de la Humanitat per la UNESCO.

Seguia l'evolució en la part compositiva i del modelatge en una obra que tenia el seu germen en l'apetència de l'equip per una falla sobre l'Horta. Arribarien fins al Tribunal, el riu Túria i la mitologia

diciones eran propicias, y pese a que barajaron tres posibilidades diferentes para presentar, fue el dedicado al centenario del Himno Regional el que evolucionaría hasta el exhibido, girando alrededor de los hechos y las gentes que envolvieron la Exposición Regional de 1909 de una forma amena y en forma de cuento.

Valencia 1909 presentaba dos cambios de paso. Uno, a nivel compositivo, planteando una frontal y una trasera de falla más evidentes. Y otro, el enfoque, que de un plano expositivo y lúdico como era el de las fiestas se evolucionaba a uno más complicado, repleto de personajes históricos de gran relevancia, intentando que la lectura de la falla resultara fácil pero que su poso cultural fuera mayor.

El desfile de personalidades históricas incluyó en la frontal al maestro Serrano y al poeta Maximiliano Thous, autores del himno, junto a Tomás Trenor y los timbaleros de la ciudad, rodeados por el pintor Joaquín Sorolla, la soprano Lucrecia Bori o el fotógrafo Antonio García. Detrás, y sobre la torre del palacio de Ripalda, habitaban pintores como Ignacio Pinazo, Cecilio Pla y José Mongrell, *el versador d'albaes* Joan Batiste Burguet, el escritor Vicente Blasco Ibáñez, los arquitectos Mora y Ribes o el doctor Moliner. Además, se veía también a la actriz María Llácer, a Dolores Petrer y Angelita Pajes, mujeres toreras, y personajes históricos, como Miguel Arnau, el 'pardaler' que vendía pájaros de barro.

La parte inferior de la trasera presentaba una representación del cartel de la Exposición Regional acompañado, a modo de detalles de falla, por elementos característicos de poblaciones de la región, como el arroz de Sueca, la horchata de Alboraia, la cerámica de Manises, los abanicos de Aldaia o muebles de Benetússer, Alfafar y Sedaví entre otros.

Como dato significativo, cabe destacar que el presupuesto asignado a la falla municipal infantil en 2009 ascendió hasta los 29.000 €, la misma cantidad de la que dispondrían el año siguiente, ya que el 8 de abril el equipo resultaba de nuevo ganador del concurso.

En esta ocasión se planteaba un paseo por las galerías y museos de la ciudad. *Entra i voràs* era el título de una falla en la que nos recibían dos cuadros humanizados: el autorretrato de Diego Velázquez y Joaquina Candado, pintada por Francisco de Goya, tomaban cuerpo y sostenían sus marcos en el Museo de Bellas Artes de Valencia ante la mirada de unos jóvenes acompañados por una azafata.

Ninots representando a la *Valentia* romana, la *Balansiya* árabe y la Valencia medieval se incorporaban en nombre del Museo de Historia, mientras que el Museo de Prehistoria, el MuVIM y el Museo de la Ciudad capitalizaban la atención en el remate.

En la parte trasera encontrábamos al Patriarca Juan de Ribera, gran mecenas del arte valenciano, junto al famoso 'dragón', y un abanico de figuras que nos remitían al Museo del Arroz, la Casa Museo de Concha Piquer, el Museo Fallero, el Museo Catedralicio, el Jardín Botánico y la Casa de les Roques. También se realizó la reproducción de la escultura *Mujer ante el espejo* de Julio González para simbolizar el IVAM.

Cabe destacar la cúpula del San Pío V, que servía de centro, el retablo gótico que narraba el reinado de Fallera Mayor Infantil de Valencia mediante ilustraciones, y los famosos 'topos', marca de la casa, que bajo las señalizaciones de Valencia Museu Obert, representaban ubicaciones tan importantes como el Mercado Central, las Torres de Serranos, la Lonja, la Real Basílica, la Catedral o las Atarazanas del Puerto, entre otras.

Un camino sólido y cimentado

Totalmente consolidadas, las fallas de Ceballos y Sanabria en la plaza del Ayuntamiento eran parte del paisaje de la ciudad cuando llegaban las fallas, y su participación en el concurso municipal se contaba por éxitos; un certamen que fue bastante concurrido para la media de cara a 2011, pero de nuevo el proyecto del dúo era el elegido. El 20 de abril se daba luz verde a la que sería la siguiente falla infantil, *A la tribuna del Túria*. El presupuesto fueron 29.000 €.

Una vez más primaba el aporte cultural a la propuesta, en esta ocasión poniendo el acento en el Tribunal de las Aguas, que el 30 de septiembre de 2009 era declarado Patrimonio Cultural Inmaterial de la Humanidad por la UNESCO.

d'una cosa pròxima, única i pròpia, arrelada en el patrimoni popular valencià, cas de la famosa font de la plaça de la Verge.

Tot i ser la documentació un dels apartats més importants de la producció municipal infantil, cal destacar que Ceballos i Sanabria van comptar per primera vegada amb un assessorament complementari. Els artistes es van reunir amb Javier Pastor, advocat de la Séquia de Rascanya, i l'historiador del Tribunal de les Aigües, Daniel Sala.

Una reunió del Tribunal amb els seus integrants, jugant com si es tractara de xiquets, davant de la porta dels Apòstols de la Catedral enfocava la temàtica en la frontal, custodiada per la representació mitològica del Túria portant un corn de l'abundància. Al seu costat, l'al·legoria simpàtica i enginyosa de les huit séquies i els seus braços (Rovella, Tormos, Favara, Mislata, Quart, Rascanya, Faitanar i Mestalla, al costat d'Andarella, Xirivella, Vera, el Moro, i l'Or). També s'ensenyava l'origen musulmà de les séquies.

Darrere, la vida a l'Horta valenciana i les seues festes monopolitzaven el diàleg, en què destacaven la figura d'un llaurador i el seu ruc, una cebera i la creu de terme de Pinedo.

A principis d'abril de 2011 només un projecte es presentava al concurs municipal de la Falla Infantil de 2012: el de Ceballos i Sanabria, que triaven una temàtica allunyada de l'àmbit local valencià, però no del substrat més cultural i a priori complex. I és que el contingut triat va ser el bicentenari de la primera Constitució Espanyola.

¡Viva la Pepa!, plantada en el context de la crisi econòmica, va tindre un pressupost de 25.000 €, quatre mil menys que en anys anteriors. La falla estava orientada com una festa d'aniversari, la de 'la Pepa', una gràcil dama nascuda el dia de Sant Josep de 1812. L'acompanyaven els seus nets, representacions de les autonomies amb vestits regionals i noms característics de la zona: Pelayo (Astúries), Curro (Andalusia), Vicent (València), Pilarín (Aragó), Santi (Galícia) o Jordi (Catalunya). La deessa Atenea, símbol de llibertat, justícia, igualtat i pau, i el retrat de Ferran VII, rei que va abolir la Constitució, s'incloïen en aquesta part. Cal destacar la presència dels diputats valencians Francisco Javier Borrull Vilanova i Joaquín Lorenzo Villanueva Astengo, membres de les Corts de Cadis.

La part de darrere quedava reservada a la Constitució Espanyola de 1978, en què es desgranava el contingut de la Carta Magna adaptat per als més menuts. Els lleons del Congrés dels Diputats i la plasmació dels poders executiu, legislatiu i judicial també es trobaven en un projecte que va comptar amb la col·laboració de la Universitat Internacional Valenciana (VIU), que va desenvolupar un eBook sobre el constitucionalisme.

Un nou pas avant

El concurs municipal infantil de 2013, dotat amb 25.000 € de pressupost de nou, rebia un sol projecte, el de Ceballos i Sanabria, per la qual cosa un any més l'equip ocuparia la demarcació. I ho faria amb una falla que augmentava exponencialment la seua aposta cultural, endinsant-se en la història de València de manera apassionant i molt artística, al mateix temps que es realitzaven algunes aportacions tècniques sobre l'estil ja consolidat que feien la falla més interessant encara. Una era vestir els ninots amb vestits fets amb diferents teixits. L'any anterior, dins de la falla titulada Penjats!, plantada a Quart-Palomar, ja s'havien introduït materials tèxtils en la seua producció, una cosa que portaven a la màxima expressió en les escenes de la Falla Municipal de 2013, *La València Daurada*.

El sisé projecte es percebia més madur en la seua concepció, de sòlid inici, desenvolupament complex i idea inicial de curiós naixement. Per a entendre-ho cal remuntar-se a 2004, moment en què es van redescobrir els renaixentistes Àngels Músics de la volta de la Catedral de València. En aquest moment, atesa la seua formació en restauració, amén de pertànyer al grup d'alumnes de Carmen Pérez, responsable del descobriment, la idea de fer una reproducció fallera d'aquelles figures es va quedar en l'èter, fins que quasi deu anys després es va fer realitat.

Els Àngels, pintures de Paolo de San Leocadio i Francesco Pagano, sobrevolaven, com a inici del Renaixement, una composició en la qual el Segle d'Or valencià era la protagonista. Les peces presentaven les seues respectives ales estofades en or i instruments com la cítara, el llaüt, l'aulos, l'arpa i l'orgue portàtil. Per a la seua reproducció es va comptar amb la col·laboració de l'Institut Valencià de la Música.

Seguía la evolución en la parte compositiva y del modelado en una obra que tenía su germen en la apetencia del equipo por una falla sobre la huerta. Llegarían hasta el tribunal, el río Turia y la mitología de algo cercano, único y propio, enraizado en el acervo popular valenciano, caso de la famosa fuente de la plaza de la Virgen.

Siendo la documentación uno de los apartados más importantes de la producción municipal infantil, hay que destacar que Ceballos y Sanabria contaron por primera vez de un asesoramiento complementario. Los artistas se reunieron con Javier Pastor, abogado de la acequia de Rascanya, y el historiador del Tribunal de las Aguas, Daniel Sala.

Una reunión del tribunal con sus integrantes, jugando como si se tratara de niños, frente a la puerta de los Apóstoles de la Catedral enfocaba la temática en la frontal, custodiada por la representación mitológica del Turia portando un cuerno de la abundancia. Junto a él, la alegoría simpática e ingeniosa de las ocho acequias y sus brazos (Rovella, Tormos, Favara, Mislata, Quart, Rascanya, Faitanar y Mestalla, junto a Andarella, Xirivella, Vera, el Moro, y el Oro). También se enseñaba el origen musulmán de las acequias.

En la trasera, la vida en la huerta valenciana y sus fiestas monopolizaban el diálogo, destacando la figura de un labrador y su jumento, una cebollera y la cruz de término de Pinedo.

A principios de abril de 2011 sólo un proyecto se presentaba al concurso municipal de la falla infantil de 2012: el de Ceballos y Sanabria, que elegían una temática alejada de lo local valenciano, pero no del sustrato más cultural y a priori complejo. Y es que el contenido elegido fue el bicentenario de la primera Constitución Española.

¡Viva la Pepa!, plantada en el contexto de la crisis económica, tuvo un presupuesto de 25.000 €, cuatro mil menos que en años anteriores. La falla estaba orientada como una fiesta de cumpleaños, la de 'la Pepa', una grácil dama nacida el día de San José de 1812. La acompañaban sus nietos, representaciones de las autonomías con trajes regionales y nombres característicos de la zona: Pelayo (Asturias), Curro (Andalucía), Vicent (Valencia), Pilarín (Aragón), Santi (Galicia) o Jordi (Cataluña). La diosa Atenea, símbolo de libertad, justicia, igualdad y paz, y el retrato de Fernando VII, rey que abolió la constitución, se incluían en esta parte. A destacar la presencia de los diputados valencianos Francisco Javier Borrull Vilanova y Joaquín Lorenzo Villanueva Astengo, miembros de las Cortes de Cádiz.

La trasera quedaba reservada a la Constitución Española de 1978, desgranando el contenido de la Carta Magna adaptado para los más pequeños. Los leones del Congreso de los Diputados y la plasmación de los poderes ejecutivo, legislativo y judicial también se encontraban en un proyecto que contó con la colaboración de la Universidad Internacional Valenciana (VIU), desarrollando un eBook sobre el constitucionalismo.

Un nuevo paso hacia delante

El concurso municipal infantil de 2013, dotado con 25.000€ de presupuesto de nuevo, recibía un solo proyecto, el de Ceballos y Sanabria, por lo que un año más el equipo ocuparía la demarcación. Y lo haría con una falla que aumentaba exponencialmente su apuesta cultural, adentrándose en la historia de Valencia de forma apasionante y muy artística, al tiempo que se realizaban algunas aportaciones técnicas sobre el estilo ya consolidado que hacían la falla más interesante si cabe. Una de ellas era el vestir los ninots con trajes realizados con diferentes tejidos. El año anterior, dentro de la falla titulada *Penjats!*, plantada en Quart-Palomar, ya se habían introducido materiales textiles en su producción, algo que llevaban a la máxima expresión en las escenas de la falla municipal de 2013, *La València Daurada*.

El sexto proyecto se percibía más maduro en su concepción, de sólido inicio, desarrollo complejo e idea inicial de curioso nacimiento. Para entenderlo hay que remontarse a 2004, momento en el que se redescubrieron los renacentistas Ángeles Músicos de la bóveda de la Catedral de Valencia. En ese momento, dada su formación en restauración, amén de pertenecer al grupo de alumnos de Carmen Pérez, responsable del descubrimiento, la idea de hacer una reproducción fallera de aquellas figuras se quedó en el éter, hasta que casi diez años después se hizo realidad.

Los ángeles, pinturas de Paolo de San Leocadio y Francesco Pagano, sobrevolaban, como inicio del renacimiento, una composi-

L'efervescència de València com a ric baluard cultural del segle XV es mostrava amb l'entrada a la ciutat d'Alfons el Magnànim i Maria de Castella per a jurar els Furs. I el seguit de personatges històrics, de nou, esdevenia necessari: Jordi de Sant Jordi, Ausiàs March, Jaume Roig, Pere Comte, Joanot Martorell, Sor Isabel de Villena, Sant Vicent Ferrer, Calixt III, fra Gilabert Jofre, etc.

Menció a part mereix el grup presentat a l'Exposició del Ninot. *La feren els Àngels* era una representació de la llegenda sobre l'origen de la Mare de Déu dels Desemparats, i que va ser indultada per iniciativa de la llavors alcaldessa de la ciutat, Rita Barberá. Així mateix, cal destacar la inclusió de codis QR mitjançant els quals els espectadors accedien a informació addicional, per a això es va tornar a comptar amb la col·laboració de la VIU.

La ciutat com a motor creatiu

En aquell moment ningú es presentava al concurs de la Falla Infantil. Potser era l'assumpció del fet: un estil era el que regnava i agradava any rere any, sumant èxit rere èxit i havent aportat una entitat que no tenia la Falla Infantil de la plaça. El cas és que arribava de nou abril i de nou era el de Ceballos i Sanabria l'únic projecte sobre la taula del jurat. El que tampoc canviava era el pressupost de 25.000 € per a la construcció de la falla, quantitat amb un 21% d'IVA, la maçada tributària que deixava l'art faller en una complicada situació i que feia quasi irrespirable l'ambient artístic del moment.

Ajuntament infantil portava al món dels més menuts la configuració, les funcions i les característiques de la casa consistorial. Un minuciós model de gran detall fet sobre l'edifici neoclàssic de l'arquitecte Francisco Mora, l'escut de la ciutat esculpit per Benlliure, un macer i una agent de la policia municipal amb uniforme de gala donaven la benvinguda en la frontal als espectadors. Darrere es representava una cremà i el treball dels serveis públics de neteja i seguretat. I disseminades per tota la composició, la representació de les diferents regidories utilitzant imatges corporatives, marques i logotips.

L'aproximació didàctica a la burocràcia municipal va cristal·litzar en una falla remarcable, de diàleg àgil i de fàcil comprensió, fent un treball d'explicació de la institució municipal molt destacat.

Painting Valencia seria la falla que plantarien en 2015. Mateix pressupost, 25.000 €, però no mateixa fotografia del concurs, ja que sobre la taula es van posar quatre projectes, un d'ells el del taller de Sant Isidre, guanyador finalment. Continuaven imperant les propostes del duo, totes basades en els seus estàndards narratius, en aquesta ocasió amb un gir artístic molt interessant.

La falla va ser un recorregut per la història artística valenciana de la mà dels seus pintors i les seues obres, en què es veien canvis tècnics i modes, i agafant com a punt de partida dos bustos icònics en la frontal i una obra emblemàtica en la part posterior de la falla. El bust del pintor Joaquim Sorolla es col·locava al costat del retrat pop d'Audrey Hepburn i el seu autor, Antonio de Felipe; un bust, el de la Hepburn, que va ser una de les peces més fotografiades de les Falles i tremendament compartida en les ja atrafegades xarxes socials del moment. Darrere de la falla, una *menina* de l'Equip Crònica custodiava la composició.

Molts van ser els artistes valencians plasmats en ninot: Josep Ribera, el pintor Jacomart, Ignacio Pinazo, Benlliure, Carmen Calvo, Muñoz Degraín, José Vergara o la família Macip, entre altres. I més, a través de suports gràfics i retrats, arredoniren la proposta didàctica.

Arribaria de nou el moment de renovar confiances, o no, ja que dos projectes optaven a la plaça infantil de 2016. I es renovaven finalment les confiances amb el duo, en què va resultar guanyador un projecte sobre els barris de la ciutat que disposaria dels ja quasi sempiterns 25.000 euros de pressupost.

Es plantava la novena falla consecutiva i, quasi des de la seua adjudicació, l'equip ja començava a apuntar públicament el somni que suposaria arribar al guarisme de la desena. Deu falles serien tota una fita que, obertament, es reconeixia de plena il·lusió.

De barri en barri va resultar de nou ser una falla divertida i participativa. Aquest passeig pels districtes i barris de València aconseguia fomentar el coneixement i la difusió de la toponímia tradicional que componen la divisió territorial de la ciutat, un fet que es plasmava mitjançant representacions al·legòriques de cada em-

ción en la que el Siglo de Oro valenciano era la protagonista. Las piezas presentaban sus respectivas alas estofadas en oro e instrumentos como la cítara, el laúd, el aulós, el arpa y el órgano portátil. Para su reproducción se contó con la colaboración del Instituto Valenciano de la Música.

La efervescencia de Valencia como rico baluarte cultural del siglo XV se mostraba con la entrada a la ciudad de Alfonso el Magnánimo y María de Castilla para jurar los Fueros. Y el seguido de personajes históricos, de nuevo, se convertía en algo necesario: Jordi de Sant Jordi, Ausias March, Jaume Roig, Pere Comte, Joanot Martorell, Sor Isabel de Villena, Sant Vicent Ferrer, Calixto III, fray Gilabert Jofre, etc.

Mención aparte merece el grupo presentado a la Exposición del Ninot. *La feren els Àngels* era una representación de la leyenda sobre el origen de la Virgen de los Desamparados, y que fue indultada por iniciativa de la entonces alcaldesa de la ciudad, Rita Barberá. Asimismo, cabe destacar la inclusión de códigos QR mediante los que los espectadores accedían a información adicional, para lo cual se volvió a contar con la colaboración de la VIU.

La ciudad como motor creativo

A estas alturas nadie se presentaba al concurso de la falla infantil. Quizá era la asunción del hecho: un estilo era el que reinaba y gustaba año tras año, sumando éxito tras éxito y habiendo aportado una entidad que no tenía la falla infantil de la plaza. El caso es que llegaba de nuevo abril y de nuevo era el de Ceballos y Sanabria el único proyecto sobre la mesa del jurado. Lo que tampoco cambiaba era el presupuesto de 25.000 € para la construcción de la falla, cantidad con un 21% de IVA, el mazazo tributario que dejaba al arte fallero en una complicada situación y que hacía casi irrespirable el ambiente artístico del momento.

Ajuntament infantil llevaba al mundo de los más pequeños la configuración, funciones y características de la casa consistorial. Un minucioso modelo de gran detalle realizado sobre el edificio neoclásico del arquitecto Francisco Mora, el escudo de la ciudad esculpido por Benlliure, un macero y una agente de la policía municipal con uniforme de gala daban la bienvenida en la frontal a los espectadores. La trasera representaba una cremà y el trabajo de los servicios públicos de limpieza y seguridad. Y diseminadas por toda la composición, la representación de las distintas concejalías utilizando imágenes corporativas, marcas y logotipos.

La aproximación didáctica a la burocracia municipal cristalizó en una falla remarcable, de diálogo ágil y de fácil comprensión, realizando un trabajo de explicación de la institución municipal muy destacado.

Painting Valencia sería la falla que plantarían en 2015. Mismo presupuesto, 25.000 €, pero no misma fotografía del concurso, ya que sobre la mesa se pusieron cuatro proyectos, uno de ellos el del taller de San Isidre, ganador a la postre. Seguían imperando las propuestas del dúo, todas basadas en sus estándares narrativos, en esta ocasión con un giro artístico muy interesante.

La falla fue un recorrido por la historia artística valenciana de la mano de sus pintores y sus obras, viendo cambios técnicos y modas, y cogiendo como punto de partida dos bustos icónicos en la frontal y una obra emblemática en la trasera de la falla. El busto del pintor Joaquín Sorolla se colocaba junto al retrato pop de Audrey Hepburn y su autor, Antonio de Felipe; un busto, el de la Hepburn, que fue una de las piezas más fotografiadas de las Fallas y tremendamente compartida en las ya ajetreadas redes sociales del momento. Detrás de la falla, una menina del Equipo Crónica custodiaba la composición.

Muchos fueron los artistas valencianos plasmados en ninot: José Ribera, el pintor Jacomart, Ignacio Pinazo, Benlliure, Carmen Calvo, Muñoz Degraín, José Vergara o la familia Macip, entre otros. Y más, a través de apoyos gráficos y retratos, redondearon la propuesta didáctica.

Llegaría de nuevo el momento de renovar confianzas, o no, ya que dos proyectos optaban a la plaza infantil de 2016. Y se renovaban finalmente las confianzas con el dúo, resultando ganador un proyecto sobre los barrios de la ciudad que dispondría de los ya casi sempiternos 25.000 euros de presupuesto.

plaçament. Així, ens trobàvem amb el mecànic de Vara de Quart; l'infermer o de Malilla-Nova Fe; el mariner llegint Blasco Ibáñez del Marítim; el musulmà amb el 'ganxo' de Russafa; la soprano de la Ciutat dels Arts i les Ciències; l'escolà de la Seu; el Baró de Patraix a Patraix, i la futbolista de Mestalla, entre molts. I és que, després de l'estudi dels 19 districtes, dividits en 87 barris i quasi un centenar de pedanies, es va arribar a la plasmació de la falla. Així mateix, s'incloïen elements arquitectònics i escultures icòniques, com a la Creu Coberta del carrer de Sant Vicent; el Parotet i la Pantera Rosa de Miquel Navarro; la Dama Ibera de Manolo Valdés o la Torre del Rellotge del Port.

En la frontal ens rebien Javi, un policia de barri inspirat en un amic dels artistes, i la tia Carme, en representació de Ciutat Vella. En la posterior de la falla se situava, representant Montolivet, el parc Gulliver, que complia 25 anys.

La desena consecutiva, el somni truncat

El canvi polític havia arribat al consistori valencià al maig de 2015 de la mà del pacte entre Compromís, PSPV-PSOE i València en Comú. Les coses canviaven a poc a poc, i una de les que va canviar, una vegada cremades les Falles de 2016, va ser el concurs de la Falla Municipal. S'eliminava la presentació de l'esbós i es constituïa un comité d'experts, configurat per les associacions i col·lectius designats per la Regidoria de Cultura Festiva, prescindint dels edils de la corporació municipal. El pressupost continuava sent de 25.000 €, però s'assumien per part de l'Ajuntament els costos de decoració i seguretat.

No era un secret. La campanya de la desena era vox populi, i Ceballos i Sanabria concursarien en aquest nou procés amb la il·lusió intacta, la mateixa del primer dia, planejant una desena falla que, d'alguna manera, suposaria tancar amb brillantor una trajectòria històrica, impecable i amb personalitat pròpia.

Cinc candidatures optaven a convertir-se en Falla Municipal Infantil de 2017, però només una va ser la triada. I no va ser la de José Luis Ceballos i Francisco Sanabria, que havien presentat dos projectes diferents buscant una major probabilitat d'èxit; un èxit que no va arribar, com tampoc ho faria la desena falla consecutiva del duo. Sí que arribaria, però uns anys més tard, la falla número deu. I fins i tot alguna més.

2020 i 2021: la deu, la pandèmia i les Falles del retorn

La falla que sumaria deu no va ser 'la desena', un matís que l'equip deixava entreveure en entrevistes i declaracions públiques. La de 2020 seria la seua falla deu en el compte particular, un projecte adaptat també a les noves condicions del plec del concurs municipal, on prevalien, per exemple, els materials. Per tant, es van endinsar en una mena de falla inèdita en la seua producció, que estaria en contínua evolució fins a la seua plantà. També pujava, respecte a la seua última falla, el pressupost fins als 28.500 €.

Per a portar avant *Saps qui soc?*, nom del projecte, col·laboraren amb el dissenyador gràfic Jesús Aliaga, encarregat de reproduir dins el seu estil racons especials de València, inclòs el Miquelet, campanar al voltant del qual pivotaven les escenes convertides en marcs; quadres en els quals feien acte de presència, a manera d'un 'qui és qui', valencians i valencianes il·lustres, decorats i pintats amb la tècnica de llapis de color que anys arrere ja havien emprat per a projectes en altres seccions.

Jaume I, Na Violant d'Hongria, Joan Monleón, Pepita Samper, el fotògraf Jarque, Margarida Borràs, Dècim Juni Brut, Amparo Iturbi, Luis García Berlanga, María Beneyto, Concha Piquer, Rosita Amores, Santiago Calatrava, Olga Poliakoff i així fins a una trentena de personatges inundarien d'identitat, fama i cultura la falla. Però va arribar la Covid-19.

La suspensió de la festa fallera el 10 de març de 2020 i el posterior confinament i les restriccions per causa de la pandèmia del coronavirus van impedir que 'la deu' isquera al carrer i cremara quan tocava fer-ho.

El parèntesi que va viure la festa fallera, agònic en molts aspectes, es va anar estenent en el temps. Les falles de 2020 dormien hibernades, mentre que l'Ajuntament de València, seguint el seu pla de reactivació de la festa fallera, convocava el procés de selecció per a

Se plantaba la novena falla consecutiva, y, casi desde su adjudicación, el equipo ya comenzaba a apuntar públicamente el sueño que supondría llegar al guarismo de la decena. Diez fallas serían todo un hito que, abiertamente, se reconocía de plena ilusión.

De barri en barri resultó de nuevo ser una falla divertida y participativa. Este paseo por los distritos y barrios de Valencia lograba fomentar el conocimiento y la difusión de la toponimia tradicional que compone la división territorial de la ciudad, algo que se plasmaba mediante representaciones alegóricas de cada emplazamiento. Así, nos encontrábamos con el mecánico de Vara de Quart; el enfermero de Malilla-Nueva Fe; el marinero leyendo a Blasco Ibáñez del Marítimo; el musulmán con el 'gancho' de Russafa; la soprano de la Ciutat de les Arts i les Ciéncies; el escolán de La Seu; el Barón de Patraix en Patraix, y la futbolista de Mestalla, entre muchos. Y es que, tras el estudio de los 19 distritos, divididos en 87 barrios y casi un centenar de pedanías, se llegó a la plasmación de la falla. Asimismo, se incluían elementos arquitectónicos y esculturas icónicas, como la Creu Coberta de la calle San Vicente; el Parotet y la Pantera Rosa de Miquel Navarro; la Dama Íbera de Manolo Valdés o la Torre del Reloj del Puerto.

En la frontal nos recibían Javi, un policía de barrio inspirado en un amigo de los artistas, y la tía Carmen, en representación de Ciutat Vella. En la trasera de la falla se ubicaba, representando a Monteolivete, el parque Gulliver, que cumplía 25 años.

La décima consecutiva, el sueño truncado

El cambio político había llegado al consistorio valenciano en mayo de 2015 de la mano del pacto entre Compromís, PSPV-PSOE y València en Comú. Las cosas cambiaban poco a poco, y una de las que cambió, una vez quemadas las Fallas de 2016, fue el concurso de la falla municipal. Se eliminaba la presentación del boceto y se constituía un comité de expertos, configurado por las asociaciones y colectivos designados por la concejalía de Cultura Festiva, prescindiendo de los ediles de la corporación municipal. El presupuesto seguía siendo de 25.000 €, pero se asumían por parte del ayuntamiento los costes de decoración y seguridad.

No era un secreto. La campaña de la décima era vox populi, y Ceballos y Sanabria concursarían en este nuevo proceso con la ilusión intacta, la misma del primer día, planeando una décima falla que, de alguna forma, supondría el broche de oro a una trayectoria histórica, impecable y con personalidad propia.

Cinco candidaturas optaban a convertirse en falla municipal infantil de 2017, pero sólo una fue la elegida. Y no fue la de José Luis Ceballos y Francisco Sanabria, que habían presentado dos proyectos diferentes buscando una mayor probabilidad de éxito; un éxito que no llegó, como tampoco lo haría la décima falla consecutiva del dúo. Sí que llegaría, pero unos años más tarde, la falla número diez. E incluso alguna más.

2020 y 2021: la diez, la pandemia y las Fallas del retorno

La falla que sumaría diez no fue 'la décima', un matiz que el equipo dejaba entrever en entrevistas y declaraciones públicas. La de 2020 sería su falla diez en la cuenta particular, un proyecto adaptado también a las nuevas condiciones del pliego del concurso municipal, donde primaban, por ejemplo, los materiales. Por lo tanto, se adentraron en un tipo de falla inédita en su producción, que estaría en continua evolución hasta su plantà. También subía, con respecto a su última falla, el presupuesto hasta los 28.500 €.

Para llevar adelante *Saps qui soc?*, nombre del proyecto, colaboraron con el diseñador gráfico Jesús Aliaga, encargado de reproducir dentro su estilo rincones especiales de Valencia, incluido el Miguelete, campanario alrededor del que pivotaban las escenas convertidas en marcos; cuadros en los que hacían acto de presencia, a modo de un 'quién es quién', valencianos y valencianas ilustres, decorados y pintados con la técnica de lápiz de color que años atrás ya habían empleado para proyectos en otras secciones.

Jaime I, Na Violant d'Hongria, Joan Monleón, Pepita Samper, el fotógrafo Jarque, Margarida Borràs, Décimo Junio Bruto, Amparo Iturbi, Luis García Berlanga, María Beneyto, Concha Piquer, Rosita Amores, Santiago Calatrava, Olga Poliakoff y así hasta una treintena de personajes inundarían de identidad, fama y cultura la falla. Pero llegó la Covid-19.

2021, any on la incertesa i l'allargada ombra de la pandèmia tornarien a fer mossa. Però es convocava i s'atorgaven falles municipals.

Ceballos i Sanabria guanyaven de nou amb una proposta històrica; una segona part de Saps qui soc? titulada *També!*, que seria la número 11 de la dupla i que integraria totalment la falla de 2020, plantant-les juntes i fent un díptic extraordinari, rar i irrepetible. Cosa que finalment no va passar.

Les Falles de març de 2021 es cancel·laven, posposant els projectes municipals per a aquest any a les futures festes de 2022, en cas de ser possibles. Abans arribaria el raig de llum que van ser les esperançadores Falles de setembre de 2021, on cremaria *Saps qui soc?* finalment, emplaçant-se la plantà la seua falla 'espill' al següent març.

En aquesta nova versió, i sobre icones urbanes com el Palau de Ripalda, l'arc d'entrada de l'Exposició Regional de 1909, el Teatre de la Marina, el pavelló de la Fira de Juliol, l'església barroca de Pinedo o la muralla derrocada en la segona meitat del segle XIX amb el seu Portal Nou, ens van presentar l'actriu María Ladvenant, el tio Pepe del Cabanyal, Francis Montesinos, Carlos Cortina, Blanquita, Vicente Blasco Ibáñez, Rita Barberá, Chimo Bayo, Demetrio Ribes i María Teresa Oller, entre altres, demostrant que les temàtiques que domina el taller no s'acaben mai.

Arribaria març de 2022 i cremaria la falla. L'anhelada normalitat tornaria després dels envits més virulents de la pandèmia, com també ho faria, després del parèntesi provocat, el concurs de la Falla Municipal.

Després de presentar dos projectes novament, en el concurs de 2023 tornava a recaure en Ceballos i Sanabria la responsabilitat de plantar la Falla Infantil de la plaça de l'Ajuntament, que era la que faria dotze. Guanyaven de nou, i curiosament ho feien amb el projecte que van presentar en 2017 i que no els va donar la desena: *Valencians en dansa*.

Un historial sòlid acredita els dos artistes com els autèntics amos de la falla infantil de tots els valencians, en què han instal·lat un estil i una manera de fer inconfusible. Són, per tot això, els amos de la plaça major de la ciutat.

La suspensión de la fiesta fallera el 10 de marzo de 2020 y el posterior confinamiento y restricciones por causa de la pandemia del coronavirus impidieron que 'la diez' saliera a la calle y ardiera cuando le tocaba hacerlo.

El paréntesis que vivió la fiesta fallera, agónico en muchos aspectos, se fue extendiendo en el tiempo. Las fallas de 2020 dormían hibernadas, mientras que el Ayuntamiento de Valencia, siguiendo su plan de reactivación de la fiesta fallera, convocaba el proceso de selección para 2021, año donde la incertidumbre y la alargada sombra de la pandemia volverían a hacer mella. Pero se convocaba y se otorgaban fallas municipales.

Ceballos y Sanabria ganaban de nuevo con una propuesta histórica; una segunda parte de *Saps qui soc?* titulada *También!*, que sería la número 11 de la dupla y que integraría totalmente la falla de 2020, plantándolas juntas y haciendo un díptico extraordinario, raro e irrepetible. Algo que finalmente no pasó.

Las Fallas de marzo de 2021 se cancelaban, posponiendo los proyectos municipales para ese año a las futuras fiestas de 2022, en caso de ser posibles. Antes llegaría el rayo de luz que fueron las esperanzadoras Fallas de septiembre de 2021, donde ardería *Saps qui soc?* finalmente, emplazándose la plantà su falla 'espejo' al siguiente marzo.

En esta nueva versión, y sobre iconos urbanos como el Palacio de Ripalda, el arco de entrada de la Exposición Regional de 1909, el Teatro de la Marina, el pabellón de la Feria de Julio, la iglesia barroca de Pinedo o la muralla derribada en la segunda mitad del siglo XIX con su Portal Nuevo, nos presentaron a la actriz María Ladvenant, el tío Pepe del Cabanyal, Francis Montesinos, Carlos Cortina, Blanquita, Vicente Blasco Ibáñez, Rita Barberá, Chimo Bayo, Demetrio Ribes y María Teresa Oller, entre otros, demostrando que las temáticas que domina el taller no se acaban nunca.

Llegaría marzo de 2022 y ardería la falla. La ansiada normalidad regresaría tras los envites más virulentos de la pandemia, como también lo haría, tras el paréntesis provocado, el concurso de la falla municipal.

Tras presentar dos proyectos nuevamente, en el concurso de 2023 volvía a recaer en Ceballos y Sanabria la responsabilidad de plantar la falla infantil de la plaza del Ayuntamiento, siendo la que sumaría doce. Ganaban de nuevo, y curiosamente lo hacían con el proyecto que presentaron en 2017 y que no les dio la décima: *Valencians en dansa*.

Un historial sólido acredita a estos dos artistas como los auténticos dueños de la falla infantil de todos los valencianos, habiendo instalado un estilo y una forma de hacer inconfundible. Son, por todo ello, los amos de la plaza mayor de la ciudad.

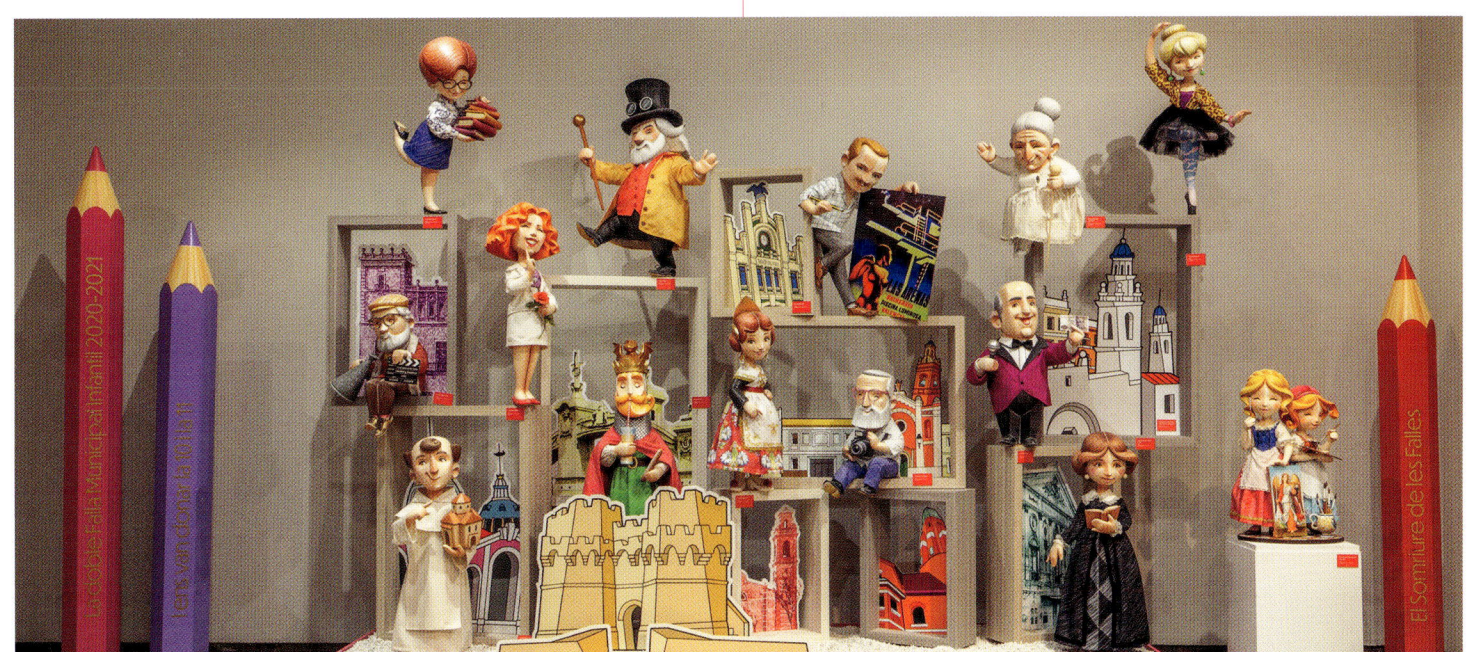

2008

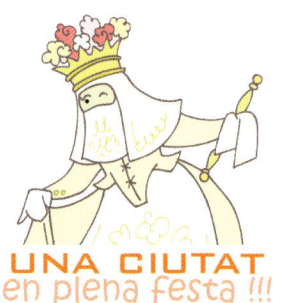

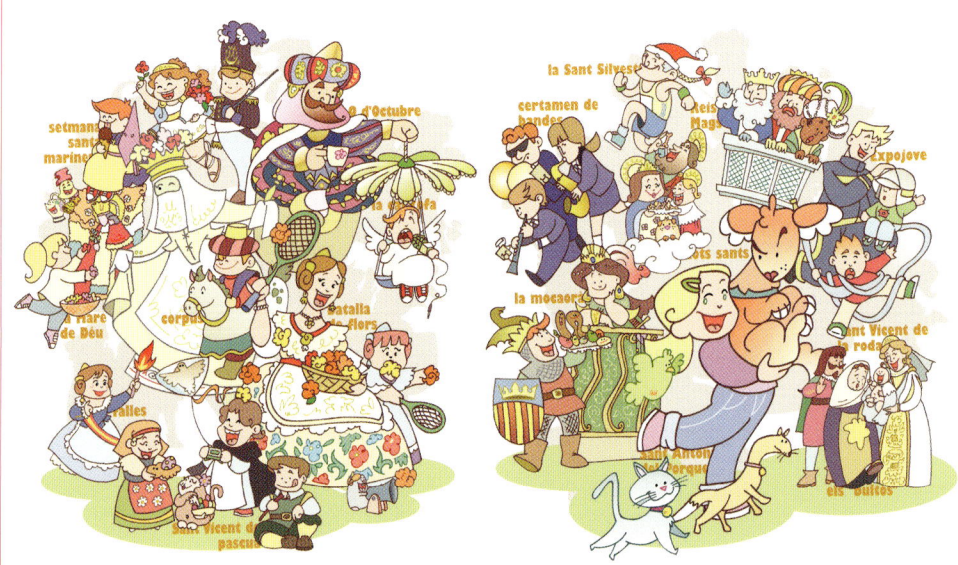

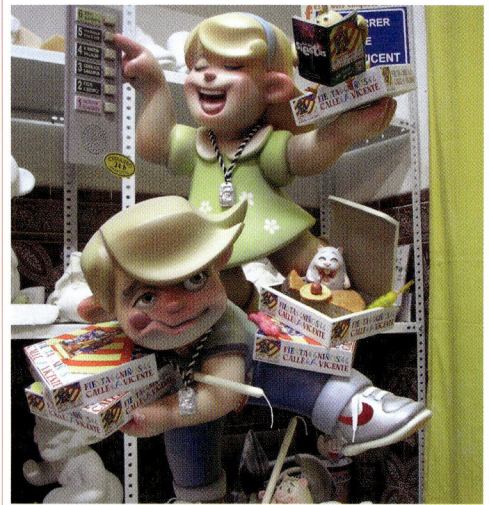

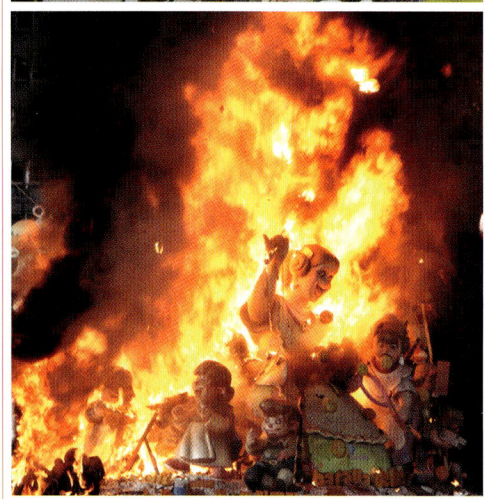

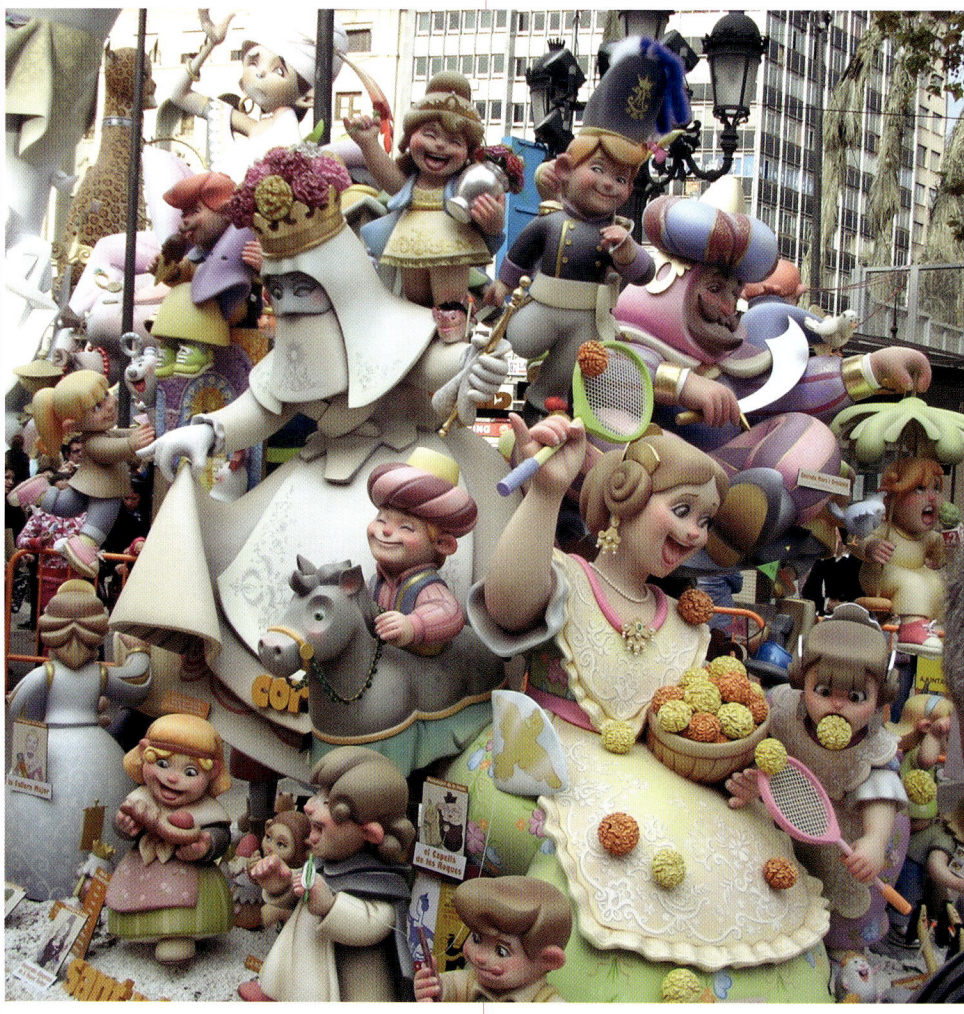

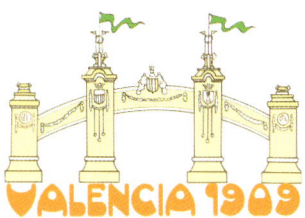

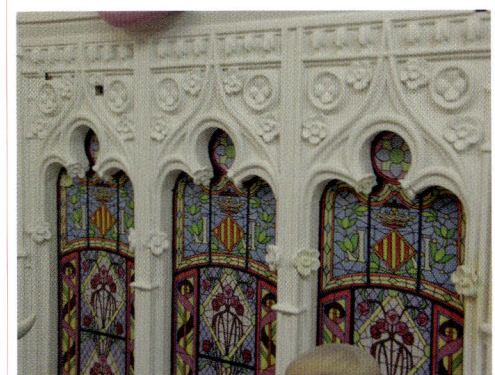

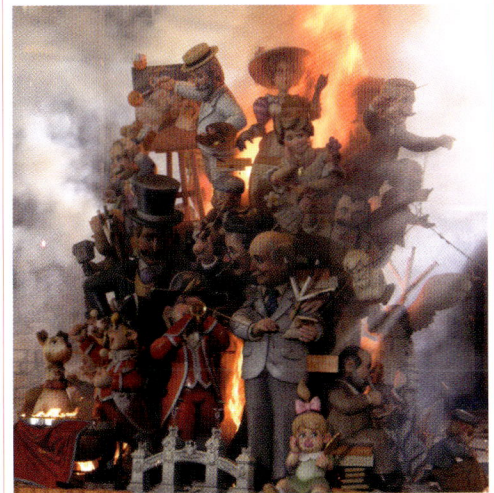

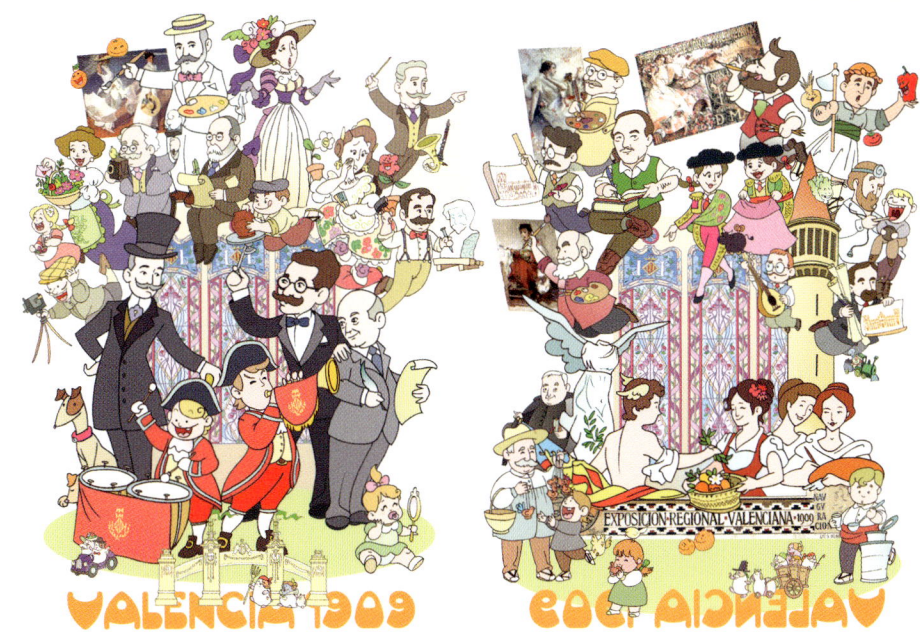

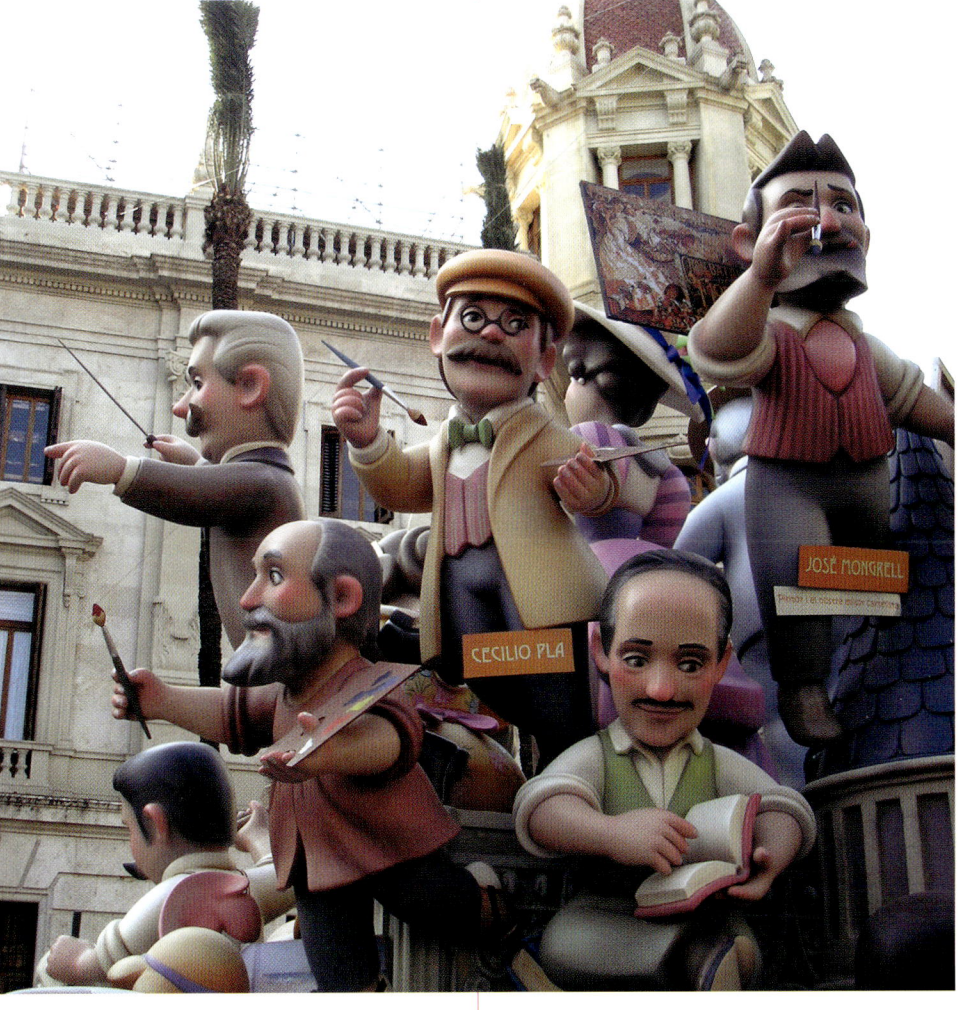

2010

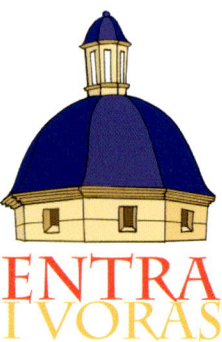

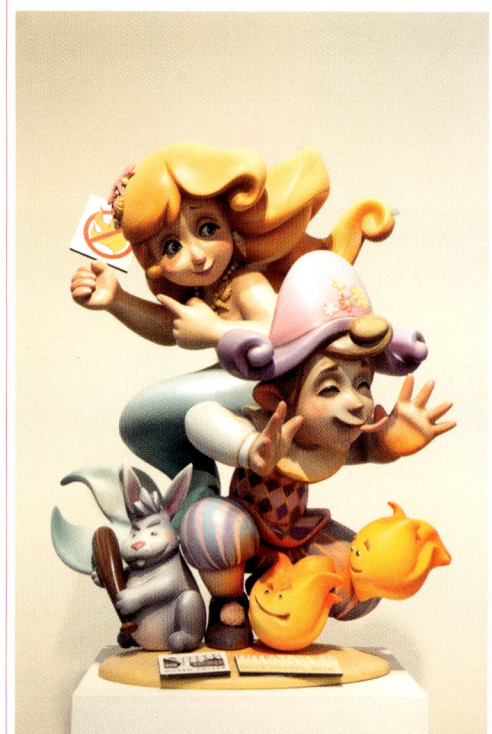

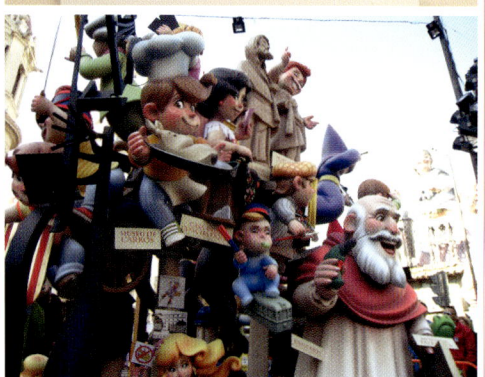

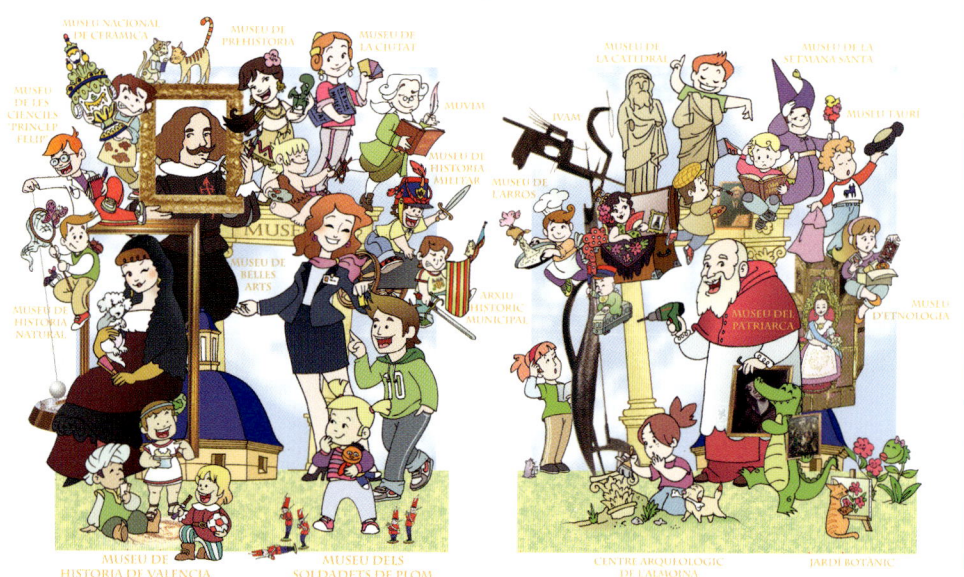

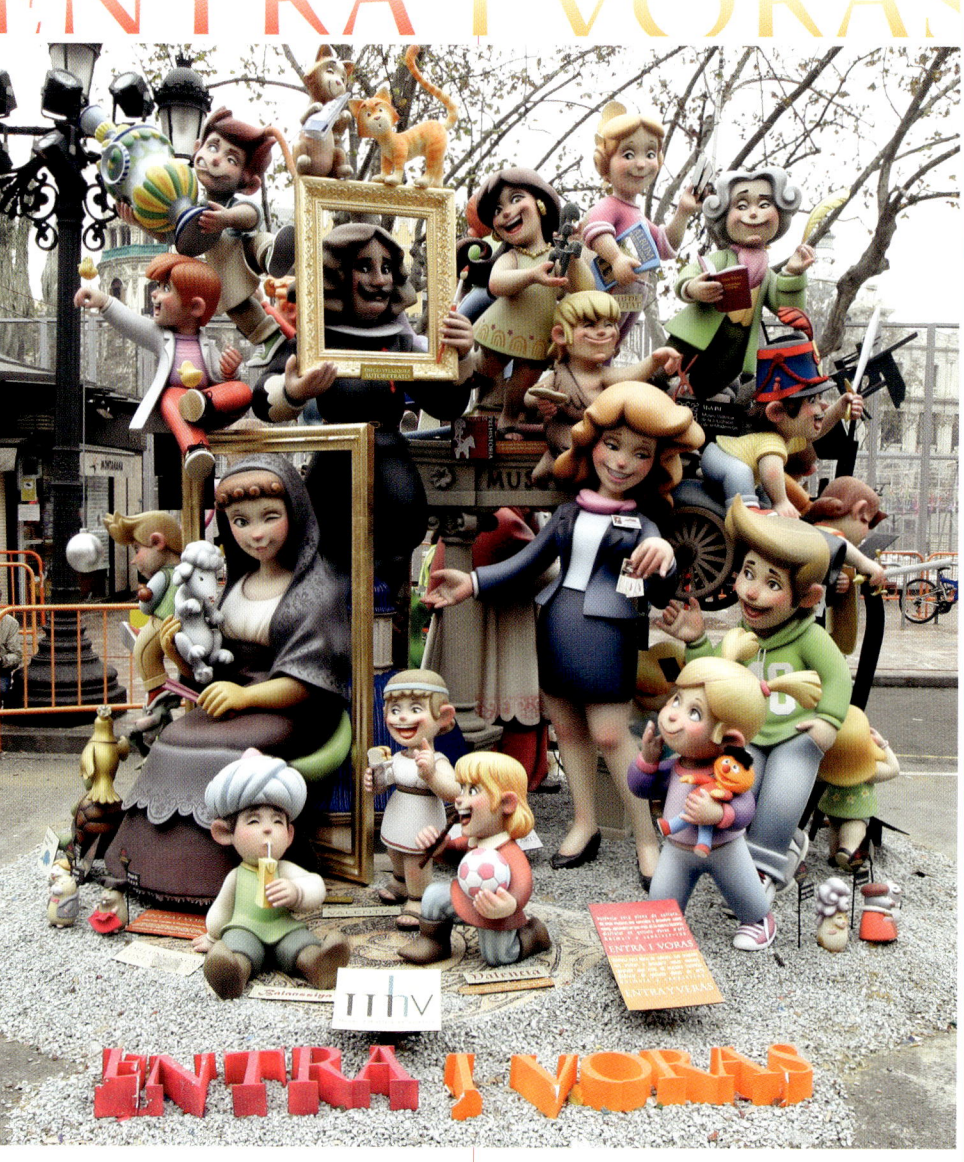

2011

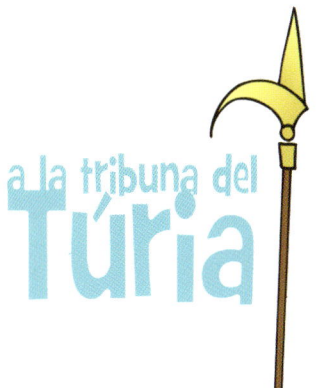

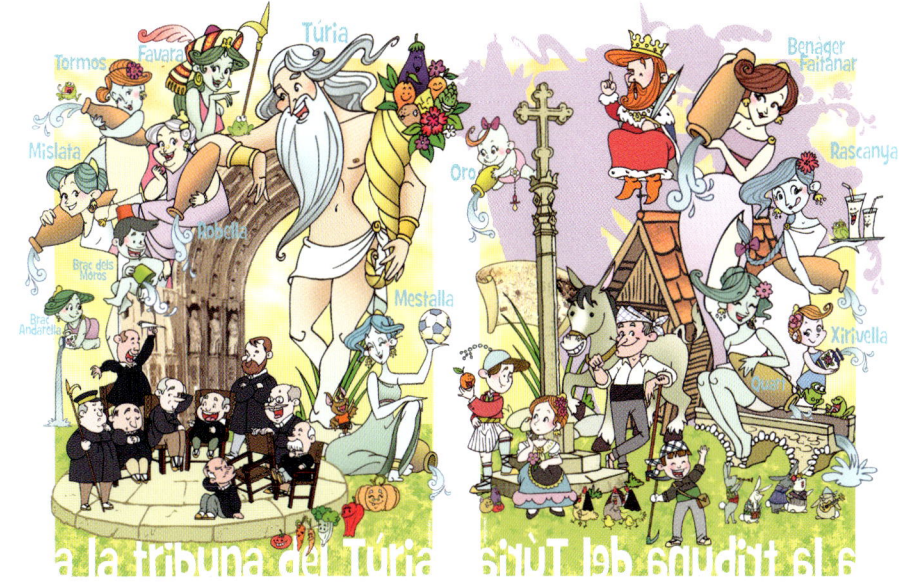

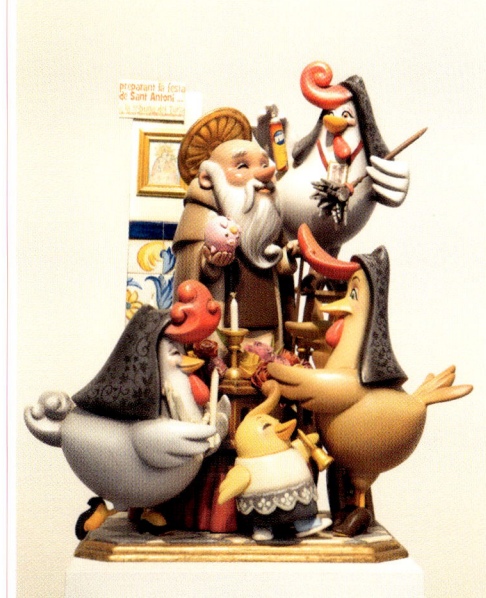

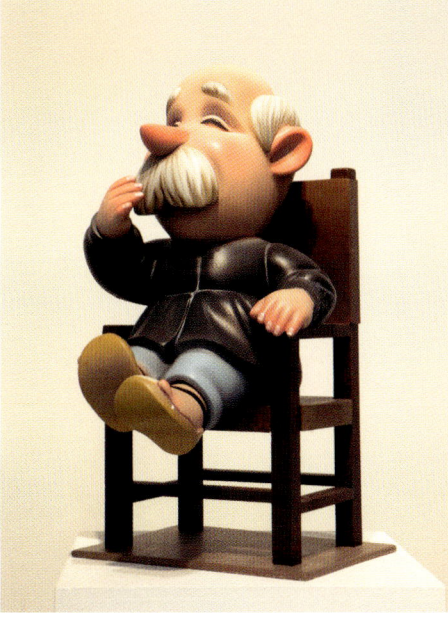

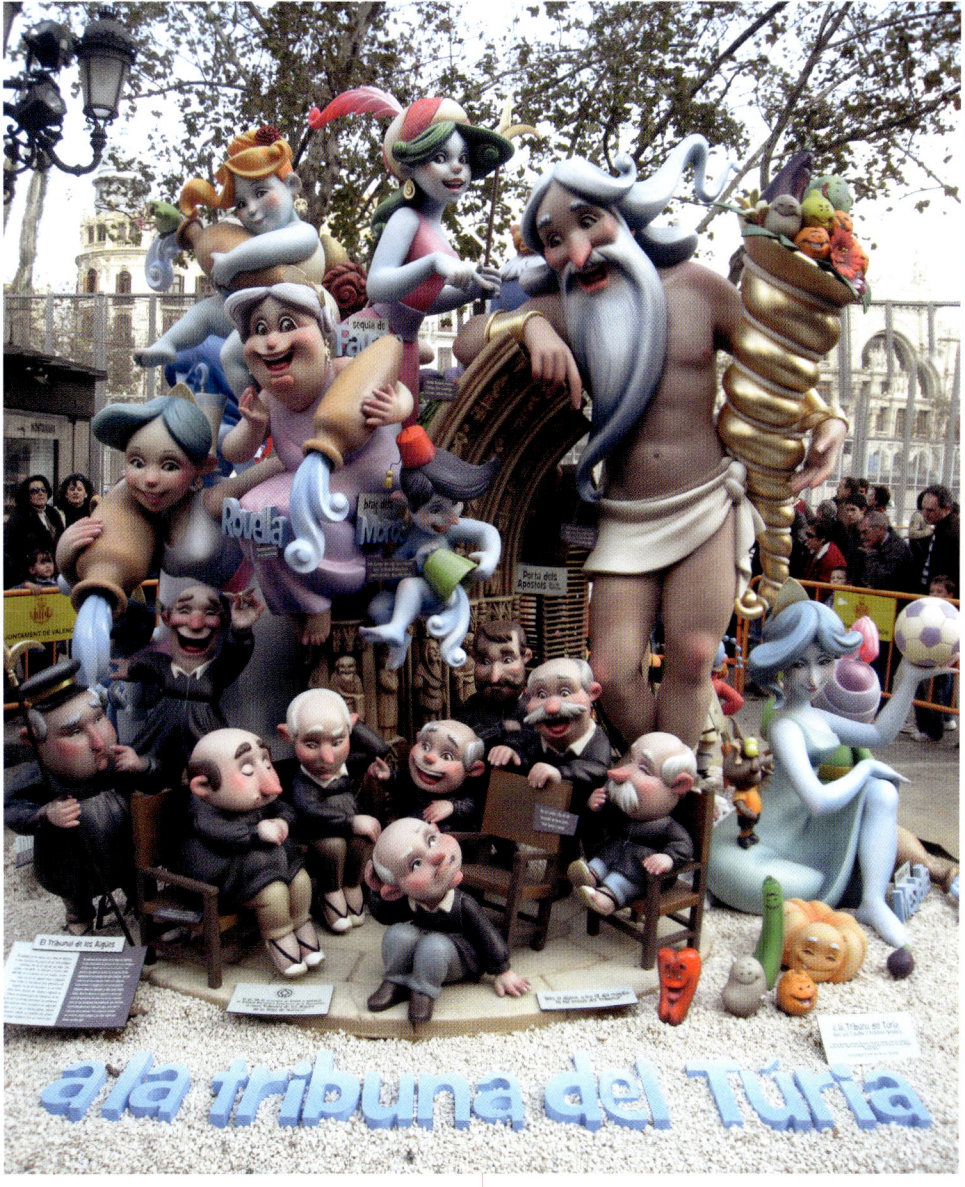

2012

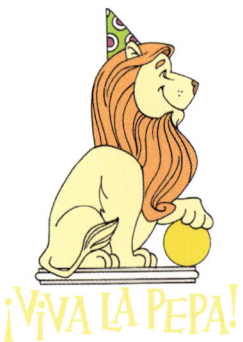

¡VIVA LA PEPA!

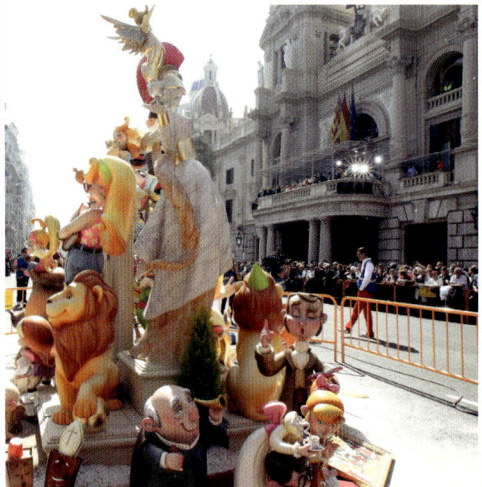

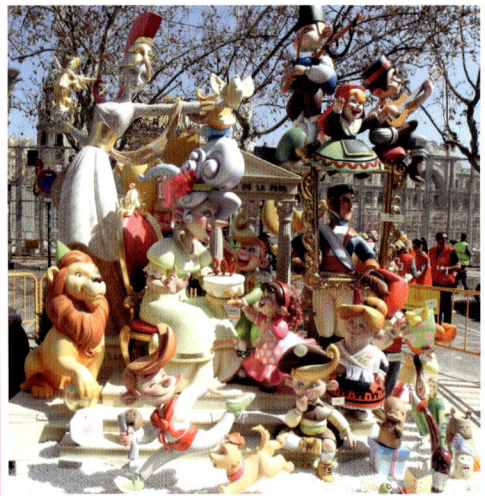

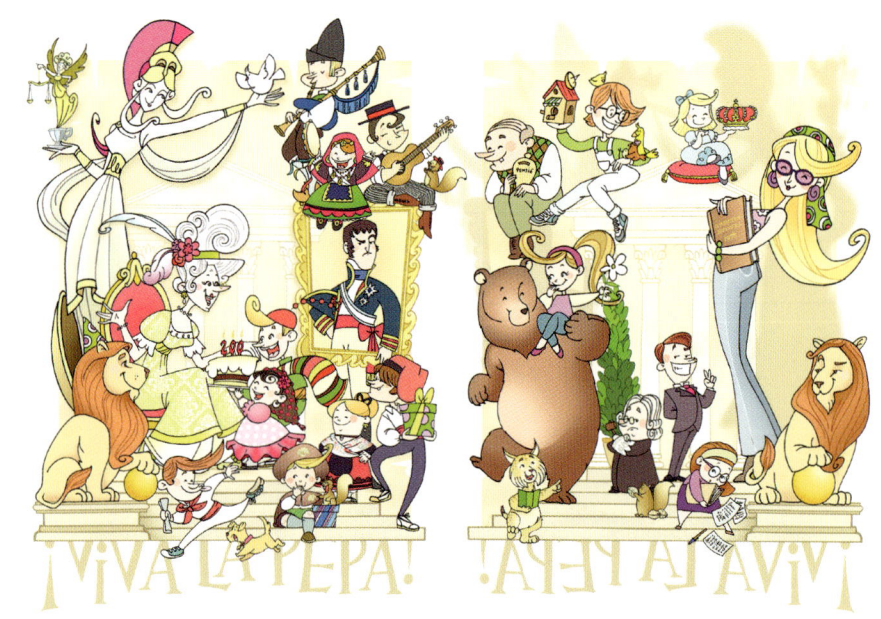

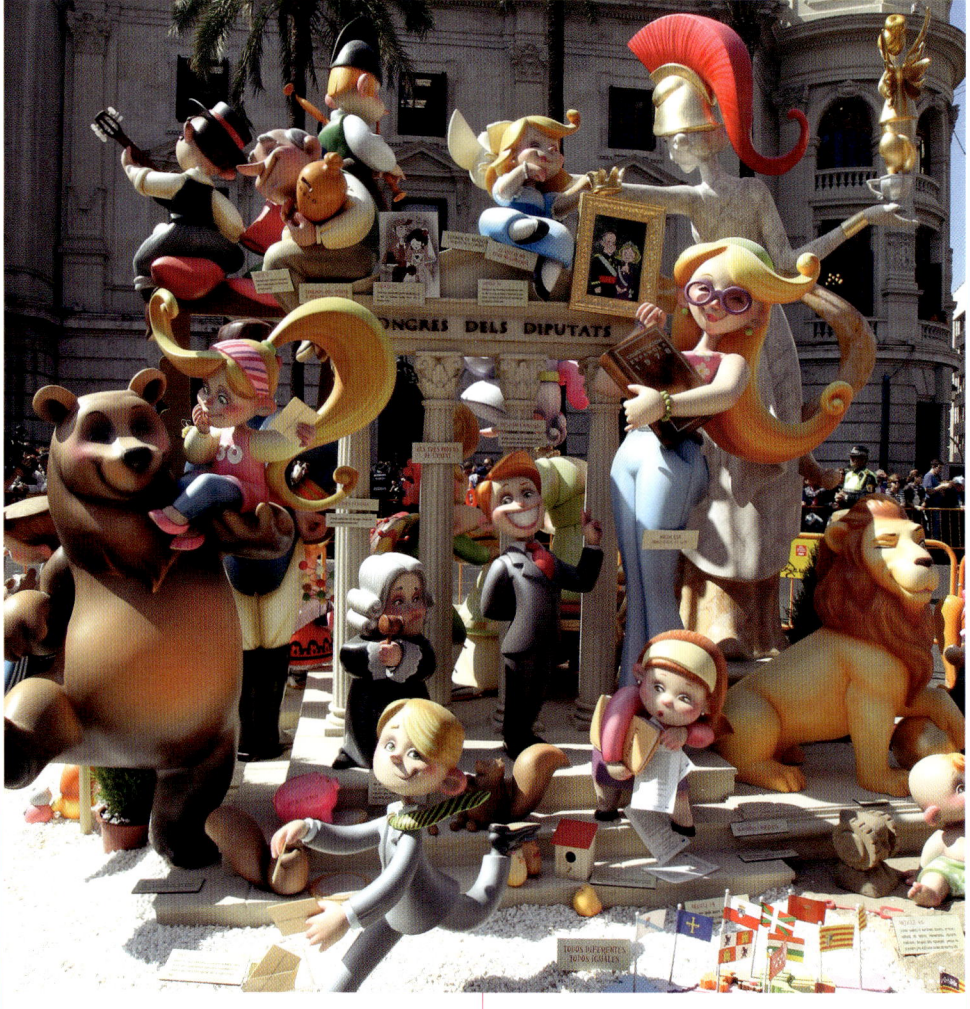

2013

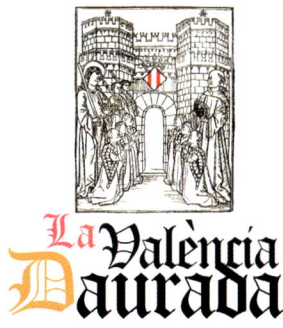

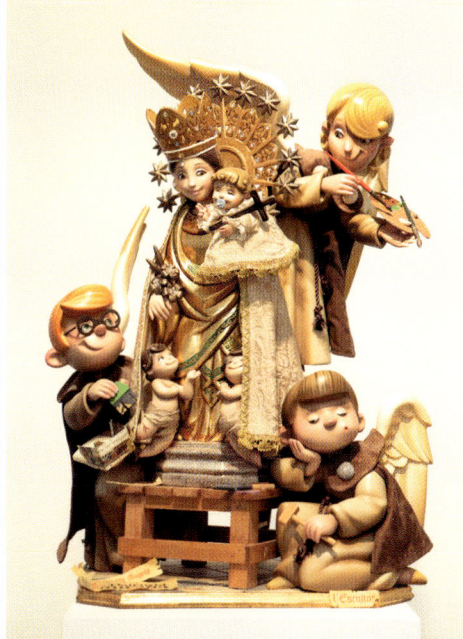

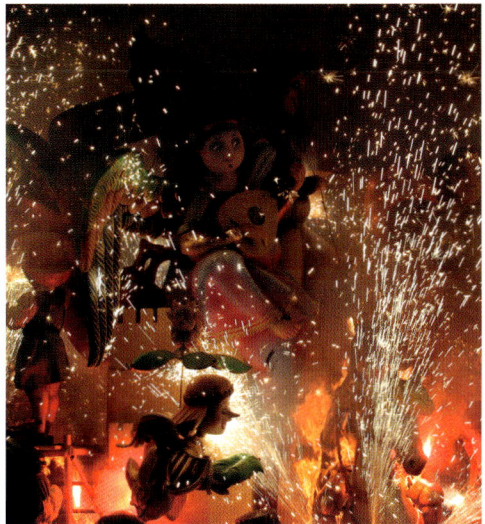

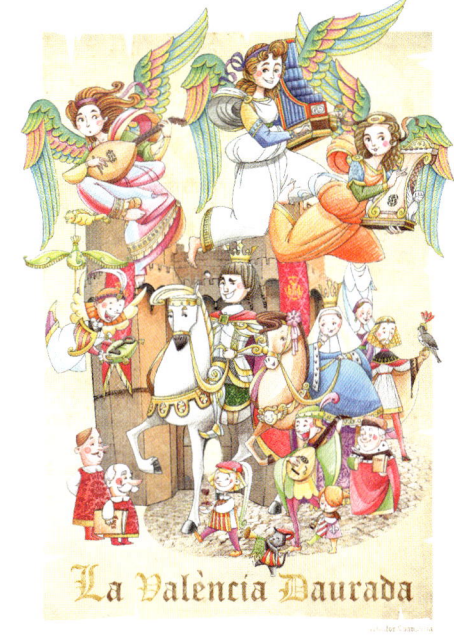

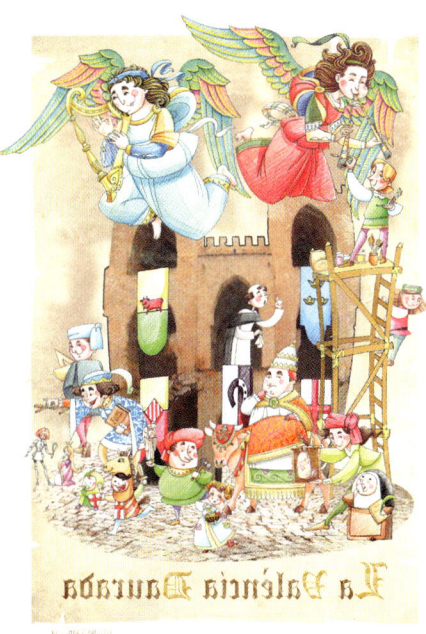

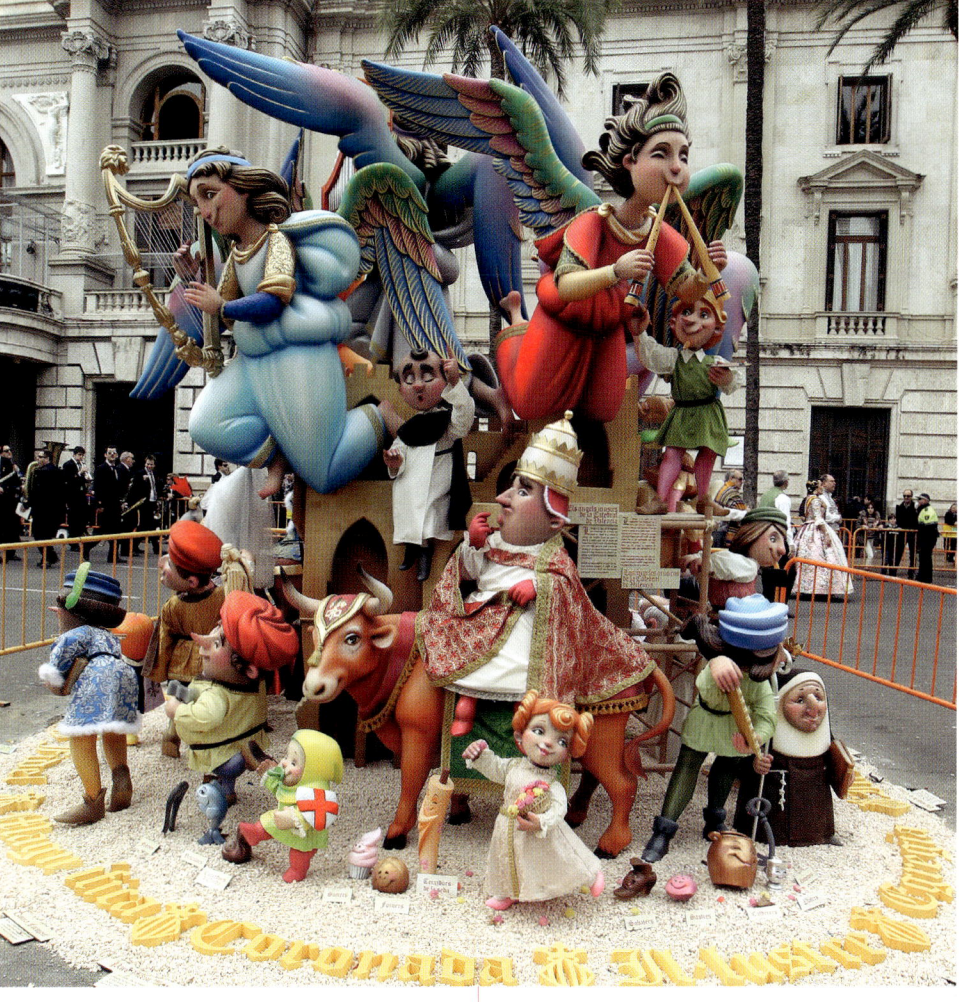

2014

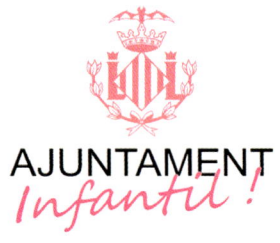

AJUNTAMENT
Infantil !

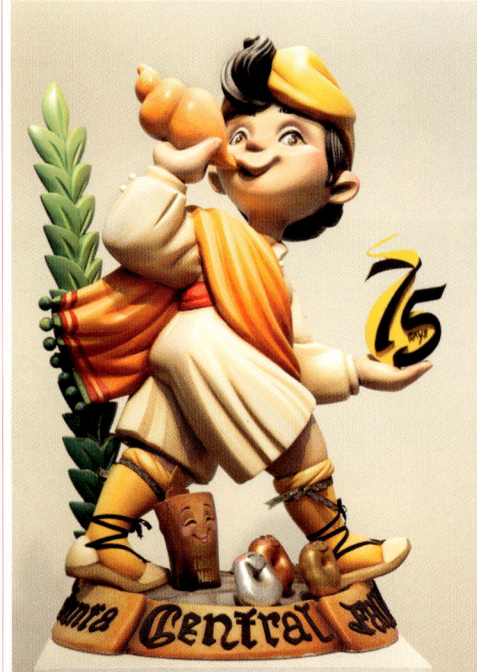

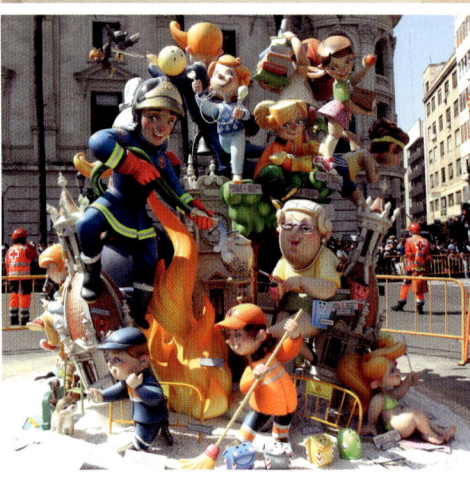

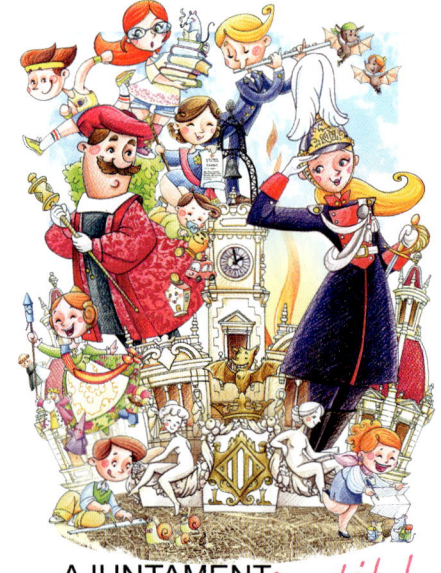

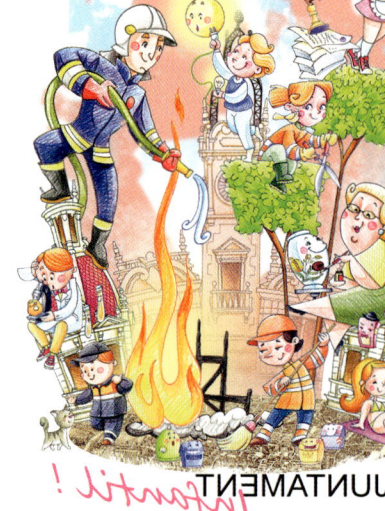

AJUNTAMENT *Infantil !*

! *Infantil* TИƎMATИULA

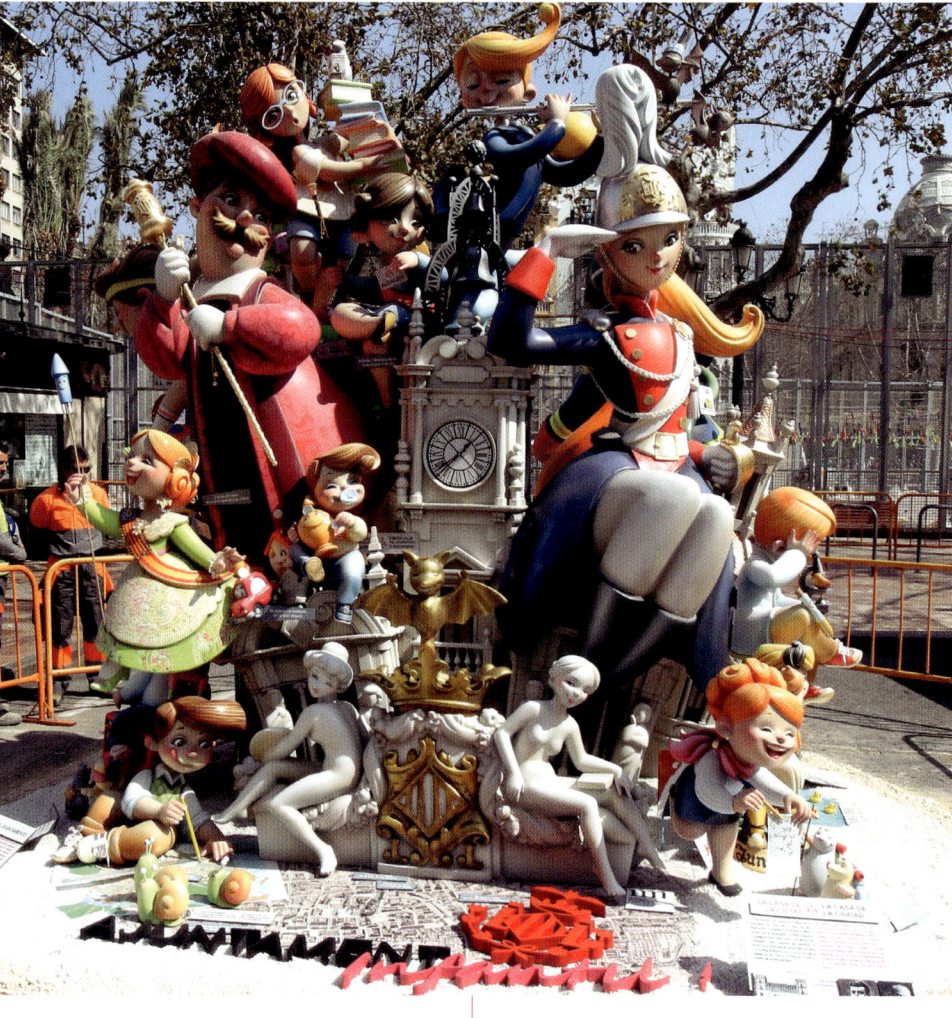

2015

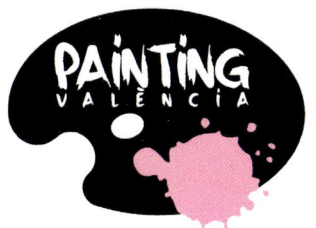

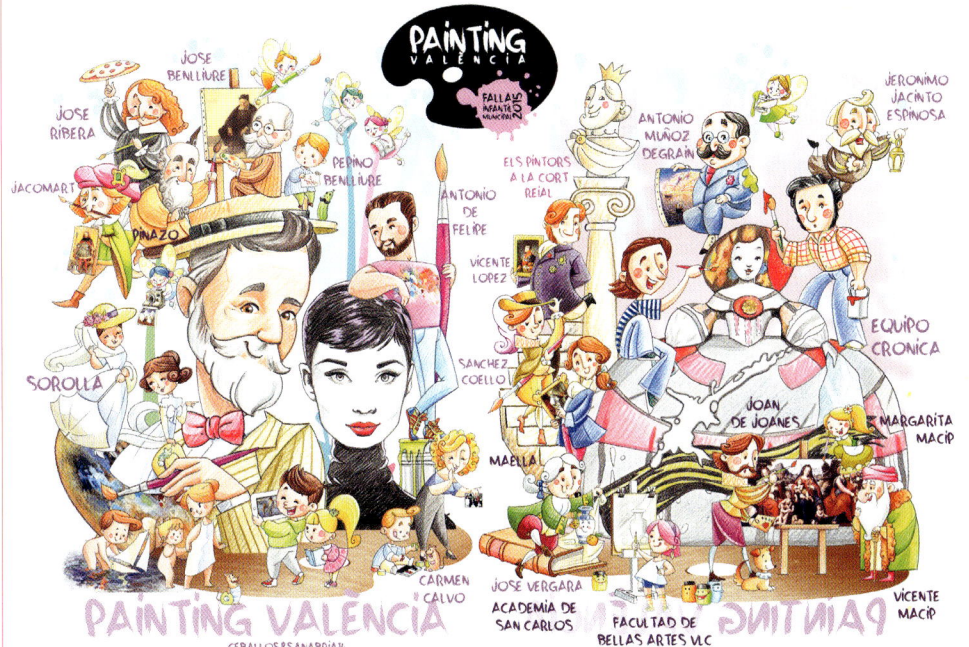

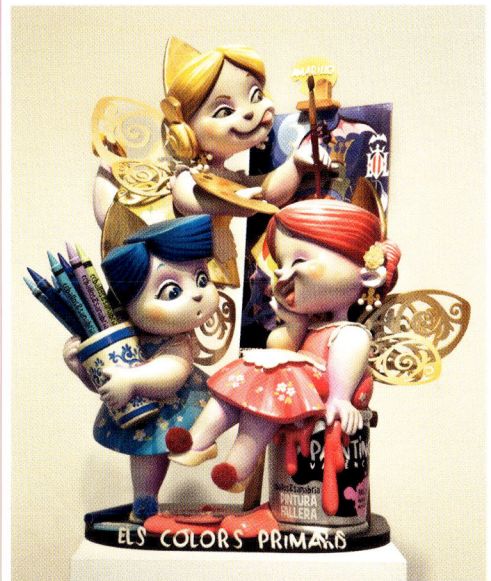

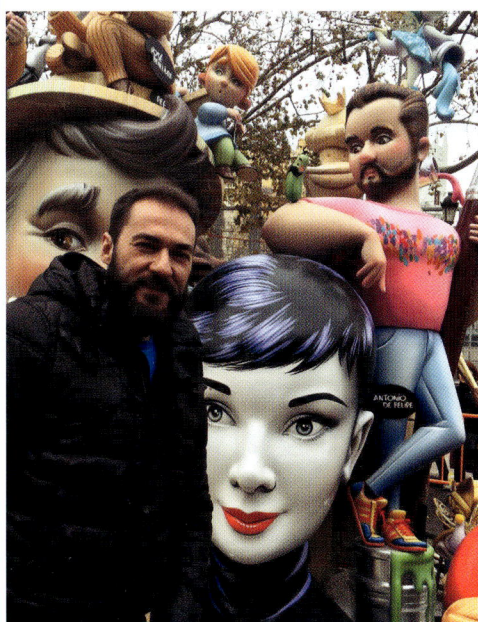

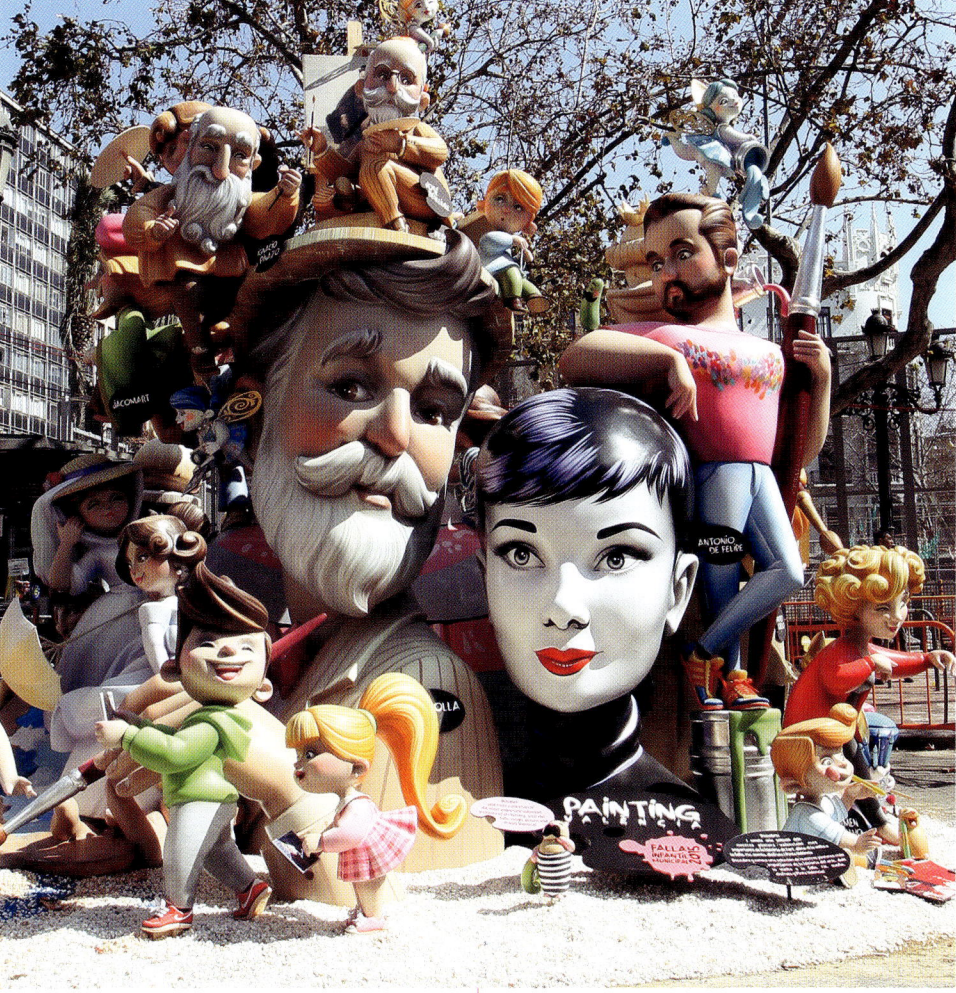

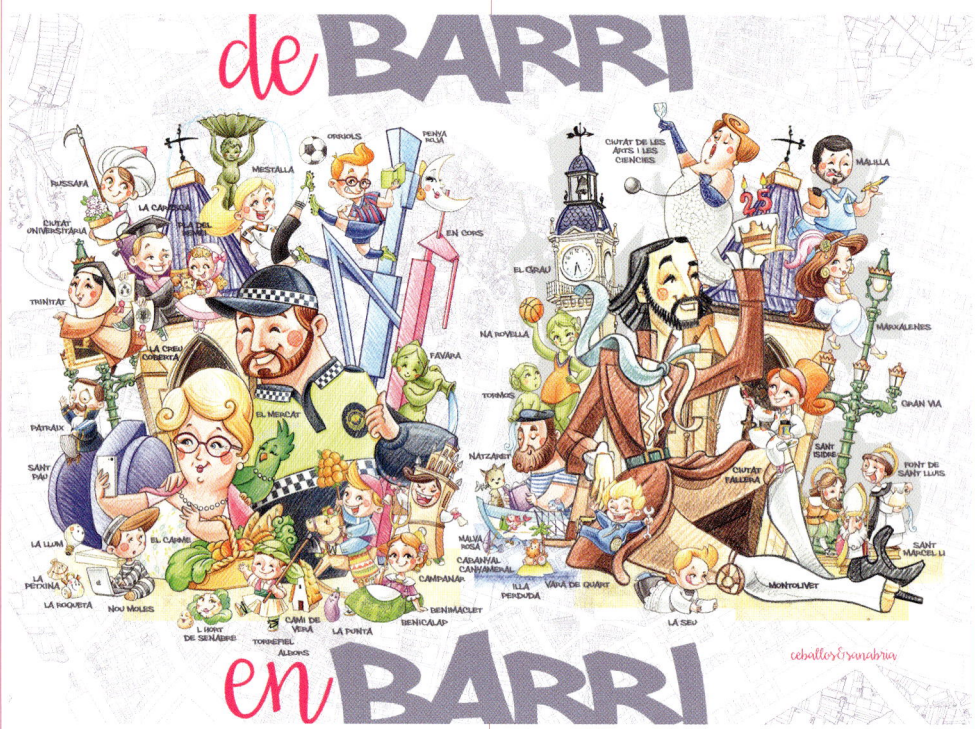

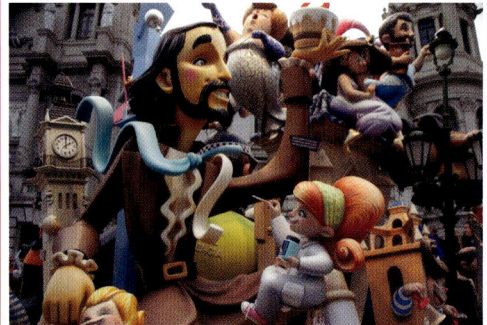

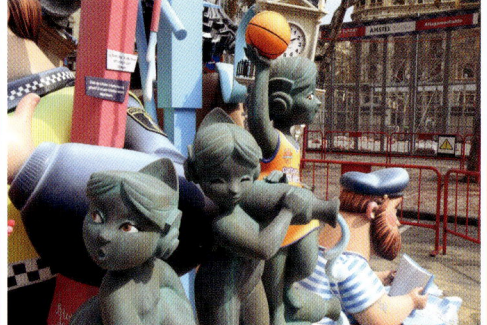

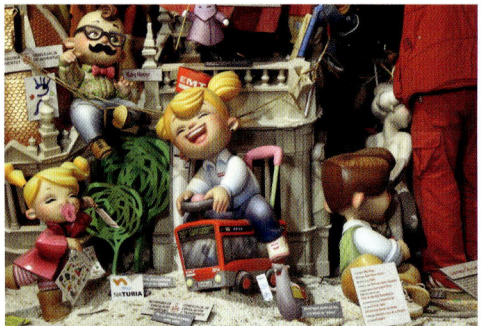

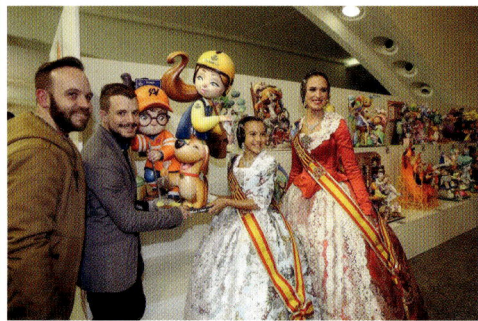

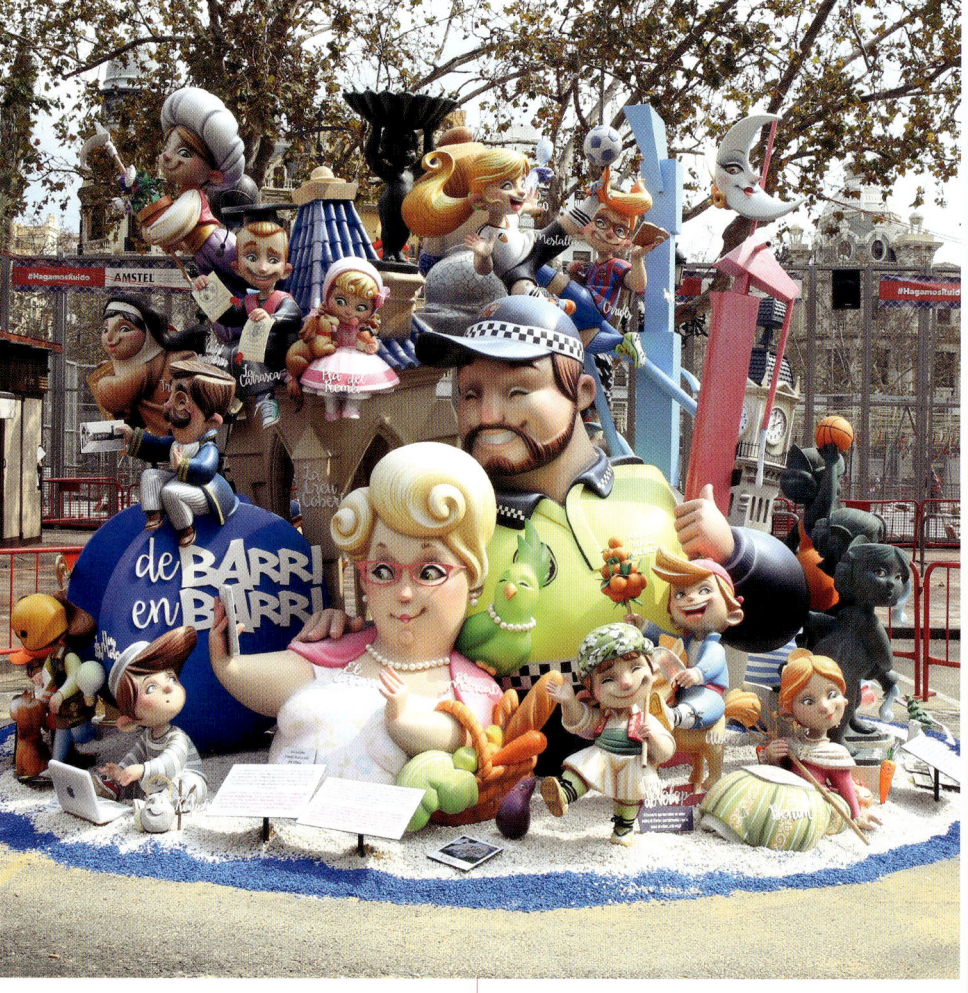

2020-21

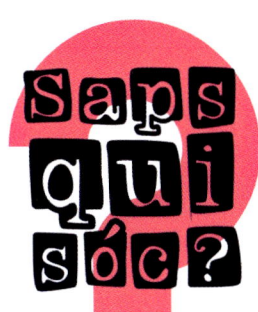

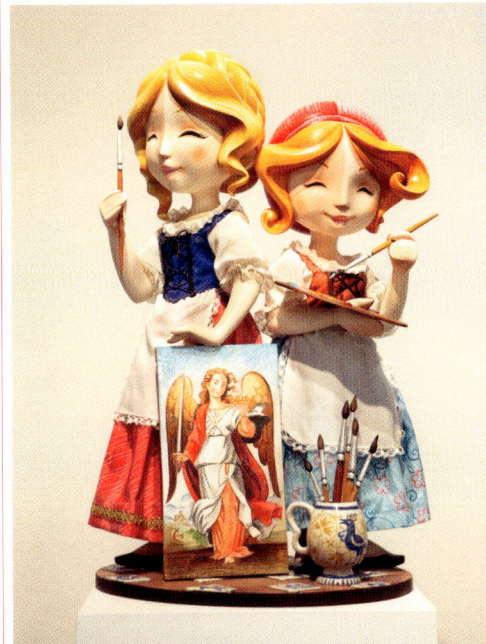

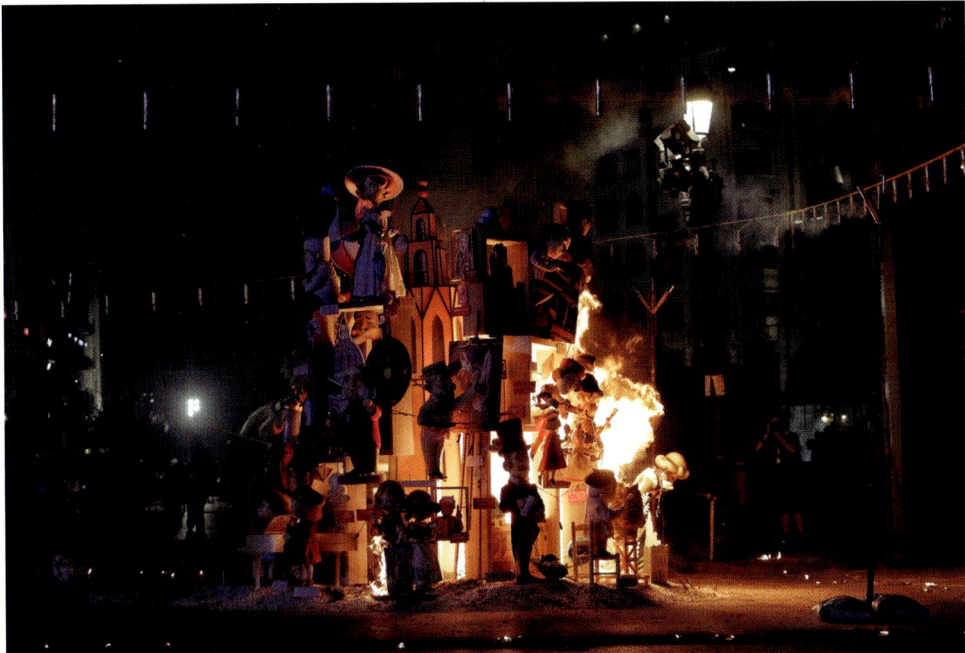

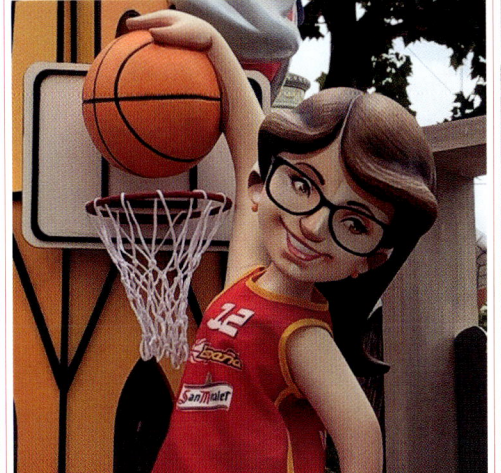

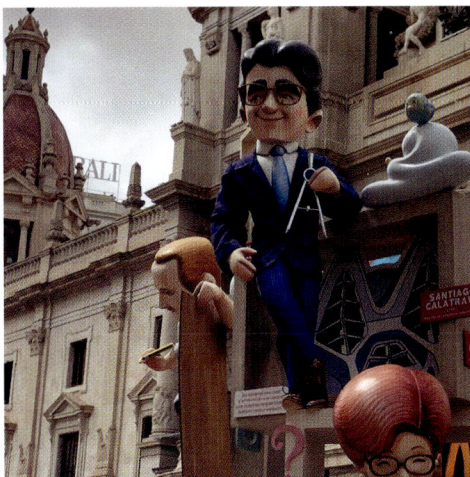

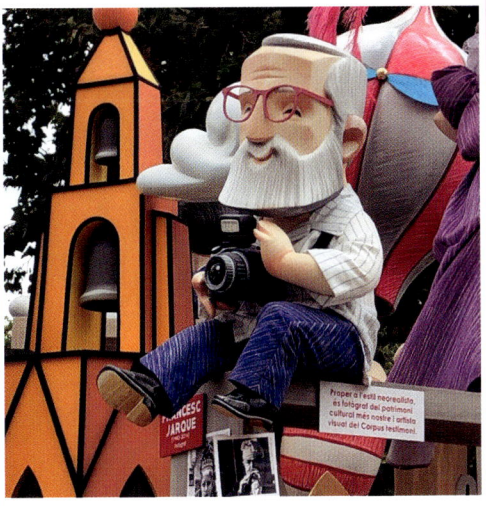

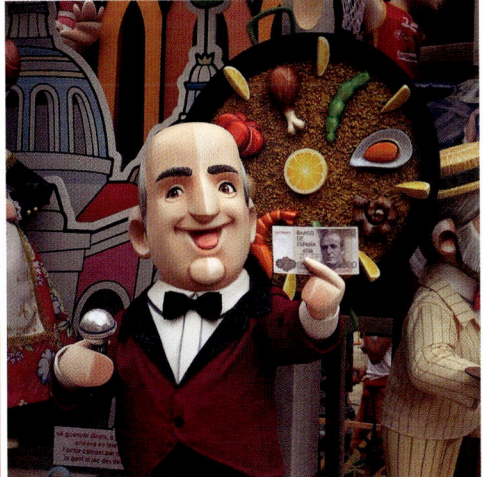

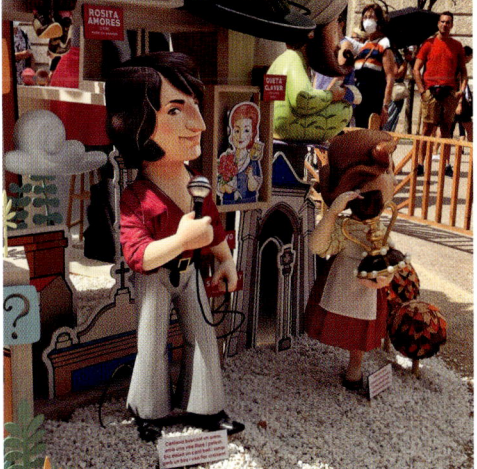

2022

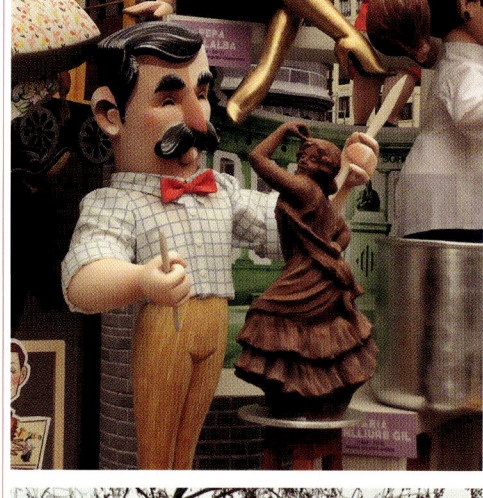
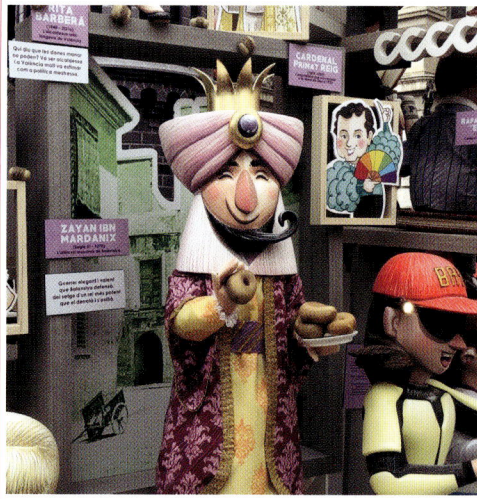
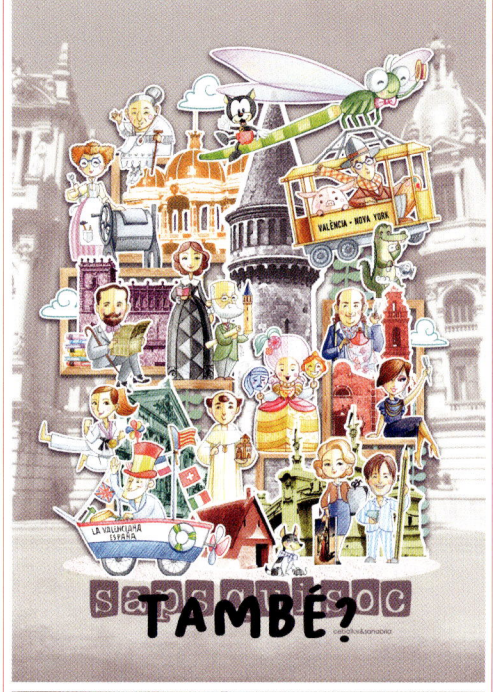
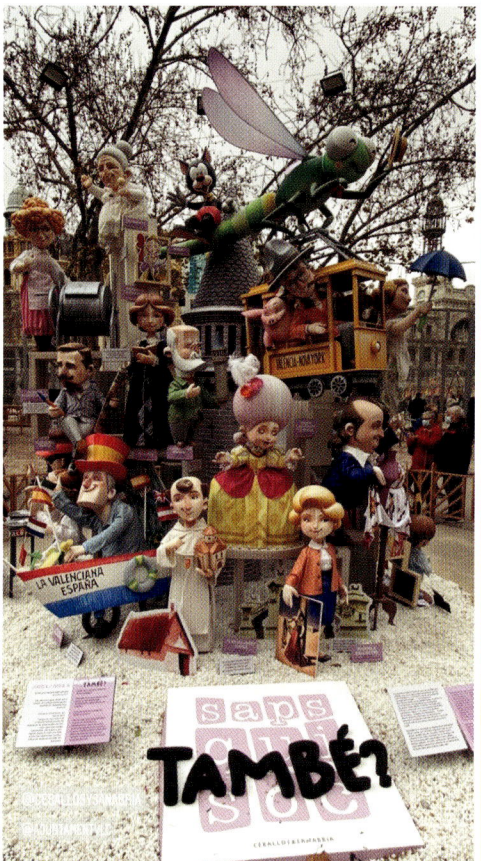
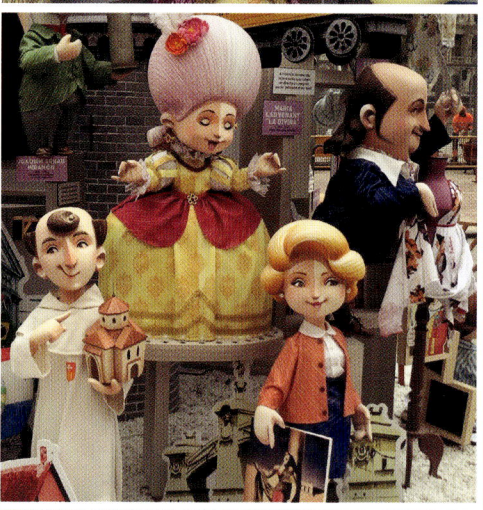
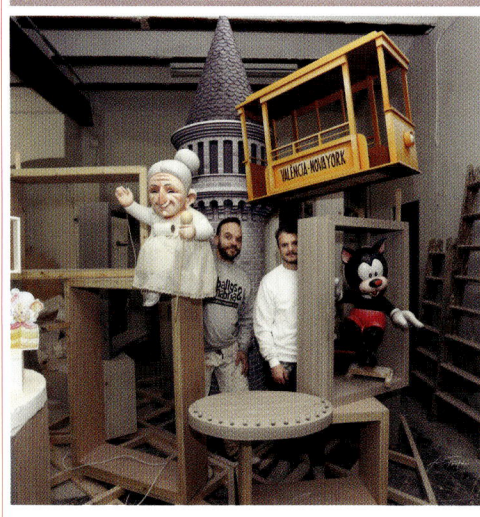
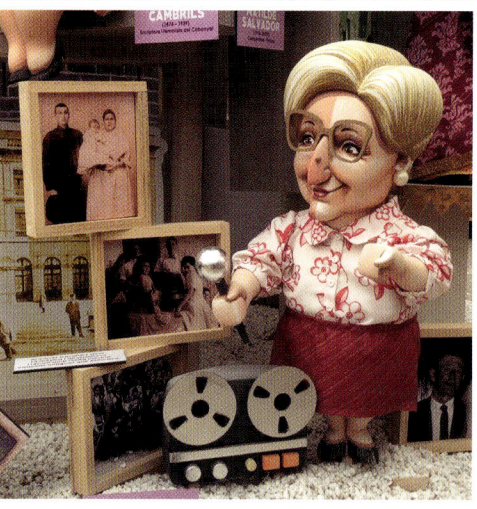

VALENCIANS EN DANSA

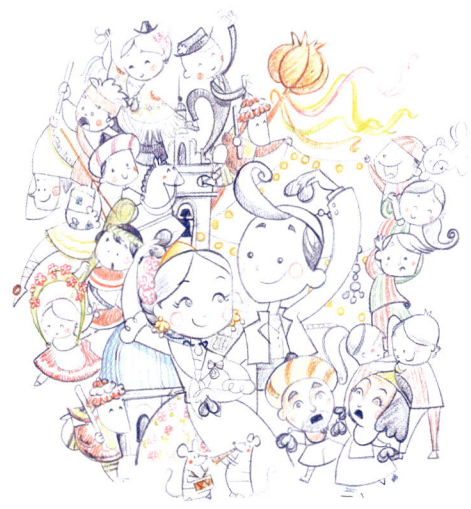

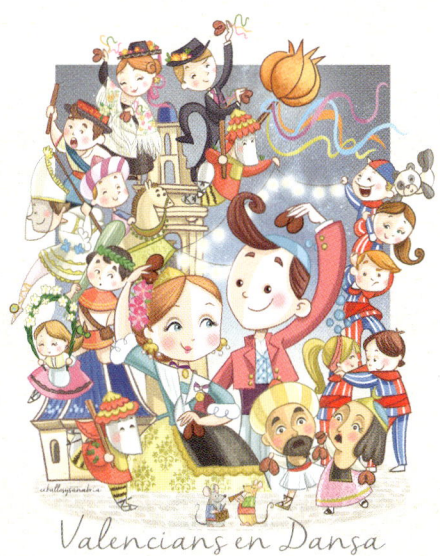

Valencians en Dansa

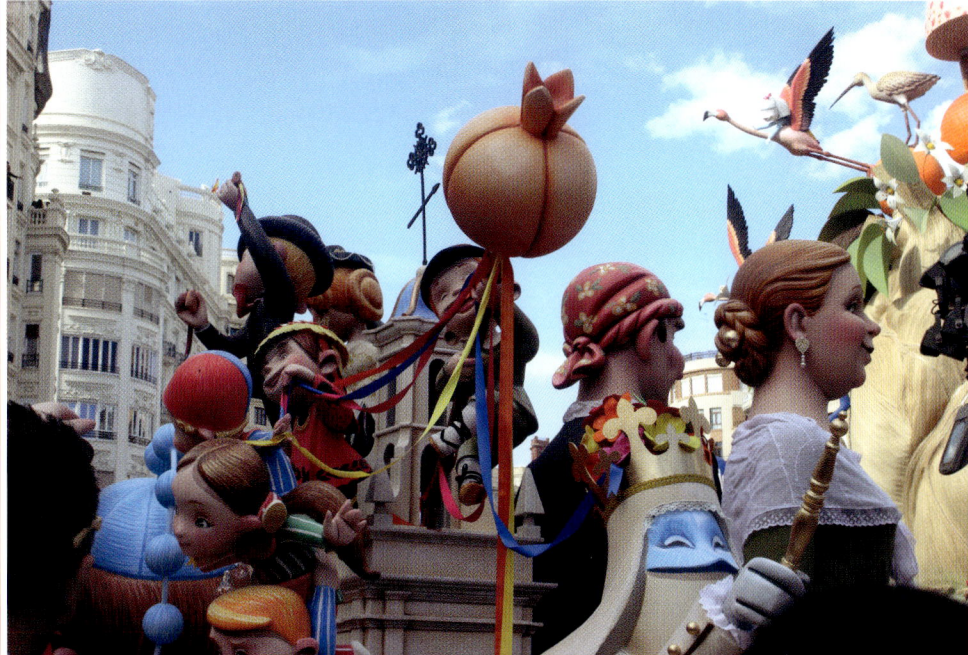

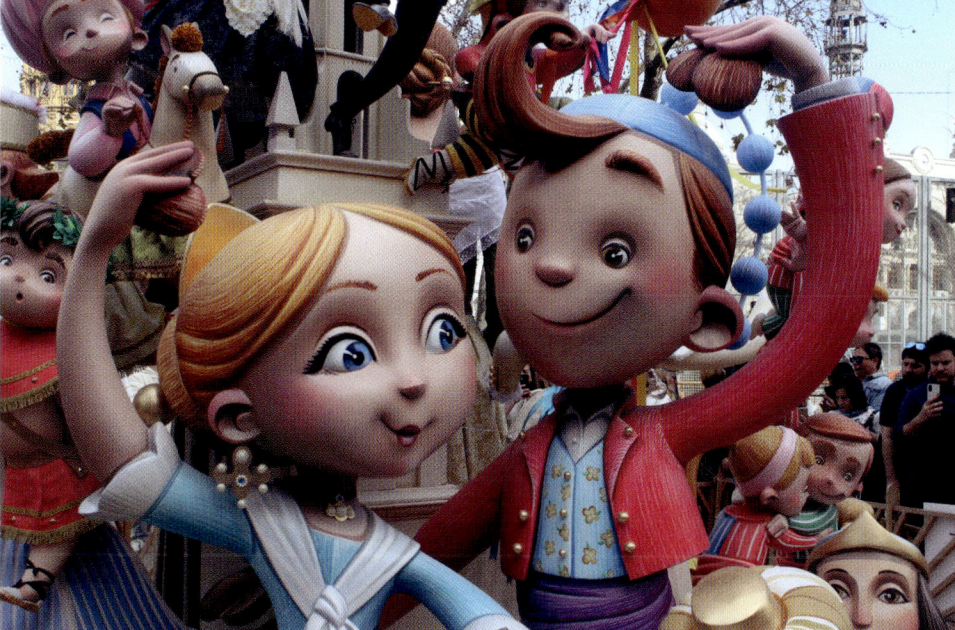

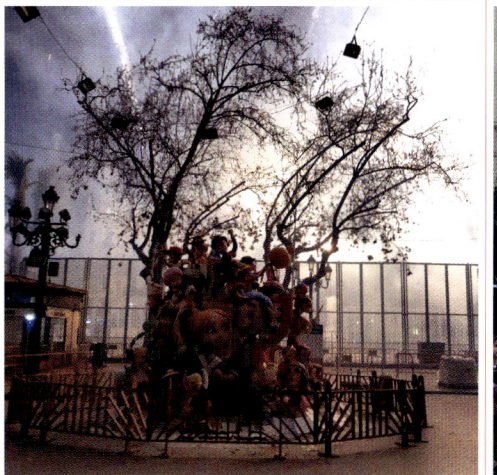

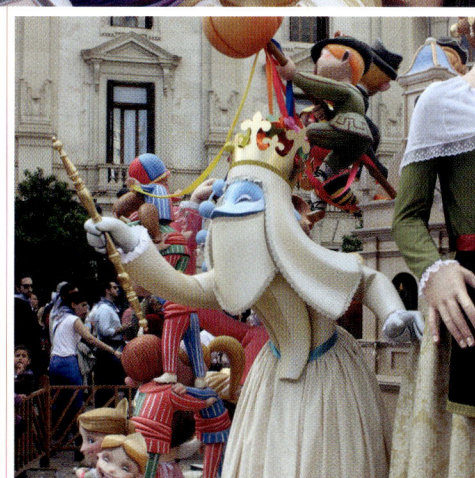

2024

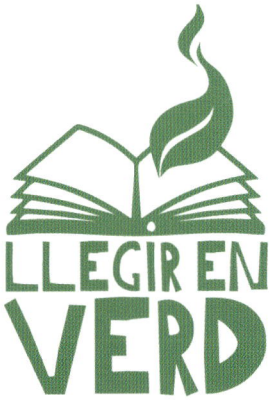

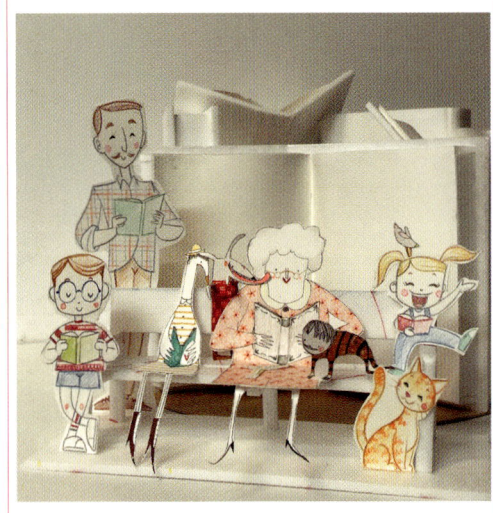

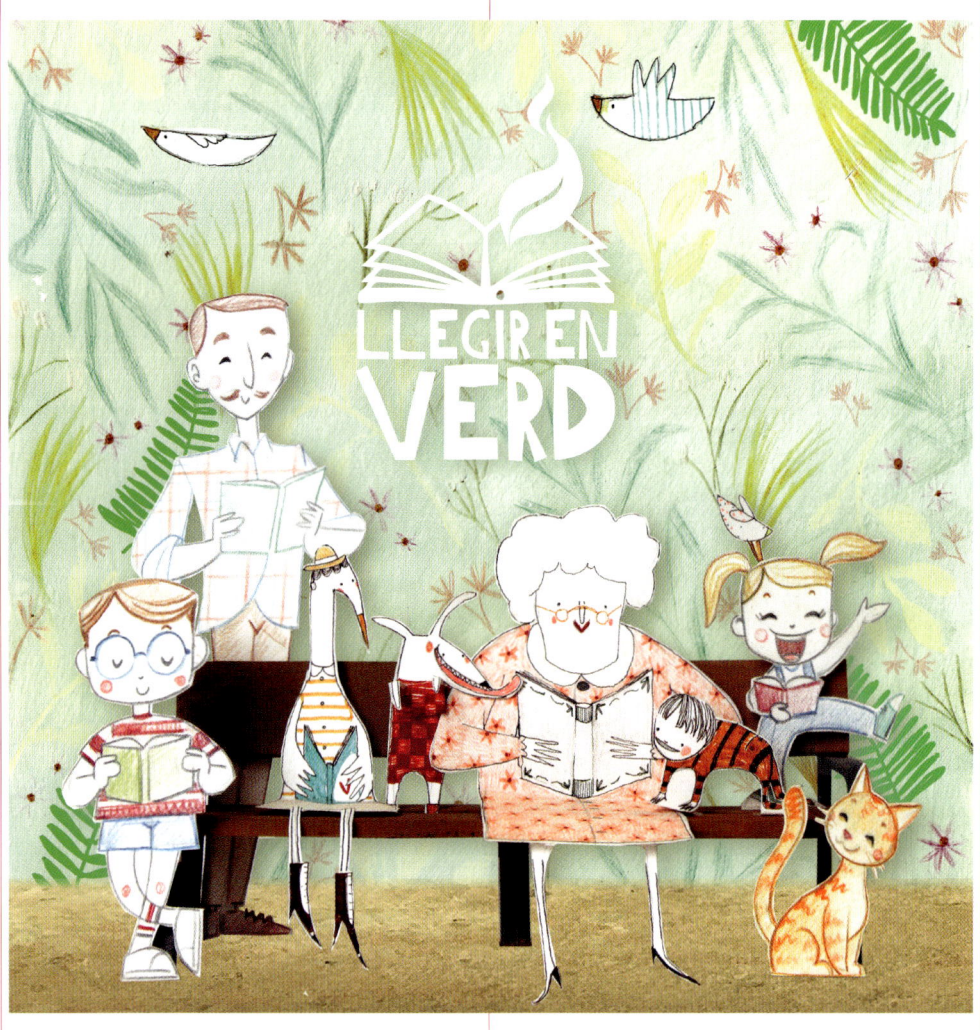

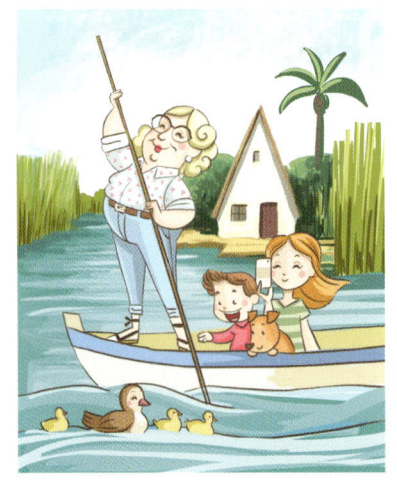

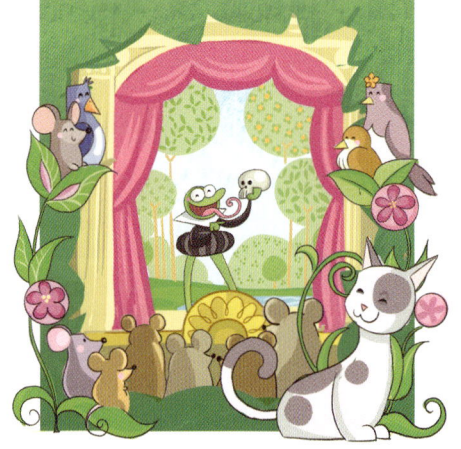

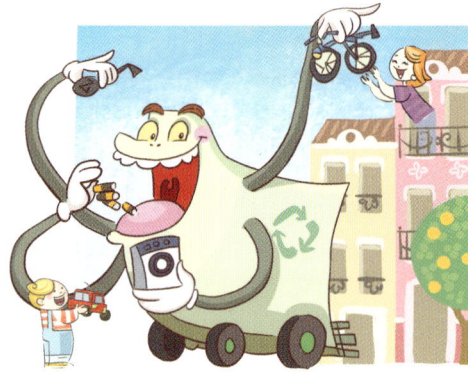

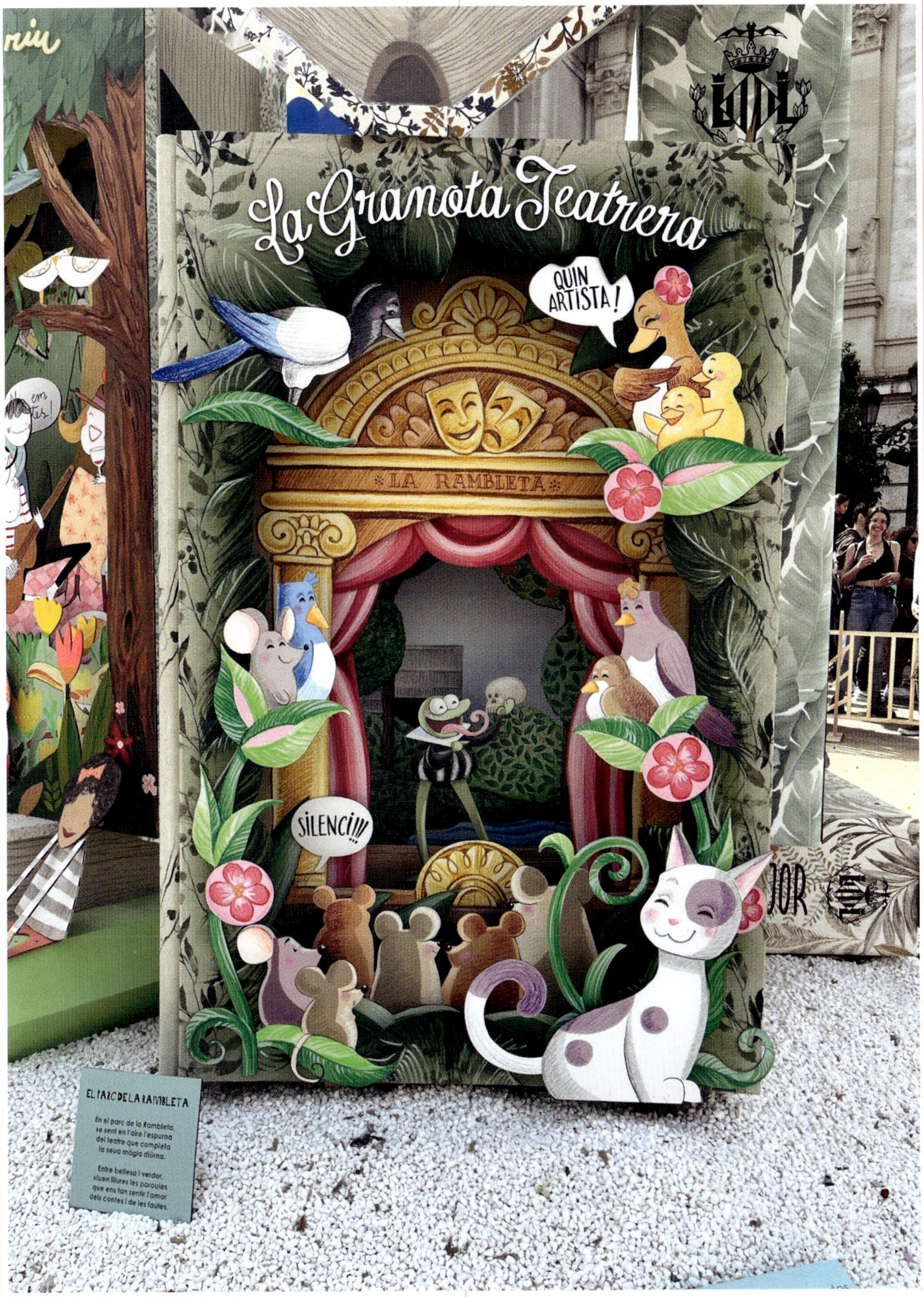

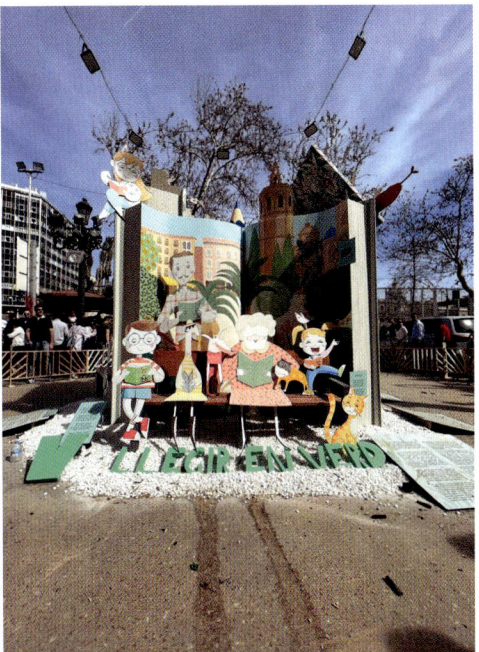

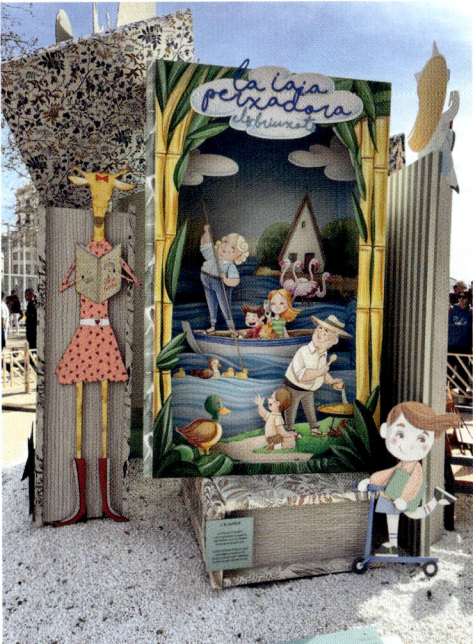

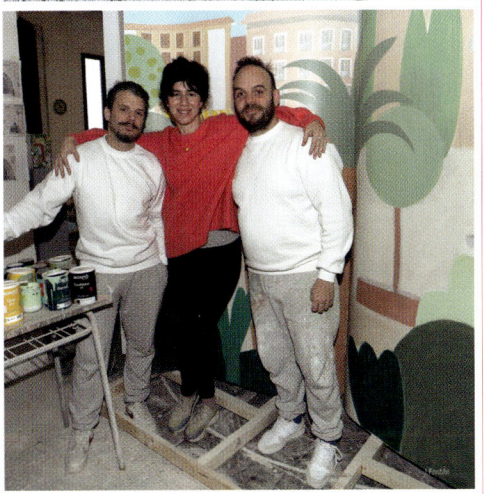

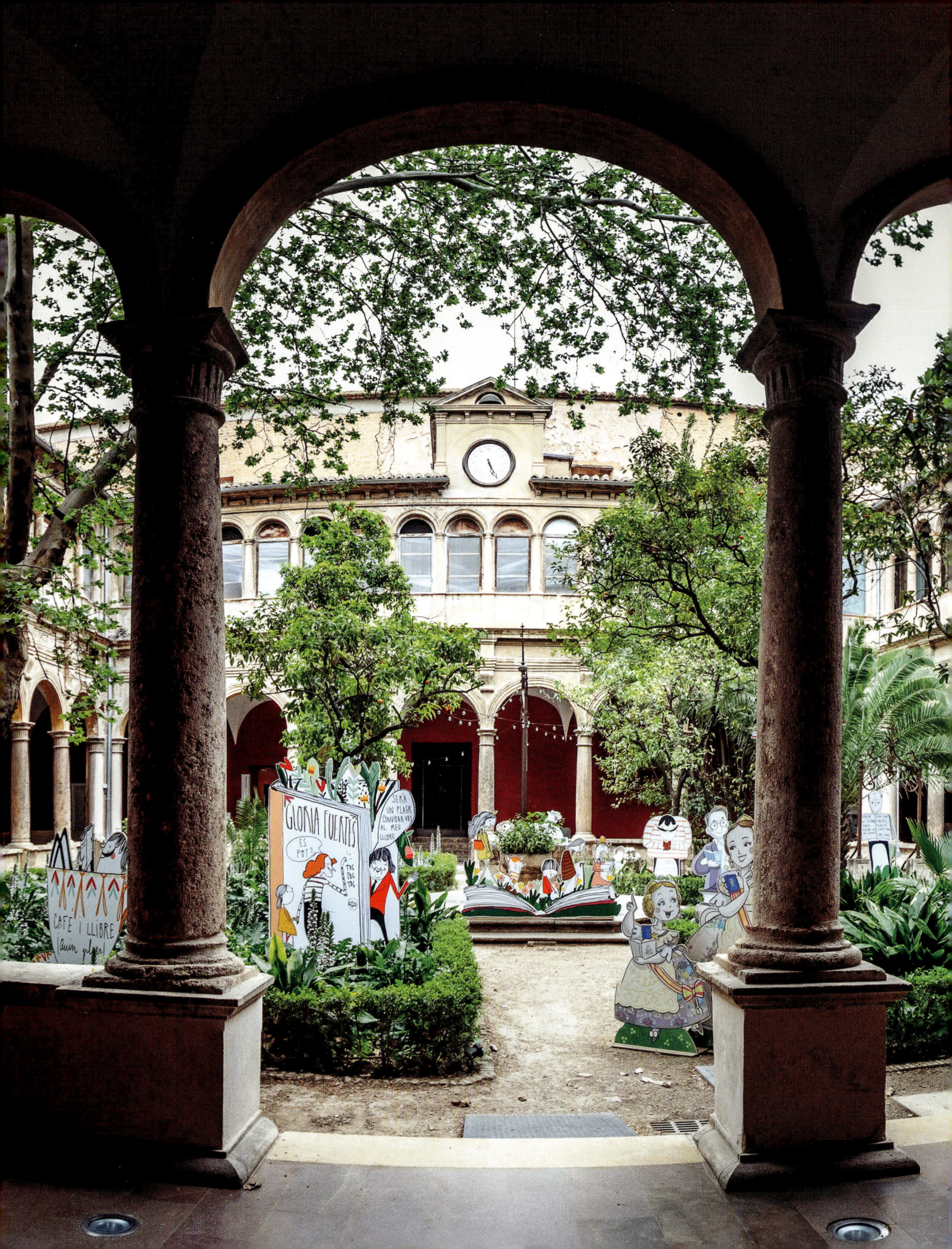

LLEGIR EN VERD EN EL CLAUSTRO VERDE DEL CCCC

José Luis Ceballos, Francisco Sanabria y Marina Puche
Artistas de la Falla Infantil Municipal 2024

Val ↓

Sens dubte el claustre renaixentista del CCCC és el racó perfecte on el temps es deté i sobretot, el lloc més verd d'este, un espai on l'arquitectura i la naturalesa són el millor marc per a dialogar novament de falles, cultura i enguany, en el qual la ciutat acull la Capitalitat Verda Europea, de sostenibilitat fallera; ja que la falleta municipal 2024 ens parla precisament d'això, com buscar noves formes i propostes artístiques més amables a l'hora de cremar, i que ens donen nous camins creatius a l'hora de poder-se expressar artísticament des del món faller.

La il·lustració convertida en ninot, un retallable de siluetes coloristes com les d'aquells llibres pop-up plens d'escenes sorprenents que s'alcen en obrir les seues pàgines. Un concepte portat a la falleta i al claustre renaixentista, on els dibuixos a grans proporcions ens conviden a interactuar i anar descobrint les seues xicotetes històries, allò que ens volen comptar.

València, Capital Verda Europea en 2024, quina millor temàtica per a celebrar enguany tan especial que dedicar la falleta municipal a anar imaginant historietes per a recrear i gaudir una ciutat més verda al voltant de la mirada dels seus habitants més xicotets.

La veritat és que València serà per a les xiquetes i xiquets de hui, una ciutat molt millor quan siguen adults, i per això, volíem compartir este entusiasme amb ells, amb una falleta en la que a través de la imaginació i la lectura, descobriren una València verda i sostenible, que segur, aniran percebent amb els ulls ben oberts a mesura que ronden pels seus mil racons cada dia més verds.

Vam fer una falla oberta i divertida, on la lectura d'una València verda, inventant històries curtes, però plenes d'essència, com els perfums que es guarden que flascons xicotets, com eixos llibrets que amb poques pàgines ens diuen moltes coses, o fins i tot amb les seues artístiques portades, que ja ens conviden a endinsar-nos de ple en les seues històries.

Hui que ens trobem en una era eminentment digital, què millor que un llibre per a deixar-nos portar i fer volar la nostra imaginació, i què millor encara que uns grans llibres plens de vida, interactius, participatius, infantils, riallers i super apetibles..., perquè és ací on estava la màgia d'esta idea, per això la volumetria de les escenes eren eixos plans il·lustrats, generant el volum mijançant capes, potenciant l'art de la il·lustració com a principal recurs narratiu i plàstic.

A la falleta diferents àmbits sostenibles i punts de la ciutat es tractaven amb xicotets relats, com l'ecoparc mòbil, un monstre que recorre els barris menjant desaprofitaments, o les centenars d'activitats que podem realitzar al jardí del Túria, un serpentejant carril bici que et va descobrint la ciutat a lloms d'una serp roja, els paisatges de l'horta o la granota que volia ser actriu del teatre del parc de la Rambleta. Per això, un altre punt verd, de relax, que con-

Cast ↓

Sin duda el claustro renacentista del CCCC es el rincón perfecto donde el tiempo se detiene y sobre todo, el lugar más verde del mismo, un espacio donde la arquitectura y la naturaleza son el mejor marco para dialogar nuevamente de fallas, cultura y este año, en el que la ciudad acoge la Capitalidad Verde Europea, de sostenibilidad fallera; ya que la fallita municipal 2024 nos habla precisamente de eso, cómo buscar nuevas formas y propuestas artísticas más amables a la hora de quemar, y que nos den nuevos caminos creativos a la hora de poderse expresar artísticamente desde el mundo fallero.

La ilustración convertida en ninot, un recortable de siluetas coloristas como las de aquellos libros pop-up llenos de escenas sorprendentes que se alzan al abrir sus páginas. Un concepto llevado a la fallita y al claustro renacentista, donde los dibujos a grandes proporciones nos invitan a interactuar e ir descubriendo sus pequeñas historias, aquello que nos quieren contar.

Valencia, Capital Verde Europea en 2024, qué mejor temática para celebrar este año tan especial que dedicar la fallita municipal a ir imaginando historietas para recrear y disfrutar una ciudad más verde a traves de la mirada de sus habitantes más pequeños.

La verdad es que Valencia será para las niñas y niños de hoy, una ciudad mucho mejor cuando sean adultos, y por eso, queríamos compartir este entusiasmo con ellos, con una fallita en la que a través de la imaginación y la lectura, descubrieran una Valencia verde y sostenible, que seguro, irán percibiendo con los ojos bien abiertos a medida que correteen por sus mil rincones cada dia más verdes.

Hicimos una falla abierta y divertida, donde la lectura de una Valencia verde, inventando historias cortas, pero llenas de esencia, como los perfumes que se guardan que frascos pequeños, como esos libritos que con pocas páginas nos dicen muchas cosas, o incluso con sus artísticas portadas, que ya nos invitan a adentrarnos de lleno en sus historias.

Hoy que nos encontramos en una era eminentemente digital, qué mejor que un libro para dejarnos llevar y hacer volar nuestra imaginación, y qué mejor aún que unos grandes libros llenos de vida, interactivos, participativos, infantiles, risueños y super apetecibles..., pues es ahí donde estaba la magia de esta idea, por ello la volumetría de las escenas eran esos planos ilustrados, generando el volumen a traves de capas, potenciando el arte de la ilustración como principal recurso narrativo y plástico.

En la fallita diferentes ámbitos sostenibles y puntos de la ciudad se trataban con pequeños relatos, como el ecoparque móvil, un monstruo que recorre los barrios comiendo desperdicios, o los cientos de actividades que podemos realizar en el jardín del Turia, un serpenteante carril bici que te va descubriendo la ciudad a lomos de una serpiente roja, los paisajes de la huerta o la rana que quería ser actriz del teatro del parque de la Rambleta. Por ello, otro punto verde, de

vida a la lectura és el claustre renaixentista del CCCC, i per això, es convertix en una extensió de la falla, una escena més on sota l'ombra dels seus arbres, entre els seus acants i arcades de mig punt, agafar un llibre, respirar profundament i gaudir.

Ajuntar-se per a desenvolupar un nou repte artístic en el qual prescindim del suro blanc és una cosa que ens va motivar des de l'inici, i alhora ens va plantejar un desafiament per a compartir. Parlar de medi ambient i crear xicotetes històries il·lustrades ens encanta i ens divertix, compartir-ho amb tots els visitants del Carmen molt més. A més, quin millor lloc que la falla municipal i el CCCC per a celebrar de pas que portem 20 anys realitzant falles, una il·lusió que hem volgut compartir i regalar de cor... Gràcies!

relax, que invita a la lectura es el claustro renacentista del CCCC, y por ello, se convierte en una extensión de la falla, una escena más donde bajo la sombra de sus árboles, entre sus acantos y arcadas de medio punto, coger un libro, respirar profundamente y disfrutar.

Juntarse para desarrollar un nuevo reto artístico en el que prescindamos del corcho blanco es algo que nos motivó desde el inicio, y a la vez nos planteó un desafío para compartir. Hablar de medio ambiente y crear pequeñas historias ilustradas nos encanta y nos divierte, compartirlo con todos los visitantes del Carmen mucho más. Además, qué mejor lugar que la falla municipal y el CCCC para celebrar de paso que llevamos 20 años realizando fallas, una ilusión que hemos querido compartir y regalar de corazón... Gracias!

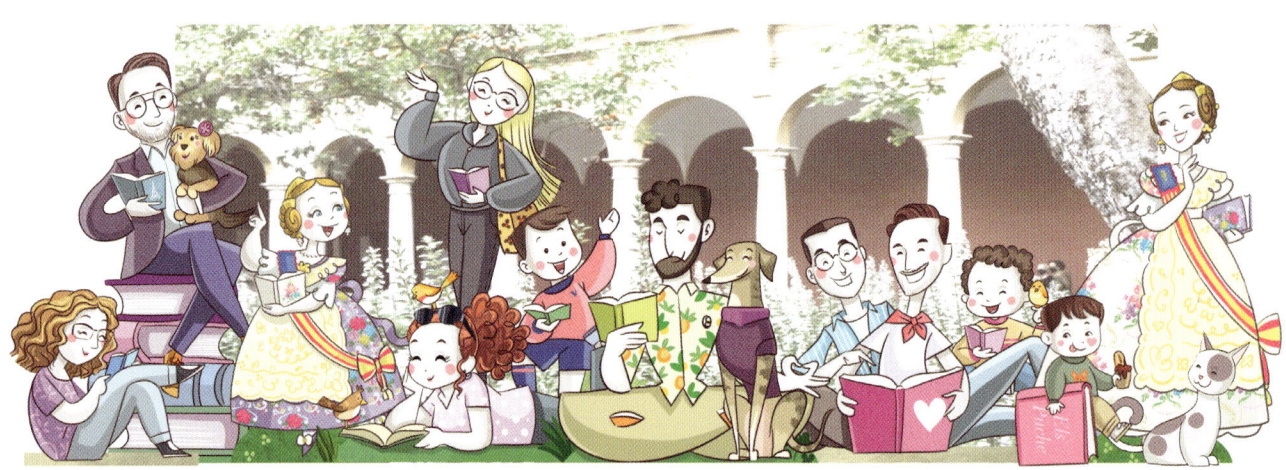

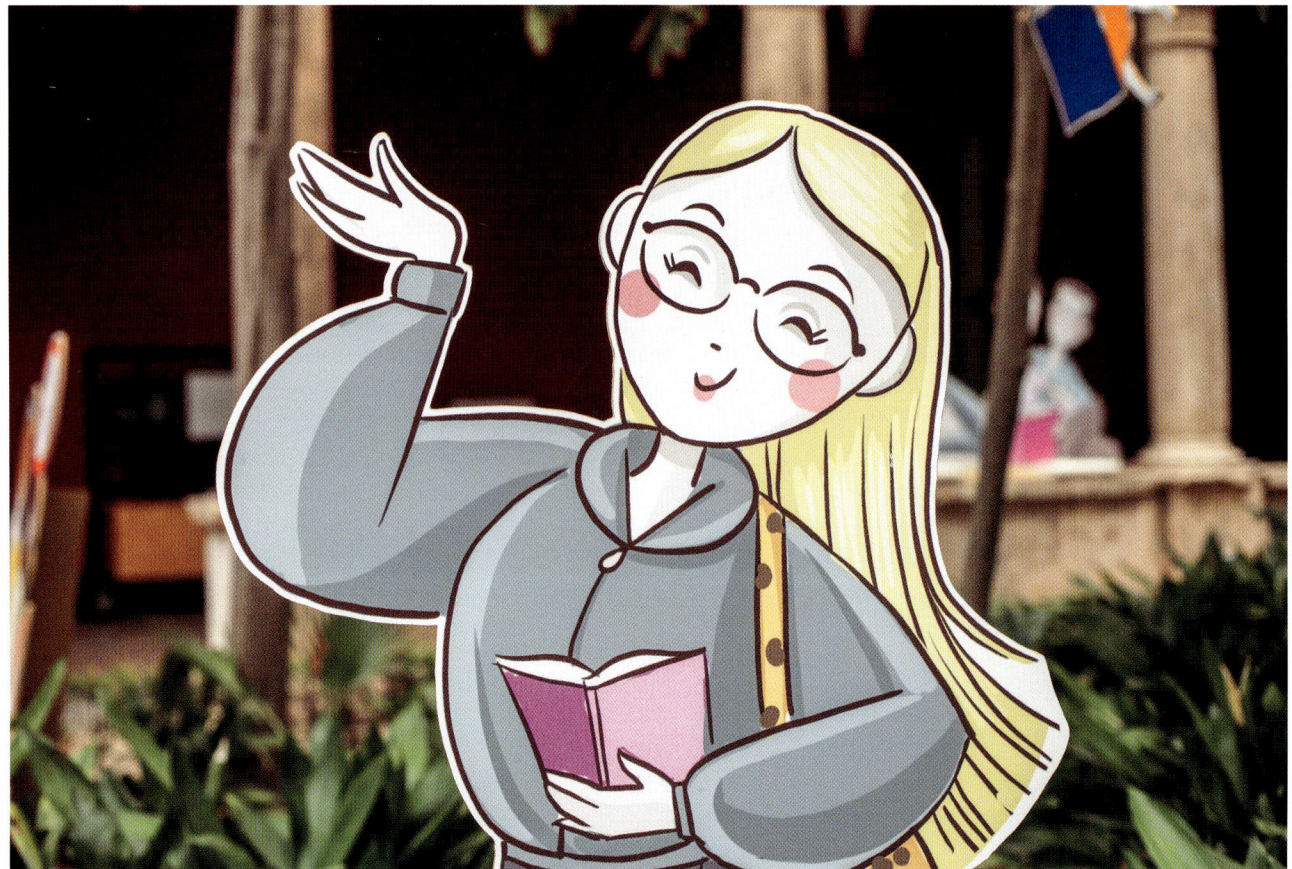

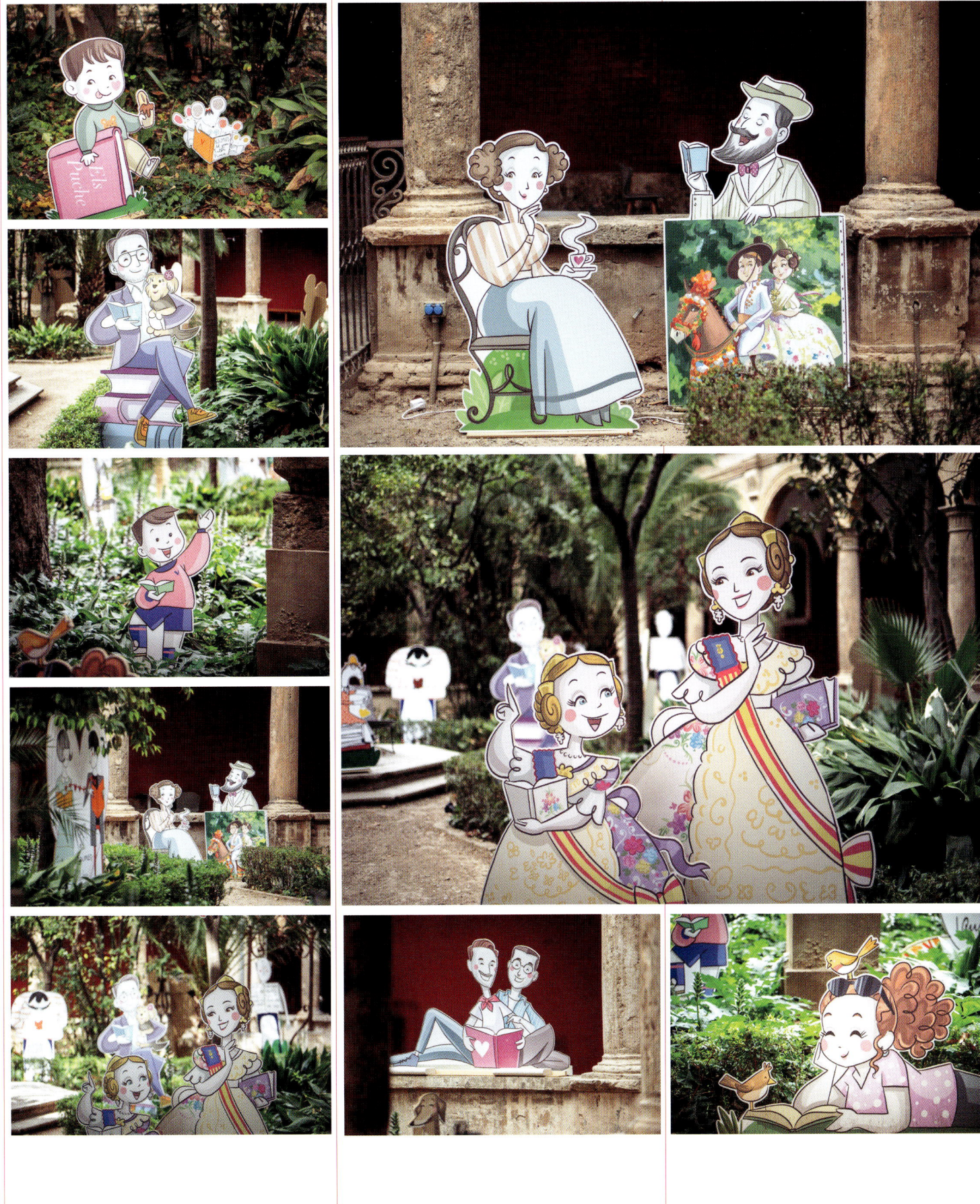

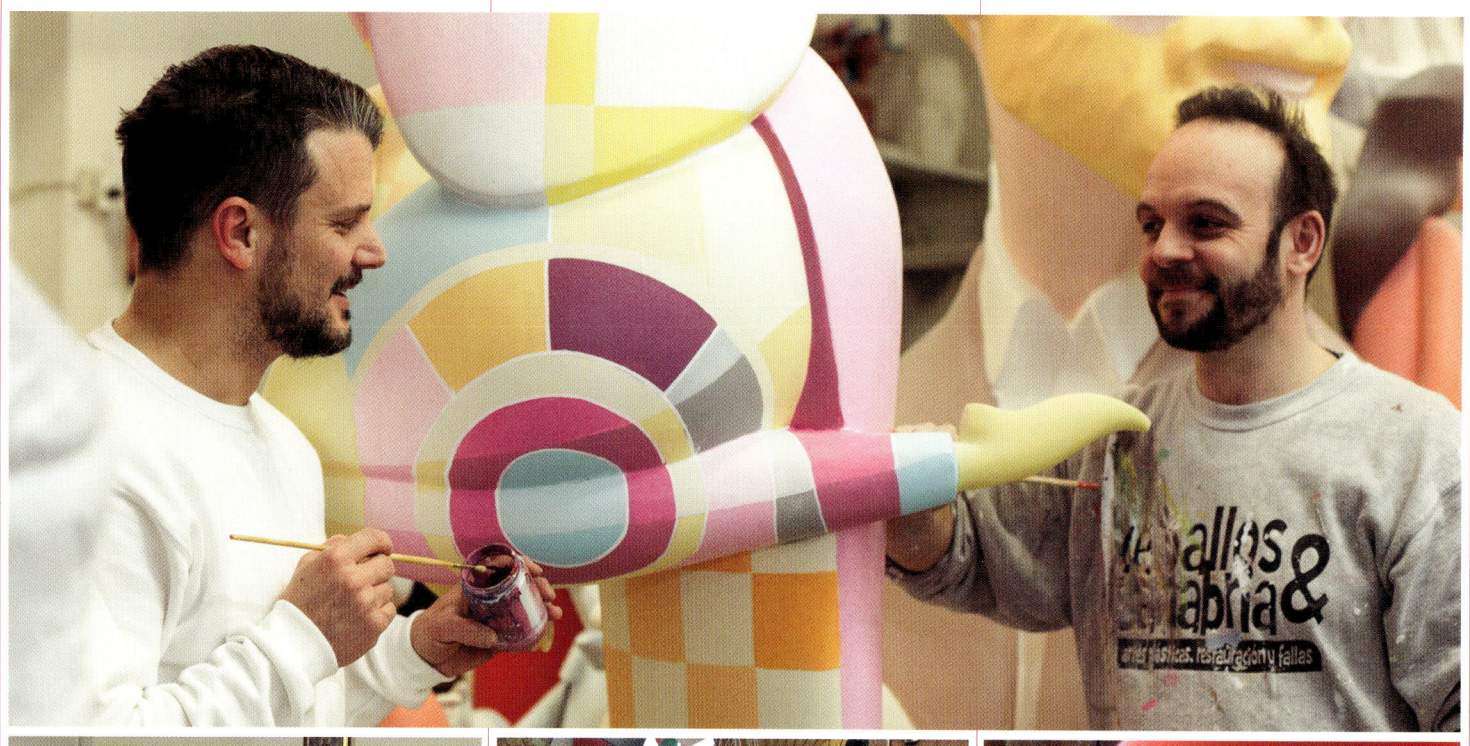

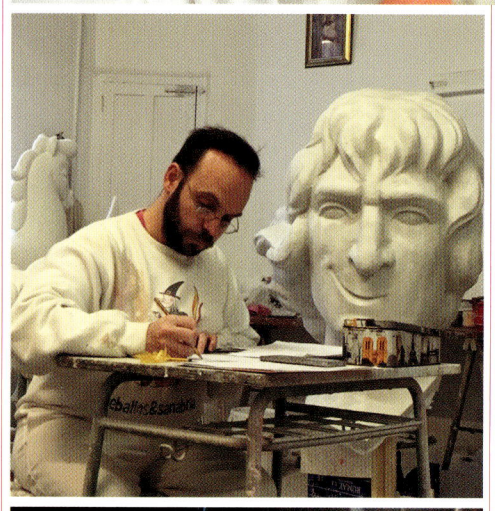

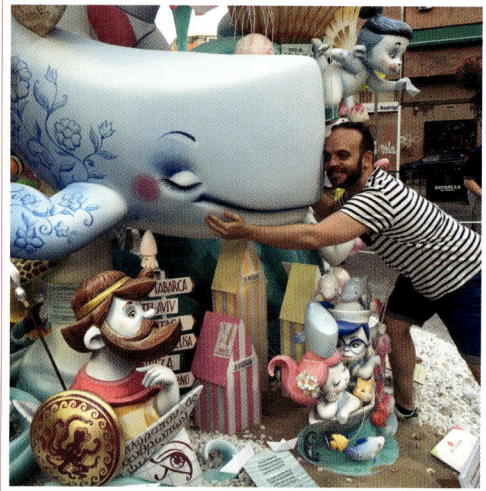

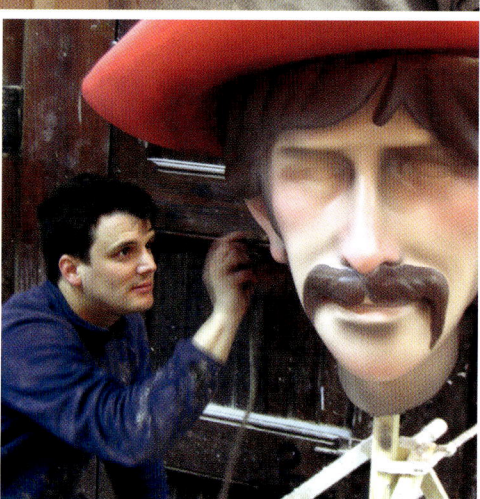

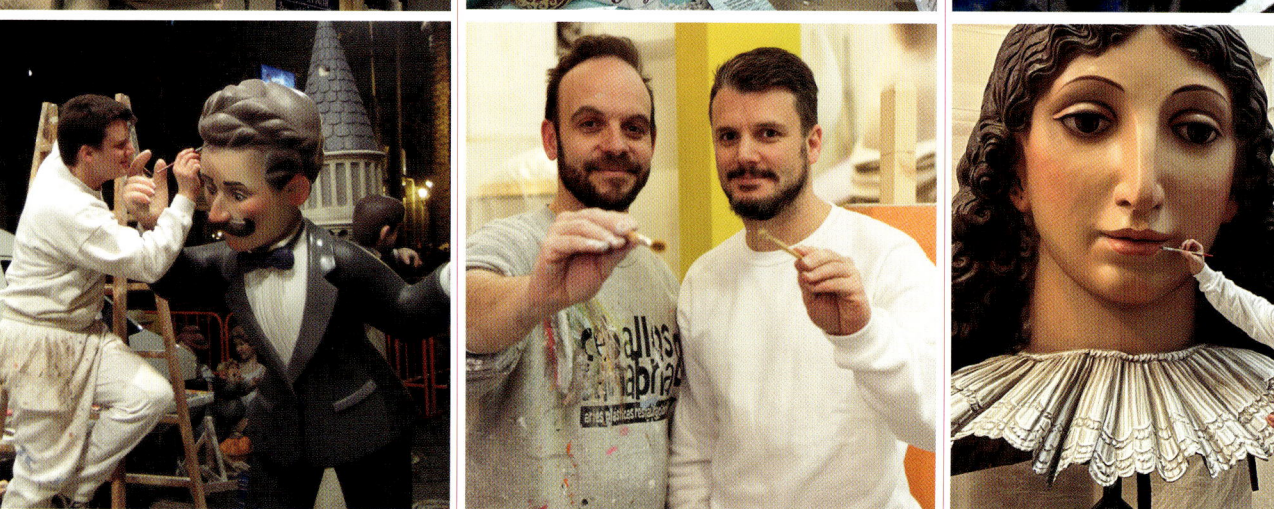

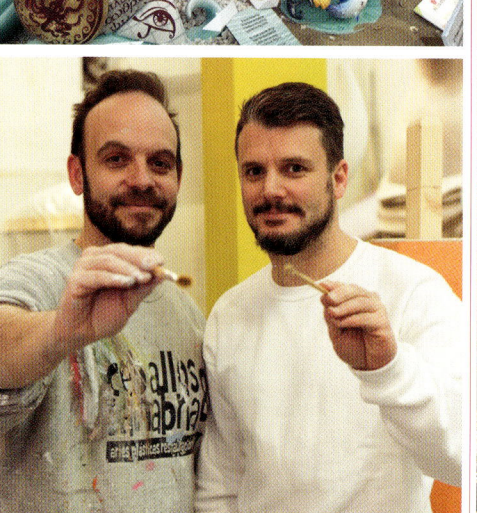

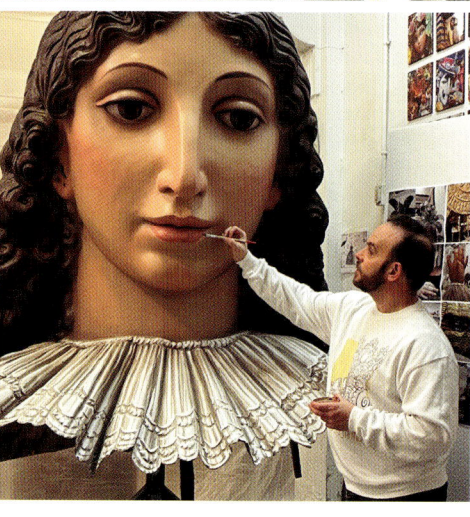